Ein Goldmann-Reisebegleiter

Buch

Während fünfzehn Jahren ist Humbert Fink im Heiligen Land gereist. Nun schreibt er über dieses Stück Erde, das jeder Zeitungsleser als einen der Angelpunkte der Weltpolitik kennt.
Israel ist geschichtlich wie landschaftlich gleich faszinierend. Christen besuchen ihnen teure Stätten wie Bethlehem, den Ölberg oder Nazareth, Juden aus aller Welt ist es die eigentliche Heimat, islamische Pilger sehen in der Al-Aksa-Moschee von Jerusalem eine ihrer bedeutendsten Wallfahrtsstätten.
In diesem Bericht stehen naturgemäß die Juden im Vordergrund. Der Leser lernt Geschichte und Gegenwart eines Volkes näher kennen, das unbesiegbar scheint, das Alexander den Großen, die Seleukiden und die Römer überlebte, das Byzanz, die Türken und die britische Kolonialherrschaft überdauerte.

Autor

Humbert Fink, geboren 1933 in Salerno, gegenwärtig in Kärnten lebend, wurde früh als Lyriker und Erzähler bekannt. 1963 erhielt er den »Österreichischen Staatspreis für Literatur«. Viele Reisen führten ihn vor allem in die Mittelmeerländer. Seit 1965 gestaltet und spricht er im Österreichischen Rundfunk eigene Sendereihen.
Außer dem vorliegenden Band veröffentlichte Humbert Fink u. a. die Reisebücher »Am Anfang war die Ägäis« (1976), »Adriatische Ufer« (1978), »Süditalien« (1979), »Iberische Sonne«, »Auf Pilgerstraßen durch Europa« und »Venetien zwischen Gardasee und Istrien« (alle drei 1980), »Eine Reise durch Toskana, Umbrien und die Marken« (1982).

Außer »Das Heilige Land« sind von Humbert Fink als Goldmann-Reisebegleiter erschienen:

Adriatische Ufer. Montenegro – Dalmatien – Kroatisches Küstenland – Istrien – Venetien – Emilia – Romagna – Die Marken – Apulien (6902)

Am Anfang war die Ägäis. Von Inseln und Küsten (6903)

Anatolische Elegie. Vom Bosporus bis Antiochia (6906)

Iberische Sonne. Das mediterrane Spanien von Katalonien bis Andalusien (6904)

Humbert Fink

Das Heilige Land

Von Galiläa bis zum Sinai

Mit 8 Farbtafeln
und 3 Karten

Wilhelm Goldmann Verlag

Im Text ungekürzte Ausgabe

Die Farbtafeln stammen von Humbert Fink,
mit Ausnahme der dritten Tafel (Weltbild, München) sowie der siebten und achten Tafel (Bavaria-Verlag, Gauting)

Made in Germany · 3/84 · 1. Auflage · 118

Verfasserin des »Ratgebers für den Touristen«: Cornelia Richter
Umschlagentwurf: Design Team, München
Umschlagfoto: Werner Braun / ZEFA, Düsseldorf
Druck: Presse-Druck Augsburg
Verlagsnummer: 6907
MV · Herstellung: Sebastian Strohmaier
ISBN 3-442-06907-6

FÜR ULRIKE ELSINGER

Inhalt

Verzeichnis der Farbtafeln

Verzeichnis der Karten

Kapitel I

EIN VERSUCH ÜBER PALÄSTINA

Anfangs, zu Hause am Schreibtisch vor allem, war alles einfach und gut überschaubar. Ein Bericht über Palästina, feuilletonistisch aufbereitet und mit dem unerläßlichen historischen Hintergrund, angereichert durch persönliche Erlebnisse und einige reizvolle Anekdoten, die man nach fünfzehnjähriger Bekanntschaft mit Israel noch nicht vergessen hat . . . das schien nicht schwieriger zu sein als ein vergleichbarer Text über irgendein anderes mediterranes oder levantinisches Land. Ölbaum, Lorbeer und den scharfen Geruch nach Minze, aber auch den verführerischen Lärm der Zikaden und Pans trunkene Musik um die Mittagsstunde gibt es zwischen der Straße von Gibraltar und dem Karmel von Haifa wie die unvermeidlichen Juden, auf die man stets stößt, wenn man mediterrane Kultur und Geschichte auf ihre Brauchbarkeit für das abendländische Geschichtsbewußtsein untersucht.

Und was noch? Anderthalb Jahrzehnte lang teils flüchtige und teils eingebildete Erfahrungen, fünfzehn Jahre lang der beinahe vergebliche Versuch, dem ererbten Antisemitismus vorübergehend abzuschwören, und immer, je nach der politischen Lage, die Einreise via Zypern oder Jordanien oder auch direkt über Haifa und Lod mit dem legendären Ben-Gurion-Flughafen, immer ein Palästina suchend, das in allen Biographien und politischen Kommentaren, die man vorher gründlich studiert hatte, als etwas Undurchsichtiges und Gefährliches, das aber ganz natürlich sei, erschienen war. Die Intellektuellen leben mit der Ausrede, daß Palästina der am meisten archäologisch erforschte Boden unserer Erde sei, Christen denken irritiert an Bethlehem, Ölberg und Golgotha, während die überwiegende Mehrheit der Europäer, die ihren Wohlstand nicht mehr missen wollen, manchmal mit dem Gedanken spielt, Jerusalem gegen einen riesigen See aus Rohöl einzutauschen.

Und dann? Anderthalb Jahrzehnte das Wechselbad der eigenen Gefühle, einmal Sechs-Tage-Krieg und unser erschreckender Jubel, der Rommel und Guderians schnelle Panzer wieder auferstehen ließ, und dann wieder die Toten von München, das verunglückte Laubhüttenfest von 1973 und die selbstbewußten Stellungnahmen israelischer Politiker, die es einem schwer machten, ihnen großmütig zu verzeihen, daß man mit dem Antisemitismus in sich einen scheinheiligen Waffenstillstand geschlossen hatte. Etwas anderes war und ist es mit dem Zionismus, den man, unterstützt durch manches katholische Wort und auch durch einige eloquente Repräsentanten der Sozialistischen Internationale, immer als Ausrede für die Verunsicherung gebrauchen konnte, wegen der man mit Palästina nicht zurechtkommt. Man versagte sich alle antisemitischen Gefühle und lehnte dafür den Zionismus entrüstet ab. So einfach war das! Aber ist es wirklich so einfach?

Und immer die Erinnerungen, die einem ein wenig den Atem verschlugen. Diese Ausreden über die Natur, mit denen man sich vor jeder Verantwortung drückt. Die gelbbraunen Hügel von Judäa und das ausgebrannte Ocker im Jordantal, die hämmernde Sonne auf dem Plateau von Masada und die intensive Leuchtspur judäischer Steine, die, was man erst viel später erfahren wird, auf palästinensischen Lastwagen – wie das Frühgemüse aus Israel, die Orangen oder dickgerollte Ballen handgeschöpften Papiers – über den Jordan und Amman bis nach Kuweit exportiert werden, wo sie eine Voraussetzung bilden für eine neue arabische Architektur. Dazu die Geschichten, die man sich als eine Art Alibi für die mißgünstigen oder auch nur ratlosen Gedanken notiert, die einem zu Palästina, Israel, den Juden einfallen. Jedes jordanische oder palästinensische Augenpaar zwischen Nablus, Hebron und Gaza – wo mich Koby Goldstein, der Fremdenführer, mit der schußbereiten Pistole am rechten Oberschenkel durch die verwahrloste Altstadt führt – wird zur düsteren Anklage gegen eine Politik, die man als europäischer Christ schon deshalb herzhaft verabscheut, weil sie einen an die eigene unselige Geschichte erinnert. Manche Israelkenner meinen freilich, diese düsteren arabischen Blicke seien nur Einbildung, hätten nicht mehr zu bedeuten als der hochfahrende Gestus eines Sizilianers. Aber warum dann das Unbehagen der Juden im besetzten Gebiet, warum dann die achtschüssige Waffe in Gaza, noch dazu in einer Limousine, die durch ein touristisches Emblem geschützt ist?

Und was bleibt? Die Erkenntnis, daß das jüdische Palästina zugrunde gehen muß, wenn es von seiner Politik der militanten Selbstbehauptung auch nur für einen Vertrag, einen Landstrich breit am Sinai oder im Jordantal abrückt. Beweise für diese Behauptung werden zu bringen sein. Es gibt sie in hinlänglicher Zahl. Die desillusionierende Einsicht selbst vergißt man freilich, wenn man wieder im Flugzeug nach Europa sitzt.

Überhaupt hält jede Erinnerung nur so lange vor, als man noch nicht wieder am heimatlichen Schreibtisch angekommen ist, an dem alles so einfach und gut überschaubar wirkt. Denn hier verliert sich jede Erkenntnis oder Einsicht in den Schlagzeilen der Presse und wohl auch ein wenig in der überlieferten Meinung eines europäischen Christen, der nicht von heute auf morgen vergessen kann, was ihm seine Kirche seit nunmehr bald zweitausend Jahren predigt. Der Antisemitismus in mir, gegen den ich manchmal wie ein Löwe und manchmal mit der Nachlässigkeit des geübten Opportunisten ankämpfe, flüstert mir nicht zufällig bequeme Antworten auf die lästigen Fragen ein, die ich mir in Galiläa, Judäa, in der Westbank oder im Negev gestellt hatte.

Was ist Palästina? Eine späte Erfindung ratloser Politiker, die vom gebürtigen Katalanen Pontius Pilatus gelernt hatten, wie man seine Hände in Unschuld wäscht? Und die dann ihre willkürlichen Grenzen nicht vor Ort in der Landschaft, sondern in irgendwelchen Verwaltungsgebäuden und auf provisorischen Karten zogen? Oder nur eine südsyrische Provinz, wie das Ahmed Shukairy, militanter Palästinenserführer und Vorläufer Arafats, im Mai 1956 unwidersprochen erklären konnte? Stammland der Philister, den ägyptischen Pharaonen suspekt und den Römern lästig, den Persern wichtig, den Osmanen gleichgültig, den Briten ein Pfahl im Fleisch, aber den Arabern und Juden so heilig, so lebenswichtig, wie es sich Roms Päpste, Venedigs Geschäftsleute und Europas verarmte Adelige gemeinsam mit ein paar Generationen fanatischer Priester und Ablaßprediger ein halbes Mittelalter lang einredeten, bis das schreckliche Zeitalter der Kreuzfahrer endlich ausbrach? Muß man Palästinas imaginäre Grenzpfähle tatsächlich im türkischen Istanbul, im besetzten Damaskus, in Kairo und in den Aktenschränken der ehemaligen britischen Kolonialverwaltung suchen? Oder muß ich, wenn ich mir die Verhältnisse von heute vorzustellen versuche, wieder einmal mit abstrakten Begriffen operieren, deren Hysterie etwas Absurdes besitzt? Palästina den Palästinensern und Israel den Juden . . . aber immer ist vom gleichen schmalen Landstreifen zwischen Mittelmeer und Jordan die Rede! Es ist eine Gleichung mit so vielen Unbekannten, daß man sich eine vernünftige Lösung eigentlich nicht vorstellen kann. Nur will man sich eine solche resignierende Antwort nicht eingestehen.

Jede neue Reise nach Palästina oder Israel bringt unweigerlich neue, überraschende Erfahrungen mit sich. Diesmal, im Juni 1980, nur wenige Stunden nach den Bombenanschlägen auf jordanische oder palästinensische Bürgermeister in der israelisch besetzten Westbank – die Schwierigkeiten beginnen schon mit der genauen topographischen, politischen und moralischen Bezeichnung –, nur ein paar Tage vor den ersten Schüssen, die seit einem Jahrzehnt wieder in Jerusalem gefallen sind, diesmal von der Stadtmauer beim Damaskustor und gezielt auf einen ahnungslosen Polizisten, den man später mit Herztropfen laben muß . . . ungefähr zwei Wochen nach dem aufsehenerregenden Zwischenfall in einer jüdischen Siedlung vor El Arish, das bereits an die Ägypter zurückgegeben wurde und wo kürzlich eine junge Israelin den Minister namens Weizmann anspuckte, der herbeigeeilt war, um die verzweifelten Siedler, die mit der abrückenden Armee hinter die Grenzen von 1967 zurückmüssen, zu beruhigen . . . nur einige Stunden, bevor ich in Hebron, nur einige Tage, bevor ich in Gaza selbst erleben werde, was diese nichtssagende Formel *Palästina den Palästinensern und Israel den Juden* wirklich bedeutet . . . diesmal also, im Juni 1980, macht man mir Schwierigkeiten bei der Einreise, die ebenso rätselhaft sind wie ihre schließlich freundschaftliche Lösung. Hat man mich verwechselt? Stehe ich auf irgendeiner Liste? Jedenfalls dauert es, nachdem auch der allerletzte Passagier der Maschine, mit der ich gekommen bin, abgefertigt ist, noch mindestens eine halbe Stunde, bevor man mich ins *Gelobte Land* einläßt, das angeblich in der Ankunftshalle des Flughafens von Lod beginnt.

Draußen vor dem Flughafengebäude und während ich auf den letzten Fahrgast warte, der das Sammeltaxi nach Jerusalem in

Bewegung setzen wird, bettelt mich ein orthodoxer Jude mit routinierter Freundlichkeit um Geld für seine Kinder an, und weil ich wie viele Israeli und fast alle Touristen mit dem neuen Geld noch nicht zurechtkomme, weil ich die technische Seite der Abwertung des alten Pfundes auf den neuen Shekel noch nicht durchschaue, zumal die Banknoten dieselbe Farbe wie vorher und dieselben Gesichter wie zuvor aufweisen, kommt der junge Mann im schwarzen Kaftan und mit dem blassen eifrigen Gesicht in den Besitz einer beträchtlichen Summe. Was für eine Genugtuung, sogleich alle Vorurteile bestätigt zu haben, die man sich seit Jahren vergeblich und halbherzig ausredet. Alle Juden, denen ich diese Geschichte erzähle, schütteln entsetzt den Kopf. Manche glauben mir nicht. Vierzehn Tage später werde ich dem Bettler wieder vor dem Flughafengebäude begegnen. Wir werden beide wegsehen. Wir werden beide ein schlechtes Gewissen haben.

Mein erstes Ziel ist, nachdem ich meine irrationale Sehnsucht nach Jerusalem befriedige, ein Dorf namens Battir, das antike Bethar, das nur wenige Kilometer hinter Bethlehem liegt, ein kleines und ziemlich verwahrlostes jordanisches Dorf – oder muß ich nun sagen: ein *arabisches,* ein *palästinensisches* Dorf? –, das am Rande einer Schlucht liegt und sich hinabsenkt in den Talgrund dieser Schlucht, die bis 1948, bis 1967 die Grenze zwischen dem jüdischen und dem arabischen Palästina war – sofern man überhaupt von solchen Grenzen reden kann – und das ich vor zwei Jahren erstmals in Begleitung eines indolenten Jordaniers aufgesucht hatte.

Vielleicht sollte ich hier zuerst einmal erklären, daß alle arabischen Bewohner der Westbank und Ostjerusalems natürlich jordanische Staatsbürger sind. Die Israeli nennen sie *Israelische Araber,* was ebenso grotesk wie falsch ist. Diese *Israelischen Araber* besitzen immerhin jordanische Pässe und akzeptieren in der Regel den kleinen König in Amman, Hussein, als ihren Monarchen, was nichts daran ändert, daß sie Nutznießer israelischer Tüchtigkeit und Schläue sind. Indolenz und Fanatismus haben damit noch nichts zu tun. Indolent und fanatisch war nur dieser junge Araber mit dem jordanischen Paß und der israelischen Lizenz, die ihn als Chauffeur und Touristenführer ausweist und der mich widerwillig genug nach Battir gebracht hatte. In diesem Zusammenhang fällt mir die wahre Geschichte eines anderen jordanischen Reiseführers mit israelischer

Lizenz ein, der auf die Frage von neuangekommenen Touristen nach den Wracks entlang der Schnellstraße hinauf nach Jerusalem etwas von Unfällen murmelte. Zu seinem Pech war der Chauffeur ein Israeli und Veteran aller Kriege seit 1948. Er beförderte den Jordanier mit einem Fußtritt aus dem Wagen und klärte dann die Touristen auf. Die Wracks neben der Straße erinnern an den Verzweiflungskampf der Israeli um Jerusalem im Jahre 1948, als die Stadt drei Monate lang eingeschlossen war und die Nachschubkonvois der Juden im Sperrfeuer der jordanischen Truppen und Freischärler steckenblieben.

Battir also, das antike Bethar! Und die Geschichte eines Mannes namens Shimon Bar Kochba, die vielleicht ein wenig dazu beiträgt, das Phänomen Israel zu begreifen.

Shimon Bar Kochba war Jude und starb unter den Schwerthieben römischer Legionäre, die der V. Mazedonischen und XI. Claudischen Legion angehörten. Der Ort, an dem er starb, hieß Bethar und war angeblich früher einmal eine blühende Stadt, vor allem aber war es eine natürliche Festung, die im Westen des Landes Judäa lag, an drei Seiten durch eine tiefe Schlucht geschützt und nur über einen mächtigen Erdbuckel erreichbar. Das Leben und der Tod Bar Kochbas galten lange Zeit als Legende, gehörten ins Reich des Märchenhaften, und mit jedem Jahrhundert, das unter der heißen Sonne Palästinas hinwegschmolz, verblaßte die Erinnerung an diesen sonderbaren Mann, der nur noch manchmal in den melancholischen Träumen der Juden als mythischer *Fürst von Israel* erschien.

Mehr als achtzehnhundert Jahre später entdeckte man dann plötzlich mit ungläubigem Erstaunen und, sofern es sich um Juden handelte, auch mit tiefer nationaler Bewegung, daß dieser Tote von Bethar, Shimon Bar Kochba, kein Wunschtraum eines immer wieder gedemütigten und unterdrückten Volkes war, sondern daß er, der sich als unglaubliche Legende bis ins 20. Jahrhundert behauptet hatte, tatsächlich gelebt und sich wirklich gegen die Römer erhoben, sie mehrfach besiegt und sogar Jerusalem vorübergehend zurückerobert und ein letztes Mal das Reich der Juden gegründet hatte, bevor für die nächsten achtzehn Jahrhunderte die Nacht übers jüdische Volk fiel.

Meine erste Begegnung mit der Erinnerung an diesen Mann, der herrisch und hochmütig gewesen sein muß, jähzornig und auch voll unermüdlicher Tatkraft, ein idealistischer Fantast, der nach den Sternen griff und sie einen winzigen Augenblick lang tatsächlich in seinen Händen zu spüren glaubte, bevor er aus der Welt seiner hochfliegenden Träume und Hoffnungen abstürzte in den Tod, meine erste Begegnung mit der Erinnerung an diese vielleicht ungewöhnlichste Gestalt aus jener Zeit, da die Synagogen und die so oft bedrohte Freiheit der Juden endgültig unter der militärischen Übermacht Roms zusammenbrachen, begann an einem erschreckend heißen Spätfrühlingstag des Jahres 1978 zwischen den braungelben und staubigen Hügeln Judäas, über denen ein pergamentfarbener Himmel lautlos brannte. Ich war auf der Suche nach diesem Dorf namens Battir, das sich irgendwo zwischen den kahlen Hügeln und Canyons südwestlich von Jerusalem oder eigentlich schon dicht hinter Bethlehem verbarg und nach meinen Informationen mit dem antiken Bethar identisch sein mußte. Unterwegs stieß ich auf mehrere Straßensperren der israelischen Armee, die zuerst meinen jordanischen Führer und dann mich sorgfältig untersuchten. Und meine Gedanken flogen zurück in ein anderes Zeitalter, als hier römische Legionäre ähnliche Straßensperren errichtet haben mochten gegen ein Volk, das zuerst für seine Freiheit und dann nur noch ums nackte Überleben gekämpft hatte. Jetzt musterten uns die jungen Soldaten mit unbehaglichen Blicken. Mißtrauen stand in ihren Augen, als sie uns endlich die Ausweise zurückgaben und langsam die vielgliedrigen und stacheligen Sperren gerade so weit zur Seite räumten, daß wir weiterfahren konnten.

Das judäische Land vor mir hob und senkte sich in einem irritierenden Rhythmus. Wir fuhren über lehmfarbene Straßen hügelaufwärts oder durch Schluchten, in deren Tiefe ein ausgetrocknetes Bachbett lag, vorbei an den dürftigen Steinhäusern der jordanischen Bauern, deren Armut etwas Archaisches besitzt. Ich sah Rückständigkeit, Lethargie und Elend, alles Dinge, die im krassen Gegensatz standen zur lebhaften Geschäftigkeit in den israelischen Städten und Kibbuzim, die nur einige Meilen entfernt hinter dem dunstigen Horizont lagen. Manchmal drängten sich Ziegenherden durch den gelben Staub, der bitter schmeckte und auf meinem Gesicht verkrustete. Einmal kamen wir hinter Bethlehem durch ein größeres Dorf, in dessen Mitte ein fremdartiger Torbogen eine winkelige Straßenkreuzung auf seltsame Weise verschönte. Es dauerte einige Zeit, bis ich begriff, daß dieser Torbogen noch aus jenen Tagen stammen mußte, in denen hier christliche Kreuzfahrer aus Europa ihre Illusionen verwirklichen wollten. Und während ich noch erstaunt auf das christliche Symbol blickte, das in dieser arabischen Umgebung beinahe exotisch wirkte, entdeckte ich in seinem Schatten einen fast unleserlichen Wegweiser, der nach Battir wies. Später, an armseligen Häusern vorbei, erkundigten wir uns in einem winzigen Dorf, das nur aus einer einzigen schmutzigen Lehmstraße zu bestehen schien, noch einmal nach Battir. Und hier hörte ich zum erstenmal von den Kindern, die neugierig den Wagen umstanden, den Namen *Khirbet el Yahud,* was soviel wie *Ruinen der Juden* bedeutet. Ich war also auf dem richtigen Weg.

Das heutige Battir – das in mancher Hinsicht zweifellos ans antike Bethar erinnert, denn Palästina ist ein Land der Zeitlosigkeit – liegt direkt an der ethnischen Grenze zwischen Juden und Arabern und damit gerade noch innerhalb des besetzten Gebietes, das von den Israeli hartnäckig als Faustpfand für ihre politischen Absichten betrachtet wird. Was für eine Tragikomödie! Der Schauplatz, an dem einer der bedeutendsten jüdischen Volkshelden seinen Tod fand, verbirgt sich als armseliges jordanisches Bauerndorf in der Mulde einer Schlucht, deren rötlichbraune Schraffur sich ausgerechnet nach Südwesten zu öffnen scheint, dorthin also, wo jetzt das Stammland des neuen Staates Israel liegt. An solchen imaginären Grenzen wird der ganze Widersinn der zeitgenössischen Verhältnisse deutlich, an denen nicht nur Palästina, sondern auch der übrige Nahe Osten krankt. Und wahrscheinlich sind es eben diese ungelösten und verwirrenden politischen Verhältnisse, die eine archäologische Erfassung dieses für die jüdische Geschichte so bedeutsamen Platzes verhindern. Außerdem fehlt es an Geld für eine umfangreiche Ausgrabungskampagne.

Die sorgfältig geschlichteten, schmutzigfarbenen Steine des einstigen Verteidigungswalls, der den letzten Zufluchtsort Shimon Bar Kochbas notdürftig abschirmte, sind unter der rötlichen Erde noch auszumachen. Ölbäume und kleine Obstgärten überziehen in scheinbarer Unordnung den Hügel, in dessen Tiefe die Überreste der unglücklichen Verteidiger von Bethar ruhen. Einige Bauernhäuser haben sich ins verwischte Weiß des seltsamen Mauerrings verkrochen, zähnefletschende Hunde knurren aus dem Halbdunkel verwahrloster Erdlöcher, und die Angriffe der dicken Schmeißfliegen haben etwas Ekstatisches. Der Hügel aber, der sich aus dem Talgrund der Schlucht und auch aus der Trostlosigkeit des arabischen Bauerndorfes emporhebt, brennt wie weißlicher Schlehdorn unter der judäischen Sonne. Dornenhecken und das zähe Gestrüpp einer seit Jahrhunderten verwilderten Macchia überziehen ihn mit einer fast undurchdringlichen zweiten Haut. In der Nähe des Dorfes, wo aus einigen ockerfarbenen Felsen das Rinnsal der einzigen Quelle sickert, kann man noch einige Zeichen der Existenz jener römischen Soldaten erkennen, die hier gegen Bar Kochba gekämpft haben. Bruchstücke von Worten und Ziffern erinnern an die Anwesenheit von Einheiten jener beiden Legionen, die diesen letzten Verteidigungshügel der glücklosen Juden im Jahre 135 nach Christus endgültig erstürmten, nachdem sie zuvor schon die anderen Bastionen Bar Kochbas – nämlich Qumran und die befestigte Anlage des Herodiums an der Grenze zur großen judäischen Wüste – nach verlustreichen Kämpfen erobert hatten.

Nachdenklich und wohl auch betroffen vom Zynismus der Geschichte, die einen *Fürsten von Israel* gleichsam unerlöst in arabischer Erde hinterläßt, fuhr ich wieder zurück ins unruhige und von widersprüchlichen Gerüchten verunsicherte Jerusalem. Jetzt, da ich dies alles niederschreibe, fällt mir das Paradoxe der stereotypen Nachrichten von 1978 und 1980 ein. In der Nähe des städtischen Marktes waren damals Spuren entdeckt worden, die auf die Anwesenheit palästinensischer Widerstandskämpfer schließen ließen. An der Jordansenke sollte damals ein kurzes Feuergefecht zwischen Mitgliedern eines israelischen Wehrdorfes und eingedrungenen Palästinensern stattgefunden haben. Einige Tage später explodierte dann tatsächlich mitten auf dem belebten Gemüsemarkt von Jerusalem eine Plastikbombe. Diesmal, 1980, die zerfetzten Gliedmaßen arabischer Lokalpolitiker in der Westbank, Bombenfunde in Ramal und Tel Aviv und die Schüsse von der Jerusalemer Stadtmauer. Was für ein unglückliches Land, das nicht zur Ruhe kommt! Ich versuchte mir vorzustellen, wie dieser Mann, der Bar Kochba geheißen hatte, mit seinen Guerilleros, die sich allmählich zu ebenso gefährlichen wie schlagkräftigen Terroristenkommandos entwickelten, kleinere, abseits gelegene römische Militärlager angegriffen hatte, wie er aus der Empörung des Volkes, dem von den römischen Behörden auf Befehl Kaiser Hadrians unter anderem sogar die fromme Beschneidung untersagt worden war, seine aufrührerischen Vorteile zog und die Zahl seiner Anhänger dadurch vermehren konnte, daß er ihnen ein neues und unabhängiges Reich der Juden versprach. Und während ich in jenen Tagen damit begann, den archäologischen Spuren nicht nur Bar Kochbas, sondern auch jenes tragischen ersten Aufstandes der Juden gegen die Römer zu folgen, der die Zerstörung Jerusalems im Jahre 70 nach Christus zur Folge hatte, und während ich mich in der Gluthitze des beginnenden Sommers 1978 zwischen dem Plateau von Masada und den Ruinen der uralten jüdischen Befestigungen von Qumran wie in einem Alptraum bewegte und später in einem tiefen Canyon unweit von Eilat die sozusagen private Korrespondenz römischer Legionäre zu entziffern suchte, die als Verstärkung unterwegs waren ins rebellische Judäa, und während zur gleichen Zeit die Überfälle und heimtückischen Anschläge palästinensischer Kommandos im sogenannten besetzten Gebiet und damit auch die Straßensperren und Kontrollen wieder zunahmen, grübelte ich über die verhängnisvolle Folgerichtigkeit nach, der Bar Kochba unterworfen war, als er zuerst der vermeintliche Retter Israels und dann nur noch ein zu Tode gehetzter Rebell gegen das Römische Reich war.

Ist es das, was ich mit meiner Suche nach Palästina erreichen will? Die melancholische Nacherzählung einiger Geschichten von vorgestern? Die vermeintliche Harmlosigkeit tragischer Anekdoten, an denen das Blut der handelnden Figuren schon vor achtzehn Jahrhunderten eingetrocknet war? Geschichte als billiges Gleichnis?

Ein wichtiger Anlaß für die Revolte der Juden unter Shimon Bar Kochba gegen die römische Militärmacht soll der Befehl Kaiser Hadrians gewesen sein, die fromme Zeremonie der Beschneidung unverzüglich einzustellen. Es war also, wenn man den meisten Historikern glauben darf, ein religiöser Anlaß. Achtzehn Jahrhunderte später war es wieder ein religiöser Anlaß, der diesmal Juden und Araber betraf und dessen unheilvolle Wirkung bis auf den heutigen Tag anhält. Im Jahre 1929 errichteten die Juden vor der Klagemauer in Jerusalem eine hölzerne Schranke, durch die Frauen und Männer während ihres Gebetes voneinander getrennt werden sollten. Das verletzte die religiösen Gefühle der Araber, die anfangs auf ihrem Gewohnheitsrecht beharrten, das für sie seit dem Mittelalter Gültigkeit besaß und demnach im näheren Umfeld der Al-Aksa-Moschee und des Felsendoms nichts verändert werden durfte. Dann, als alle religiösen Einwände nichts fruchteten und auch die britische Schutzmacht in Palästina keine Lösung dieses heiklen Problems fand und andererseits die orthodoxen Juden von Jerusalem auf ihrer hölzernen Barriere bestanden – die es übrigens heute noch gibt –, kam es fast unvermeidbar zum Pogrom gegen die Juden, eskalierte der Zorn der aufgebrachten Mohammedaner zur nackten Gewalt, die sich vor allem in Hebron gegen die alteingesessenen israelischen Siedler richtete. Es gab mehr als hundert Tote und zweihundert Verwundete. Die wenigen überlebenden und verängstigten Juden flüchteten damals Hals über Kopf aus Hebron. Und als 1967 die ersten israelischen Panzer auf die Stadt zurollten, fürchteten die Söhne und Enkel der Mörder von 1929 naturgemäß das Schlimmste. Ein jordanischer Scheich namens Dshabari, bereit zu Sühne und Selbstopfer, eilte den Panzerverbänden entgegen, in der einen Hand eine weiße Fahne und in der anderen den aufgeschlagenen Koran. Aber die Vergeltung, die verständlich gewesen wäre, kam erst später und war von anderer Art, als es die Araber erwartet hatten, war diffizil und gerade deshalb besonders grausam und verzettelte sich in einen Kleinkrieg, der den Haß auf beiden Seiten immer wieder von neuem entfachte.

Immerhin beanspruchten beide Religionen und Völker Hebron als eine nationalistische Reliquie für sich. König David residierte hier sieben Jahre lang, bevor er Jerusalem zu seiner neuen Hauptstadt machte, und in der berühmten Höhle von Machpela, über der die Mohammedaner ihre Moschee errichteten, befinden sich die Gräber Abrahams, Isaaks und Jakobs, also der biblischen Stammväter Israels. Doch Hebron bedeutet auch für den Islam sehr viel, da ja Abraham in der mohammedanischen Religion gleichfalls eine wesentliche Rolle spielt. Es zeigt sich also wieder einmal die fast schon metaphysische Lust am Zwiespalt, der die Ursache ist für den unversöhnlichen Haß gewisser – *beileibe nicht aller* – Teile beider Volksgruppen. Vieltausendjährige Legenden, historisch entweder gar nicht oder nur äußerst ungenau verifizierbar, genügen immer noch als auslösendes Moment für Sprengstoffanschläge, Pogrome und feindselige Unversöhnlichkeit, wobei dieser Zustand nur deshalb nicht als permanenter Religionskrieg betrachtet wird, weil man möglicherweise in beiden Lagern Palästinas doch davor zurückschreckt, diesen latenten Wahnsinn auch noch auf eine Weise zu etikettieren, die einer negativen Legalisierung gleichkäme.

Jetzt im Juni 1980, als ich wieder nach Hebron komme, sind erst wenige Tage seit dem verhängnisvollen Attentat auf die jordanischen Lokalpolitiker im besetzten Gebiet der Westbank Judäas vergangen. Dazu muß man freilich wissen, daß Wochen vorher ein Anschlag auf eine Gruppe orthodoxer Juden, die sich in Hebron wieder ansässig machen wollen – nicht in Kiriat Arba, der jüdischen Siedlung oberhalb Hebrons, sondern mitten in der arabischen Stadt –, mehrere Opfer gekostet hatte. Sechs Juden starben innerhalb von wenigen Augenblicken unter dem Kugelhagel palästinensischer Freischärler. Eine Welle von Attentaten auf jordanische Politiker, die Ausweisung des Bürgermeisters von Hebron und einiger seiner Kollegen aus Israel war nur eine ebenso zwangsläufige wie unbarmherzige Fortsetzung dieser Politik der Gewalt und des Terrors.

Die Stadt gleicht jetzt im Juni 1980 jedenfalls einem Armeelager. Ich fahre zum Grabmal Abrahams, dem Heiligtum der Araber und Juden und der Ursache so vieler Kämpfe. Es wird von israelischen Soldaten und jordanischen Polizisten bewacht. Die Souvenirläden, Teestuben, Kaffeehäuser und Kioske auf dem kleinen Platz darunter, von dem man einige Treppen zum festungsähnlichen Bau der Grabmoschee emporsteigen muß, sind hermetisch verschlossen. Als ich den Mietwagen verlasse, den ich mir in Jerusalem genommen habe, kommen von überall her Uniformierte auf mich zu, Israeli und Araber, alle mißtrauisch und zurückhaltend, einige sogar feindselig, bis ich ihnen erklären kann, daß ich lediglich einige Aufnahmen machen will. Die Soldaten lassen mich achselzuckend gewähren, aber sie und auch die jordanischen Polizisten weichen in den nächsten Minuten nicht mehr von meiner Seite. Diese Zurschaustellung militärischer Wachsamkeit ist beklemmend und zugleich lebensnotwendig, denn ich weiß, daß hinter den verschlossenen Jalousien der Häuser und im Halbdunkel schattiger Torbögen und Hinterhöfe zahllose Augenpaare jede Bewegung beobachten, daß also an diesem heiligen Platz jede mißverständliche Geste innerhalb von wenigen Augenblicken eine fanatisierte Menge zum Eingreifen veranlassen könnte.

Das Gefühl eines zögernden, ja vielleicht sogar unwilligen

Nichtbegreifenkönnens verstärkt sich noch, als ich wenige Stunden später nach Jerusalem zurückkehre und nichtsahnend an einer Synagoge vorbei zu meinem Hotel fahren will. Ich hatte völlig vergessen, daß Sabbat war. Ich werde nun von jüdischen Polizisten angehalten, die mir klarmachen, daß ich am Sabbat nicht an einem jüdischen Gotteshaus vorbeifahren dürfe. Ich muß einen umständlichen Umweg machen, verfahre mich, gerate noch einmal an eine Polizeistreife, die eine breite und nun natürlich völlig leere Hauptstraße absperrt, weil sich auch hier eine Synagoge befindet. Und die ganze Zeit, während ich zum Hotel unterwegs bin, denke ich an die motorisierten Streifen der Armee, an die gefechtsbereiten Schützenwagen drüben in Judäa und an die schußbereiten Maschinengewehre in Hebron, denke ich an die Auswirkungen eines religiösen Fanatismus auf beiden Seiten, denke ich an die Intoleranz, die sich hinter dem religiösen Gestus verbirgt und die manchmal nur eine Hauptstraße in Jerusalem unpassierbar macht und manchmal ganz Judäa und die Westbank in blutigen Aufruhr versetzt.

Hat es also überhaupt noch einen Sinn, sich über Palästina irgendwelche hoffnungsvollen, optimistischen Gedanken zu machen, wenn man längst schon ahnt oder sogar zu wissen glaubt, daß die Wurzel allen Elends in den alten Geschichten zu suchen ist, die an Orten wie Bethar und Masada und in den Synagogen und Moscheen von Hebron und Jerusalem spielten? Könnte es tatsächlich so sein, daß religiöser Fanatismus auch noch im 20. Jahrhundert wirksam genug ist, um jede Versöhnung oder zumindest Annäherung an den Standpunkt des Gegners zu verhindern? Ist es wirklich vorstellbar, daß die Betriebsamkeit der internationalen Diplomatie, alle diese Geheimverhandlungen, Politikertreffen und salbungsvollen Interviews in Wien, Washington oder Kairo und auch die Terroranschläge auf Flugzeuge, Kindergärten und Zivilisten, daß also alles das, was mit dem Begriff *Palästinenserproblem* so vage und so erschreckend willkürlich umschrieben wird, in Wahrheit aus der absoluten Unvereinbarkeit religiöser Ansichten resultiert und daß es im Grunde hüben wie drüben stets nur eine orthodoxe Minderheit war und ist, deren Aktivitäten der eigentliche Stein des Anstoßes sind? Haben heimliche Waffenlager, blutige Sprengstoffanschläge und die unnachgiebige Haltung der israelischen Militärs, der eine nicht minder unnachgiebige Haltung der PLO gegenübersteht, möglicherweise auch damit etwas zu tun, daß die Juden mit der Bibel und die Araber mit dem Koran in der Hand ihre Standpunkte vertreten?

Immer, wenn ich nach Erklärungen für die unheilvolle Zerrissenheit Palästinas suche, stoße ich auf Erklärungen, Geschichten, Anekdoten, Begegnungen, die für sich allein genommen noch nicht sehr viel, insgesamt aber eine mögliche Antwort ergeben. Ich denke an Jericho, wo ich den Hishampalast aus der Omajadenzeit besuchte, natürlich begleitet von zwei schwerbewaffneten israelischen Soldaten, die mir beharrlich durch die glühende Mittagshitze folgten. Ich entdeckte keine Araber, die dieses Zeugnis ihrer großen Vergangenheit aufsuchten. Ich hatte auch in den Jahren vorher, wenn ich nach Jericho kam und durch das weitläufige Gelände dieser prachtvollen Anlage aus dem 8. Jahrhundert streifte, niemals arabische Besucher gesehen. Diesmal im Juni ist es nur eine Gruppe amerikanischer Juden, später noch einige Deutsche, die mit ratlosen Gesichtern durch die Ruinenkulisse gehen. Wo bleibt das Selbstverständnis der Araber für ihre eigene Geschichte?

Jetzt im Hotel werde ich wieder einmal unmißverständlich auf den jüdischen Sabbat aufmerksam gemacht. Eine Rose auf meinem Zimmer und ein hektographiertes Blatt Papier mit verschiedenen Hinweisen und Anordnungen erinnern mich daran, daß ich mich in Jerusalem befinde. Woran ich mich aber wirklich erinnern möchte, weil es mir als wesentlich erscheint für das Verständnis dieses schönen und unglücklichen Landes, sind Bilder aus Hebron und Nablus, aus Ein Gedi und Jericho, aus Bethlehem und Arad, Bilder von düsterer Prägnanz und eine Wirklichkeit beschreibend, die in den Verhandlungsrunden aller damit befaßten oder sich dazu drängenden Politiker nur äußerst selten in eine verständliche Sprache umgesetzt wird. Ich möchte mich an diese unglaubliche Männergesellschaft von Hebron erinnern, an diese Patriarchen mit ihren wallenden Gewändern und Turbanen und den zerfurchten, düsteren Gesichtern, an diese ehrwürdige und respektgebietende Männergesellschaft, die doch nur lächerlich und unglaubwürdig wirkt im Schatten israelischer Schützenwagen und Maschinengewehre. Wie war das mit Shimon Bar Kochba und seiner Rebellion gegen das römische Verbot einer religiös motivierten Beschneidungszeremonie? Flammte da auch auf zerfurchten und düsteren Gesichtern einer respektgebietenden Männergesellschaft die ständige Bereitschaft zur Leidenschaft auf, zum Haß und zum Vernichtungswillen gegen einen Gegner, dessen Motive man gar nicht kennen und dessen Handlungsweise man nicht rationell begreifen wollte? Wiederholt sich also auch in Palästina stets dieselbe Geschichte mit denselben tragikomischen Inhalten?

Nein, ich weiß wirklich nicht, ob man das so apodiktisch sagen kann, aber ich fürchte, daß sich mehr als nur ein Körnchen Wahrheit in der Feststellung verbirgt: Die politische Argumentation rund um das Problem Palästina kaschiert nur mühsam die wahren Ursachen, die zweifellos religiöser Herkunft sind. Die ausgeklügelte und niemals wirklich funktionierende bürokratische Lösung, wann und auf welche Weise Juden und Araber in Hebron an den Quellen ihrer spirituellen Existenz beten dürfen, birgt mindestens ebensoviel Sprengstoff in sich wie die Existenz überfüllter Palästinenserlager im ganzen Nahen Osten, einschließlich der Lager im unruhigen Gazastreifen. Und auch die Tatsache, daß die Juden ihr eigenes orthodoxes Element auf eine Weise respektieren, die ein fast schon übertriebener Beweis für ihr Demokratieverständnis ist, erleichtert die Situation keinesfalls.

Zuletzt schließlich, an einem Sabbatabend in Jerusalem, habe ich ein kleines Erlebnis, das mich wieder voreingenommen sein und zugunsten der Juden aussagen läßt. Es ist im Speisesaal eines großen Hotels. Draußen wütet den ganzen Nachmittag schon ein heißer Sommersturm, der aus den Tiefen der Jordansenke aufsteigt. Er fliegt wie ein rachelüsterner Engel über die heilige Stadt. Im Speisesaal beendet der Rabbiner des Hotels gerade seine Zeremonie, die ich nicht ganz verstehe, die aber zweifellos etwas mit Segnung und Danksagung zu tun hat. An manchen Tischen sind die Gäste vorher schon aufgestanden und haben kurze Lieder gesungen oder Gebete gesprochen. Nun sehe ich an einem Nachbartisch eine junge hochschwangere Frau, ihren Mann und drei Kinder mit dem Tischgesang beginnen, alle weizenblond und so arisch aussehend wie man sich das höchstens in Skandinavien vorstellen könnte. Die Gesichter der Kinder sind dabei von rührendem Ernst. Ein Hauch von Unschuld und Liebe liegt über dieser Zeremonie, die auf mich tiefen Eindruck macht. Draußen der brüllende Sturm und hier die jungen hellen Stimmen, draußen eine Natur, die sich plötzlich als feindselig entpuppt, und hier die Sicherheit des Glaubens, junge Menschen, die mit großem Ernst und selbstverständlicher Hingabe einer religiösen Pflicht nachkommen.

Einen Augenblick lang empfinde ich an diesem Sabbatabend in Jerusalem ein Gefühl ohnmächtiger Furcht. Ich bin bewegt, aber ich frage mich zugleich, ob ich einmal imstande sein würde, dieses vielgesichtige Palästina wenigstens andeutungsweise zu begreifen. Denn diese fröhliche Familie am Nachbartisch, diese schönen, liebevollen, blonden jungen Juden sind Orthodoxe. Ihre Unnachgiebigkeit in religiösen Fragen ist ihr Leben. Ihr Fanatismus und ihre Intoleranz Andersdenkenden und Andersgläubigen gegenüber sind entscheidende Voraussetzungen ihres Glückes oder was sie dafür halten. Das alles aber setzt wiederum den Untergang und die Bedeutungslosigkeit der islamischen Orthodoxie voraus. Ich blicke die Kinder an. Der Schmelz auf ihren Gesichtern, die Ernsthaftigkeit ihrer Würde, die Unschuld in ihren Augen ... ist das nicht herzergreifend? Warum zögere ich und ängstige mich vor dem, was hinter dieser Unschuld liegt?

Kapitel II

EIN ISRAEL FÜR DIE CHRISTEN

Jeder Gedanke, gedacht und niedergeschrieben als Erinnerung an zerzauste Ölbäume im rostbraunen Judäa oder an den schmutzigfarbenen Tümpeln unten am Jordan, wo Johannes der Täufer seine zur Schale geformten wassergefüllten Hände über den Sohn eines jüdischen Zimmermannes hob, jeder Satz, den man auf seine Brauchbarkeit überprüft hat, jedes Gefühl, das man an diese Geschichte namens Israel zu verschenken bereit ist . . . und alles unter dem Eindruck einer finsteren Entschlossenheit, unter der man an Orten wie Qumran oder Masada beinahe zerbricht, alles beeinflußt von der ständigen Bereitschaft, hinter jeder staubigen Hecke in Galiläa einen Mythos zu akzeptieren, aber auch von der Ergriffenheit, der man in Bethlehem und Jerusalem, wo die Lügen wie das fleischgewordene Wort unter der Sonne liegen, nicht mehr Herr werden kann . . . alles erfordert stets auch gebieterisch eine entgegengesetzte Antwort, jede These hat ihre Antithese, jede Meinung, die ein Christ in diesem Land zu haben gezwungen ist, erstickt am Widerspruch, den die tatsächlich gemachten Erfahrungen formen.

Einmal, oberhalb des uralten Kidrontals in Jerusalem, den Blick zugleich auf Felsendom, jüdische Getreidemühle und Gethsemane gerichtet, notierte ich meine Hoffnung auf die Kraft des biblischen Wortes. Aber in diesem Augenblick ahnte ich schon, daß man in Palästina entgegen der herrschenden Meinung mit biblischen Gleichnissen und Geschichten nicht immer viel anfangen kann. Einmal, in Bethlehem angesichts der herabfallenden Sonnenglut, durch die eine Gruppe spanischer Pilger, schweißüberströmt und trotzdem eintauchend in einen triumphierenden Gesang, der Geburtskirche entgegenzog, die von jordanischen Polizisten und israelischen Soldaten bewacht wurde, überlegte ich mir voll hochmütiger Selbstsicherheit, daß von allen Religionen, an denen man in Palästina zugrunde gehen kann, die christliche ihre schwierigsten Prüfungen bereits überstanden habe. Aber heute weiß ich, daß das nicht stimmt. Und es hätte dazu erst gar nicht meiner Erfahrung im südlichen Libanon gebraucht, wo eine christliche Miliz, unterstützt durch jüdische Waffen und Strategien, palästinensische Bauern erbarmungslos abschlachtet.

Dennoch muß es auffindbar sein, dieses *Israel für die Christen,* das ja keine Chimäre sein kann, das seit jenen Tagen, da römische Asketen namens Hieronymus und byzantinische Kaisermütter namens Helena hier die geistigen Grundlagen schufen für die Kreuzzüge, immer als *Heiliges Land* geführt wird in den Aufzeichnungen der Völker und Konfessionen, die kein Klischee auslassen, um ihre Besitzansprüche, die eingebildeten wie die mühsam gerechtfertigten, zu beweisen. Dieses Israel muß vorhanden und damit auffindbar sein! Seine Existenz muß beweisbar sein! Die Frage ist nur, wie man das bewerkstelligen soll, ohne in den Lügen zu ertrinken, die sich im Verlauf von annähernd zwei Jahrtausenden angesammelt haben.

Es gibt natürlich die Legenden von Bethlehem, Nazareth und Jerusalem, die auch dann nichts von ihren begeisternden Inhalten einbüßen, wenn die Wissenschaft ihnen jede uneingeschränkte Zustimmung verweigert, Legenden, die von Juden und Arabern akzeptiert und sogar gefördert werden, weil sie dem lebenswichtigen Fremdenverkehr nützlich sind. Die Zahl der christlichen Touristen und Pilger wächst jedes Jahr von neuem. Der materielle Gewinn, der daraus gezogen wird, überwiegt vorerst noch die Bedenken, die man aus jüdischer und arabischer Sicht gegen manche historische Verfälschung einwenden könnte. Außerdem gibt es ja auch noch die Geschichte jenes Bischofs Sophronius, die weder Juden noch Araber vergessen, der im Jahre 638, als Kalif Omar mit seinen Wüstenreitern Jerusalem eroberte, ausgerechnet die Ruinen des jüdischen Tempels als Bauplatz für eine mohammedanische Moschee anpries. Es ist übrigens der Platz, an dem sich heute, nur ein paar Schritte von der Klagemauer entfernt, die berühmte Al-Aksa-Moschee erhebt. Und dann existiert auch noch ein anderes Datum als Beweis der Theorie vom *christlichen Israel,* das immer nur Unruhe unter die alteingesessenen semitischen Stämme Palästinas gebracht habe, ein

Datum, das gebieterisch Beachtung fordert, weil es im christlichen Lager so gern verschwiegen oder eigentlich verharmlost wird. Es ist der 15. Juli 1099, an dem eine Kreuzfahrerarmee unter Gottfried von Bouillon Jerusalem erobert und unter der Bevölkerung ein beispielloses Massaker veranstaltet, dessen moralische Auswirkungen auf Araber und Juden ungeachtet der seit damals verflossenen Zeit unauslöschlich geblieben sind. Heute noch kann es vorkommen, daß man während eines neutralen Gespräches – das in Wahrheit niemals wirklich neutral ist – mit palästinensischen oder jüdischen Freunden unversehens dieses berüchtigte Datum zitiert bekommt. Und der Gesichtsausdruck des Zitierenden verändert sich dann auf rätselhafte Weise. Vielleicht ist dieses Datum sogar eine der Ursachen dafür, daß es in Israel tatsächlich so gut wie keine neutralen Gespräche gibt.

Es gibt auch Spuren, die auf ein *Israel für Christen* verweisen und die von unleugbarer Aussagekraft sind, vor allem dann, wenn man den wesentlich älteren jüdischen und den weit jüngeren islamischen Mythos miteinbezieht. Eine dieser Spuren endet oder entspringt – es ist schwierig, über Israel zu schreiben, ohne das größere Palästina aus den Augen zu verlieren – in einer Höhle oberhalb einer türkischen Provinzstadt namens Antakya. Eine andere Spur zieht sich vom kilikischen Tarsus, wo schon Pompeius mit Kleopatra einen Teil seiner unglaublichen Flitterwochen feierte, über Antakya, das damals allerdings noch Antiochia hieß und eine römisch-asiatische Weltstadt war, bis zu einem Schauplatz einige Kilometer vor Damaskus, den man zwar heute schon längst nicht mehr mit Sicherheit bestimmen kann, der aber für die Geschichte des anfangs nur jüdischen und später allgemeinen, die Völker der Erde umfassenden Christentums von lebenserhaltender Bedeutung war. Wieder eine andere Spur verliert sich im Schlamm, in den trüben Wassern des Jordan, wo eine Taufzeremonie von welthistorischer Bedeutung stattfand. Und die wichtigste aller Spuren beginnt und endet in Judäa, in Jerusalem.

Warum sage ich das? Und weshalb sage ich es auf diese topographische Weise? Will ich mir selbst ausweichen, weil ich um eine aufrichtige Antwort verlegen bin? Oder genügt mir das überlieferte Bild nicht mehr, das ich mir als europäischer Christ von Israel machen darf?

Die Höhle von Antakya oder Antiochia, von deren brüchigem Gestein gleichmäßig die Wassertropfen fallen und in deren Nähe ein mysteriöses Männerantlitz in eine Felswand gezeichnet wurde, ein Gesicht von zeitloser Ebenmäßigkeit, das wie eine Erinnerung an Jesus aussieht, wobei man noch immer nicht weiß – und es wahrscheinlich nie erfahren wird –, wen dieses Antlitz wirklich darstellt oder in welchem Jahrhundert es entstanden ist, diese Höhle oberhalb Antakyas also ist der Geburtsort des Begriffes *Christen,* hier war es, daß bald nach dem Tode des Heilands eine anonyme Stimme wie zufällig das Wort aussprach, das dann Gültigkeit haben sollte für alle Gruppen und Sekten dieser neuen Religion: *Wir sind Christen,* hieß es plötzlich in der Dämmerung der Höhle, abgeleitet vom Namen des Meisters, den damals wie heute viele nur als einen jüdischen Wanderprediger, als eine Art religiösen Gaukler gelten lassen wollten und der doch damals wie heute eine Faszination auf die Menschen auszuüben imstande war und ist, der sich kein nachdenklicher Geist entziehen kann.

Und das kilikische Tarsus? Der unbekannte Schauplatz vor Damaskus? Das hängt selbstverständlich mit dem jüdischen Färber- und Zeltmachersohn Saulus zusammen, aber auch mit dem Blitz, der aus Gottes Stimme auf ihn niederfiel und ihn einen Paulus werden ließ, das hat mit dem grenzenlosen Fanatismus zu tun, der unerläßlich war, um aus dem Programm einer wenig beachteten jüdischen Sekte ein weltumspannendes Glaubensbekenntnis zu machen.

Der Ort der Taufe am Jordan wiederum liegt heute im Niemandsland zwischen den Grenzen, liegt im Sperrgebiet der israelischen Armee, argwöhnisch beobachtet von jordanischen Vorposten, und außer einigen Beduinen und Tscherkessen, die als Späher für die israelische Armee eingesetzt werden und die jeden Morgen von neuem die Sandstraße, die diese unheimliche Grenze markiert, nach verräterischen Spuren absuchen, kommt kaum jemand in die Nähe des Platzes, an dem sich eines der großen Gleichnisse der Weltgeschichte ereignet hatte.

Über Jerusalem wird noch zu reden sein, ebenso über Bethlehem und Nazareth. Aber wie verhält es sich zunächst mit der angeblichen oder tatsächlichen Feindschaft der Juden – vor allem natürlich der orthodoxen Juden – gegen alles Christliche? Den latenten Haß der

Christen gegen die Juden kennen wir. Ihn haben wir viele Generationen lang gleichsam mit der Muttermilch eingesogen. Und wo das nichts zu nützen schien, half ein aufmunterndes Wort, das gelegentlich ein Papst wie jener Pius X. aussprach, der dem Wiener Juden, Feuilletonisten und Utopisten Theodor Herzl unmißverständlich verkünden konnte, daß der Vatikan, wenn jetzt tatsächlich die Juden ins *heilige Land* strömten, Kirchen und Priester bereithalten werde, um alle Juden zu taufen. Herzl, der unermüdliche Verfechter jüdischer Souveränität, hatte den Fehler begangen, den Papst für die Idee eines selbständigen Judenstaates in Palästina gewinnen zu wollen. Und der Papst hatte ihm die einzige Antwort gegeben, die zu jener Zeit einem Pontifex maximus vorstellbar war.

Aber ich sehe schon, ich muß Partei ergreifen, wenn ich von einem *Israel für Christen* rede, wenn ich es wenigstens ansatzweise zu erklären versuche, auch wenn es mir schwerfällt, im verwirrenden Durcheinander der Argumente und Gegenargumente einen handfesten Beweis für irgendeine Theorie zu finden. Der palästinensische Himmel, so könnte man meinen, spanne sich voll gleichmütiger Schönheit über Gerechte und Ungerechte. Die steinige Erde Judäas, die sanftmütige Fruchtbarkeit Galiläas, die biblischen Wachtelschwärme und glitzernden Tautropfen, aber auch Sandsturm und Wassermangel besäßen, so ist doch wohl anzunehmen, Gültigkeit für die Überlebenden der deutschen Konzentrationslager genauso wie für die besiegten Palästinenser, ob sie sich nun mit den israelischen Verhältnissen abgefunden haben oder nicht. Da müßte doch auch noch Platz für die Christen sein! Da müßte doch wohl auch noch die dritte Religion eine legitime Heimat finden! Oder haben die Juden, die zum letztenmal im Jahre 614 die christlichen Kirchen zerstörten, als damals die Perser über die Syrische Wüste hinweg bis zu den Küsten des Mittelmeeres vorstürmten, wirklich nicht vergessen können, wie das im Mittelalter war, als die christlichen Pilgerzüge an den fragwürdigen und schrecklichen Karfreitagen durch die Via Dolorosa zogen und die Teilnehmer sich in eine Ekstase hineinsteigerten und jeden Juden umbrachten, der den Pilgern aus Europa über den Weg lief? Rache für den Mord der Juden an Christus nannten es die Pilger und beschmierten mit jüdischem Blut Hauswände und Türpfosten. Die ersten Pogrome christlicher Mörder nennen es die Juden und lassen sich nicht davon abbringen, daß es zwischen ihnen und den Christen äußerstenfalls kühle Distanz, aber niemals ein Gefühl der Zuneigung geben könne.

Trotzdem gibt es Wurzeln für dieses Christentum in Israel, die man nicht so ohne weiteres verschweigen darf, auch wenn es sich vielfach nur um Symbole handelt. Der Stern in der Geburtshöhle zu Bethlehem etwa, der zwar im 19. Jahrhundert plötzlich ein weithergeholter Anlaß für den unseligen Krimkrieg war, dessen Anblick aber doch in jedem Christen ein Gefühl erzeugt, das ein Jude oder Araber niemals verstehen könnte. Daran ändert auch der Umstand nichts, daß es Wissenschaftler gibt, die sich nicht überzeugen lassen, in dieser Höhle die Geburtsstätte des Herrn zu erkennen. Das legendäre Katharinenkloster unterhalb des Berges Sinai, das allen drei in Palästina ansässigen Religionen bedeutungsvoll sein sollte und das viel mehr ist als nur eine touristische Attraktion oder ein Zankapfel zwischen israelischen und ägyptischen Unterhändlern. Oder die erinnerungsträchtigen Klöster, die wie Schwalbennester an den steil abfallenden Erdhängen kleben, die Judäa von der Jordansenke trennen. Und dann natürlich und vor allem die unglaubliche Via Dolorosa – obgleich begründete Zweifel erlaubt sind, daß Jesus wirklich hier das Kreuz zur Schädelstätte schleppte –, dieser berühmteste aller Pilgerwege, der zur Grabkirche führt, zum vielleicht ergreifendsten Zentrum der christlichen Religion. Hier war es auch, wo vor wenigen Jahren griechische Archäologen die Fundamente der ursprünglichen Basilika entdeckten, die von Helena, der Mutter Kaiser Konstantins, in Auftrag gegeben wurde, nachdem ihr durch eine Vision der Platz offenbart worden war, an dem Christus am Kreuz starb. Ganz zu schweigen von jener vielleicht erstaunlichsten archäologischen Entdeckung der letzten Jahre, bei der man in einer judäischen Höhle fünfzehn Steinbehälter fand, angefüllt mit Skeletten, wobei man an einem der Skelette eine Art Biographie und auch die Todesart nachweisen konnte. Es handelte sich hierbei um einen Mann zwischen vierundzwanzig und achtundzwanzig Jahren, der in den ersten Jahrzehnten christlicher Zeitrechnung gelebt hatte und der von graziler, fast weiblich anmutender Körpergestalt gewesen sein muß. Er dürfte auch mit einer an Sicherheit grenzenden Wahrscheinlichkeit vor seinem Tod keine schwere körperliche Arbeit geleistet haben. Das Erstaunlichste aber war, daß man ihn, die Beine hochgezogen und die Füße flach ans Holz geheftet, den Rumpf verdreht und die Arme waagrecht zu den Schultern gleichfalls ans Holz geheftet, an einem Kreuz hatte elend sterben lassen.

Erweckt das alles nicht Erinnerungen in uns? Haben wir es da mit einem Ebenbild des jüdischen Zimmermannsohnes zu tun, den wir als Religionsgründer und Sohn Gottes verehren? Und ist das nicht eine ergreifende Aufforderung zur Erinnerung daran, wie sich Leben und Sterben dieses Mannes namens Jesus abgespielt haben könnte? Oder ist es wirklich nur ein Zufall, der sich als historischer Fingerzeig tarnt?

Aber die Rede ist von Israel, von einem Land, wo man sich stets fragen muß, ob die Beweise, die man als nachdenklicher Christ finden kann, auch Gültigkeit haben. Und wo man sich einer Wahrheit, die man für sich selbst als Alibi verwendet, nie so ganz sicher sein kann, weil es immer auch noch eine jüdische und eine arabische Wahrheit gibt. Was wirklich bleibt, ist rasch aufgezählt: geheimnisvolle Klöster, archäologische Funde, deren wissenschaftlicher Wert durch fromme Spekulation vervielfacht wird – denken wir an das Schweißtuch von Turin, das ja auch eine Spur zurück zu den Wurzeln christlichen Selbstverständnisses ist –, aber auch Schauplätze von dramatischer Bedeutung, wie etwa die Taufstätte am Jordan und Golgatha, die sogar dann, wenn man kein gläubiger Mensch ist, durch ihr historisches Gewicht Respekt abnötigen! Genügt das alles schon, damit ich unwidersprochen feststellen kann, daß dieses *Israel für Christen* mehr als nur Einbildung, Vorwand oder gutgemeinter Trugschluß ist?

Heute freilich, nach intensiver Beschäftigung mit Israel, mit Palästina, jetzt, da ich langsam zu ahnen beginne, daß meine persönliche Auseinandersetzung mit den religiösen Fragen Früchte trägt, die gelegentlich bitter schmecken und wie ein unbequemes Faustpfand sind, mit dem zu leben schwierig sein wird, heute freilich glaube ich zu wissen, daß der Boden in diesem Land, von dem Araber und Juden übereinstimmend sagen, daß es nur das vergossene Blut sei, das dieses sanfte, traurige Rot erzeugt habe, von dem die palästinensische Landschaft auf so unnachahmliche Weise profitiert, während ich noch von keinem Christen eine ähnliche Antwort erhalten habe, heute glaube ich also zu wissen, daß der Boden dieses Landes eigentlich unheilbringend sein müßte für jeden gläubigen Christen, der sich seiner Sache noch nicht absolut sicher ist. Und ich füge hinzu, daß sogar die Luft in Palästina von Heimtücke und Totschlaggedanken erfüllt ist, daß der Himmel eine höhnische Grimasse zieht, daß die Erde verseucht ist vom Gift, das die Menschen sich gegenseitig ins Leben mischen. Natürlich kann ich nur von mir und für mich selbst sprechen, zitiere ich immer nur meine eigene Enttäuschung, wenn ich alle wichtigen Jahreszahlen, aber auch die Exzesse des Krieges und die Litanei der gegenseitigen Verleumdungen in meinen Gedanken spüre, wenn ich mich an alles das erinnere, was mich, *einen Christen,* nicht mehr so tun läßt, als sei zwischen Nazareth und Bethlehem, zwischen Jerusalem und dem Berg Tabor niemals irgend etwas geschehen, das mich verunsichert, mich verrückt macht, weil es meine Moral, meine halbherzige Neigung für Anstand und Humanität und schließlich auch meinen Glauben immer wieder von neuem in Frage stellt.

Ich kann wirklich nur für mich und meinen Glauben sprechen. Ich weiß nicht, ob ein gläubiger Jude oder ein gläubiger Mohammedaner ähnliche Überlegungen anstellt. Vorstellen könnte ich es mir. Und ich könnte mir auch vorstellen, daß jeder Gläubige, der sich seines Glaubens nicht vollkommen sicher ist, in Palästina vorsichtig sein sollte, wobei es völlig gleichgültig ist, ob ihn der Gott der Juden, Mohammedaner oder Christen in erwartungsvolle Unruhe versetzt. Israel oder Palästina, von dem das christliche Abendland seit Generationen hartnäckig behauptet, es habe immer nur eine missionarische Aufgabe zu erfüllen, also sozusagen ein Europa in fremder Erde zu spielen . . . es ist in Wahrheit ein zutiefst orientalisches Land, asiatisch und schwer durchschaubar, ein Land jedenfalls, an das man zuerst seine Hoffnungen und Gefühle und dann sogar sich selbst verlieren kann. Es bietet, so glaube ich, auch eine Voraussetzung dafür, daß man als Europäer – oder soll ich sagen: als *Deutscher,* als *Österreicher?* – endlich Gewissenserforschung betreibt. Aber es ist niemals ein Schauplatz für religiöse Selbstgefälligkeit oder für fromme Sicherheit.

Vielleicht blickte ich deshalb so sehnsüchtig nach Tarsus und Antakya, überlegte ich mir deshalb eifrig die Chancen, Namen wie Edessa – das heutige Urfa –, wo nach den Vorstellungen der Araber Abraham geboren wurde, oder jener kleinen verwahrlosten Dörfer an der syrisch-türkischen Grenze, wo die ersten Säulenheiligen der christlichen Religion ihre jahrzehntelangen Ekstasen hatten. Vielleicht spielte ich mit der Harmlosigkeit dieser Geschichten, in denen noch keine Kreuzzüge, Pogrome oder Konzentrationslager vorkommen. Vielleicht überlegte ich mir deshalb die Möglichkeit, alle Wurzeln meines eigenen Glaubens ausfindig zu machen, bevor ich wieder an den Schreibtisch zurückkehren muß, wo schon die Lügen, getarnt als historische Überlieferung, auf mich warten. Und vielleicht lehne ich deshalb den nützlichen Ausweg einer fügsamen Legendenerzählung über das *Heilige Land* ab, weil ich kaum ein anderes Land kenne, das unheiliger, verdorbener oder gefährlicher wäre. Ich habe nichts gegen Mythen, solange sie eine brauchbare Wahrheit enthalten. Aber ich ängstige mich vor jedem Mythos, der mein Leben bedroht oder mich um den Verstand bringt. Jeder plausiblen Verführung durch einen Mythos ergebe ich mich. Aber gegen die Unbarmherzigkeit, mit der diese Verführung in biblischer Umgebung stattfindet, lehne ich mich auf.

Es könnte nun sein, daß man meiner Naivität, der vermeintlichen Ahnungslosigkeit meiner Gefühle mißtraut. Es wäre vorstellbar, daß man mich für meine zögernde Haltung schilt, mich abqualifiziert, mich als Feigling denunziert und mir meine Skrupel weder glaubt noch erlaubt. Und mich einen Abtrünnigen nennt, der die Sache seiner Religion nicht vortrefflich oder leidenschaftlich genug zu vertreten imstande sei. Aber was ist das: *Meine Religion?* Die liebenswerte christliche, die aus einem jüdischen Schoß entstanden ist? Die unbarmherzige jüdische, die unter der Gluthitze arabischer Wüsten und im Schmelztiegel eines vieltausendjährigen Elends heranwuchs? Die eifernde islamische, die zwischen nachlässiger Milde und geifernder Unversöhnlichkeit schwankt?

Ich kam nach Jerusalem wie einer dieser namenlosen Pilger, die Gott suchen und dann mitansehen müssen, wie konkurrierende Ordensbrüder einander voll wüster Hemmungslosigkeit bekämpfen, wie sie mit Schimpfwort und Handgreiflichkeit operieren, etwa in der Via Dolorosa bei der berühmten Freitagsprozession, wo die einen unterm Schwall des herabrauschenden Schmutz- und Waschwassers sich schütteln und die anderen hinter den winzigen Fenstern hämisch kichern. Und beide, die Begossenen wie die Attentäter, scheinen dabei den Ursprung ihrer religiösen Existenz längst vergessen zu haben. Ich kam nach Judäa in die Geburts- und

Grabkirchen wie einer dieser vielen europäischen Christen, die ratlos, verzagt auf einen Funken Hoffnung warten, weil sie nicht mehr wissen, in welcher Abteilung der großen kirchlichen Organisationen sie beheimatet sind. Und dann erleben sie den unseligen Zwiespalt, vor dem sie ins *Heilige Land* flüchteten, noch einmal und noch ausgeprägter, erleben ihn auf eine noch infantilere, unverständlichere Weise, ohne daß ihnen etwas von der reinen Ergriffenheit zuteil würde, auf die sie ein Anrecht zu haben glaubten. Da übernehmen Christen aus Äthiopien in einem gutgeplanten Handstreich von den christlichen Kopten einen Teil der Grabkirche, da werden Türschlösser ausgewechselt, Öffnungszeiten manipuliert und Verleumdungen in die Welt gesetzt. Da wird mit besitzanzeigenden Fürwörtern umgegangen, als sei das die einzige Möglichkeit einer Verständigung zwischen den christlichen Gruppen in Israel. Da bekämpft sich das Christentum Judäas selbst und liefert ein entwürdigendes Schauspiel, aufgesplittert in zahllose Sekten und Gemeinschaften, da geht man auf eine Weise miteinander um, die peinlich an Guerillataktik und Heckenschützenmethode erinnert. Da ist der russisch-orthodoxen Gemeinde Jerusalems die Erinnerung an eine Großfürstin und Schwester der letzten Zarin wichtiger als das Wort Gottes, das es zu verbreiten gilt, nur weil man sich in sklavischer Abhängigkeit von nutzlos gewordenen Traditionen dem Leichnam dieser Dame, der auf abenteuerlichen Umwegen über Sibirien und Peking nach Gethsemane gelangte, eher als dem Geiste Christi verpflichtet fühlt. Und da finden die Ordensoberen so gut wie aller in Jerusalem und Israel vertretenen christlichen Gemeinschaften nichts Schändliches oder Peinliches an dem Umstand, daß unter der Bürde aus Eifersucht, unverhüllter Rivalität, eingebildeten oder tatsächlichen Privilegien alles das verschüttet und unwiederbringlich verlorengeht, was die Christen aus aller Welt immer wieder nach Palästina bringt.

Den Juden scheint dieser ständige Streit um irgendwelche ominösen Vorrechte und rätselhafte Reputationen innerhalb der christlichen Organisationen in Jerusalem ein Beweis mehr zu sein für die Unvollkommenheit eines religiösen Bekenntnisses, das einer von ihnen vor zweitausend Jahren zufällig in die Welt gesetzt hatte. Die Araber verfolgen diese Auseinandersetzungen mit grimmiger Schadenfreude und einem Hauch von Verachtung. Und wir? Und ich? Mit jedem Jahr, das ich länger nach Israel komme, lerne ich besser das Wort eines Schweizers und Juden verstehen, der einmal sagte, ihn erinnere die Haltung der Kirchen- und Ordensoberen in Jerusalem an die ebenso wachsame wie unnachgiebige Haltung von Aktionären, von Besitzern unterschiedlich wertvoller Aktienpakete, von Spekulanten, die mit ihrer religiösen Philosophie und mit ihren erworbenen, ersessenen, erkämpften Vorrechten innerhalb der christlichen Hierarchien so umgehen, als handelte es sich dabei um festverzinsliche Obligationen oder auch um Grundstücke, die demnächst als Bauland ausgewiesen werden.

Das ist ein böses Wort, aber es beschreibt einen Zustand, der nicht mehr vertuscht oder verleugnet werden sollte. Der Umstand, daß es ein europäischer Jude geprägt hatte, ändert daran nichts. Es gibt auch Christen und Europäer, die zu ähnlich sarkastischen und resignierenden Schlußfolgerungen kommen. Manchmal ertappte ich mich selbst schon bei der desillusionierenden Idee, daß Jesus, nachdem er zuerst von den Juden physisch umgebracht wurde, jetzt auch von gewissen Christen psychisch attackiert wird. Es ist eine schreckliche Vorstellung. Aber sie geht mir nicht mehr aus dem Kopf.

Eine andere weitverbreitete jüdische Theorie meint übrigens, daß Leben und Lehre des christlichen Messias, dem die Juden, zumal die orthodoxen, nicht viel mehr Bedeutung beimessen als einem mäßig geschickten Jahrmarktsgaukler und Scharlatan, während die Araber gelegentlich den Versuch machen, die Maximen dieses erstaunlichen Religionsgründers je nach Notwendigkeit und Brauchbarkeit für sich zu vereinnahmen, daß also die komplexe Existenz und Lehre des Mannes namens Jesus nur aus der allgemeinen Krise heraus zu verstehen sei, die im Augenblick seines Auftretens in Galiläa und Judäa das ganze Land erfaßt hatte. Es handelte sich dabei natürlich um eine politische Krise. Und es war, wie kaum einmal ein Jude, der über solche Dinge nachdenkt, zu betonen vergißt, eine Frage des Überlebens für das gesamte jüdische Volk, das in den ersten siebzig Jahren des 1. nachchristlichen Jahrhunderts einen verzweifelten Kampf gegen die römische Militärmacht geführt hatte. Tumult, Volkserhebung und hoffnungsloser Guerillakampf mit dem heroischen Ende von Masada und dem für jüdische Augen tatsächlich apokalyptischen Bild römischer Pflugscharen über dem Tempelberg von Jerusalem waren dabei die tragischen Begleitumstände. Ebenso das Auftauchen zahlreicher messianischer Erscheinungen. Das Judentum, sagte man mir einmal in Jerusalem, neige überhaupt sehr stark zu Mythos und Prophetentum. Diese unglückliche Neigung verstärke sich überdies noch in Zeiten der Gefahr. Jesus, der gebürtige Galiläer, Sohn einfacher Leute, zufällig in einer judäischen Höhle geboren – sofern das schöne Bild mit der Krippe, den Tieren und den herbeigeeilten Hirten und Königen stimmt, was manche Historiker gründlich bezweifeln –, zufällig vom Augenblick seiner Geburt an in geheimnisvolle Verhältnisse verstrickt, die sein einfaches und zugleich allem Mythischen hilflos ausgeliefertes Gemüt verwirrten, Jesus wäre demnach nur ein Opfer der unerträglichen Spannungen gewesen, die damals Palästina beherrschten. Ein Opfer allerdings, das insofern vom Glück begünstigt war, als seine Ideen im Gegensatz zu den Ideen eines guten Dutzend anderer Propheten und messianischer Figuren nicht verlorengingen, sondern andere Juden – darunter ein Genie wie Paulus – erreichten, die daraus die Form schufen, die wir heute kennen.

So argumentieren in der Tat viele Juden. Und vergessen nicht hinzuzufügen, daß es im Grunde nur ein Beweis für jüdische Intelligenz sei, wenn sich die – aus jüdischer Sicht – teils fragwürdigen, teils sentimentalen Thesen eines jüdischen Sektierers fast zweitausend Jahre lang behaupteten und Hunderte Millionen Menschen in ihren Bann schlugen.

Jede Antwort, die man darauf zu geben versucht ist, verliert zwangsläufig dadurch an Gewicht, daß einem sozusagen alle Beweismittel, die man für den Mann namens Jesus aufzählt, unter der Hand zu jüdischen Argumenten werden. Abrahams Existenz, die machtvolle Figur eines Moses, die ausdrucksstarken Gleichnisse und Geschichten der Bibel, die unvergleichliche Disziplin und makellose Vernunft in den religiösen Gesetzen, deren wir uns heute noch mehr oder minder gedankenlos bedienen, das alles wurzelt ja zweifellos in einem jüdischen Humus, stammt aus semitischen Quellen und erlaubt uns praktisch nur die Möglichkeit des naiven, von aller Skepsis oder Reflexion entblößten Glaubens. Und selbst dabei habe ich manchmal das Gefühl, daß wir den Juden – und Arabern – in gewisser Hinsicht hoffnungslos unterlegen sind. Denn wenn jemals vom Beispiel des Glaubens, der angeblich Berge versetzen könne, die Rede ist, wenn irgendwann der Glaube als metaphysisches und zugleich lebenserhaltendes Elixier in Erscheinung tritt, dann doch wohl in den europäischen Amtskirchen oder vermittels dieser laxen Glaubensbekenntnisse, an die wir uns achselzuckend gewöhnt haben, und vielfach auch nicht an den großen Pilgerstätten der Christenheit, die immer mehr zu touristischen Jahrmärkten herabsinken, sondern eindeutig an Orten wie Mea Shearim oder in den jüdischen Religionsschulen, an einem Sabbat in Jerusalem oder an einem mohammedanischen Freitag irgendwo in der unglücklichen Westbank. Denn was die Intensität des Glaubens angeht, sind wir Christen den Mohammedanern und Juden hoffnungslos unterlegen. Wir sind es zumindest seit dem historischen Augenblick, da uns der Fanatismus abhanden gekommen ist. Nur eine fanatische, unbeirrbare Glaubensgemeinschaft hat in diesem widersprüchlichen Land eine echte Überlebenschance.

Vielleicht ist es auch deshalb so gefährlich, als Christ, der sich seiner religiösen und moralischen Grundsätze nicht völlig bewußt ist, anders als ein gleichmütiger Pilger nach Palästina zu gehen. Man ist zu oft geneigt, auf jüdische Übertreibungen mit christlichen Übertreibungen zu antworten. Man akzeptiert aus einer Abwehrhaltung heraus, die in Galiläa und Judäa nur allzu verständlich anmutet, lediglich die geheimen Linien, die zwischen dem See Tiberias und Bethlehem, zwischen dem Berg Tabor und dem Ölberg eine Verzauberung ermöglichen, die jedes empfängliche Gemüt unempfindlich macht für jüdische und arabische Argumente. Man verläßt sich auf Unterstellung und Diffamierung, weil man sich manchmal nicht mehr zu helfen weiß, weil man als Christ und Komplize eines Zeitalters, das Auschwitz und den Kolonialismus erfunden hat, keine andere Wahl zu haben glaubt. Und plötzlich begreift man, daß die religiöse Frage – wie übrigens auch die Frage des Kolonialismus – in Palästina noch immer nicht ausgestanden ist, sondern daß man hier als gläubiger Mensch, der die moralischen Forderungen der Juden zumindest zu respektieren bereit ist, einen ungemein schwierigen Stand hat.

Und dennoch: *Ein Israel für die Christen?* Ich könnte es mir vorstellen, wenn ich bloß bereit wäre, für diesen anonymen und im Grunde wohl auch abstrakten Begriff eine Reihe von Demütigungen und Niederlagen hinzunehmen. Und zwar in meiner Eigenschaft als Christ und Europäer. Es wäre andererseits eine glatte

Lüge, wenn ich jetzt behaupten wollte, daß in der gegenwärtigen Situation Palästinas – deren Hoffnungslosigkeit im übrigen auch schon mehr als ein Menschenalter andauert – das friedliche, vollkommen reibungslose Neben- und Miteinander aller drei Religionen denkbar sei. Der gegenseitige Haß und die gegenseitige Verachtung, die eigene Empfindlichkeit und Eifersucht, aber auch der starre Hochmut der orthodoxen Juden, die Intoleranz gewisser katholischer Kreise und der Fanatismus der islamischen Geistlichkeit . . . das alles macht selbst eine provisorische Einigung auf religiöser Basis nahezu unmöglich. Und wenn die Juden immer wieder voll nüchterner Selbsteinschätzung feststellen, daß es ein Glück für sie sei, wenn sie es *nur* mit den Arabern als Gegner zu tun hätten, so gilt das in mancher Hinsicht und mit veränderten Vorzeichen auch für die Christen.

Ich persönlich glaube zwar nicht unbedingt an eine ausgleichende Gerechtigkeit in der Geschichte, weil ich an sich mißtrauisch bin, wenn es sich um dieses historisch motivierte Pathos dreht, aus dem Geschichte anscheinend immer noch besteht. Ich glaube ja nicht einmal an eine ausgleichende Gerechtigkeit auf dem privaten Sektor. Aber für mich besteht trotzdem kein Zweifel daran, daß die Schuld – und ich meine diesen Begriff in seiner schlimmsten Bedeutung –, die die europäische Christenheit Juden und Arabern gegenüber eingegangen ist, heute nicht mehr nur durch ein paar tröstliche Papstworte oder durch Aktivitäten, deren Scheinheiligkeit mitunter erschreckend ist, aus der Welt zu schaffen ist. Das entwürdigende Schauspiel, das manche oder sogar die meisten christlichen Organisationen und Gemeinden in Israel Juden und Arabern bieten, diese groteske Komödie der Eitelkeit und des falschen Ehrgeizes demonstriert gegenwärtig zwar die Macht- und Hilflosigkeit des Christentums, soweit es Palästina betrifft. Aber weder Juden noch Araber haben die jahrhundertelang geübte Politik der äußersten Härte und Grausamkeit vergessen, mit der das christliche Abendland zuerst durch seine Kreuzritter, dann durch Besatzungstruppen und Kolonialbeamte, die zahlreiche gebrochene Verträge und andere Schurkereien zu überwachen und zu verwalten hatten, und zuletzt durch Männer wie Himmler und Eichmann seine Vorherrschaft über die Nachkommen semitischer Stämme zu festigen suchte. Und wenn es tatsächlich ein Glück für die Juden ist, daß sie *nur* die Araber als

Gegner im Auge behalten müssen, so ist es unendlich viel mehr ein Glücksfall für die Christenheit – für den Teil, der als politische Größe ins Gewicht fällt –, daß sich Araber und Juden noch nicht geeinigt und in einer gemeinsamen Ordnung gegen diese gefunden haben.

Man sollte einmal über solche Äußerungen nachdenken, um die wahren Dimensionen des Problems zu begreifen, mit dem wir alle befaßt sind, Juden, Araber und natürlich auch Christen. Denn *einen* Gott haben sie alle – wenn auch keinen gemeinsamen –, ebenso *ein* religiöses Gesetz. Nur in der Verehrung dieses Gottes und in der Anwendung des Gesetzes unterscheiden sie sich, manchmal sogar auf halsbrecherische Weise. Das Gefährliche daran ist nur, daß wir alle zugleich auch die Opfer dieses Unterschiedes sind. Vielleicht beharren deshalb diese drei Religionen auf dem schmückenden Adjektiv *heilig* und *gelobt,* wenn von Palästina die Rede ist! Und möglicherweise gibt es wirklich nur *einen einzigen* Gott, dem wir uns vorbehaltlos zu beugen haben! Manchmal, wenn ich aus meinen Gedanken keinen Ausweg mehr finde, frage ich mich erschrocken, ob *Er* womöglich doch jüdischer oder arabischer Herkunft sei ... was für eine Vorstellung: Ein Gott für die Christen, der auch die Juden liebt und den Arabern Gerechtigkeit zukommen läßt!

Kapitel III

MASADA ODER DIE SUCHE NACH DER IDENTITÄT

Irgendwann nach der Staatswerdung Israels im Jahre 1948 begann man sich mit Masada zu beschäftigen. Das geschah nicht von einem Augenblick zum anderen, sondern es war ein mühsamer Weg der Wahrheitsfindung, ähnlich wie bei der Auffindung der Schriftrollen vom Toten Meer oder den archäologischen Entdeckungen in den Höhlen von Nahal Hever, wo durch sensationelle Funde die Existenz Shimon Bar Kochbas und der tragische Todeskampf der Juden am Ende ihres Zweiten Aufstandes gegen die Römer nachdrücklich bestätigt wurde.

Masada ist ein Tafelberg südlich von Ein Gedi, der uralten Oase am Toten Meer, in der schon König David Zuflucht vor seinen Feinden suchte. Außerdem ist noch ein wichtiger literarischer Hinweis zu nennen, nämlich die Schriften des römischen Historikers Iosephus Flavius, der eigentlich ein Jude war und mit seinem ursprünglichen hebräischen Namen Yoseph ben Matatyahu geheißen hatte. Er berichtete vor rund neunzehnhundert Jahren über den sogenannten Ersten Aufstand der Juden, der dann im Jahre 73 mit der Tragödie von Masada endgültig beendet wurde.

Die Selbstverständlichkeit, mit der heute der mächtige und steil aufragende Vierkant am Westufer des Toten Meeres befahren, bestiegen und durchwandert wird, hat etwas seltsam Irritierendes, wenn man sich vorstellt, daß es eigentlich nur die absolute Unzugänglichkeit war, die Masada zum Schauplatz einer der erschütterndsten Tragödien in der tragischen Geschichte des jüdischen Volkes gemacht hatte. Dabei liegt ein sanftes, fast verführerisches Glühen über den Geröllhalden und überhängenden Felswänden, die wie erstarrte Flechten die Steilabstürze der Bergflanken bedecken. Die Farben wechseln einander ab, sind je nach dem Winkel, in dem die Sonne ihr Licht auf den Berg wirft, rötlichbraun oder safranfarben, karminrosa oder giftig gelb, während in den schmalen Schluchten im Westen und Südwesten die ziehenden Schatten eine violette Färbung annehmen.

Jeden Tag pünktlich am frühen Vormittag beginnt der Ansturm der zahlreichen Besucher, die in den vollklimatisierten Autobussen oder auch mit Mietwagen über die gutausgebaute Straße kommen, die eine der trostlosesten und zugleich aufregendsten historischen Landschaften der Welt erschließt. Wenn dann die ersten Reisegruppen mit der Kabinenseilbahn bergwärts fahren, dann ahnen die erwartungsfrohen Touristen aus den Hotels in Tel Aviv und Jerusalem noch nicht, daß sie oben auf der Plattform außer sengender Hitze, staubigem Geröll und einem für jeden Laien äußerst verwirrenden Durcheinander aus primitiv geschlichteten Steinen eigentlich nicht viel erwartet. Vielleicht eine atemberaubende Fernsicht über das Tote Meer und das Jordantal hinweg. Und Überreste römischer, herodianischer Wandmalerei. Oder auch die vage Erinnerung an eine längst zerstörte Synagoge, in der vor mehr als neunzehnhundert Jahren verzweifelte Juden um ein Wunder gebetet hatten. Aber sonst?

Denn ähnlich wie etwa in Jericho mit seinem rund zehntausendjährigen Schutt- und Ruinenhügel verführt auf Masada nicht das Angebot antiker Architektur, sondern gleichsam nur der halbverwehte Geruch nach Blut, Schweiß und Tränen, fasziniert hier wie dort die erschreckende Erinnerung an die Fähigkeit der Menschen, sich selbst permanent unvorstellbares Elend zuzufügen. Und doch ist manches von dem, was sich oben auf der gelbverbrannten Steinwüste und zwischen kläglichen Mauerresten an seltsamen Idyllen abspielt, mitunter aberwitzig und gleichnishaft. Amerikanische Matronen mit rosafarbenem bis violett gefärbtem Haar bewegen sich auf Händen und Füßen durch das zerklüftete Gelände, erschöpfte Niederländer verzichten schweißüberströmt auf eine Fortsetzung des Gewaltmarsches durch einen der dunkelsten Augenblicke jüdischer Geschichte und flüchten resignierend in den nächstbesten Schatten, ehrgeizige Franzosen, sanguinische Italiener und patriotische Israeli schleppen sich mit hochroten Gesichtern durch den glühenden Staub, deutsche Reisegruppen werden ihrem Ruf gerecht und stimmen gelegentlich ein Lied an, und einige fanatische Einzelgänger verschmähen die bequeme Kabinenseilbahn und klettern die steile Bergrampe empor, wobei sie den *Schlangenpfad* benützen, als wollten sie es jenen römischen Legionären gleichtun, die hier im 1. nachchristlichen Jahrhundert gegen eine Handvoll Juden gekämpft haben.

Ich habe, sooft ich in Masada war, immer erstaunt und ein wenig ratlos den Besucherstrom und die sonderbaren Verhaltensweisen miterlebt und mich gefragt: Was bewegt diese Menschen? Was treibt sie hinauf auf diesen mörderischen und zugleich hinreißend schönen Berg jüdischen Unglücks und jüdischen Stolzes? Was macht den Umsatz aus an den Kiosken unten am Fuße des Berges, deren Kitsch so international ist wie überall an solchen Schauplätzen? Und was denkt sich der israelische Soldat, der in voller Kampfausrüstung auf dem nackten Betonboden unten in der Talstation kauert und immer die gleichen neugierigen Gesichter sehen muß, diese seltsam flachen und angespannten Gesichter, in denen sich die grausame Erwartung widerspiegelt, in wenigen Augenblicken den Schauplatz einer Tragödie zu sehen?

Ich habe auf alle diese Fragen nie eine vernünftige Antwort gefunden. Möglicherweise hat es etwas mit unserer fragwürdigen Moral zu tun, die Kinderkreuzzüge und Vernichtungslager, aber auch die Politik der verbrannten Erde, des Hungers und des Analphabetismus als etwas ganz Selbstverständliches hinnimmt. Vielleicht ist es wirklich diese Moral, die uns dazu treibt, von Mauthausen bis Masada alle diese sozusagen archäologischen Beweise für das Grauen in seiner unerträglichsten Form mit der gleichen angestrengten Neugier zu besichtigen? Ich weiß es nicht! Vielleicht hat es auch nur etwas mit dem Fahrplan der Reisebüros zu tun? Ich weiß nur, daß Masada wie kaum ein anderer archäologischer Ort zwischen Galiläa und dem Sinai mehr als nur der augenscheinliche Nachweis für einen geschichtlichen Ablauf ist, weil es zugleich auch mit der Entdeckung und Sichtbarmachung seiner Geschichte durch Yigael Yadin ein nationales Denkmal der jüdischen Nation geworden ist.

Es war ein weiter, mühsamer Weg, bis Yigael Yadin – vielen als Generalstabschef der israelischen Armee, vielen als Vizepräsident in der Knesseth bekannt –, der sich bereits in Hazor und in den

Höhlen von Nahal Hever als Archäologe von Rang ausgezeichnet hatte, im Oktober des Jahres 1963 endlich mit der wissenschaftlichen und praktischen Arbeit auf dem Tafelberg von Masada beginnen konnte, mit einer Arbeit, die dann im April 1965 abgeschlossen wurde und die alles bisher Geleistete an archäologischen Möglichkeiten weit übertraf, was den Einsatz an Menschen und den Aufwand an Material angeht. Die wesentliche Aufgabe dieser Ausgrabungen, nämlich den Beweis für den immer wieder angezweifelten Wahrheitsgehalt der Berichte des römisch-jüdischen Historikers Iosephus Flavius zu erbringen, wurde dabei allerdings aufs glänzendste gelöst.

Dieser Flavius oder Yoseph ben Matatyahu muß ein ebenso merkwürdiger wie möglicherweise – und das bei aller Intelligenz und Begabung – unglücklicher Mensch gewesen sein. Zu Beginn des Ersten Aufstandes im Jahre 66 war er noch einer der jüdischen Befehlshaber im nördlichen Galiläa gewesen. Später wechselte er aus Gründen, die wir nicht genau kennen, ins römische Lager über. Vielleicht waren es moralische Skrupel, vielleicht aber auch nur die literarische Neugier dieses hochbegabten Mannes, auf Grund derer er nicht nur über den Ersten Aufstand der Juden in Palästina, sondern auch über den Ablauf der Ereignisse von Masada mit einer so anteilnehmenden und ausführlichen Genauigkeit schrieb, daß neunzehn Jahrhunderte später die Archäologen wie so oft in der Geschichte dieser Wissenschaft eigentlich nur noch seinen Erzählungen und Hinweisen zu folgen brauchten, um schrittweise in das Geheimnis der Ruinenstätte einzudringen. Iosephus Flavius berichtete von der Errichtung dieser unzugänglichen Bergfestung durch König Herodes, er erzählte die Geschichte des legendären Herodianischen Palastes – den man dann allerdings erst verhältnismäßig spät entdeckte – und schließlich auch die düstere Ballade der Eroberung der Festung durch jüdische Rebellen, die nach der Niederschlagung des Ersten Aufstandes und der Zerstörung Jerusalems im Jahre 70 in die Judäische Wüste geflüchtet waren. Er schilderte aber auch minutiös die überaus langwierige und von allen technischen Möglichkeiten der damaligen Kriegskunst begleitete Belagerung des nunmehr jüdischen Masada durch die Römer. Zuletzt beschrieb er noch die dramatischen Ereignisse, die zum Untergang Masadas führten. Bemerkenswert an seiner historischen Darstellung ist vor allem die unverhohlene Bewunderung und Erschütterung, mit der er den Massenselbstmord der letzten überlebenden jüdischen Verteidiger erzählt, nachdem die römischen Sturmtruppen eine künstliche Rampe – die heute noch gut sichtbar ist – bis unmittelbar unter das Bergplateau aufgeschüttet hatten, von wo aus sie mit ihren Rammböcken und Sturmbrücken die letzten Verteidigungsbastionen überwinden konnten.

Es waren 960 Männer, Frauen, Kinder – die Archäologen werden später sogar das Skelett eines Embryo finden –, die zu diesem Zeitpunkt noch lebten. Ihrem freiwilligen Tod mußten unvorstellbare physische und psychische Qualen vorausgegangen sein. Aber nichts konnte ihre Entschlossenheit ändern, den raschen Selbstmord einer langen und elenden Sklaverei vorzuziehen. Jedenfalls empfing die eindringenden Römer nur mehr die Stille einer Leichenstätte.

So erzählte es Iosephus Flavius, der demnach ein Augenzeuge gewesen sein dürfte. Oder vielleicht hatte er sich von Teilnehmern dieses Feldzuges berichten lassen? Man weiß es nicht. Aber neunzehnhundert Jahre lang zerbrach man sich immer wieder den Kopf darüber, ob seine authentisch wirkende Geschichte beweisbar sei. Im Jahre 1838 drangen jedenfalls zwei Gelehrte oder Abenteurer – ein Amerikaner namens Robinson und ein Brite namens Smith – erstmals bis in die Gegend von Ein Gedi vor, was damals gewiß kein sehr einfaches Unternehmen war, und berichteten auch über Masada. Ihnen folgte der amerikanische Missionar Woolcott, in dessen Begleitung sich der englische Zeichner Tipping befand, der die ersten Illustrationen des Tafelberges lieferte. Im April 1848 unternahm der amerikanische Marineoffizier Lynch eine Expedition in diesen unzugänglichsten Teil Palästinas, die sogar mit Booten ausgerüstet war, um das Tote Meer zu erforschen. Franzosen, Holländer, Deutsche und auch immer wieder Briten und Amerikaner besuchten in den nächsten Jahrzehnten Masada und beschäftigten sich mit der Ruinenstätte, deren tragische Geschichte damals längst bekannt war. Aber erst der deutsche Archäologe und Historiker Adolf Schulten stellte eine erste Verbindung her zwischen dem theoretischen Wissen und den praktischen Beweisen, ohne daß ihm freilich eine weiterreichende Auswertung oder Bestätigung seiner theoretischen Erkenntisse gelungen wäre. Er verbrachte zwar im Jahre 1932 dreißig Tage auf dem Plateau von Masada, aber die vielen Fragen, die sich die Wissenschaftler in aller Welt über diesen Berg stellten, blieben weiterhin unbeantwortet.

Geschichte, auch wenn sie durch Augenzeugenberichte und einfühlsame Analysen oder sogar durch detailfreudige Beschreibungen von Zeitgenossen übermittelt wird, besitzt doch fast zwangsweise etwas Zwielichtiges, das uns zur Vorsicht mahnen sollte in unserem raschen Urteil über das *Wann* und *Wie* und *Warum* einer jeden Vergangenheit. Wie oft wird uns dieses Urteil scheinbar dadurch erleichtert, daß wir so gut wie alle Fakten kennen und uns auch den Schauplatz der Ereignisse in seinem ursprünglichen Zustand vorzustellen vermögen. Wie oft ereignet sich das, was durch Sir John Evans in Knossos auf Kreta so überzeugend bewiesen worden ist, auch noch heutzutage, daß nämlich der fanatische Glaube an das Zeugnis aus ältester Zeit die Rekonstruktion verschütteter historischer Tatbestände über abenteuerliche Umwege zwar ermöglicht, aber den historischen Wahrheitsgehalt dieser Rekonstruktion eher unwahrscheinlich erscheinen läßt. Und wie oft – von Schliemanns Troja bis zu Lericis Sybaris – hat Hartnäckigkeit selbst dort zum Ziel geführt, wo aller Realismus dagegen sprach!

Masada war in dieser Hinsicht, so schien es zumindest vor Beginn der Ausgrabungen, eine leichte Beute unter der prüfenden Hand der Archäologen. Und war Yigael Yadin, der seltsamste Generalstabschef und der merkwürdigste Politiker unseres Jahrhunderts, der ausgezogen war, um einen der wesentlichen Ausschnitte aus der Geschichte der Freiheitskriege seines Volkes zu entdecken, nicht ein vom Glück verwöhnter Archäologe? Denn es grenzt in der nüchternen und mühsamen Arbeitswelt der Archäologen wirklich an ein Wunder, etwa aus einer oftmals ausgeplünderten Höhle am Toten Meer ein ganzes Archiv von Papyri zu bergen, wie das in Nahal Hever gelungen war. Und darüber hinaus auch noch Kultgegenstände, Textilien, Münzen und modische Accessoires, die einen genauen Blick auf die Verhältnisse vor achtzehnhundert Jahren erlaubten. Also mußte Yadin, so dachte man in Israel, auf einem weithin sichtbaren Berg, dessen Geschichte theoretisch bekannt war, die sogar zum nationalen Mythos der Juden gehörte, erst recht Erfolg haben!

Beginnen wir vielleicht so: Was ist Masada heute, einmal abgesehen davon, daß es zu den Höhepunkten der internationalen

Touristik und merkwürdigerweise zugleich auch zu den heiligen Stätten des modernen Israel gehört? Die Antwort darauf ist einfach. Masada ist vor allem einmal wesentlich einprägsamer als das kleine verwahrloste jordanische Bauerndorf Battir, unter dessen Hügel das antike Bethar und damit auch die letzten Spuren Shimon Bar Kochbas zu suchen sind. Und ich meine das gar nicht geringschätzig oder sonstwie wertend, weil Battir ganz einfach diese suggestive Melancholie von Masada nicht besitzt, weil es völlig andersgeartet und dem Zugriff des Tourismus noch entzogen ist. Masada ist aber auch abgesehen von seinem Ruhm eindrucksvoller, überzeugender als das Herodium südlich von Bethlehem, das gleichfalls in der Geschichte der jüdischen Aufstände in den beiden ersten Jahrhunderten nach Christi Geburt eine wichtige Rolle spielte. Masada ist natürlich auch wesentlich leichter erreichbar als etwa die Höhlen von Nahal Hever, deren Geschichte noch zu erzählen sein wird.

Und was ist Masada noch? Lärmend vor allem, heute, im Zeitalter des Massentourismus, der seine Sensationen und Sehenswürdigkeiten dringend braucht, laut, grell und immer überfüllt, seit es die bequeme Kabinenseilbahn gibt. Früher mußte man den umständlichen Umweg über Arad machen und den Berg zu Fuß ersteigen. Heute ist Masada von Jerusalem oder Tel Aviv aus an einem Vormittag zu erledigen. Dabei fasziniert der Berg nicht nur seiner Legende und der historischen Ruinen wegen. Ich erinnere mich zum Beispiel an fröstelnde Wintertage oben in Jerusalem, als dünnes Schneetreiben über die Dächer flog und Nebel die erstarrte Stadt bedeckte, während hier auf Masada die heiße Wintersonne gegen den Berg trommelte. Gerade an solchen Tagen war auf diesem berühmten Schauplatz jüdischer Geschichte so etwas wie Nachdenklichkeit möglich. Tief unten schälte sich die aquamarinfarbene Oberfläche des Toten Meeres aus der Umklammerung verwischter Farben, die wie Schatten auf allen diesen landschaftlichen Versatzstücken liegen. Denn von der obersten Plattform des vierhundert Meter hohen Berges erkennt man eine Welt, in der die Moabitischen Berge, die salzverkrusteten Ufer des Toten Meeres, die gelbbraunen Einschnitte der Wadis und auch die zerklüfteten Judäischen Berge nicht mehr über die natürliche Ordnung einer lebendigen Landschaft verfügen, sondern tatsächlich nur noch wie eine bizarre Dekoration auf einer gespenstisch erleuchteten Bühne wirken.

Ich erinnere mich auch schaudernd an den Normalzustand auf Masada, wenn die Kabinenseilbahn in zehnminütigen Intervallen immer neue Schübe von teils noch erwartungsfrohen und teils schon erschöpften Besuchern ausspuckt und die Fremdenführer in allen Sprachen der Welt zur gleichen Zeit die unglaublichsten Geschichten erzählen. Eine so perfekte Vermarktung ist in Battir oder auf dem Herodium – wo sich ja angeblich das Grab König Herodes befinden soll – und natürlich erst recht im entlegenen Wadi Murabba'at oder in den Höhlen von Nahal Hever nicht vorstellbar. Aber anscheinend war Masada immer schon dazu verurteilt, etwas Außergewöhnliches in diesem naiven Sinne zu sein, daß es die Phantasie der Menschen auf überdurchschnittliche Weise beschäftigt. Im Gegensatz zu den anderen wichtigen archäologischen Stätten der beiden erfolglosen und verlustreichen jüdischen Aufstände gegen die Herrschaft Roms hat Masada jetzt schon seit mehr als anderthalb Jahrhunderten das Interesse von Abenteurern, Geologen, Soldaten, Historikern und Archäologen immer wieder in einem Ausmaß beschäftigt, das das Interesse an allen anderen vergleichbaren archäologischen Plätzen in Palästina bei weitem übertrifft. Allein im 19. Jahrhundert beschäftigten sich mehr als zehn Expeditionen mit dem Geheimnis dieses Berges, was nicht zuletzt auch darauf zurückzuführen war, daß man die Schriften des jüdischen Römers Iosephus Flavius immer wieder sorgfältig studiert hatte und jetzt natürlich den Nachweis erbringen wollte, daß die unglaublich anmutenden Geschichten von Heroismus und Massenselbstmord der historischen Wahrheit entsprachen.

Außerdem aber gab es bereits in der Frühzeit der archäologischen Erforschung von Masada hinreichende Anhaltspunkte für die ebenso erstaunliche wie dramatische Geschichte. Denn allein schon die Spuren der verschiedenen römischen Feldlager unten in der Ebene, von wo aus die Belagerung organisiert worden war, konnten kaum übersehen werden. Allerdings unternahm es erst im Jahre 1909 ein Historiker, nämlich der Deutsche Domaszewski, diesen augenscheinlichen Hinweis auf die Vergangenheit Masadas näher auszuwerten. Immerhin war hier ein ganzes System von Feldlagern entstanden, dessen dunkle Grundflächen sich vom helleren Untergrund deutlich abhoben. Daneben gab es auch noch kartographische und zeichnerische Bemühungen, die in einer Reihe von Luftaufnahmen gipfelten, die in den zwanziger Jahren von Piloten der *Royal Air Force* gemacht wurden. Aber alle diese Expeditionen, Untersuchungen und Beschreibungen konnten nur Präliminarien sein, denn erst mit der Existenz des unabhängigen Staates Israel, der aus einleuchtenden Gründen daran interessiert war, seine nationale Authentizität durch historische Fakten zu dokumentieren, begann man sich mit einer Ausführlichkeit und wissenschaftlichen Seriosität um den seltsamen Berg zu bemühen, die dann auch erfolgversprechend sein sollten. Anfangs waren es Mitglieder der verschiedenen israelischen Jugendbewegungen, die unter beträchtlichen Strapazen Masada erforschten, in den frühen fünfziger Jahren folgten die ersten wissenschaftlichen Expeditionen. Und als Yigael Yadin im Oktober 1963 mit seiner ersten Grabungskampagne begann, gab es bereits einige wichtige Hinweise. Trotzdem waren immer noch umfangreichere Vorbereitungen notwendig als bei irgendeinem anderen Unternehmen, das dieser Politiker, General und Archäologe bis dahin durchgeführt hatte. Denn obgleich die verschiedenen Auftraggeber dieser zeitgenössischen Eroberung Masadas – Universitäten und staatliche Organisationen – ein beachtliches Budget und zahllose Hilfsmaßnahmen garantieren konnten, blieben die Schwierigkeiten noch immer groß genug. Das war auch eine der Ursachen dafür, daß man während der ganzen Grabungskampagne zwischen Oktober 1963 und April 1965 auf die Mitarbeit von Freiwilligen angewiesen war. Tatsächlich war die Faszination, die Masada vor allem auf junge Menschen ausübte, so nachhaltig, daß sich Tausende von Grabungshelfern, Juden und Nichtjuden, aus allen Ländern der Erde meldeten.

Die Probleme begannen bereits bei der Suche nach einem geeigneten Platz für die Aufstellung des Hauptlagers. Es hatten sich den Archäologen zwar – wie so oft bei Ausgrabungen in Palästina – Armeepioniere angeschlossen, die noch unschätzbare Dienste leisten sollten, aber auch sie vermochten nicht wie einstmals Moses in der Wüste Sinai trinkbares Wasser aus der Wildnis hervorzuzaubern. Außerdem gab es damals natürlich auch noch keine Seilbahn, die den beträchtlichen Höhenunterschied zwischen der Ebene und dem fast senkrecht daraus aufragenden Bergplateau in wenigen Augenblicken überwunden hätte. Man stand also vor der schwierigen Aufgabe, das Lager an einer Stelle zu errichten, von wo aus man mit verhältnismäßig geringen Schwierigkeiten Menschen und Material auf den Berg hinaufbrachte und wo es vor allem genügend Wasser gab.

Die Lösung beider Probleme gehört zu den bemerkenswertesten Leistungen in der Ausgrabungsgeschichte von Masada. Das Trinkwasser besorgte man sich dadurch, daß man sich eine eigene Wasserleitung baute. Man war nämlich bei der Suche nach einem geeigneten Lagerplatz auf die aufgelassene Pipeline einer Ölgesellschaft gestoßen, die vor Jahren in diesem Gebiet nach Öl gebohrt hatte. Jetzt erkannte man den ungeheuren Vorteil des natürlichen Gefälles von den Judäischen Bergen herunter in die Wüste am Toten Meer und ließ sich durch die *Staatliche Wassergesellschaft* eine Wasserleitung legen, wobei man die bereits ausgeschlagene Trasse der Ölgesellschaft benützte. Ähnlich einfach löste man die Frage des Transportes auf den Berg. Man benützte nicht den sichtbar ins Auge springenden und längst bekannten *Schlangenpfad*, sondern die gewaltige Sturmrampe an der Westflanke, die vor neunzehnhundert Jahren von den römischen Legionären aufgeschüttet worden war, um den Berg endlich erstürmen zu können.

Aus allen diesen Überlegungen ergab sich dann fast zwangsläufig die Position des Hauptlagers, das man gegenüber dem ehemaligen Stützpunkt der römischen Truppen einrichtete, so daß nunmehr die Sturmrampe, die wie eine riesige Zunge dem Berg aus seiner Flanke hängt, von zwei völlig verschiedenen Lagerstätten umrahmt war. Später errichteten Armeepioniere noch einen provisorischen Fahrweg, der allerdings nur fallweise benützbar war, und eine Materialseilbahn, die heute noch in Funktion ist.

Erwähnenswert bleibt auch noch ein Umstand, über den Yigael Yadin in seinen Aufzeichnungen – die dann ein internationaler Bucherfolg wurden – ausführlich berichtete. Und zwar gab es gegen alle Erfahrung und gegen alle Vernunft bereits im ersten Jahr der Grabungskampagne ungewöhnlich starke Regenfälle, deren elementare Wucht etwas Sintflutartiges hatte. Allerdings bestätigte gerade diese verrückte Laune der Natur wieder einmal, daß es in der Archäologie nichts gibt, woraus man nicht seinen Nutzen zu ziehen vermöchte. Denn die Regenfälle von Masada sollten in einem sehr konkreten Sinn die Arbeit der Archäologen noch unterstützen, weil sie die bisher unbekannte Existenz riesiger unterirdischer Zisternen und auch das Vorhandensein antiker Wasserkanäle verrieten.

Der erbittertste Feind aller Archäologen ist zweifellos die Natur. Denn fast hat es den Anschein, als wehre sie sich mit ergrimmter Hartnäckigkeit gegen den Versuch, ihr mit Spitzhacke und Spaten, mit Elektrosonden und Dynamit alle Geheimnisse entreißen zu lassen. Wer sich mit Archäologie beschäftigt und gelegentlich über eines der Trümmerfelder unserer Vergangenheit geht, aus denen wir alle unsere Erfahrungen erworben haben, der ahnt vielleicht etwas von der Unzumutbarkeit, mit der sich alle Ausgräber auseinandersetzen müssen. Dazu gehören klimatische Abnormitäten genauso wie die unberechenbaren Attacken von Schlangen und Skorpionen, dazu gehören Wassermangel, schwierige Bodenbeschaffenheit und häufig auch das Mißtrauen einer Bevölkerung, die nicht wahrhaben will, daß man in Geheimnisse eindringt, die ihr seit Generationen etwas Mythisches oder Heiliges bedeuten. Die Geschichte der Archäologie in Palästina ist erfüllt von tragischen Ereignissen, bei denen ahnungslose Archäologen unter anderem nur deshalb ums Leben gekommen sind, weil sie von fanatischen Arabern irrtümlich für Juden oder aber von Beduinen für feindliche Agenten gehalten wurden.

Auf Masada freilich brauchte niemand um sein Leben zu zittern, obgleich die Grenze gegen Jordanien damals noch, also unmittelbar vor 1967, am Ostufer des Toten Meeres und auf den zerklüfteten Gebirgsrücken der Judäischen Berge lag. Trotzdem mußte keiner der Archäologen und freiwilligen Helfer, die im Oktober 1963 mit ihrer mühsamen Arbeit begannen, das Gefühl haben, im Schatten einer lebensgefährlichen Grenze zu leben. Zumindest nicht bis 1967, als auch hier einige Stunden lang erbittert gekämpft wurde. Dafür gab es andere Schwierigkeiten, die groß genug oder einfach unberechenbar waren. So zum Beispiel erreichen die durchschnittlichen Tagestemperaturen hier mehr als vierzig Grad im Schatten, während der meist aus Süden wehende Wind die Gluthitze der Wüste Negev heranschleppt. Nachts freilich sinken die Temperaturen bis auf wenige Grad über Null ab. Jeder Schritt, jede Tätigkeit kann in einem solchen Klima zur Qual werden, was noch dadurch verschärft wird, daß ein Europäer, der dieses Klima nicht gewohnt ist, innerhalb einer Stunde einen Liter Flüssigkeit verliert und, falls er nicht regelmäßig Flüssigkeit aufnimmt, in einem Zeitraum von acht Stunden bis zu acht Kilo seines Körpergewichtes einbüßt.

Kreislauferkrankungen und schwere Nierenschäden sind die Folge solch extremer Verhältnisse.

Diese wenigen Angaben machen vielleicht schon deutlich, mit welchen Schwierigkeiten die Ausgräber von Masada zu kämpfen hatten. Dazu gehörten auch die überraschenden Regenfälle zu Beginn der ersten Grabungskampagne, als man manchmal sogar Hubschrauber einsetzen mußte, um die Archäologen, die völlig von der Außenwelt abgeschnitten waren, mit dem lebensnotwendigen Nachschub versorgen zu können. Aber diese ergiebigen Regenfälle lösten auch eines der ersten Rätsel, denen sich Yadin gegenübersah. Das Regenwasser füllte nämlich die riesigen und in den Fels der überhängenden Steilstürze gehauenen antiken Zisternen, die ein Bestandteil der Herodianischen Wasserversorgung waren, ein Fassungsvermögen von fast vierzig Millionen Litern aufwiesen und von deren Vorhandensein man anfangs nichts ahnte. Die Frage der Wasserversorgung Masadas war vor zweitausend Jahren bereits ebenso einfach wie genial gelöst worden. Auf der höchsten Plattform befanden sich Zisternen, die durch unterirdische Verbindungskanäle mit den tiefer gelegenen Felszisternen verbunden waren, so daß bei starken Regenfällen das herabstürzende Wasser zuerst von den oberen Zisternen aufgefangen und – damit es nicht unter der sengenden Sonne verdunsten konnte – in die darunter gelegenen und geschützten Felszisternen weitergeleitet wurde. Es waren die ungewöhnlich starken Regenfälle, die Yigael Yadin auf dieses System aufmerksam machten und die unglaublich anmutenden Erzählungen des Historikers Iosephus Flavius, in denen von landwirtschaftlicher Selbstversorgung auf Masada die Rede war, dadurch plötzlich bestätigten. Denn unmittelbar nach jedem Regen erblühte die Staubwüste oben auf dem Berg zu reichhaltiger und farbenprächtiger Vegetation, die es durchaus wahrscheinlich werden läßt, daß man hier in antiker Zeit schon landwirtschaftliche Produkte anpflanzen und ernten konnte.

Wer heute mit der Kabinenseilbahn auf den mächtigen Tafelberg fährt und dann über die letzten Meter hochklettert, die von israelischen Armeepionieren in den Fels geschlagen wurden, der befindet sich unvermutet vor einem ausgedehnten Plateau, das von verschiedenen Ruinenhügeln und Steinhaufen bedeckt ist und insgesamt einen geordneten, überschaubaren Eindruck macht. Die Archäologen, die im Oktober 1963 hier mit ihrer Arbeit begannen, sahen sich allerdings einem labyrinthischen Gewirr von Steinen, zerborstenen Trümmern und Ruinen gegenüber. Die heute fast leer wirkende Plattform lag damals unter meterhohem Schutt begraben, und es schien beinahe vermessen, daraus die Geschichte von Masada rekonstruieren zu wollen, eine Legende, die mit dem Bau eines sagenhaften *hängenden Palastes* unter König Herodes begonnen und mit winzigen Kapellen und ärmlichen Behausungen byzantinischer Mönche im 5. Jahrhundert geendet hatte. Dennoch begann man unverzüglich mit den Ausgrabungsarbeiten am Herodianischen Palast, den schon Iosephus Flavius bewundernd beschrieben hatte und dessen genauer Standort bis in die Mitte der fünfziger Jahre unseres Jahrhunderts nicht mit Sicherheit bestimmt werden konnte. Dieser Palast stellte nicht nur eines der imponierendsten Beispiele römischer Architektur auf palästinensischem Boden dar, sondern war auch eine der abenteuerlichsten architektonischen Leistungen der Antike überhaupt, vergleichbar vielleicht nur noch mit den *Hängenden Gärten* der Semiramis. In drei Terrassen senkte sich das prachtvolle und luxuriös ausgestattete Gebäude vom Nordrand des Plateaus in die Tiefe der hier senkrecht abfallenden Felsen, so daß die beiden tiefer gelegenen Anbauten buchstäblich wie Schwalbennester an der Steilwand klebten. Und obgleich die Überreste dieses Palastes fast neunzehnhundert Jahre schutzlos dem Wind, der Sonne und den schweren Unwettern ausgesetzt gewesen waren, stießen die Ausgräber jetzt auf Wandmalereien, deren Farben überraschend frisch und modern wirkten. Zugleich machten sie die interessante Feststellung, daß der unbekannte Baumeister und die ihm unterstellten Künstler und Handwerker damals mit einem Trick gearbeitet haben mußten. Man hatte den Mauerbewurf so übermalt, daß es aussah, als wäre er mit kostbarem Marmor verkleidet worden. Wie nachhaltig dieser kleine Schwindel sogar die Zeitgenossen überzeugt hatte, beweisen alle Aufzeichnungen des Historikers Iosephus Flavius, der beeindruckt berichtete, wie prächtig die Wände dieses Palastes mit Marmorplatten geschmückt gewesen wären.

Auf die Überreste der letzten jüdischen Verteidiger und damit auch auf das tragische Geheimnis von Masada stieß man freilich erst, nachdem der Schutt von den Überresten eines Gebäudes beseitigt wurde, das in jenen schicksalsschweren Tagen ein Badehaus gewesen sein mußte. Es waren vorerst drei Skelette sowie Teile einer Rüstung, Fragmente eines hebräischen Gebetbuches und eine Tonscherbe mit hebräischen Schriftzeichen. Am erschütterndsten an diesem Fund aber waren die Spuren in der unmittelbaren Nähe der Skelette: Blutspritzer, die vom Todeskampf der Verteidiger Masadas zeugten. Später wurden noch zahlreiche andere Skelette und beschriftete Tonscherben gefunden, und allmählich schälte sich aus allen diesen Funden das legendäre, tragische Bild einer unglücklichen Revolution und ihrer letzten Opfer, das Iosephus Flavius mit bewegenden Worten beschrieben hatte: „Denn die Männer umarmten ihre Frauen und Kinder und gaben ihnen mit Tränen in den Augen einen letzten Abschiedskuß. Doch in diesem Augenblick vollendeten sie, was sie vorher beschlossen hatten, als ob sie von den Händen anderer hingerichtet würden. Und es gab keinen anderen Trost für sie als die Einsicht, daß diese Hinrichtung notwendig sei, um dem Elend, in dem sie unter ihren Feinden würden leben müssen, zu entgehen."

Was war damals im Jahre 73 nach Christus auf Masada wirklich geschehen? Alle Funde und auch die historische Erzählung ergaben anfangs nur eine theoretische Lösung des Rätsels. Demnach hatte sich nach dem Untergang Jerusalems, nach der Zerstörung des jüdischen Tempels – die Römer führten den Pflug über die Stadt –, als Folge des mißglückten jüdischen Aufstandes aus dem Jahre 70, des Ersten Aufstandes, dem sechzig Jahre später der Zweite *mißglückte* Aufstand unter Shimon Bar Kochba folgen sollte, eine Gruppe jüdischer Rebellen nach Masada gerettet und hier drei Jahre lang gegen die römischen Belagerungstruppen behauptet. Jetzt freilich, im Jahre 73, standen die römischen Legionäre unmittelbar vor dem Plateau, hatten über die künstlich geschaffene Sturmrampe einen Zugang gefunden zur uneinnehmbaren Festung. Und somit war das Ende der Rebellen von Masada vorhersehbar.

Man hatte auf einer Tonscherbe den Namen *Ben Ya'ir* entziffern können. Es handelte sich dabei zweifellos um den letzten Befehlshaber der eingeschlossenen Juden, um *Eleazar Ben Ya'ir*, von dem Iosephus Flavius berichtete, daß er, nachdem die Legionäre die Sturmrampe aufgeschüttet und mit ihren Rammböcken die letzten hölzernen Bastionen der Verteidiger zerstört hatten, den unmenschlichen und doch heroischen Befehl gegeben habe, sich den Feinden nicht lebend auszuliefern. Es wurden dann, berichtete der Historiker weiter, durch das Los zehn Männer bestimmt, die gemeinsam mit ihm, Eleazar Ben Ya'ir, alle Kinder, Frauen und noch überlebenden Männer töten sollten, bevor sie sich selbst ins Schwert stürzten. Der letzte Überlebende sollte außerdem unmittelbar vor seinem Selbstmord den Herodianischen Palast in Brand stecken.

So jedenfalls hatte es Iosephus Flavius in seinen Aufzeichnungen geschildert. Und so scheint es sich auch tatsächlich zugetragen zu haben, wie es anfangs 1965, durch die letzten Ausgrabungen bestätigt werden konnte. Vor allem der Fund von elf Ostraka, kleinen beschrifteten Tontafeln, war eine entscheidende Hilfe. Auf jedem Ostrakon nämlich befand sich nur ein einziger Name, und alle Tafeln waren eindeutig von der gleichen Hand beschriftet worden. Die Namen waren nicht nur unterschiedlich, sondern auch insofern recht bemerkenswert, als es sich anscheinend ausnahmslos um Spitznamen handelte. Es bestand bald kein Zweifel mehr daran, daß es sich hier um die Lose jener Männer handelte, die unter ihrem Anführer Ben Ya'ir den letzten, erschütternden Befehl auszuführen hatten. Sie töteten ihre Familien und Freunde und entleibten sich dann selbst. Wahrscheinlich war es Eleazar Ben Ya'ir selbst, der als letzter Überlebender von Masada das Feuer legte, das den berühmten Palast des Herodes vernichtete.

Den eindringenden Römern bot sich jedenfalls ein Bild des Todes und der Verwüstung. Die Leichen der 960 letzten Verteidiger und Rebellen von Masada lagen verstreut über das ganze Plateau, die Flammen fraßen sich gierig durch die niederbrechenden Überreste des Palastes, und erst Stunden später krochen zwei Frauen und fünf Kinder, die sich verborgen gehalten hatten, aus den Trümmern und erzählten mit stockender Stimme von den grauenhaften Ereignissen dieser letzten Nacht. Übrigens entgingen weder die Frauen noch die Kinder dem elenden Schicksal der Sklaverei, vor dem die anderen Juden auf Masada in den Selbstmord geflüchtet waren. Achtzehnhundert Jahre später forderte ein israelischer Dichter *Masada darf nie wieder fallen!* Heute sprechen die israelischen Rekruten diese Worte als Teil ihrer Eidesformel auf den neuen Staat Israel nach. Und auf Masada selbst werden alljährlich ausgesuchte Kadetten feierlich vereidigt.

Kapitel IV

DIE MÖRDER VON JERUSALEM

Es kann gar keine Frage sein, daß Jerusalem ein Ort ist, der unendlich viel mehr zur Legendenbildung herausfordert als irgendeine andere vergleichbare Stadt. Eine dieser Legenden, die alle eine Art Kontext oder so etwas wie einen geheimnisvollen Kommentar zur eigentlichen Geschichte Israels ausmachen, erzählt von der erstaunlichen Gewohnheit des Messias, stets nur vom Osten herauf, also aus der Jordansenke kommend, nach Jerusalem zu gehen. Es gibt romantische Naturen, die das mit der Bewegung der Sonne in Übereinstimmung zu bringen versuchen. Andererseits bin ich inzwischen, was jüdische, palästinensische Geschichten angeht, so vorsichtig geworden, daß ich mich ernsthaft zu fragen beginne, welcher Messias hier wirklich gemeint sei. Ein jüdischer, ein christlicher oder vielleicht doch ein mohammedanischer? Auf meine Fragen, die ich in dieser Hinsicht im Verlaufe eines Jahrzehntes vielen Gesprächspartnern stellte, bekam ich freilich nur ausweichende Antworten. *Der Messias*, hieß es immer, als müßte diese lapidare Auskunft genügen, *Er* wanderte von Osten nach Westen, unablässig unterwegs nach Jerusalem, wo *Er* seine Erfüllung suchte und fand.

Irgendwann beschloß ich dann, diesen stereotypen Aufstieg vom Jordantal auf den Hügel Jerusalems, diese Ost-West-Wanderung, die zweifellos Bestandteil einer uralten jüdischen Legende ist, als unumstößliche Wahrheit zu akzeptieren. Ich fand mich auch damit ab, mir keine besorgten Gedanken mehr darüber zu machen, welcher Messias das tatsächlich gewesen sein könnte, der mit der Sonne nach Jerusalem wanderte. Ungefähr zur gleichen Zeit – das war in den Jahren, als man das ursprünglich kleine und recht beengt untergebrachte Holocaustmuseum vom Davidgrab in der Altstadt hinaus auf den Herzlberg verlegte – begann ich mich auch zu fragen, weshalb die Juden in Palästina so hartnäckig nach Osten blicken, wobei ihnen die Erinnerung an ihre schönen alten und manchmal auch unbarmherzigen Legenden die Augen mit Tränen füllt, während sie das zeitgemäßere Unheil, das ihnen vom Westen her droht, in einem Museum auffangen, dessen grauenvoller Inhalt keine Legendenbildung mehr erlaubt. Ich fragte mich auch, ob für die Entstehung einer frommen oder mythischen Überlieferung – zumindest hier in Jerusalem, in Palästina – wirklich immer erst ein rundes Jahrtausend verstreichen müsse, ein beträchtlicher Zeitraum jedenfalls, in welchem man die Unheilbringer und Mörder in den Kokon gleichnishafter Geschichten einzufangen imstande sei. Und ob das Trauma, das dem jüdischen Volk im Westen entstanden sei, in den Konzentrationslagern der Nationalsozialisten oder vorher schon im latenten Antisemitismus, in den Gerichtsurteilen der katholischen Inquisition und in den Pogromen rheinischer Bürger, jetzt noch nicht eine solche Entwicklung zur Legende erlaube, die ja zugleich auch immer eine Verdrängung, eine lebensnotwendige Verharmlosung ist. Das waren einige meiner Fragen. Die Antwort darauf war stets einfach und deprimierend.

Das alles ist selbstverständlich nur ein Teil dieser ziemlich egozentrischen Meinung, die ich über Palästina, Jerusalem und über jüdische Überlieferungen habe und die keinen Anspruch auf Objektivität erhebt. Andererseits ist es unmöglich – war und ist es mir seit vielen Jahren schon absolut unmöglich –, diesen Mythen und Geschichten, mit denen man in Jerusalem wie in ganz Israel buchstäblich überschüttet wird, anders als mit der eigenen Phantasie zu begegnen. Ein Gott, der immer von Osten nach Westen zieht: Was für ein schönes und symbolträchtiges Bild! Aber die Fragen, die dieses Bild zwangsläufig erzeugt, können einen gelegentlich verrückt machen. Außerdem verursachen sie eine Gegenreaktion. Die Dokumente, Grabsteine, Bildtafeln und Totenlisten, die vom Westen her, übers Meer, nach Jerusalem gekommen sind . . . was für ein entsetzliches Bild!

Es ist in der Tat ernüchternd und erniedrigend zugleich, welche Vorstellung man sich von der menschlichen Gesellschaft machen muß, wenn man vor den Inhalten des Holocaustmuseums auf dem

Herzlberg in Jerusalem steht. Und alles, was man dabei begreift, ist der fatale Umstand, daß manche Völker tatsächlich ein Jahrtausend und mehr brauchen, um über die Bitternis ihres Elends die Verharmlosung in Form von schönen Legenden stülpen zu können.

Warum ich das sage? Ohne zu wissen, ob es eine legitime Wahrheit enthält? Und dadurch voraussetze, daß sich in der Ost-West-Wanderung eines Messias – eines dieser monotheisten Götter, die Juden, Christen und Araber gemeinsam haben – jüdisches Elend verschärft? Weil ich mehr als einmal in Jerusalem zu hören bekam, daß alle Pogrome, Inquisitionen und Vernichtungslager den Juden wahrscheinlich erspart geblieben wären, wenn ihnen nicht zweitausend Jahre lang die katholische Kirche und in ihrer Nachfolge alle möglichen weltlichen Organisationen und Institutionen den Vorwurf gemacht hätten, einen Messias umgebracht zu haben. Es ist schließlich für kein Volk der Erde eine harmlose Sache, als Gottesmörder hingestellt zu werden. Eine solche Anschuldigung zieht immerhin Konsequenzen nach sich. Einen Teil davon – den barbarischen – kann man im Yad-Va-Shem-Museum in Jerusalem besichtigen.

Ich muß nun offen gestehen, daß ich lange gezögert habe, dieses Museum draußen im Westen der Stadt auf dem Herzlberg aufzusuchen. Vielleicht bildete ich mir ein, daß der Besuch von Auschwitz, Mauthausen und Dachau als Anschauungsunterricht genügen sollte für jemanden, der sich schuldlos wähnt an der antisemitischen Vernichtungsorgie des Dritten Reiches. Vielleicht hatte ich auch Angst vor dem würgenden Gefühl, das mich überkommt, wenn ich in diesen ehemaligen Konzentrationslagern, die zu harmlosen Museen verfremdet wurden, auf meine eigene Vergangenheit blicken muß, weil ja das Grauen, das hier dokumentiert wird, ein Grauen ist, das von unseren Vätern und Großvätern verursacht wurde. Es kann aber auch sein, daß ich mich mit der bequemen Ausrede aller Feiglinge tröstete, die jeden Mord, wenn er erst einmal die Patina eines abgeschlossenen Zeitalters angesetzt hat, als verjährt und abgetan erklären. Jedenfalls dauerte es bis zum Juni 1980, daß ich endlich das Yad-Va-Shem-Museum betrat.

Es war ein heißer Vormittag, das Thermometer kletterte unnachsichtig höher. Ich war am frühen Morgen langsam die berühmte Straße abgefahren, die Jerusalem mit der Jordansenke und der übrigen arabischen Welt verbindet, diese Straße, die der Messias, *irgendein Messias,* immer von Osten nach Westen gewandert ist und über deren Eigenarten es noch einiges zu sagen gibt –, ich war glücklich, jetzt in Jerusalem wieder der Gluthitze zwischen den kahlgebrannten, staubigen und steinigen Hügeln entronnen zu sein, und weil ich noch etwas Zeit hatte bis zu meiner nächsten Verabredung, weil meine Begleiter mich mit sanfter Beharrlichkeit dazu drängten und einer von ihnen sich sofort bereiterklärte, mich mit seinem Wagen zum Herzlberg hinauszubringen . . . ich suche schon wieder nach plausiblen Ausreden dafür, daß ich dann doch in dieses Museum ging, von dessen Besuch ich mir im Grunde nichts anderes erwartete, als ich mir von anderen, ähnlichen Besuchen in solchen Museen und ehemaligen Lagern in Erinnerung behalten hatte. Denn man gewöhnt sich mit der Zeit an jede Gemeinheit und auch an das Schreckenerregende, das man der eigenen Seele anfangs nicht zumuten will, weil man es immer empört ablehnt, in sich selbst eine Voraussetzung für die Ursprünge dieses Schreckenerregenden zu vermuten. Man stumpft mit der Zeit vor jedem fremden Elend ab, noch dazu, wenn es nur auf Bildmontagen und gleichsam hinter Glas vorgeführt wird. Außerdem wehrte ich mich gegen jede neue Diskussion, die ich mit mir selbst führen müßte, zum Beispiel mit meinen Erinnerungen an jenen Augusttag des Jahres 1979 im polnischen Auschwitz, wo ich unfreiwilliger Ohrenzeuge der Gespräche einer deutschen Reisegruppe war, die sich mit empörten Ausdrücken gegen diese *unverschämte Geschichtslüge* und *schamlose Verleumdung eines Kulturvolkes*, wie sie es nannten, wandte, ich lehnte es ab, noch einmal Ohren- oder Augenzeuge zu sein oder mich der Gefahr einer Konfrontation mit dem wahren Bild des Menschen auszusetzen, das im 20. Jahrhundert entstanden ist, ich lehnte das alles allein schon deshalb ab, weil ich keine Lust mehr hatte, diese Dinge dann sagen und niederschreiben zu müssen, die ich jetzt doch sage und niederschreibe.

Und dann: Hatte ich jemals Hand angelegt an einen Juden? War ich nicht zumindest in dieser Hinsicht ein gehorsamer Christ, der dieses *Du sollst nicht töten* stets beherzigt hatte? Gab es auch nur den Schimmer einer Schuld, der auf mein reines Gewissen fallen konnte? Sogar mein Antisemitismus, von dem ich nicht einmal genau weiß, ob er nicht doch irgendwelchen heimlichen, sorgfältig vor der argwöhnischen Umwelt abgeschirmten katholischen Idealen entspricht, ob er nicht vielleicht doch ein Beweis für meinen christlichen Gehorsam ist, sogar dieser geheime Antisemitismus in mir warnte mich vor den Bildreihen und Schautafeln, Dokumenten und Erinnerungsstücken in den Sälen dieses Museums, das ich widerwillig und wie eines dieser Opfer unverschämter Justizirrtümer betrat, die aus ihrem Unglück fatale Rückschlüsse auf die Moral der Gesellschaft ziehen. Ich trat ein in das Museum und war anfangs selbstverständlich mürrisch und ablehnend, fest dazu entschlossen, mich durch nichts aus der Fassung bringen zu lassen, ein Tourist, der aus Höflichkeit seinen Gastgebern gegenüber einen Programmpunkt erledigt, der ihm unbehaglich ist. Meine Augen gewöhnten sich nach dem grellen Sonnenlicht nun rasch an die wohltuende Dämmerung, es war auch angenehm kühl, vielleicht, daß es ein wenig merkwürdig roch, nach Moder und schaler Luft. Ich begann die ersten Tafeln und Texte zu studieren, ich entdeckte – und hatte es auch erwartet – bekanntes Material, Fotografien und Bildmontagen, denen ich schon in Auschwitz und Mauthausen begegnet war. Und auch das dokumentierte Elend mit den lebenden Leichnamen und verstümmelten Körpern war mir nichts Neues, das alles kannte ich schon . . .

Warum dann plötzlich dieses unkontrollierbare Würgen im Hals? Und der Schüttelfrost, der meinen Leib packte? Und warum der schlechte Geschmack im Mund, dieser lautlose Befehl, den ich mir zuschrie: *Du darfst nicht die Beherrschung verlieren!* Warum diese Emotion, wenn ich schuldlos war, unfähig zum Mord, wie ich mir einredete, unbeteiligt am Holocaust, wie ich wußte?

Ich kann keine befriedigende Auskunft über meine Gefühle oder Gedanken geben, jetzt, viele Wochen später. Ich weiß nur eines, daß alles das, was man sich gelegentlich einredet zum Thema Judenverfolgung, Judenvernichtung – halbherzig, widerwillig einredet –, hier eine neue moralische Dimension gewinnt. Für mich steht zweifelsfrei fest, daß nach Hitler, Himmler und Eichmann die Juden jedes Anrecht auf Unvernunft besitzen, daß jede Diskussion über Zionismus und jüdische Intoleranz zu verstummen hat, daß dieses leise, federleichte Gefühl nur schwer unterdrückbarer Ablehnung, das immer dann entsteht, wenn man mit dem orthodoxen Judentum und seinen manchmal unbegreiflichen Auswüchsen konfrontiert wird, etwas Entsetzliches ist, eine Anmaßung, ein Vorurteil, das beinahe verbrecherisch anmutet. Und einmal ging mir in diesem Museum sogar der beunruhigende Gedanke durch den Kopf, was wohl wäre, wenn nicht nur die zwölf Jahre des Hitlerwahnsinns, sondern auch die Jahrhunderte der Inquisition, der mittelalterlichen Pogrome und willkürlichen Vertreibungen hier dokumentiert würden. Ich glaube, ich stand in diesem Augenblick, da ich das dachte, vor einer Serie von Bildern, die den Arbeitseinsatz ehemaliger Aufseherinnen nach ihrer Verhaftung zeigen, wie sie nun die Leichen ihrer Opfer begraben müssen. Es war der vollkommene Wahnsinn auf diesen Gesichtern, ein stumpfsinniges Nichtbegreifen, eine törichte Amoralität von Frauen, deren Instinkt ganz einfach vor der unmißverständlichen Tatsache versagte, daß man nicht töten dürfe . . . ich glaube, es war plötzlich meine Scham angesichts dieser Frauen, die durch irgendeinen lächerlichen Zufall der Geschichte ohne weiteres meine Schwestern und Mütter hätten sein können, es war ein Gefühl völliger Ohnmacht, das mich zuerst diese absurden Gedanken haben ließ und mich dann fluchtartig hinaustrieb aus dem Museum.

Was für ein Glück, daß der Mensch immer bereit ist, alles zu vergessen, was ihn irritiert! Ich bin schon wieder dabei, alles zu vergessen oder wenigstens zu verdrängen. Die Besucherinnen mit den tränenüberschwemmten Gesichtern vor diesen Bilddokumenten im Yad-Va-Shem-Museum, die Männer, denen es die Sprache verschlägt, die Schulklasse, die unversehens und wie auf Befehl in ein hysterisches Kreischen ausbricht: Ich bin dabei, es wieder zu vergessen! Ich hoffe, daß ich es vergessen werde. Aber werde ich auch das andere vergessen, diese Aufseherinnen mit ihren ausdruckslosen Gesichtern und die Angst, die ich empfand, als ich vor dem Bilddokument stand, das die äußerste Gefühlslosigkeit zeigt, derer ein Mensch fähig ist? Einige Tage später, an einem Vormittag, durchstreifte ich Mea Shearim, das Viertel der orthodoxen Juden. Es ist, soviel ich weiß, 1875 gebaut worden, und zwar von den Nachkommen jener Juden, die bereits in den ersten Jahrzehnten des 19. Jahrhunderts ins gelobte Land gekommen waren. Es war damals nur eines von mehreren jüdischen Stadtvierteln, die alle den Zweck hatten, die Sicherheit der Juden und, was freilich weniger erfolgreich realisiert werden konnte, ihre materielle Existenz zu garantieren.

Mea Shearim ist heute eines der bevorzugten Ziele aller Jerusalembesucher – obgleich es über die moderne Stadt überhaupt nichts aussagt –, was mitunter zu unerquicklichen Szenen führt, weil die Bewohner dieses Quartiers, das in Wahrheit heute noch ein klassisches Getto ist, sich mit recht drastischen Methoden gegen die Neugier der Touristen zur Wehr setzen. Wozu sie dabei tatsächlich fähig sind, demonstriert die tragische Geschichte von David Palombo, einem der begabtesten jüngeren Bildhauer Israels, der unter anderem auch das vielbewunderte Tor für die Knesset geschaffen hat. An einem Freitagabend wollte er mit seinem Motorrad in die Stadt fahren. Unglücklicherweise lag zwischen seinem Atelier und dem Stadtzentrum Mea Shearim. Unglücklicherweise hatte gerade der Sabbat begonnen. Palombo prallte in voller Fahrt gegen eine eiserne Kette, die von den orthodoxen Juden quer über die Straße gespannt worden war. Am Sabbat dürfen bekanntlich keine Autos verkehren, auch keine Motorräder. Zumindest nicht in Mea Shearim. Palombo war auf der Stelle tot, ein Opfer der orthodoxen Fanatiker, deren religiöser Eifer etwas Furchteinflößendes besitzt.

Aber mit einfacher Ablehnung, mit den üblichen Ausdrücken der Entrüstung oder mit Spott ist Mea Shearim, das einzig und allein aus der religiösen Tradition des Judentums existiert und wo jede geringfügige Veränderung der Lebensweise diese Tradition gefährden könnte, wahrhaftig nicht zu beschreiben. Erstens widersetzt es sich dem Verständnis des christlichen Besuchers und macht ihm zugleich sein eigenes Unvermögen augenscheinlich, jüdische Geschichte und mehr noch jüdischen Mystizismus vorurteilsfrei zu verstehen. Zweitens war und ist Mea Shearim nicht irgendein Ausdruck orthodoxer Willkür oder frömmelnder Überheblichkeit, sondern vor allem das Zeugnis für die Beharrlichkeit einer Religion, die für sich in Anspruch nehmen darf, die älteste noch existierende und funktionierende Religion der Welt zu sein. Natürlich fordert ein Ort wie Mea Shearim unsere verhängnisvolle Neigung zum Zynismus heraus, fallen einem automatisch alle diese bösartigen Karikaturen ein, die seit Generationen das negative Bild des Judentums darstellen: Krummnase und personifizierte Habgier, Kaftan, Beikeles, Scheitel – wie man die Perücke bei den verheirateten Frauen nennt – und das heftige, nervöse, fast manische Nicken und Kopfzucken jüdischer Beter, wenn sie zu einem ihrer rätselhaften Gebete ansetzen. Auch ich selbst muß offen gestehen, daß mir manches in diesem altertümlichen Quartier unbegreiflich, manches an jüdischen Religionsäußerungen, wie man sie hier erleben kann, unbehaglich ist. Aber wenn man erst einmal tiefer eindringt in die mittelalterliche Welt eines jüdischen Gettos, wie es sich in Mea Shearim manifestiert, wo sich seit Generationen eigentlich nur nebensächliche Äußerlichkeiten verändert haben – dazu gehören immerhin Kanalisation, Trinkwasserversorgung und Elektrizität –, während die gesellschaftliche und moralische Struktur unverändert geblieben ist, dann ahnt man doch ein wenig von der Gesetzmäßigkeit scheinbar völlig verworrener und hoffnungslos überholter, ja sogar rückständiger gesellschaftspolitischer Verhältnisse.

Was ich, während ich durch Mea Shearim gehe, verfolgt von mißtrauischen Blicken und abwehrenden Gesten, in aller Eile zu notieren imstande bin, entwickelt sich später zum Porträt einer Gesellschaft, die zwar tatsächlich aus einem anderen Zeitalter stammt, deren religiöse und sittliche Prinzipientreue aber tiefen Respekt abnötigt. Die orthodoxen Bewohner dieses jerusalemischen Stadtviertels sind zweifellos eine gravierende Belastung für einen modernen Staat wie Israel, der noch dazu voll verzweifelter Anstrengung um das nackte Überleben kämpfen muß. Sie bilden aber auch, so seltsam sich das anhören mag, die Basis für ein nationales Selbstverständnis, auch wenn sie den Staat, dem sie angehören, ganz entschieden und mit einer herrischen, grenzenlos hochmütigen Geste ablehnen, auch wenn sie seine Einrichtungen systematisch sabotieren, was im Falle der Weigerung, Steuern zu zahlen oder am Sabbat öffentliche Dienste wie Arzt, Feuerwehr und Polizei zu beanspruchen, recht skurrile Formen annimmt.

Doch was notierte ich wirklich, während ich durch die Geruchs- und Erinnerungswolke dieses Quartiers ging? Und woran denke ich heute noch zurück? Da waren vor allem die Kinder, deren blasse Gesichter von abgrundtiefer Melancholie erfüllt sind. Das sind Kinder, die aussehen wie erschöpfte, alte Männer. Und manchmal das silbrigglänzende, seidige Blondhaar eines Knaben, das wie eine Herausforderung in dieser Welt schwerverhüllter, ernsthafter Männer und Frauen wirkt. Was für eine Welt, in der Kinder als schmerzerstarrte Erwachsene und die Erwachsenen als frühzeitig gealterte Kinder auftreten! Und dann der säuerliche, wehleidige Gesichtsausdruck bei vielen jüngeren Männern, die ihr Gesicht noch nicht hinter einem biblischen Bart verbergen können . . . als ob ihnen die Lust am Leben unter der Oberfläche ihrer wächsernen Haut gefriere!

Ich habe mir sagen lassen, daß ein orthodoxer Jude, wenn er alle religiösen Regeln befolgt, äußerstenfalls siebenmal im Monat bei seiner Frau schlafen kann, was ihn freilich nicht davon abhalten soll, bei einer Prostituierten sein sexuelles Glück zu versuchen. Die einzige Bedingung dabei ist freilich, daß diese Kopulation in einer anderen Stadt vollzogen wird. Was für ein Leben, bei dem Freudlosigkeit und sexuelle Frustration wesentliche Grundlagen der alltäglichen Auseinandersetzung mit Gott sind!

Und doch ist Mea Shearim erfüllt von Kinderlärm. Er kommt aus den *Zimmern*, wie hier die Religionsschulen heißen, die schon von Vierjährigen regelmäßig besucht werden. Daneben die schmalen Eingänge in die lichtlosen Häuser und Hinterhöfe. Die winzigen Fenster. Das Leben hinter diesen abweisenden Mauern, das bedürfnislos und anstrengend sein muß, wenn man sich alle Gebote und religiösen Standpunkte vorstellt, die hier befolgt werden müssen.

Ich war von der Askese, vom scheinbar verlorengegangenen Glück der Menschen auf diesem Schauplatz, der mich manchmal an eine übertrieben tragische Bühnendekoration erinnerte, so sehr beeindruckt, daß ich unwillkürlich erschrocken war, wenn ich auf einem kleinen Platz die Leibwäsche von Frauen zum Trocknen aufgehängt sah. Dieses Bild, das ich anderswo gar nicht wahrgenommen hätte, erschien mir hier plötzlich frivol und obszön. So sehr suggeriert die Atmosphäre von Mea Shearim schon nach wenigen Stunden eine puritanische Moral, der man fast widerstandslos so erliegt, daß man im Augenblick der Normalität nur mühsam zu sich selbst zurückfindet. Die privaten Tragödien, die sich hinter den Mauern dieses Gettos abspielen, kann man sich jedenfalls unschwer vorstellen.

Es gibt meiner Meinung nach zwei Möglichkeiten, um trotzdem einigermaßen objektiv über Mea Shearim berichten zu können. Die eine bedient sich der üblichen poetischen Ausdrucksweise, operiert mit exotischen Begriffen wie Kaftan, Scheitel und Schtreimel – der dunklen pelzbesetzten Mütze orthodoxer Juden – und sieht in den bleichwangigen Kindern in ihren kurzen Hosen und langen Strümpfen und den sorgsam verhüllten Frauen, die sich auch bei dreißig Grad im Schatten hinter ihrer plumpen Verkleidung verbergen müssen, nur einen Beweis für religiöse Linientreue und unmißverständliche moralische Konsequenz dieser Juden, die so etwas wie einen anarchistischen Staat im Staate bilden. Die andere Möglichkeit einer Beschreibung stützt sich auf Erkenntnisse wie jene aus einem Bericht, der bereits im Jahre 1898 anläßlich des *Zweiten europäischen Zionistenkongresses* über die Zustände in Mea Shearim und ähnlichen palästinensischen Judenquartieren erstattet wurde. Da ist von permanenter Arbeitslosigkeit und unbegreiflicher Indolenz dieser orthodoxen Juden die Rede, die ausnahmslos „in düsteren Löchern hausen, die wie Ställe sind und grauenhafte Dünste ausstrahlen. Was Wunder, wenn diese in einer bestimmten Atmosphäre aufgezogene Gesellschaft, der es vor ihrer eigenen Heiligkeit graut, oft zu Bettelei ihre Zuflucht nimmt. Wie eine Schmach lastet dieses Schnorrertum auf der ganzen Judenheit."

Ich kann und darf hier nur zitieren, was damals im schweizerischen Basel die Väter des europäischen Zionismus des 20. Jahrhunderts selbst zu diesem unglaublichen Thema sagten. Ich selbst erlaube mir keine Meinung. Ich fürchte nur, daß beide von mir erwähnten Möglichkeiten einer Beschreibung von Mea Shearim fruchtlos sind, weil sie nicht zum Kern des eigentlichen Problems vordringen. Ein zeitgenössischer Autor, der Schweizer Jude Willy Guggenheim, brachte dieses Problem der orthodoxen Juden einmal auf die kürzeste Formel: „Von jeglicher Realität des praktischen Lebens abgeschnitten, verwässert sich der soziale Inhalt ihrer Philosophie in religiöse Haarspalterei."

Jüdische Freunde in Palästina bestätigten mir mehr als einmal achselzuckend und nicht ohne Groll in der Stimme, daß die jungen wehrpflichtigen Männer aus Mea Shearim es immer noch kategorisch ablehnten, ihrer nationalen Pflicht in der Armee nachzukommen – mit dem bezeichnenden Zugeständnis allerdings, daß die wenigen Ausnahmen unter den Orthodoxen zu den tüchtigsten Soldaten zählten –, daß die Heiligkeit des Sabbat zumindest in Jerusalem immer noch religiöses und weltliches Gesetz sei – was Jerusalem zur einzigen Stadt der Welt macht, in der einmal pro Woche sich alles Leben auf so radikale Weise aus der Öffentlichkeit zurückzieht, daß man glaubt, in einer toten Stadt zu sein –, und daß es im übrigen nicht ratsam sei, einen Autobus jener städtischen Linie zu benützen, die wochentags durch Mea Shearim fährt. Selbstverständlich wird sich ein orthodoxer Jude aus Mea Shearim niemals neben eine Frau setzen, was aber letztlich des unerträglichen Geruches wegen, den seine Kleider verströmen, für beide Parteien eine Erleichterung darstellt.

Eine andere Art von Erleichterung erhofft man sich heute in Israel von einem *Komitee gegen religiösen Zwang,* das sich gegen den manchmal unerträglichen Herrschaftsanspruch und die frömmelnde Diktatur der Orthodoxen wendet, die zwar nicht daran denken, die weltlichen Gesetze des Staates, in welchem sie immerhin leben und allen Schutz genießen, anzuerkennen, die aber ihr eigenes Leben wie das ihrer freisinnigeren oder auch nur zeitgemäßeren Mitbürger nach religiösen Gesetzen geordnet sehen wollen, die vor zwei- und dreitausend Jahren Gültigkeit besaßen. Was natürlich gar nichts über die Brauchbarkeit dieser biblischen Gesetze für die zweite Hälfte des 20. Jahrhunderts aussagt.

Einmal bestieg ich in Mea Shearim, wo ich längere Zeit zu fotografieren versucht und schließlich vor den abgewandten oder hinter entsetzt emporgehobenen Händen verborgenen Gesichtern und den grimmigen Abwehrgesten der Bewohner resigniert hatte, meinen Mietwagen und fuhr in einer Aufwallung widerstreitender Gefühle nach Ostjerusalem und weiter über die berühmte Straße hinunter ins Jordantal. Ich war in diesen Augenblicken wie besessen davon, ein Fenster in die Welt aufzustoßen, frische Luft einzuatmen, auch wenn es die unerträglich heiße, schwüle Luft der Wüste war. Ich bildete mir ein, daß mein Glück davon abhing, diese Hölle aus altem Mauerwerk, muffigen Vorurteilen und einer rätselhaften Halsstarrigkeit unverzüglich zu verlassen. Und was wäre schließlich ein größerer Kontrast zu Mea Shearim, was eine völlig andere Perspektive als diese Straße, die von Millionen Touristen, Pilgern und Soldaten, von Geschäftsleuten, Diplomaten, Zöllnern, Samaritern und gelegentlich auch von einem Messias benützt wird und deren erstaunliche Geschichte doch so gut wie unbekannt sein dürfte!

Die Wahrheit war, daß ich mich heftig dagegen wehrte, mich von einer der beiden extremen Möglichkeiten der Beurteilung jüdischer Orthodoxie beeinflussen zu lassen. Ich beharrte auf meiner kläglichen Neutralität. Ich weigerte mich, irgendeine Stellung zu beziehen, irgendeine Meinung zu haben. Meine überraschende Fahrt über Ostjerusalem hinunter in die Jordansenke war nichts anderes als eine Flucht vor der Verantwortung, eine konkrete Meinung haben und sie auch ausdrücken zu müssen. So sah ich es zumindest damals. Heute kommt mir dieses Pathos ein wenig lächerlich vor. Aber heute, da ich das niederschreibe, bin ich auch viereinhalb Flugstunden von Jerusalem entfernt.

Die Straße also: Auch hier stößt man auf eine Irrationalität, mit der man sich in Jerusalem, in Palästina nur schwer anfreundet und die anscheinend ein völlig legitimer Bestandteil jüdischer Alltagsrealität ist. Vielleicht hängt das mit der unheimlich anmutenden und widersprüchlichen Geschichte der Stadt zusammen, deren faszinierende Atmosphäre und mythendurchtränkte Weisheit man zwar mit jedem Atemzug, den man arglos macht, in sich aufzunehmen glaubt, deren Geheimnis sich aber doch hartnäckig jedem Besucher verweigert, der nicht ständig bereit ist, sich außerhalb aller rationalen Vernunft mit ihr einzulassen. Die Geschichte Jerusalems, das seit König David religiöser und nationaler Mittelpunkt des Judentums war, was praktisch bedeutete, daß es seit rund dreitausend Jahren auch ein Brennpunkt aller politischen, religiösen und kulturellen Grundlagen sein mußte, auf denen die heutigen Widersprüche und Möglichkeiten des Judentums basieren, diese Geschichte ist allein schon deshalb nicht nur historiographisch abzuhandeln, weil sie auch eines der großen Gleichnisse menschlicher Leidensfähigkeit enthält. Und mich persönlich erstaunt es nicht im mindesten, daß die Straße, die seit Jahrtausenden Jerusalem mit seinem lebens- und ideenspendenden östlichen Hinterland verbindet, so etwas wie eine mythische Nabelschnur darstellt. Außerdem steckt sie voll von Überraschungen.

Das beginnt vielleicht schon damit, daß die Israeli, die es ja wissen müssen, diese Straße nicht ohne grimmigen Humor als unfreiwilliges Geschenk der Jordanier betrachten. Denn tatsächlich war die neue, breite und moderne Trasse von den Jordaniern erst zwei Monate vor Ausbruch des Sieben-Tage-Krieges im Jahre 1967 fertiggestellt worden, finanziert mit amerikanischem Geld, das König Hussein mit der Auflage erhalten hatte, diesen modernisierten Verbindungsweg zwischen Amman und dem palästinensischen Ostjerusalem nicht für militärische Zwecke zu benützen. Diese törichte Auflage war freilich nur eine der vielen Chimären, an denen der Nahe Osten seit Generationen schon krankt. Als jedenfalls die israelische Luftaufklärung im Verlauf des Krieges von 1967 feststellte, daß Panzer- und Nachschubkolonnen aus der Jordansenke über die gerade erst fertiggestellte Straße nach Jerusalem und Judäa unterwegs waren, schlugen die Israeli mit der inzwischen legendär gewordenen Präzision und Schnelligkeit zu, die ihnen bisher das Überleben inmitten von rund siebenhundert Millionen Arabern ermöglicht hat. Sie bombardierten jeweils das obere und untere Teilstück der neuen Straßentrasse, so daß die jordanischen Panzer, Schützenwagen, Geschütze und Lastwagen weder vorwärts noch zurück konnten. Dann bedeckten israelische Kampfflugzeuge die eingeschlossenen Jordanier mit dem mörderischen Feuer ihrer Bordkanonen. Die Jordanier wiederum hatten vielfach diesen zweiten Angriff erst gar nicht abgewartet, sondern waren angesichts ihrer Situation, die hoffnungslos war, ganz einfach davongelaufen. Innerhalb von vierundzwanzig Stunden war die Niederlage der Elitetruppen des kleinen Königs aus Amman so perfekt, daß damit auch die Gefahr einer militärischen Bedrohung über den Jordan aus der Welt geschafft war. Die Wracks der verlassenen Panzer, Geschütze, Lastwagen säumten noch viele Monate lang die Straße, die wieder einmal in den Erzählungen der orientalischen Völker zu einem Teil der großen Legende wurde, an der seit Jahrtausenden schon weitergesponnen wird.

Übrigens kann man ungefähr auf der Höhe, wo eine Tafel den Beginn der Depression anzeigt und von wo aus es dann endgültig in die Jordansenke hinuntergeht, noch die Spuren jener Sprengkammern sehen, die von israelischen Pionieren während des verhängnisvollen Krieges von 1973 angelegt wurden. Damals, nach der überraschenden Niederlage am Suezkanal, besaß Israel keine militärischen Reserven mehr, um sich gegen einen möglichen Angriff der jordanischen Armee wehren zu können. Man hoffte lediglich, durch die Sprengung der Straße an einigen neuralgischen Punkten etwas Zeit zu gewinnen. Aber Hussein hielt still – aus welchen Gründen auch immer –, und einige Monate später wurde der Sprengstoff aus den Kammern wieder entfernt. Ein paar Autominuten von dieser Stelle gibt es, was von den Touristen stets übersehen und von den jüdischen Reiseführern gern verschwiegen wird, den einzigen Standpunkt, von dem aus man das angebliche Grab des legendären, von Arabern, Christen und Juden gemeinsam verehrten Moses sehen kann. Es ist das freilich eine Grabstätte nach islamischer Tradition. Juden und Christen haben von Moses Grabstätte eine andere Vorstellung und reagieren auf den Versuch der Mohammedaner, die letzte Ruhestätte dieses biblischen Helden zu legitimieren, mit eisigem Schweigen. Wie dem auch sein mag, hier handelt es sich um ein wichtiges islamisches Heiligtum. Es ist eine Moschee von beträchtlichen Ausmaßen, die sich hinter einigen Sandhügeln verbirgt.

Moses' Grab wirkt auf mich in seiner Abgeschiedenheit am Rand der Jordansenke – obwohl umgeben von israelischen Befestigungsanlagen – wie eine Fata Morgana. Ich hatte schon jahrelang die berühmte Straße benützt, bevor ich zum erstenmal auf die Moschee und ihre eingebildete oder tatsächliche Bedeutung aufmerksam gemacht wurde. Soviel ich weiß, bewachen gegenwärtig nur zwei Moscheewächter den ganzen Komplex, der an manchen islamischen Feiertagen von gläubigen Mohammedanern aus den besetzten Gebieten Judäas und der Westbank aufgesucht wird. Dann allerdings, so versicherte man mir, sind die israelischen Bunker und Maschinengewehrnester, die wie riesige Ameisenhügel das wüstenähnliche Gelände bedecken, besetzt.

Und schließlich gibt es auch noch die Beduinen! Mindestens so lange ansässig wie Araber und Juden in diesem Raum, haben sie sich für eine gleichbleibende Form des Überlebens entschieden. Ihre ebenso routinierte wie herausfordernde Art des Bettelns, mit der sie sich die lästige Neugier der Touristen vom Hals halten oder sich dafür honorieren lassen, aber auch batteriebetriebene Fernsehapparate und Kühlschränke in manchem Zelt aus schwarzem Ziegenhaar, davor auch schon einmal ein alter Jeep aus Armeebeständen oder auch ein japanischer Lieferwagen stehen kann – ich rede jetzt von den Beduinen im Gebiet der Jordansenke, nicht von denen des Negev oder des Sinai, wo es wieder ganz andere Voraussetzungen gibt –, das alles ändert noch nichts am genialen Instinkt, der sie in dieser lebensfeindlichen Landschaft seit Jahrtausenden mühelos überleben läßt. Persische Armeen und römische Legionäre, byzantinische Statthalter, osmanische Zöllner, britische Polizisten und Kolonialbeamte, selbst Jordanier und Juden hatten immer Schwierigkeiten mit diesen fließenden Randzonen zwischen Steppen- und Wüstenlandschaft, gingen darin unter oder eroberten wie die Israeli mit enormem Aufwand an Geld, Material und technischem Einsatz kaum viel mehr als eine Handbreit davon – wenn man vom Negev einmal absieht, wo tatsächlich innerhalb einer Generation ein Jahrtausendprogramm geleistet wurde –, während die Beduinen nunmehr schon seit biblischen Zeiten die Kunst des Überlebens auf eine Weise perfektioniert haben, die wirkungsvoll und unauffällig ist. Ich würde es auch die Kunst der Anpassung nennen. Aber man muß schon ein Fachmann in Beduinenfragen sein oder gute Freunde haben, die einem jede winzige Spur, jedes Detail dieses Überlebens zeigen, damit man den ganzen Umfang einer vollends an die natürlichen Gegebenheiten angepaßten uralten Zivilisation begreift.

Ich vermag nur aufzuzählen, ohne irgendwelche Erklärungen abzugeben. Da sind einmal die zahllosen Spuren im verbrannten Erdreich neben der Straße, und zwar meist entlang der rechten Straßenseite, wenn man hinunter in die Depression fährt, und nur bis zu einem ganz bestimmten Punkt in der Nähe dieser Tafel, welche die Depression anzeigt. Es sind haarfeine Linien und Striche. Sie umrunden halbmondförmig, wie geometrische Zeichen, die verkarsteten Hügel und verlieren sich dann im Dunst der Mondlandschaft. Aus diesen geheimnisvollen Linien und Strichen sind die Wanderwege und damit die Überlebenschancen der Ziegen- und Schafherden der einzelnen Beduinenclans abzulesen. Man beginnt zu begreifen, wie sich hier etwas wiederholt, das im ganzen Mittelmeerraum Gültigkeit hat: Die Ziegen bewegen sich immer in ungeordneter Bewegung, die Schafe immer Kopf an Kopf dicht über dem Erdreich. Auch lernt man ziemlich rasch die Form der Beduinenzelte auf ihre Brauchbarkeit hin für die menschliche Existenz in dieser Umgebung zu studieren. Das Ziegenhaar, aus dem die Zeltwände geflochten werden, ist wärmeabstoßend und schützt dabei doch gleichzeitig vor der empfindlichen Nachtkälte. Außerdem sind die Zelte immer gegen die Sonne zu geöffnet, sie gehen also gleichsam mit der Sonne, was mit der Durchlüftung, mit dem stetig wehenden Wind zu tun hat, der entlang dieser Straße ziemlich regelmäßig von Osten nach Westen streicht. Und ich lernte, daß eine weiße Fahne an einem Beduinenzelt nichts anderes bedeutet, als daß hier eine Beduinenhochzeit gefeiert wird. Und daß es immer nur Frauen und Kinder sind, die mit den Herden ausziehen. Ebenso beeindruckte mich die gleichermaßen kunstvolle wie einfache Form beduinischer Wasserversorgung, denn bald entdeckte ich den Unterschied zwischen planlosem Geröll und raffinierten Kanalkonstruktionen, die das spärlich fallende Regenwasser und den nächtlichen Tau auffangen. Und voll Bewunderung sah ich, daß das, was nur ein paar Meter neben der Straße wie ein Haufen zufällig übereinandergeschichteter Steine wirkte, tatsächlich eine Wasserleitung war, die dafür sorgte, daß kein einziger Tropfen verlorengeht.

Es ist eine Welt voller Geheimnisse, voll von rätselhaften Spuren – die natürlich alle eine plausible Erklärung haben –, hier, nur wenige Kilometer unterhalb der unglücklichsten, widersprüchlichsten und vielleicht auch schönsten Stadt der Welt. Da ist es dann fast schon normal, daß an der Stelle, wo der biblische Samariter seinen schönen Dienst versah, in Wahrheit einige Jahrtausende lang immer eine Zollstation war, wo man mit Geld, Waren oder auch mit dem eigenen Blut für den Weg nach Jerusalem bezahlen mußte. Heute besorgt eine alterslose Beduinenfrau, deren Tätowierungen etwas Wildes und Archaisches besitzen, gleichmütig das Geschäft eines selbsternannten Aufsehers in den Ruinen, deren älteste erkennbare Fundamente noch aus römischer Zeit stammen. Im übrigen gibt es zwei andere solcher Zollstationen – die Einheimischen reden von den *drei Treppen* hinauf nach Jerusalem –, beide etwas unterhalb der neuen jordanischen Trassenführung. Die Legende vom barmherzigen Samariter, die an diesem Straßenabschnitt spielte, ist natürlich ergreifend und von einem tiefen symbolischen Wert. Aber ich fürchte, daß die Wirklichkeit immer etwas anders ausgesehen hat, daß sie aus Gewalt, Willkür und dem Recht des Stärkeren bestand. Daran hat sich bis auf den heutigen Tag nicht viel geändert.

Vom unteren Teil der Straße, nicht weit von der Stelle entfernt, wo die alte Römerstraße nach Jericho abzweigt, führt die sogenannte *Allonstraße* hinauf bis nach Galiläa, eine Straße von eminenter strategischer und nationaler Bedeutung für die Juden, über deren Wichtigkeit noch zu reden sein wird. Und auch an die endlosen Kolonnen jordanischer Lastwagen gewöhnt man sich, die im Vierundzwanzig-Stunden-Rhythmus – abgesehen vom mohammedanischen Feiertag und dem jüdischen Sabbat – Lebensmittel und

Waren aller Art aus Jerusalem über den Jordan in die arabische Welt liefern. An den beiden offenen Grenzbrücken über den Jordan würde ich später selbst beurteilen können, wie groß dieser seltsame Export jüdischer Produkte in die Länder der arabischen Welt tatsächlich ist.

Damals dachte ich mir, daß es im Grunde noch nichts Ungewöhnliches sei, wenn eine Stadt wie Jerusalem von potentiellen Mördern umgeben ist. Aber daß diese potentiellen Mörder, deren Absichten durchaus ehrenwert sein mögen, aus der Stadt, die sie erobern und zerstören wollen, ihren Nachschub beziehen, noch dazu über eine Straße, auf der eine der empfindlichsten Niederlagen für die Feinde Jerusalems stattgefunden hat . . . das erschien mir doch etwas ungewöhnlich.

Kapitel V

DER SCHATTEN SALOMOS

Man hat es sich aus unerfindlichen Gründen angewöhnt, immer den Schatten Salomos zu beschwören, wenn von jüdischer Geschichte die Rede ist. Das mag seine Ursache in manchen lokalen Mythen haben, wie etwa in Eilat am Roten Meer, wo einheimische Phantasie aus einer kleinen Koralleninsel und aus einigen eigenartig geformten Steinsäulen im Aravatal im südlichen Negev einen Legendenkranz geformt hatte, dessen Inhalte sich zwar recht romantisch anhören, die aber so gut wie nichts mit der historischen Wahrheit zu tun haben. Ähnlich verhält es sich mit dem Umfeld von Jerusalem und der Stadt selbst, wo zahllose Hinweise auf salomonische Pferdeställe, Schwimm- und Wasserbecken und andere markante Gebäude existieren, denen in der Regel allerdings nur eines gemeinsam ist: Daß sie nichts mit Salomo zu tun haben! Manchmal habe ich auch den Verdacht, daß deshalb Salomo in aller Mund ist, weil viele Juden so sein wollen wie dieser geniale und gerissene Halsabschneider auf dem Königsthron.

Trotzdem ist die Lust, auf Salomos Spuren zu wandern oder seinen geheimnisvollen Schatten wie eine liebkosende und zugleich beschwörende Berührung auf der eigenen Haut zu spüren, für jeden Besucher Jerusalems und Palästinas überaus groß. Ich zum Beispiel habe mich inzwischen sogar daran gewöhnt, die Diskrepanz zwischen Dichtung und Wahrheit, so weit es seine Person betrifft, nach Möglichkeit im Basar von Jerusalem auszugleichen, der für meinen Geschmack alles das enthält, was man sich für gewöhnlich an salomonischer List, Schläue und Weisheit vorstellt.

Überhaupt dieser Basar! Es fehlt ihm zweifellos die schrille Hysterie eines arabischen Basars, wohl auch das Unheimliche und

Arrogante etwa des Basars von Damaskus oder die Bereitschaft zur ständigen religiösen Ekstase, wie man das im marokkanischen Fez oder im ostpersischen Meshed erleben kann. Dieser Unterschied könnte vielleicht etwas mit der gleichzeitigen Existenz arabischer, jüdischer und christlicher Händler zu tun haben, die hier in der Altstadt von Jerusalem zwar mehr oder minder sorgfältig voneinander getrennt, aber doch unter dem gleichen Himmel, unter demselben Dach und im gleichen Gefühl ihrer Verwurzelung mit diesem Schauplatz ihre Waren, Meinungen und Gefühle anbieten. Natürlich gibt es Basarstraßen, in denen ausschließlich arabische Händler vertreten sind und wo es für Juden mitunter sehr gefährlich werden kann, allzu herausfordernd aufzutreten. Ich selbst war einmal Augenzeuge einer solchen unangenehmen Situation in einer der schmalen Gassen, die sich unmittelbar hinter dem Tor, das zum Felsendom führt, ins labyrinthische Gewirr des Basars verlieren und wo ein junger Jude in ernsthafte Schwierigkeiten geriet, weil er irgendeine ärgerliche Bemerkung gemacht hatte. Andererseits aber weiß ich auch, daß es mitunter ein recht erstaunliches und gut funktionierendes Neben- und Miteinander von jüdischen Lizenzen und arabischen Dienstleistungen gibt, daß viele Waren, die als arabische Produkte angepriesen werden, aus israelischen Quellen stammen – abgesehen von den unvermeidlichen Hongkongprodukten und japanischen Erzeugnissen –, daß also eine recht bemerkenswerte Form der Fraternisierung zwischen den feindlichen Brüdern hier bereits seit langem ebenso unauffällig wie erfolgreich praktiziert wird.

Für mich besitzt ein Basar – und es ist mir vollkommen gleichgültig, in welchem Teil der orientalischen Welt er angesiedelt ist – etwas ungemein Tröstliches. Zugleich verrät er ein Geschichtsbewußtsein, das es mir erlaubt, in der Vergangenheit der jeweiligen Stadt wie in einem offenen Buch zu lesen. Das hört sich wie eine Phrase an und enthält doch die überraschendsten Wahrheiten. Wie oft war ich im Basar von Jerusalem allein damit beschäftigt, salomonische Legenden auf ihre Brauchbarkeit für die Gegenwart zu überprüfen! Wie oft studierte ich in Gesichtern, die mir auf eine unheimliche Weise vertraut erschienen, die einzelnen Stationen des Leidensweges, den alle Stämme und Völker beschreiten mußten, die im jerusalemischen Basar heute vertreten sind! Und wie oft war ich immer wieder von neuem überrascht von der unbarmherzigen Genauigkeit, mit der hier jedes Zeichen, jedes Antlitz, jede Meinung und sogar jeder Gedanke registriert wird! Es ist das Resultat uralter Erfahrung und eines tausendfach erprobten Instinktes, der die Menschen so und nicht anders handeln, reagieren und damit auch überleben läßt. Der Basar ist im Orient die Herzkammer jeder Gesellschaft. Aber er ist noch unendlich viel mehr: Gerüchtebörse, Barometer für politische Veränderung, ökonomischer Seismograph, oberste moralische Instanz und Quelle aller Prophetien. Ich machte mir einmal das Vergnügen und ging mit einigen Händlern eine Wette ein, von der ich vorher schon wußte, daß ich sie verlieren würde. Sie wären nicht imstande, behauptete ich, Herkunft und Nationalität der Besucher, die an ihren Ständen und Läden vorbeikamen, auch nur annähernd zu erraten. Ich verlor meine Wette jedesmal nach wenigen Augenblicken. Ich resignierte endgültig, als man mir sogar den Unterschied zwischen Schweizern, Deutschen und Österreichern mit nachtwandlerischer Sicherheit vorführte.

Und noch etwas verrät mir ein Basar wie der von Jerusalem! Die Farben, Gerüche und architektonischen Formen, wie sie seit vielen Jahrhunderten, seit den legendären Zeiten des Ersten und Zweiten Tempels, seit dem Kalifen Omar, den Kreuzrittern und der osmanischen Verwaltung sich hier mehr oder minder unverändert erhalten haben bis in die Gegenwart, sie bestätigen eine unglaubliche Kontinuität des Lebens mit all seinen Modellen und Möglichkeiten. Die Wolken der schwirrenden Fliegen, durchtränkt von Ingwer- und Pfeffergeruch, die gebündelten Feigen und Datteln, das unvergeßliche Aroma der kleinen Kräuterläden und die giftigen Farben in den winzigen Auslagen der orientalischen Zuckerbäcker, aber auch das triefende Fruchtfleisch frischgeöffneter Zucker- und Wassermelonen oder die prallen gelben Kugelpyramiden der Orangen, der sagenhafte türkische Honig und die gefüllten Säcke mit geschälten Mandelkernen, der Duft frischgebackenen Brotes, über den sich der intensive Dunst heißen Bratöls gelagert hat, dazwischen das stumpffarbene und doch unwiderstehliche Leuchten in den Gassen der Goldhändler, das gleißende Licht bei den Silberschmieden und immer wieder ein verwehter Duft nach Sesam und Minze – das alles ergibt ein Bild von solcher Vielfalt und Intensität, daß man kein Dichter oder Phantast zu sein braucht, um darin alle Formen des Lebens zu erkennen, die sich an einem solchen orientalischen Schauplatz unvergleichlich anbieten.

Manchmal kann man aber auch noch aufgerissene Gewölbe erkennen, die weit zurückreichen in jene Jahrhunderte, als über Jerusalem der Halbmond wehte und ein türkischer Pascha eine Handvoll zerlumpter Mamelucken befehligte oder irgendein fränkischer oder italienischer Ritter, verarmt, habgierig, rücksichtslos, hier sein Lager aufschlug, wo er alles geraubte, geplünderte Gut verbarg, das er sich auf den Schlachtfeldern im *heiligen* Land zusammengerafft hatte. Ich entdeckte auf meinen Rundgängen durch die Altstadt und den Basar Jerusalems Grundmauern aus herodianischer Zeit und Fassaden, an denen noch der Formwille und die handwerkliche Genauigkeit französischer und italienischer Steinmetze und Stukkateure erkennbar waren, die, nach Jerusalem gekommen mit einem der vielen Kreuzheere, die dann allesamt kläglich scheiterten, später nicht selten zuerst den Namen und schließlich den Glauben wechselten und eine Dynastie gründeten, deren Nachkommen heute zu den führenden Handwerks- und Händlerfamilien zählen. Ich sah aber auch Balustraden, Schießscharten und Stacheldrahtverhaue, die aus einer jüngeren Zeit stammen und ein Beweis sind für den latenten Wahnsinn, der auch vor diesem Basar nicht innegehalten hat, als armenische, jordanische, christliche und jüdische Familien- und Geschäftsverbindungen plötzlich abbrachen, als aus alter Nachbarschaft, die oft zur Freundschaft geworden war, ein neuer und unversöhnlicher Haß entstand. Dies alles ist buchstäblich ein Spiegelbild der Welt, die sich in Palästina seit Tausenden von Jahren so anbietet und immer noch Gültigkeit hat. Ich blickte oft in diesen Spiegel, auch wenn er vielfach schmutzig, fleckig und gesprungen war. Aus seiner Tiefe konnte man eine Wahrheit lesen, die unmißverständlich bleibt: Ein so komplizierter Organismus wie der eines Lebens im Basar kann nur dann funktionieren, wenn von außen keine Störung hereingetragen wird. Das ist zwar eine Binsenweisheit, aber in Jerusalem, in Palästina stößt man auf viele Binsenweisheiten, die man schon längst vergessen wähnte und die hier von enormer Bedeutung sind.

Und dann das Licht, das vom Himmel auf diese winzige und doch unübersehbare, kleine, aber unendliche Welt des Basars fällt. Es besitzt die Farbe alten Honigs, die von der Stadtmauer fließt und sich über die Kuppeln und Dächer ausbreitet. Manchmal, abends oder sehr früh am Morgen, ist es ein Licht wie aus feingesponnenem Glas, mundgerecht in eine Form geblasen, die etwas Exemplarisches besitzt. Man sieht die Sonne Judäas nicht, aber man spürt ihr Gewicht auf den alten Mauern. Und das Licht, das sie auf vielfache Weise verströmt, kann dabei die Leuchtkraft alter Ikonen haben oder vermag mit der Intensität ihres Abglanzes eine Trunkenheit zu erzeugen, aus der alle diese alten Geschichten und Bilder auferstehen, aus denen sich die unglaubliche Biographie Jerusalems zusammensetzt. Unter diesem Licht, vor diesem Abglanz ist man jeder Phantasmagorie hilflos ausgeliefert! Unter diesem Farbenspektakel verliert man den kritischen Blick für jede historische Wahrheit und ergibt sich seufzend ins Unvermeidliche: Man ist plötzlich aufgeschlossen für die Beweiskraft jüdischer, orientalischer Legenden!

Unbestreitbar bleibt, daß Männer wie David, Salomo, Herodes, Christus, Pontius Pilatus, Paulus und Judas unter diesem Licht gelebt haben und auf dieser Bühne aufgetreten sind. Nicht von der Hand zu weisen sind die Geschichten, die man sich heute noch über diese Männer erzählt. Und gleichfalls unbestreitbar ist, daß zwischen Abrahams Opferbereitschaft für seinen Sohn Isaak und dem Aufstieg Mohammeds in das islamische Paradies, was beides auf dem berühmten Felsen geschehen ist, über den sich heute die goldgelbe Kuppel des Felsendoms wölbt, eine Zeitspanne von einigen Jahrtausenden liegt. Diese Zeitspanne aber, diese Jahrtausende voll von Ereignissen, Erfindungen, Leistungen, Gefühlen, Niederlagen, Prophezeiungen ... sie bilden erst die Basis dafür, was man die eigentliche Biographie der Stadt nennen kann, deren Glück und Unglück immer nur darin bestand und besteht, daß sich die Propheten der drei wichtigsten Menschheitsreligionen ausgerechnet auf diesen Stadthügel konzentrierten.

Wann machte sich Jerusalem eigentlich zum erstenmal bemerkbar? Es war wohl zweifellos in der Regierungszeit König Davids, auf den dann Salomo folgte, daß hier die politische Hauptstadt und das religiöse Zentrum der jüdischen Stämme entstand. Aber in diesem ersten wichtigen Augenblick jüdischen Selbstbewußtseins gab es unten in der Jordansenke auf einem Hügel, der heute den Namen *Tell Jericho* trägt, bereits seit mindestens sechstausend Jahren eine Ansiedlung, eine befestigte Stadt, waren in Ein Gedi am Toten Meer längst schon religiöse Vorstellungen wirksam geworden, deren rätselhafte Inhalte man heute noch aus einem chalkolitischen Heiligtum ablesen kann, und versanken in der Küstenebene, die sich entlang des Mittelmeeres erstreckt, schon vor Tausenden von Jahren die Gebeinbehälter unbekannter, gleichsam verstummter Stämme ins Erdreich. Als David von Hebron ins zentrale und besser zu befestigende Jerusalem überwechselte, also anfangs des ersten vorchristlichen Jahrtausends, da fielen die großen Zentren der Zivilisation und politischen Macht im Orient schon wieder in die Ahnung der endgültigen Niederlage zurück, auch wenn sie jetzt noch aus dem Niltal und der mesopotamischen Zweistromlandschaft mit dem Druck ihrer politischen und kulturellen Vormachtstellung auf diesen Landstrich einzuwirken imstande waren, aus dem dann Palästina werden sollte. Ein paar hundert Jahre später wird das erste *Königreich Israel* aber schon wieder zerfallen, werden die Erinnerungen an Saul und David, an Salomo und Ahab, an die ersten jüdischen Propheten Elias und Elisa sowie an die großen jerusalemischen Propheten Jesaja, Jeremia und Hesekiel, an die salomonischen Leistungen mit den gutgesicherten Handelswegen nach Mesopotamien, Kleinasien und in die arabischen Wüsten oder an den sagenhaften salomonischen Palast schon wieder in Vergessenheit geraten oder doch gefährdet sein, überdeckt von den schmachvollen Ereignissen, die jetzt über die jüdischen Stämme hereinbrechen. Samaria fällt an die Assyrer. Nebukadnezar erobert Jerusalem. Das *Königreich Judäa* hört zu existieren auf, das *Babylonische Exil* beginnt. Und erst im Jahre 537 werden die israelischen Stämme durch die Mithilfe der Perser dazu imstande sein, wieder nach Palästina heimzukehren. Elfhundert Jahre später werden es übrigens noch einmal die Perser sein, die den Juden helfen, diesmal gegen Araber und Christen. Aber das ist dann schon wieder eine andere Geschichte.

Zwölfhundert Jahre vor dem Erscheinen Christi also, der, was wir Christen gelegentlich so gerne vergessen, seiner Herkunft nach nichts weiter als ein galiläischer Jude war, hatten jedenfalls die Israeliten das Land Kanaan erobert und damit den ersten Schritt getan, um in Palästina eine Heimat zu finden. Unter Saul wurden die verschiedenen Landschaften und Stämme zu einem ersten Königreich geeint. Unter David begann Jerusalems unsterbliche

Funktion, so weit es in der Geschichte der Menschheit überhaupt so etwas wie Unsterblichkeit gibt. Unter Salomo entstand der *Erste Tempel.* Aber schon vierhundert Jahre später, nach beispiellosen Niederlagen, nach einem Massenexodus des ganzen Volkes und nach bitteren Entbehrungen und Demütigungen weihen die Juden den *Zweiten Tempel* ein, über den dann, nachdem er kurz vor Christi Geburt erweitert wird, der römische Pflug geht. Aber die Juden sind unbesiegbar, auch wenn ihre weitere Geschichte voll von Niederlagen sein wird. Sie kämpfen auf Masada und in Bethar um ihre Freiheit, verhungern in den Höhlen von Nahal Hever am Toten Meer oder ziehen sich in eine achtzehnhundertjährige Diaspora zurück. Aber sie gehen als Volk nicht zugrunde. Sie überleben Alexander den Großen und die Seleukiden, die Römer und die völlige Zerstörung ihrer Tempelstadt, sie überleben aber auch Byzanz, den Islam, alle europäischen christlichen Invasionen, die Osmanen und Napoleon, der sie anläßlich seines Ägyptenfeldzuges als Bundesgenossen zu gewinnen sucht. Sie überleben die britische Kolonialverwaltung. Und sie überleben Hitler. Manchmal denke ich mir, daß sie, wenn sie wirklich einmal scheitern sollten, nur an sich selbst scheitern werden. Das würde dann wohl auch ihr Ende bedeuten.

Es bedarf übrigens keiner besonderen Einbildungsgabe, verhältnismäßig rasch zu erkennen, auf welche besondere Weise Jerusalem mit seiner Vergangenheit verbunden ist. Die Stadt ruht buchstäblich auf Hunderttausenden von Gräbern, wird von riesigen Gräberfeldern systematisch umklammert und vermittelt von gewissen Standorten aus den makaberen Eindruck einer Totenstadt, die sich mit ihren Grabhügeln und Grabsteinen unauffällig und unaufhaltsam der Lebenden bemächtigt. Ich selbst gewinne diesen Eindruck immer dann, wenn ich mit jüdischen oder arabischen Freunden auf dem Ölberg stehe und den Blick auf die jüdischen Grabreihen gerichtet habe, die hier arabisches Erdreich bedecken und die sich von meinen Füßen bis zum Kidrontal hinabsenken und dann die Böschung, auf der sich die Stadtmauer erhebt, wieder emporkriechen. In solchen Augenblicken lasse ich mir je nach der religiösen und rassischen Herkunft meiner Begleiter die verschiedenartige Geschichte dieser Gräber erzählen. Die Araber zum Beispiel sind davon überzeugt, daß Mohammed, ihr Prophet, nach seiner glänzenden Auferstehung durch das Tor in Jerusalem einziehen werde, das seit vielen Jahren schon vermauert ist und sich oberhalb der Straße, die ins Jordantal führt, erhebt. An diesem Teil der Stadtmauer drängen sich dementsprechend zahllose arabische Grabstätten. Schließlich will jeder gläubige Mohammedaner den Triumph des Propheten aus nächster Nähe miterleben. Es gibt aber auch Christen, die ihren Messias durch dieses zugemauerte Stadttor einziehen sehen, wenn erst einmal der *Jüngste Tag* angebrochen sein wird. Und nur die Juden haben wie so oft eine andere Meinung und beklagen den Umstand, daß die Jordanier bis 1967 Zehntausende jüdischer Gräber schändeten, um auf dem Ölberg das *Intercontinental* und eine Reihe von Straßen errichten zu können.

Ein Abstieg in das Kidrontal, das unterhalb der Stadtmauer beginnt und sich in gerader Linie nach Südwesten, nach Judäa hinzieht, bis 1967 fest in jordanischer Hand und auch heute noch arabischer Boden, ein solcher Abstieg bringt jeden Besucher, der bereit ist, im Schutt der Jahrtausende zu lesen, dann einmal mehr an die Wurzeln jüdischer Existenz. Hier nämlich begannen die Ausgräber damit, die legendäre Davidstadt vom dreißig Meter hohen Schutt zu befreien. Und hier ist der Einstieg zur ersten jüdischen Wasserleitung, deren Quelle in den Bergen von Hebron liegt und deren Überreste heute noch Staunen abnötigen. Im übrigen versteht man vor solchen Zeugnissen den fast religiösen Eifer der Juden, mit dem sie Archäologie betreiben. Immerhin ist ihnen auch in diesem Tal, zwanzig, dreißig Meter unter dem heutigen Straßenniveau und inmitten eines arabischen Quartiers, der Nachweis gelungen, daß die Anfänge des jüdischen Jerusalem auch auf einem Gelände zu suchen sind, das nicht nur palästinensische Patrioten, sondern die überwiegende Mehrzahl der arabischen Bevölkerung Ostjerusalems als uralten arabischen Besitz bezeichnet. Die Juden spielen hier sehr erfolgreich die Rolle des Igels aus der bekannten Fabel, der stets vor dem – arabischen – Hasen am Ziel ist. Und weil sie das Glück haben, sich zahlloser archäologischer Beweise bedienen zu können, gehen sie aus diesem aberwitzigen und in mancher Hinsicht doch lebenswichtigen Spiel, wer als Erster in Palästina und in Jerusalem in Erscheinung getreten ist, fast immer als Sieger hervor. Die Araber behaupten zwar das Gegenteil, verfügen aber nur über dürftige archäologische Hinweise für ihren historischen Besitzanspruch auf das Land. Die Unvereinbarkeit zwischen beiden Auffassungen macht dann wohl auch das schwierige politische Klima in Jerusalem aus. Man diskutiert hier nicht nur über Grabstätten, die erst ein paar Jahrzehnte alt sind, sondern man verbeißt sich in eine hoffnungslos anmutende Auseinandersetzung über Beweise, die dreitausend Jahre und länger zurückliegen.

Im Kidrontal, das unterhalb des Ölbergs liegt und dem wahrscheinlich kaum ein Jerusalembesucher entgeht, muß man also in die Tiefe gehen, um die Geschichte der Menschen besser zu verstehen. Dafür genügt oben an der Straße ein Blick über beide Böschungen, um sich ein Bild über die tragische Problematik dieser Stadt machen zu können. Denn hier erinnert zum Beispiel ein bizarres Denkmal an einen der verhängnisvollsten Irrtümer der Israeli, die 1967 Jerusalem zurückeroberten. Unterhalb der Stadtmauer, unterhalb des verschlossenen *Messias-Tors*, verwechselte damals ein israelischer Kommandant den Befehl, nach links in die Altstadt einzubiegen, mit der Aufforderung, nach rechts abzubiegen, was ihm eher einleuchtete: Er befahl also seinen Leuten, die vom Ölberg herunterkamen und geriet ahnungslos in einen jordanischen Hinterhalt, der den meisten Männern dieser Kommandoeinheit das Leben kostete.

Aber auch hier findet die zähe Auseinandersetzung zwischen Arabern und Juden auf eine so unbarmherzige und zugleich kafkaeske Weise statt, daß man als Neutralist unwillkürlich den Kopf einzieht, wenn man das jordanische Denkmal sieht, das ein paar Schritte oberhalb des jüdischen Mahnmals auf der anderen Straßenseite steht. Die Aufstellung dieses Denkmals hat übrigens bei den orthodoxen Juden viel böses Blut gezeugt, denn es gemahnt an die jordanischen Gefallenen von 1967! Die stumme Unversöhnlichkeit, mit der sich die beiden Denkmäler gegenüberstehen, ist ein Teil der Erbitterung, mit der jede Volksgruppe ihre Grabstätten und damit ihren Anspruch auf Jerusalem verteidigt. Und sollte wirklich einmal an einem dieser *Jüngsten Tage*, die uns von den verschiedenen Religionen eingeredet werden, ein Prophet oder ein Messias das verschlossene Stadttor aufbrechen, um einzuziehen in die Stadt, die er dann auf triumphale Weise endgültig in Besitz nehmen wird, so muß man befürchten, daß aus den jüdischen und arabischen Gräbern die Toten auferstehen werden, um ihren fruchtlosen Kampf mit noch größerer Erbitterung fortzusetzen. Jerusalem hat im Verlauf seiner Geschichte viele Mörder angelockt. Aber ich vermute, daß die eifrigsten Totschläger sich oft aus den Reihen der jerusalemischen Bevölkerung rekrutierten, derjenigen Menschen also, die nicht müde werden, die Schönheit ihrer Stadt zu bewundern und sie hartnäckig für sich zu reklamieren. Diese Erfahrung wird wohl auch die Ursache dafür sein, daß mich die Grabreihen der Juden und Araber zwischen Ölberg und Stadtmauer immer ein wenig an eine unheimliche Schlachtordnung denken lassen, deren letzter und entscheidender Einsatz noch bevorsteht.

Da sind aber auch noch andere Bilder, an die man sich erinnert, später, wenn man Jerusalem längst wieder verlassen hat. Der Wildwuchs der Disteln, ein staubiges Grün, darunter bizarres Wurzelwerk zwischen beinfarbenen Mauern, die die unglaubliche Geschichte der Stadt erzählen, aber auch Überreste jener Wasserleitung, die angeblich bis ins salomonische Zeitalter zurückreicht. Darüber das selbstverständliche Blühen der Natur. Es weht lilafarben, violett und grasgrün von den honigfarbenen Wällen herab. Ein blauer Himmel vervollständigt die scheinbare Idylle. Dazu immer wieder Geschichten, die das Verrückte und Unheimliche dieser Stadt alltäglich werden lassen. Hinter dem Yaffator, das man Ende des vorigen Jahrhunderts für den martialischen Kaiser Wilhelm II. in die Stadtmauer schlug, damit er mit hinreichend pompöser Gebärde in die berühmte Altstadt einzuziehen vermochte, verbergen sich die überwachsenen Gräber zweier Architekten, die für den Bau der Stadtmauer verantwortlich waren. Es müssen unglückliche Architekten gewesen sein, denn man knüpfte sie am höchsten Baum unterhalb dieser Stadtmauer auf, weil sie vergessen hatten, auch wirklich alle strategisch wichtigen Hügel und Erdbuckel rund um die Stadt in ihren Verteidigungsplan miteinzubeziehen. Ich habe die Namen dieser Architekten vergessen. Ich weiß auch nicht, ob die Anekdote in der Form, wie ich sie hier erzähle, der historischen Wahrheit entspricht. Jedenfalls spielte die ganze Geschichte in der osmanischen Zeit, und die Türken waren stets rasch bei der Hand, wenn es darum ging, irgendein lächerliches Todesurteil zu vollstrecken. Die beiden Gräber hinter dem Yaffator sind jedenfalls noch erkennbar, wenn man weiß, wonach man suchen soll.

Und dann die Klagemauer, das jüdische Herz Jerusalems! Sie ist das letzte erhaltene – oder eigentlich wiederausgegrabene – und natürlich jedem Juden heilige Stücke jenes *Zweiten Tempels*, den die Römer nach dem mißglückten Aufstand im Jahre 70 so gründlich zerstörten, daß es hinterher möglich war, zuerst den Pflug über die verwüstete Stätte zu führen und dann, einige Jahrhunderte später und gleichsam unter Mithilfe des unseligen Bischof Sophronius, darauf ein islamisches Heiligtum zu errichten, dessen Nachfolgebauten heute noch den einstigen Tempelberg und Tempelbezirk der Juden beherrschen und das arabische Herz Jerusalems bilden. Es liegt immerhin nur ein Steinwurf zwischen der Klagemauer und dem Felsendom. Die Synagoge, die sich neben der Klagemauer befindet, war in der herodianischen Zeit ein riesiger Wassertank, eine Zisterne, bei der man das wuchtige Mauerwerk so vortrefflich verarbeitet hatte, daß nichts vom lebenswichtigen Wasser versickern konnte. Heute noch kann man Spuren des einstigen Wasserspiegels erkennen. Am Boden der ehemaligen Zisterne kauern jetzt alttestamentarische Juden, deren verinnerlichte Bewegungslosigkeit eindrucksvoll ist. Trotzdem erinnere ich mich daran, daß ich, als ich mit gebührendem Respekt die Steine der Klagemauer und dieser Synagoge bewunderte, zugleich auch an die endlose Kolonne der jordanischen Lastwagen denken mußte, die allnächtlich diesen judäischen Stein zum Jordan hinunter und dann, nachdem um sieben Uhr morgens die Grenze geöffnet wird, hinüber nach Amman und in die arabische Welt bringen. Und daß ich mir fast sicher sein könnte, irgendwo in Amman, Kuweit oder Bahrein diesen unvergleichlichen judäischen Stein zu erkennen. Seine Faserung ist einmalig, die Leuchtkraft seiner Oberfläche unvergleichlich. Und nicht zufällig bietet Jerusalem ein so geschlossenes, schönes Bild, seit durch ein Gesetz garantiert wurde, daß nur noch dieser Stein aus Judäa verwendet werden darf.

Die Klagemauer ist, ähnlich dem Holocaust-Museum draußen auf dem Herzlberg, jener andere Punkt, den ich voll abergläubischer Scheu zwar nie aus dem Gedächtnis verlor, den ich aber in all den Jahren, da ich nach Jerusalem ging wie einer dieser ahnungslosen Pilger, die blind an den Gott ihrer Väter glauben, nie *wirklich* aufsuchte, sie *wirklich* zu sehen bereit gewesen wäre. Es hört sich gewiß eigenartig an, aber ich sah keine Veranlassung, das heiligste und zugleich sentimentalste Zentrum des Judentums zu besuchen. Ich redete mir immer ein, daß man ein Volk auch jenseits seiner intimen religiösen Übungen begreifen müßte. Ich dachte an Mekka, in das ich als Christ nie hineinkommen werde, und an Rom, dessen verwirrende Vielfalt an katholischen Reliquien, Schauplätzen und Legenden jeden naiven Charakter einschüchtert. Aber ich ahnte, ja wußte es die ganze Zeit, daß ich die erste Schwelle zum Verständnis Jerusalems und seiner jüdischen und arabischen Bewohner erst dann überschritten hätte, wenn ich langsam, sozusagen genießerisch von der Klagemauer zur Al-Aksa-Moschee und weiter zum Felsendom wanderte, stets auf der Hut vor der Leidenschaftlichkeit meiner spontanen Regungen, immer ein wachsamer Christ, der sich durch nichts beeindrucken läßt, was seiner Religion widerspricht. Und erst als ich diese Szenen an der Klagemauer sah, die mich an Volksfeste erinnerten, wie sie an katholischen Pilgerstätten üblich sind, begriff ich, daß mein Respekt oder meine Furcht vor dieser weltberühmten Mauer aus judäischem Stein, die wie eine vergilbte Leinwand in den Himmel ragt, völlig unbegründet war. Die Menschen, wenn sie sich erst einmal mit Gott unterhalten, ähneln einander in Rom, Jerusalem und wahrscheinlich auch in Mekka auf eine rührende Weise. Sie sind dann nämlich hilflos.

Die Klagemauer erinnert mich übrigens auch an einen alten, leicht angeschmutzten Knochen, der wie eine verkrüppelte Schulter seitlich aus dem Tempelberg herauswächst. In den dünnen Mauerritzen und Spalten zwischen den herodianischen Steinen stecken Hunderte von zusammengefalteten Papierröllchen, Beweise für die hartnäckige Kraft des Aberglaubens, der auch in jüdischen Seelen beheimatet ist. Und dann gibt es natürlich auch immer noch die hölzerne Barriere, die kategorisch die Frauen von den Männern trennt und die in den zwanziger Jahren den Aufstand der fanatisierten Araber in Jerusalem und Hebron verursacht hatte, weil ihre Existenz jedem gläubigen Mohammedaner als Herausforderung erscheinen muß. Dabei übersehen die arabischen Eiferer, daß in ihren Moscheen gleichfalls diese strenge Trennung zwischen den Geschlechtern stattfindet.

Im Hintergrund der Klagemauer erhebt sich schließlich die signifikante Kuppel des Felsendoms, begleitet von der langgestreckten Pfeilerhalle der Al-Aksa-Moschee, beides selbstverständlich verbotenes Gelände für jeden orthodoxen Juden. Die Kraft der Tabus, dieses Zwischenreich der Magie, das von törichten Gefühlen und Ängsten erfüllt ist, die man eigentlich nur noch in den Herzen und Köpfen sogenannter *Primitiver* und *Wilder* vermutete . . . es hat hier auch im letzten Drittel des 20. Jahrhunderts nichts von seiner gespenstischen Bedeutung verloren. Die Juden mögen im Negev ihre nuklearen Waffen bauen, die Araber vermittels ihres Reichtums an Öl die Wirtschaft beherrschen: Im Bereich des Irrationalen, wo noch ein uralter Zauber wirksam ist, gegen den es anscheinend keine vernünftige Medizin gibt, sind sie einander auf recht naive Weise ähnlich.

Das ganze Gelände wird hier übrigens von jordanischen Polizisten und Moscheewächtern angeblich mit unbarmherziger Strenge bewacht, vor allem seit dem Anschlag eines australischen Schafhirten, der wahrscheinlich geistesgestört war und versucht hatte, die Al-Aksa-Moschee in Brand zu setzen. Damals stockte der arabischen Welt einen Augenblick lang der Atem. Und auch den Israeli war unbehaglich zumute, obgleich sie nicht die Polizeihoheit auf diesem Teil des Geländes hatten. Ich bin außerdem skeptisch, was die Nützlichkeit dieser Bewachung betrifft, seit ich selbst gesehen habe, wie einer meiner israelischen Bekannten trotz aller Kontrollen mit einer geladenen Pistole im Hosenbund sowohl den Felsendom als auch die Moschee betrat. Er hätte mindestens acht Schüsse abgeben können, was unter gewissen Voraussetzungen genügt hätte, um die Gefahr eines Dritten Weltkrieges heraufzubeschwören.

Auf engstem Raum kann man hier vor der Klagemauer, im Dom und in der Moschee also alle Arten religiöser und auch politischer Ekstasen kennenlernen, deren latente Gefährlichkeit so gern übersehen wird. Die gewaltige Kuppel des Felsendoms, die wahrscheinlich das prägnanteste Wahrzeichen Jerusalems ist – oder auch nur das meistfotografierte –, erhebt sich immerhin über jenem Stein, auf dem Abrahams Opfer an Isaak im letzten Augenblick verhindert wurde und wo mehr als anderthalbtausend Jahre später der Prophet Mohammed in den Himmel aufstieg. Die Al-Aksa-Moschee wiederum dokumentiert jene Stelle, an welcher der erste große Eroberer der arabischen Welt, der legendäre Kalif Omar, auf Anraten eines christlichen Bischofs ein islamisches Heiligtum errichtete, dessen politische Bedeutung heute den religiösen Wert bei weitem übertrifft. Man zeigte mir hier auch die zweite Säule links vom Eingang, an der sich noch eine Spur jenes Attentates befindet, an dem der

Großvater des heutigen Königs von Jordanien starb, als ein Verrückter oder Fanatiker – was meistens dasselbe ist – während einer religiösen Feier das Magazin seiner Pistole leerschoß. Und man zeigte mir lächelnd die Überreste jener katholischen Kreuzritterkirche, die in der fragwürdigen Zeit des christlichen Königreiches von Jerusalem in die Moschee hineingebaut wurde. Vielleicht hatte dieser merkwürdige Bau etwas mit einem Gefühl der Scham zu tun, das diese Ritter nach ihren Massakern empfanden, die sie unter der mohammedanischen Bevölkerung Jerusalems veranstaltet hatten. Vielleicht wollten sie nach der militärischen nun auch noch eine spirituelle Überlegenheit herstellen. Es wäre ja nicht das erstemal in der Geschichte Palästinas gewesen, daß fremde Eroberer ihre Grausamkeit durch besondere kulturelle Anstrengungen vergessen machen wollten. Aber es handelte sich wie so oft bei europäischen Expansionsversuchen auch hier um ein Unternehmen, das vom Anfang an zum Scheitern verurteilt war. Die Mohammedaner rächten sich und trieben alle christlichen Potentaten und ihren zweifelhaften Anhang ins Meer. Die Juden flüchteten in die Diaspora und warteten ab. Das vorläufige Ergebnis ist nicht nur ein Konglomerat der unterschiedlichsten Baustile, sondern auch eine erschöpfte und dennoch feindselige Pattstellung der Gefühle, mit denen sich Araber, Juden und Christen hier in Jerusalem einander gegenüberstehen.

Unten vor der Klagemauer fand an jenem Junitag, als ich zuletzt davorstand, das Fest der Dreizehnjährigen statt, die, mit den schweren jüdischen Gebetsrollen im Arm, triumphierend ihre Runden drehten. Jeder jüdische Knabe sollte mit dreizehn Jahren nämlich imstande sein, erstmals die Thora selbst tragen und daraus lesen zu können. Das charakterisiert seinen Eintritt in die jüdische Männergesellschaft. Hier war nun an diesem Tag das Besondere, daß es sich um jene Dreizehnjährigen handelte, die im Anschluß an den Sieben-Tage-Krieg von 1967 zur Welt gekommen waren. Die schrille, manchmal fast hysterische Fröhlichkeit, mit der die Angehörigen der Kinder dieses wichtige Ereignis im Leben eines jeden Juden feierten, ließ dann auch die Vermutung zu, daß man sich dieses Umstandes ganz genau bewußt war. *Das Leben tritt einem lächelnd aus den Ruinen entgegen* ... es war ein absurder, abgeschmackter Vergleich, den ich anstelle, als ich die strahlenden oder auch erschöpften und angespannten Gesichter der Knaben und die selbstvergessene Heiterkeit der Erwachsenen sah, mit der sie aus einem der zahllosen jüdischen Rituale, deren genaue Kenntnis schon wieder eine eigene Wissenschaft ist, ein volkstümliches, folkloristisch eingefärbtes Spektakel machten. Es wäre wohl zu billig, wenn ich nun hinzufügte, daß mir eine Sekunde lang auch die Frage durch den Kopf fuhr, wann diese Dreizehnjährigen die uralten Schlachtfelder Palästinas betreten werden!

Aber etwas anderes fiel mir im Schatten der Klagemauer auf, die ihrerseits im Schatten Salomos zu stehen scheint, ein düsteres Monument des Glaubens und der Tragik. Es war die Selbstverständlichkeit, mit der hier Soldaten im Kampfanzug neben orthodoxen Juden, Geschäftsleute, amerikanische Juden und Europäer neben dunkelhäutigen Marokkanern, Yemeniten oder Iraquis, Russen neben Indern, Jugendliche neben Greisen ihre Gebete verrichteten, Menschen aus den verschiedensten Kontinenten, die lediglich der jüdische Glaube und ein paar Dutzend jüdischer Eigentümlichkeiten einte. Die sorgfältige Umständlichkeit zum Beispiel, mit der sich ein Soldat Gebetsschnur und Gebetstuch anlegte – ich bin kein profunder Kenner jüdischen Religionszeremoniells, und es schiene mir nicht aufrichtig, wenn ich im nachhinein meine spontanen Empfindungen durch einen angelesenen pseudowissenschaftlichen Jargon differenzierte –, die betonte Genauigkeit, mit der alle Vorbereitungen zum Gebet vor dieser mythischen Mauer getroffen wurden, dieser tiefe und eindrucksvolle Ernst in allen Bewegungen, Gesten und Handgriffen, von denen jeder einzelne eine bestimmte Bedeutung besitzt, die zurückreicht bis in die biblischen Anfänge des Judentums, bis in jene atemberaubenden Stunden der Weltgeschichte, als ein Mann namens Abraham sich in den Ebenen des Zweistromlandes aufmachte nach Kanaan oder ein Mann namens Moses den Stämmen Israels am Fuße des Sinai die Gesetze des Herrn verkündete, diese Kompaktheit der Anteilnahme an der religiösen Übung des Betens, die auch Christen und Arabern nicht fremd sein sollte, wenngleich sich alle drei Religionen gerade darin wütend bekämpfen, was die Wirksamkeit ihrer Gebete angeht . . . und dazu noch die Vorstellung, daß seit König David, seit Salomo auf diesem Gelände stets auf dieselbe anspruchsvolle, ernsthafte Weise gebetet wird, stets dasselbe eigenartige Ritual stattfindet: Das alles erweckte in mir plötzlich eine ziemlich genaue Vorstellung davon, wie daraus in mancher jüdischen Seele das stolze Bewußtsein entstehen kann, tatsächlich einem *auserwählten* Volk anzugehören. Denn die schwierige, zeitraubende Kunst des *Dialoges mit Gott* – und nicht viel anders sollte es in Rom und Mekka zugehen – wird hier über Jahrtausende hinweg so perfekt und so unnachsichtig gehandhabt, daß man sich gelegentlich darüber wundern könnte, wenn nicht immer das Elend des Hasses, die Unvernunft der Eifersucht in Palästina vorherrschten. Andererseits glaube ich angesichts dieser angestrengt betenden Erwachsenengesellschaft vor einer antiken Mauer, die sich unter meinen Augen immer wieder von neuem in eine Schar verzückter Kinder verwandelt, daß die Juden noch manchen Messias überleben werden, der sich anschickt, durch irgendein verschlossenes Stadttor in Jerusalem einzuziehen. Wer so beten kann wie die Juden, hat ein Anrecht auf Unsterblichkeit.

Ich möchte nun freilich nicht gerade behaupten, ein vorurteilsfreier Freund der Juden zu sein, obgleich mich der historische Antisemitismus irritiert, der wie das christliche Gedankengut ganz selbstverständlich durch meine Adern fließt, ohne daß ich das alles irgendwann einmal für mich erfinden oder verhindern hätte können. Aber das Gefühl des Respektes und vielleicht sogar einer scheuen Zuneigung, die nicht frei von Skepsis und ärgerlichem Unverständnis ist, kann ich diesen wütenden, frommen, selbstvergessenen Betern vor der Klagemauer in Jerusalem, diesen seltsamen Gesprächspartnern Gottes nicht versagen. Im Yad-Va-Shem-Museum war ich betroffen und in meiner unglückseligen Eigenschaft als europäischer Christ sogar gedemütigt. Hier vor der Klagemauer empfand ich etwas, das mir vertraut war, auch wenn ich nur selten zu dieser Empfindung fähig bin. Es war mehr als Zuneigung. Es war fast schon so etwas wie Liebe für ein Volk, das so unbarmherzig gegen sich selbst ist, wenn es mit *seinem* Gott – der möglicherweise auch *unser* Gott ist – um die Gnade der Wahrheit ringt. Und dessen religiöse Kraft vielleicht nur ein Ausdruck für seine tiefe Verunsicherung dem Leben gegenüber ist.

Kapitel VI

JERUSALEM, EINE VERBOTENE STADT

Es fällt mir, wenn ich von Jerusalem nach irgendeinem anderen Ort komme, jedesmal schwer, Ordnung in meine Gedanken zu bringen. Vielleicht hängt es damit zusammen, daß ich immer als verhältnismäßig naiver, ratloser Christ nach Judäa gehe und dann, nach wenigen Tagen oder spätestens nach einigen Wochen, nicht mehr imstande bin, die Drohgebärden und Einschüchterungsversuche der verschiedenen monotheistischen Religionen voneinander zu unterscheiden, Religionen übrigens, deren Glaubensbekenntnisse mich plötzlich stutzig machen, weil ich hinter dem pazifistischen Wortschwall, mit dem sie verkündet werden, etwas recht Herrisches und Besitzergreifendes entdecke und weil sie mich außerdem mit ihren absurden Entstehungsgeschichten aufs äußerste irritieren. Ich empfinde dann häufig so etwas wie Verdrossenheit, wenn ich mitansehen muß, wie ein mohammedanischer, jüdischer oder christlicher Gott – und ich kann mich nie dazu entschließen, *einem einzigen* dieser Götter mein Herz anzubieten – die Menschen peinigt und Unordnung in ihre Verhältnisse bringt. Außerdem wird es von Mal zu Mal schwieriger für mich, genau und säuberlich zwischen einer jüdischen, christlichen oder arabischen Tradition einen Trennungsstrich zu ziehen, der notwendig wäre, wenn man sich in einer so chaotischen wie der jerusalemischen Geschichte auskennen wollte.

Als Christ habe ich es noch am einfachsten, denn für mich beginnt die Chronik der laufenden Ereignisse unzweifelhaft mit jenen hektischen Tagen, in denen der etwa dreißigjährige Jude Jesus auf einem Esel in die alte Hauptstadt einzog und unterm sanften

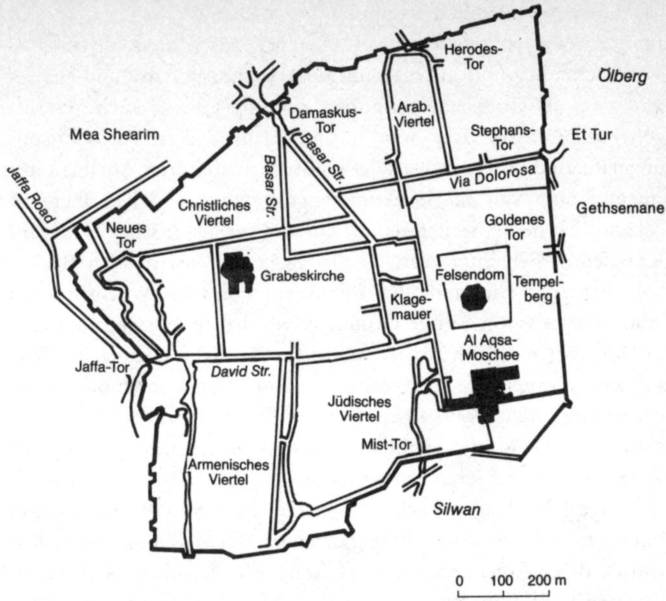

JERUSALEM Altstadt

Wehen der Palmzweige, die ihm zu Ehren geschwungen wurden, schon das nahende Unheil von Golgatha vorausahnte. Und auch bei den Arabern, die in der ersten Hälfte des 7. Jahrhunderts Jerusalem eroberten, bleibt die ganze Geschichte noch überschaubar, wenn man davon ausgeht, daß bis zu dem ominösen Jahr 638, als Omar mit seinen Wüstenreitern den steinigen Hügel hinaufgaloppierte, kein einziger Araber oder Beduine in Judäa ansässig gewesen wäre. Diese Annahme ist zwar eine Fiktion, aber wer glaubt, in Palästina ohne Fiktionen auskommen zu können, ist ohnedies hoffnungslos verloren.

Und die Juden? Sie beharren mit einigem Recht auf dem Umstand, daß ihre Geschichte die weitaus älteste Jerusalems sei. Und sie haben selbstverständlich wie immer bei solchen Anlässen ein Bündel an Beweisen vorbereitet, das mit einer rätselhaften ägyptischen Tonscherbe beginnt, die man im Niltal gefunden hatte und auf der Jerusalem als Uruschamen figuriert und gleichzeitig auch herzhaft verwünscht wird. Das war im 19. Jahrhundert vor Christus, ungefähr zu der Zeit also, als der biblische Stammvater Abraham mit einem König von Salem zusammengetroffen war. Salem aber war bekanntlich nichts weiter als nur ein anderer historischer Name für Jerusalem. Mich interessiert an diesem etwas verwirrenden Beginn vor allem der Umstand, daß die Ägypter des 19. vorchristlichen Jahrhunderts schon triftige Gründe gehabt haben müssen, um in die Tonscherbe, die dann für die nächsten paar Jahrtausende im Wüstensand verlorenging, eine recht dramatische Verwünschungsformel einzuritzen. *Sie sollen sterben,* hieß es da, und das erinnert mich natürlich an andere Verwünschungsformeln aus neuerer Zeit, die sich gleichfalls auf Jerusalem beziehen.

Einige Jahre lang versuchte ich es mit der Vernunft, wenn ich in Jerusalem in eine dieser haarsträubenden Diskussionen verwickelt wurde, deren Ergebnisse stets auf fatale Weise vorhersehbar waren. Ich bezweifelte zum Beispiel die politische Wirksamkeit der schönen biblischen Legenden, salomonischen Anekdoten und auch der erstaunlichen Biographien jüdischer Stämme, deren Anfänge alle schon dreitausend, viertausend Jahre zurückliegen, für die verworrene Situation von heute. Es gab auch noch andere Dinge, die ich ins Treffen zu führen versuchte. Im Jahre 1844, als Jerusalem osmanisch war, lebten hier annähernd 15.000 Menschen, davon 7.000 Juden und 6.000 Araber. Hundert Jahre später hatte sich die Relation zwar zugunsten der Juden verbessert, aber immer noch gab es an die 20.000 Araber oder Palästinenser, denen jetzt 50.000 Juden gegenüberstanden. Diese Entwicklung schreitet kontinuierlich voran. Das bedeutet mit anderen Worten, daß es schwierig sein dürfte, die Existenz einer ziemlich starken arabischen Minderheit zu ignorieren. Und wenn auch die Israeli durch alle möglichen erlaubten und einige unerlaubte Tricks Jerusalem zu einer überwiegend oder sogar ausschließlich jüdischen Stadt machen wollen, so kann ihnen der Umstand doch nicht verborgen bleiben, daß der jordanische Anteil an der Gesamtbevölkerung kräftig mitwächst.

Aber ich sehe schon, daß ich wieder einmal in den alten Fehler verfalle und mit Zahlen und Fakten zu operieren versuche. Und das ausgerechnet am Beispiel dieser Stadt, in der nur Vorurteile und andere indifferente Gefühle entscheiden. Ich weiß nicht mehr, wer einmal gesagt hat, daß das ganze Problem Jerusalem in einem Meer von Emotionen versinke. Dies ist ein vortreffliches Wort. Immerhin besäßen auch Mamelucken und Tataren, Türken und Perser, ja selbst die Nachfolger des römischen Imperiums und natürlich erst recht die Erben jener temperamentvollen Pharaonen, die die Geschichte Jerusalems mit einer Verwünschung einleiteten, durchaus legitime Besitzansprüche auf die Stadt, wenn man immer nur davon ausgeht, wieviele Menschen welcher Rasse und welchen Glaubensbekenntnisses zu welchem Zeitpunkt den alten judäischen Hügel bevölkerten. Auch für die Zukunft ist in dieser Hinsicht bereits vorgesorgt. Einige hundert Millionen gläubiger Mohammedaner sind davon überzeugt, daß Jerusalem – oder *Al Quds,* wie sie es nennen – dereinst einmal für ihren Propheten Mohammed von entscheidender Bedeutung sein werde. Eine beträchtliche Anzahl frommer Katholiken geht davon aus, daß der Schauplatz des *Jüngsten Gerichtes* in der Gegend zwischen der Ostmauer Jerusalems und dem Ölberg angesiedelt sein werde. Und die Juden sind überhaupt so sehr von der Heiligkeit und damit Unantastbarkeit ihrer alten Hauptstadt überzeugt, daß sie nicht einmal mehr vor dem gefährlichen Versuch zurückscheuen, den Sitz ihres Ministerpräsidenten in ein arabisches Quartier zu verlegen.

Allerdings muß man bei diesem letzten Punkt sogleich hinzufügen, daß manches scheinbar Irrationale, das israelischen Politikern einfällt, einen soliden Hintergrund besitzt. Wer sich nämlich heute in Jerusalem ein wenig genauer umsieht, wird rasch feststellen, daß längst schon rund um die alten jordanischen Quartiere ein Ring neuer jüdischer Siedlungen und Stadtteile entstanden ist. Das moderne Israel überläßt, was mit seiner Existenz zusammenhängt, nichts mehr dem blinden Zufall.

Trotzdem ist gerade diese Stadt ein beängstigender Beweis dafür, was man durch Verbote und sogenannte unauslöschliche Tabus erreichen kann. Die Araber haben sich auf der höchsten Erhebung des ehemaligen jüdischen Tempelberges eingenistet. Dreißig, vierzig Meter Schutt unter ihren Füßen wiegen sie in der absurden Hoffnung, diese Bastion halten zu können. Jedenfalls drohen sie mit einer besorgniserregenden Fülle an Vergeltungsmaßnahmen für den gar nicht so unwahrscheinlichen Fall, daß eines Tages israelische Caterpillare und Bulldozzer die Moschee und den Felsendom in Grund und Boden planieren sollten. Die Juden legen mit frommer Hand das Gewicht ihrer religiösen und historischen Erfahrung auf die *ganze* Stadt und sorgen im übrigen durch eine emsige Bautätigkeit dafür, daß mit jedem Tag, der verstreicht, ohne daß ein neuer Nahostkrieg ausbricht, aus einer Hypothese ein Faktum und aus einem Provisorium ein Dauerzustand wird.

Und die Katholiken in Jerusalem? Sie, die praktisch an der Quelle des christlichen Mythos sitzen? Nun, sie haben natürlich auch ihre *verbotenen* Zonen, in die sie nur ungern einen Araber, Juden oder Lutheraner hineinlassen, aber in der Hauptsache sind sie nach wie vor damit beschäftigt, einander das Leben so schwer wie möglich zu machen.

Jerusalem ist jedenfalls ein Ort, an dem man sich vorsehen sollte, wohin man gerade seine Schritte lenkt. Ich erwähnte schon einmal, daß ein orthodoxer Jude nichts auf dem Gelände des mohammedanischen Heiligtums zu suchen hat, obgleich oder gerade weil es sich über jenem Schuttberg erhebt, der über den Resten des legendären jüdischen Tempels liegt. Und daß es für einen glühenden Anhänger des Propheten Mohammed oder gar der radikalen PLO nicht ratsam ist, sich vor der Klagemauer zu produzieren, versteht sich fast von selbst. Die verschiedenen christlichen Sekten haben ihr Terrain gleichfalls sorgfältig abgesteckt und bewachen es mit gelegentlich recht rüden Methoden. Im Basar gibt es natürlich ein armenisches, arabisches und jüdisches Viertel, und selbstverständlich betrachtet jede Glaubensgemeinschaft den Nachbarboden als eine Art Feindesland, in dem man sich nur mit äußerster Vorsicht bewegt. Es ist ein Wahnsinn, der Methode hat. Und der im übrigen die meiste Zeit nichts daran ändert, daß Jerusalem von Touristen aus aller Welt buchstäblich überschwemmt wird, von Menschen, die ahnungslos auf einem Vulkan, der jederzeit ausbrechen kann, ihren anstrengenden und interessanten Vergnügungen nachgehen. Man gewöhnt sich allerdings rasch an die zeitraubende Prozedur der jeweiligen Sicherheitsvorkehrungen vor irgendeinem jüdischen, mohammedanischen oder christlichen Heiligtum. Ob sie letztlich tatsächlich ein wirksamer Schutz gegen Überfälle und Terrorakte sind, ist eine andere

Frage. Seit ich selbst Augenzeuge war, als mein israelischer Führer in Jerusalem mit seiner geladenen Pistole Moschee und Felsendom besuchte, vermag ich diese Frage nicht mehr zufriedenstellend zu beantworten. Trotzdem denkt in Jerusalem, dieser Stadt der zahllosen Gräber und eines allgegenwärtigen Todes, niemand ans Sterben.

Ist Jerusalem eine *fröhliche* Stadt, wie es manche Reisebücher, Propheten und Prospekte behaupten? Was für eine dumme Frage! Vom Yad-Va-Shem-Museum, wo einem das Lachen im Hals steckenbleibt, habe ich bereits gesprochen. Die Klagemauer, wo es manchmal zu Akten religiöser Ausgelassenheit kommt, ist im Grunde ein tieftrauriger Schauplatz. Via Dolorosa, Ölberg, Golgatha und Grabkirche verursachen im Besucher auch nicht gerade optimistische Gefühle. Mea Shearim ist ein Alptraum. Und in den arabischen Quartieren Ostjerusalems herrscht ein Gefühl der Trauer und der unterdrückten Wut vor. Hier starren selbst die Kinder trotzig und feindselig in die Objektive der Kameras, die von ahnungslosen Touristen auf sie gerichtet werden. Und so dauert es auch nicht lange, bis man zu ahnen beginnt, daß Jerusalem in der Tat eine kummervolle Stadt ist, eher ein Schauplatz für Tränen als für befreiendes Gelächter. Das wird einem in jedem Museum von neuem bestätigt, das erfährt man von den vielen Einzeldarstellungen jerusalemischer Lebensläufe, wobei es völlig gleichgültig ist, ob es sich um arabische oder jüdische Biographien handelt. Und das kann man sogar an einem so absonderlichen Ort wie dem Herzl-Museum feststellen, wo man sich eigentlich keine Antwort auf die Frage erwartete, ob nun Jerusalem, Israel, die Juden etwas Heiteres, etwas Optimistisches vorstellten oder ob in diesem Fall das Klischee von der Tragik eines *auserwählten* Volkes vielleicht doch der Wahrheit am nächsten kommt.

Ich will diese eine Frage sogleich beantworten. Ich will sie zumindest dahingehend beantworten, so weit sie das Herzl-Museum betrifft. Es ist ein beklemmendes Beispiel für Eiferertum und sittlichen Ernst, der vor allem dann besonders anstrengend ist, wenn er in einer Biedermeierumgebung stattfindet. Denn geschmunzelt, gelächelt, aus vollem Halse gelacht haben dürfte der Wiener Jude und Schöngeist Theodor Herzl kaum sehr oft in seinem abwechslungsreichen Leben. Zumindest kann man sich das nicht gut vorstellen, wenn man das Museum, das ihm und seinem Wirken gewidmet ist, mit einiger Gründlichkeit studiert hat. Andererseits hatte er auch zeit seines Lebens nicht allzuviel Ursache, in ein herzhaftes Lachen auszubrechen. Immerhin schien seine Utopie von einem selbständigen Judenstaat in Afrika oder Asien unerfüllbarer denn je zu sein, als er am 3. Juli 1904 starb, ein fanatischer Zionist, dessen symbolträchtigste Leistung vielleicht darin bestanden hatte, daß er unweit der alten Handelsstraße, die vom mittelmeerländischen Yaffo nach Jerusalem führte, eine Aleppokiefer gepflanzt hatte. Den Baum gibt es freilich heute noch. Und auch den Staat Israel . . .

Theodor Herzl, den man nicht ganz ungerechtfertigt den eigentlichen Begründer des Judenstaates in Palästina nennt und der am 2. Mai 1860 im heutigen Budapest geboren wurde, das damals noch in die beiden Stadtteile Pest und Ofen zerfiel, Herzl war das Kind und in mancher Hinsicht wohl auch das Opfer jener kleinbürgerlichen Verhältnisse einer maroden Vielvölkermonarchie, die ihren allzu begabten Söhnen im Grunde nur zwei Möglichkeiten bot, nämlich die Resignation vor der Größe oder die verzweifelte Flucht in die Größe. Theodor Herzl versuchte sich anfangs noch an einem Mittelweg, studierte ohne besondere Anteilnahme und entschied sich dann frühzeitig für eine literarische Laufbahn, die, da er sie in Wien begann, fast zwangsläufig zum Feuilletonismus entartete. Seine Erfolge in diesem Genre müssen dennoch beachtlich gewesen sein, denn bereits mit einunddreißig Jahren avancierte er zum Pariser Korrespondenten der ehemals berühmt-berüchtigten *Neuen Freien Presse,* was seine schöngeistigen Neigungen insofern unterstützte, als er nun genügend Zeit und Geld besaß, um nebenher einige mittelmäßige Romane und Theaterstücke zu schreiben.

Ich kann mir, wenn ich mir das Wiener Geistesleben vorzustellen versuche, eigentlich kein rechtes Bild von diesem Zionistenführer machen, der durch Zufall, den er selbst als Schicksal bezeichnete, in die Hauptrolle schlüpfte, die er dann jahrelang mit wechselndem Erfolg spielte. Er hatte ursprünglich so gut wie keine Ahnung von der wahren Problematik der Judenfrage. Er war Jude, aber er hatte das Glück gehabt, jener soliden Bürgerschicht anzugehören, die sich seit zwei, drei Generationen in die Assimilation geflüchtet hatte. Es ist mehr als fraglich, ob er seine galizischen, ruthenischen, rumänischen Glaubensgenossen, die damals Wien zu überschwemmen begannen, überhaupt wahrgenommen hatte. Wahrscheinlich machten sie auf ihn, den adretten Bürgersohn und Karrieristen, den Eindruck von Geschöpfen eines anderen Gestirns. Außerdem träumte Herzl bis zu einem bestimmten Punkt seines Lebens fast ausschließlich von einer literarischen Laufbahn. Er schrieb Romane, Bühnenstücke und feinsinnige Abhandlungen, er genoß das intrigante Klima des Kulturbetriebes, er spekulierte mit einem Erfolg auf künstlerischem Gebiet, der groß und nachhaltig genug sein sollte, um auch auf gesellschaftlichem Boden reüssieren zu können. Wenn man sich heute im Herzl-Museum auf dem gleichnamigen Berg im Westen Jerusalems umblickt, wird man bald bemerken, daß dieser zutiefst kleinbürgerliche und längst dem Judentum seiner Väter entwachsene Theodor Herzl tatsächlich auf dem besten Wege war, innerhalb der damaligen Kulturszene eine gewisse Rolle zu spielen.

Aber Paris wurde ihm zum Verhängnis. Man könnte auch sagen, daß es in Paris war, wo ihn sein verschüttetes, unterdrücktes Judentum mit gebieterischer Geste wieder einholte. Es war die berüchtigte Dreyfusaffäre, die das alles bewirkte und ihn auf eine radikale Weise veränderte. Herzl war entsetzt von der Perfidie, mit der Frankreichs einziger jüdischer Generalstabsoffizier einer antisemitischen Verschwörung zum Opfer fiel. In einem seiner leidenschaftlichen Berichte an die *Neue Freie Presse* – die Fotokopie davon hängt im Museum – schrieb er am 5. Januar 1895 die bemerkenswerten Worte: „Ein Jude, der als Generalstabsoffizier eine Laufbahn der Ehre vor sich geebnet hat, kann ein solches Verbrechen – *des Vaterlandsverrates* – nicht begehen. Die Juden haben infolge der langen bürgerlichen Ehrlosigkeit eine oft krankhafte Sucht nach Ehre, und ein jüdischer Offizier ist in dieser Hinsicht ein potenzierter Jude . . .“

Diesem ersten Kommentar folgten andere, folgte vor allem sein Roman „Judenstaat“ und schließlich das apodiktische Programm: Der Zionismus erstrebt für das jüdische Volk die Schaffung einer öffentlich-rechtlich gesicherten Heimstätte in Palästina.

Von diesem entscheidenden Augenblick seines Lebens an war Herzl unermüdlich – und anfangs reichlich erfolglos – damit beschäftigt, sein neuentdecktes Judentum insofern zu legitimieren, als er nach einem befriedigenden Ausweg aus dem Dilemma suchte, daß es zwar eine jüdische Bourgeoisie, ein jüdisches Proletariat, eine jüdische Intelligenz, eine jüdische Geschichte und vor allem eine jüdische Religion gab, daß aber nichts existierte, wo diese wichtigen Voraussetzungen für einen jüdischen Staat zum Tragen kommen konnten. Seine Wahl fiel dann auf Palästina – es waren auch afrikanische Provinzen im Gespräch –, weil bis zum Ende des 19. Jahrhunderts die Idee einer Heimkehr der Juden aus der Diaspora ins Land der Bibel als eine Art neuer Messianismus in Mode war, was einerseits durch einige Religionsschulen und erbärmliche Gettos dokumentiert wurde, die es damals an Orten wie Jerusalem und am See Tiberias gab, und was andererseits jetzt, da Herzl den Zionismus sozusagen neu erfunden hatte, auch eine politische Bewegung ins Leben rief, deren eminente Durchschlagskraft sich dann im 20. Jahrhundert noch beweisen sollte.

Herzl selbst erlebte den Triumph seiner Idee nicht mehr, aber im Museum, das seinen Namen trägt, gibt es eine Stelle aus seinen Tagebüchern, die die prophetische Begabung dieses eigenartigen und widersprüchlichen Mannes andeutet. „Vielleicht wird ein gerechter Geschichtsschreiber finden“, schrieb Herzl, „daß es immerhin etwas war, wenn ein mittelloser jüdischer Journalist zur Zeit des ekligsten Antisemitismus aus einem Lappen eine Fahne und aus einem Gesindel ein Volk gemacht hat, das sich aufrecht um diese Fahne schart.“

Das alles aber, das Pathos und die Prophetie, das kleinbürgerliche Ambiente eines „mittellosen jüdischen Journalisten“ und die groteske Gebärde, dieser Griff nach der Unsterblichkeit eines Mannes, der nie genau weiß, ob er sich seine Größe nicht bloß einbildet und ob seine hochfliegenden Träume vor der Geschichte je standzuhalten vermögen – er würde Kongresse inszenieren und ausgerechnet einen deutschen Kaiser um Beistand für seine Pläne bitten, er würde den zeitgenössischen Politikern lästig und seinen Anhängern rätselhaft sein –, das alles mündet schließlich nach zahlreichen Umwegen und millionenfachen Opfern im modernen Staat Israel und in einem Museum, darin man eigentlich eher den Staub zu spüren glaubt, der sich gleichmütig auf alle historischen Ereignisse setzt, als den großen Atem der Geschichte. Es ist übrigens kein Zufall, daß die Israeli den Herzlberg zu einem Monument ihrer tragischen Vergangenheit gemacht haben. Im Hintergrund dehnt

Die Klagemauer in der Altstadt von Jerusalem ▷

△ Die Grabeskirche in Jerusalem, Kreuzigungsaltar

◁ Jerusalem, Al-Aksa-Moschee

sich der Heldenfriedhof, in dessen Gräbern die Opfer aller Kriege und Pogrome liegen, die von den Juden jemals geführt oder erduldet worden sind. Und in einem anderen Teil gibt es das schreckliche Holocaustmuseum, das beweist, daß es nicht immer auf die äußeren Umstände einer Nationswerdung ankommt. Trotzdem ist der Sprung vom Wiener Arbeitszimmer im Biedermeierstil zu den nüchternen Bildmontagen über die perfekte Vernichtung der jüdischen Rasse, von den pathetischen Aufzeichnungen eines Wiener Literaten zu den Totenlisten von Auschwitz und Mauthausen, Dachau und Treblinka so groß und zugleich so widerspruchsvoll, daß man stets von neuem von der Tatsache überrascht ist, daß es diesen Staat Israel wahrhaftig gibt. Und daß es ihn vor allem auf diese herausfordernde, selbstbewußte Weise gibt, in der er sich heute vorstellt.

War Theodor Herzl vielleicht doch klüger und weitsichtiger, als man das gemeinhin vermutet? Er soll vor der Eröffnung des ersten Zionistenkongresses in Basel seine Freunde und Anhänger beschworen haben, im Frack zu erscheinen. Er überlegte sich eine Nationalhymne und eine Nationalfahne. Und wenn er am 3. September 1897 in sein Tagebuch schrieb: „In Basel habe ich den Judenstaat gegründet", so entspricht das durchaus der Wahrheit.

Und doch ist die Entwicklung Jerusalems, die bereits von Herzl als die wahre Hauptstadt aller Juden erträumt wurde, mehr als fragwürdig geblieben! *Jerusalem, eine verbotene Stadt* . . . in allen Museen, vor allen Denkmälern und an allen Erinnerungsstätten jüdischer Vergangenheit ahnt man etwas von der verhängnisvollen Beweiskraft dieses Begriffes. Einmal sah ich am Grabe Davids in der Altstadt eine junge Jüdin, wie sie mit tränenüberschwemmtem Gesicht so lange ihren selbstvergessenen Gebeten nachhing, bis ein Wärter sie behutsam am Arm ergriff und fortführte. Ich war betroffen. Durfte man an den Quellen jüdischen Elends und jüdischer Größe nicht mehr sein persönliches Leid demonstrieren? Einmal erlebte ich den physischen und mehr noch psychischen Zusammenbruch eines emigrierten Polen oder Tschechen, der jetzt in den USA lebt und der im früheren, kleinen Holocaust-Museum, das sich unmittelbar neben dem Davidgrab befindet, vor einem dieser Särge, in denen die Juden ihre entweihten Thorarollen begraben, schluchzend niederbrach und dann wie rasend, wie von

◁ Die Oase Ein Gedi am Toten Meer

einem Dämon geschüttelt mit den Fäusten auf die hölzerne Umrahmung dieses Thorabehälters einschlug. Auch hier war sogleich ein Wächter zur Stelle, der den Mann zwar behutsam, aber doch unnachsichtig aus dem Raum drängte. Verweigern sich die Juden das erlösende Schluchzen, weil sie nicht mehr lachen können? Ist Jerusalem wirklich eine verbotene Stadt in diesem besonderen Sinne, daß hier die natürlichsten menschlichen Regungen nicht mehr geäußert werden dürfen? Ist das ein erster Ausdruck für den Beginn eines neuen schrecklichen Heldenzeitalters der Juden?

Koby Goldstein, Fremdenführer und Veteran aus dem Sieben-Tage-Krieg, dem ich manchen nützlichen Hinweis auf jüdische Mentalität und jüdisches Alltagsleben verdanke – im Gegensatz zu allen anderen Religionen verbrennen oder zerstören die Juden ihre geschändeten oder beschädigten Gebetsbücher nicht, sondern begraben sie, schließen sie in kleinen hölzernen Särgen ein, als ob diese frommen Rollen tatsächlich Menschen wären –, Koby Goldstein war fassungslos und anscheinend tief gekränkt, als ich ihm einmal erklärte, mich fröstelte bei der Vorstellung, daß es in Jerusalem keine Heiterkeit, kein spontanes fröhliches Lachen gäbe. Er dachte lange nach, wie er mich vom Gegenteil überzeugen könnte. Schließlich fuhr er mit mir aus der Stadt hinaus, und zwar in Richtung Westen, in Richtung Tel Aviv, und erzählte mir die Geschichte von den *Sieben Schwestern.* Das sei, so sagte er mit Nachdruck, ein eklatanter Beweis für jüdischen Humor. Und zugleich sei es natürlich auch ein wichtiger Hinweis auf einen Abschnitt jerusalemischer Geschichte. Er fuhr, um seinen Worten den notwendigen Nachdruck zu verleihen, einen halben Vormittag lang mit mir quer durch die einsame judäische Landschaft vor den Toren Jerusalems herum, bis ich wirklich alle Nebenwege und Schleichpfade kennengelernt hatte – darunter auch die legendären *Sieben Schwestern* –, die es lange vor Autobahn und Schnellstraße hinauf nach Jerusalem gegeben hatte.

Die *Sieben Schwestern* entpuppten sich dann auch in der Tat als ein altes, heute kaum noch benütztes, ungemein kurvenreiches und schwieriges Straßenstück, auf dem früher einmal so mancher Lastwagen- oder Autobuschauffeur das Gruseln gelernt hatte und das in den siebziger Jahren durch die neue Schnellstraße abgelöst wurde. Im Jahre 1948 mußte über diese alte Straße freilich noch der gesamte Nachschub von Tel Aviv in das belagerte Jerusalem gebracht werden, was allein schon deshalb ein lebensgefährliches Unternehmen war, weil die umliegenden Hügel ausnahmslos in jordanischer Hand waren. Immer wieder wurden die Nachschubkonvois zurückgeworfen oder zusammengeschossen, was für die jordanischen Heckenschützen nicht sonderlich schwierig war, wenn man sich die Straßenverhältnisse vorstellt, die damals nur ein äußerst langsames Fahrtempo zuließen. Schließlich kam dann auch der Augenblick, an dem an ein Durchkommen jüdischer Transporte überhaupt nicht mehr zu denken war.

Dieser Zustand dauerte drei Monate, in denen die jüdischen Verteidiger von Jerusalem mit ihren geringen Vorräten an Lebensmitteln, Munition und Medikamenten verzweifelt haushalten mußten. Es spricht für den Heroismus der Juden, die am Mandelbaumtor, entlang des Kidrontals und im Schatten der Stadtmauer zahlreiche Angriffe der Jordanier – die zahlenmäßig weit überlegen und in jeder Hinsicht besser ausgerüstet waren – abwehrten und dabei unter Bedingungen leben und kämpfen mußten, die schlichtweg unvorstellbar waren. Dennoch dachten die eingeschlossenen Juden nicht einen Augenblick lang daran, zu resignieren und sich ins scheinbar Unvermeidliche zu ergeben.

Einer der Verteidiger, ein junger temperamentvoller Mann, dessen Freundin sich in Tel Aviv befand, sollte eine besondere Rolle spielen. Er litt nämlich unter der unfreiwilligen Trennung von der Geliebten. Eines Tages verschwand er einfach aus der belagerten Stadt. Er schlug sich durch die feindlichen Linien, sah die vielen zerschossenen und ausgebrannten Wracks der jüdischen Transportkolonnen und entdeckte dabei eher zufällig eine vage Möglichkeit, die Umklammerung durch die Araber auf abenteuerlichen Schleichwegen zu umgehen, was nicht nur eine Lösung seines privaten Problems, sondern auch die Rettung Jerusalems bedeutete. Der junge liebeskranke Mann überlegte sich nämlich, daß es im Gebiet des Kastellberges, einer rund tausend Meter hohen felsigen Erhebung, die nach heftigen Kämpfen mehrfach die Besitzer gewechselt hatte, möglich sein müßte, quer durch die dichte Macchia und über die steilen Hügel eine provisorische Trasse zu führen, die zumindest von Traktoren bewältigt werden müßte. Später stellte sich heraus, daß neben den Traktoren, die fauchend und ratternd durch das

Geröll und Buschwerk rumpelten, auch Trägerkolonnen eingesetzt werden mußten, aber das Unwahrscheinliche geschah: Der Pfad, den der verliebte junge Mann, der nichts anderes als ein rasches Rendezvous mit seiner Geliebten in Tel Aviv herbeisehnte, auf seinen hartnäckigen Streifzügen im judäischen Vorfeld Jerusalems entdeckt hatte, erwies sich als brauchbar, um – wenngleich mit unmenschlichen Anstrengungen – den ganzen lebenswichtigen Nachschub in die belagerte Stadt zu bringen.

Jüdischer Humor? Ich weiß nicht recht! Koby Goldstein wollte sich jedenfalls, während er mir diese Geschichte erzählte, mehrmals vor Lachen ausschütten. Die Vorstellung, wie ein liebeshungriger Held krachend durchs Unterholz bricht und die jordanischen Belagerer an der Nase herumführt, bis er eine Möglichkeit zum Durchbruch findet, amüsierte ihn maßlos. Im gleichen Atemzug erzählte er mir auch die unglaubliche Geschichte der Grenzziehung von 1948 in diesem Gebiet, die nicht vor Ort – also in der Landschaft –, sondern in irgendwelchen Büros stattfand, wo sich die Mitglieder der internationalen Waffenstillstandskommission über alte und dementsprechend überholte Landkarten beugten, so daß es dann passieren konnte, daß einige israelische Kibbuzim zu Jordanien geschlagen wurden, während ein paar arabische Bauerndörfer plötzlich israelisch wurden. Und das, so fürchte ich, scheint gleichfalls eine unerschöpfliche Quelle für diesen jüdischen Humor gewesen zu sein, den ich zwar nicht verstehe, der aber zweifellos eine gewisse Bedeutung in der jüngeren Geschichte dieser Stadt und dieses Landes hat.

Wie war es zum Beispiel in Jerusalem damals, als der Krieg von 1948 durch einen faulen Waffenstillstand abgelöst wurde, der keine der kämpfenden Parteien befriedigte und der doch wie durch ein Wunder bis zum Juni 1967 anhielt? Man kann heute noch, sofern man einen orts- und sachkundigen Führer hat, die halsbrecherischen, vollkommen widersinnigen Grenzlinien von damals besichtigen. Da gibt es den Platz, an dem sich das Mandelbaumtor befunden hatte, und im Osten von Mea Shearim einige Straßenzüge, wo damals die straßenseitig gelegenen Wohnungen israelisch und die Hinterhöfe jordanisch waren. Davon erzählen heute noch, ein halbes Menschenalter später, die vielen Einschußlöcher in den Häusern, die mit so erstaunlichen architektonischen Besonderheiten wie schmalen Sehschlitzen, Schießscharten und Stahlbeton an den exponierten Außenwänden aufwarten können oder auch über intakte Unterstände und Bunker verfügen, die jetzt gelegentlich als Garage oder Vorratskeller dienen. Das Absurde war hier immer normal und der Alltag von heimtückischer Unberechenbarkeit. Ich kann die Israeli verstehen, wenn sie mit wütendem Eifer ihre Hauptstadt vergrößern und dadurch jüdischer zu machen versuchen. Einige der schönsten neuen Stadtviertel entstanden auf diese Weise an ehemaligen Schauplätzen heftigster Kämpfe, wobei es allerdings mitunter nicht ganz einfach ist, dafür auch Mieter zu bekommen. Es ist zwar jeder Jude zutiefst davon überzeugt, daß Jerusalem die einzige wahre politische und religiöse Hauptstadt sei und daß es an Selbstaufgabe grenze, auch nur eine Handbreit judäischen Bodens, auf den der Schatten dieser goldenen und heiligen Stadt fällt, an die Araber zurückzugeben, aber zwischen dieser theoretischen Erkenntnis und der praktischen Bereitschaft, in eines der neuen Stadtviertel einzuziehen, die jetzt auf altem jordanischen Grundbesitz entstehen, klafft doch ein gewisser Unterschied. Das Bewußtsein, sich im ehemaligen Feindesland anzusiedeln, die irrationale Furcht vor einem neuerlichen Verlust eines Teiles Jerusalems sitzt zu tief in den Menschen, als daß sie wirklich bereit wären, bedenkenlos und gleichsam frohen Mutes die Erde endgültig in Besitz zu nehmen, die mit arabischen Verwünschungen gepflastert ist.

Ich könnte in diesem Zusammenhang eine ganze Reihe israelischer Familien zitieren, die ich kennengelernt habe und die sich beharrlich weigerten, in eine der vergleichsweise billigen Wohnungen zu ziehen, die im arabischen Osten der Stadt entstanden sind. Das Lippenbekenntnis aller Israeli lautet zwar einmütig, daß Jerusalem nicht nur die Hauptstadt des Landes, sondern auch eine *unteilbare Hauptstadt* sei, aber die Furcht vor den Überraschungen der Politik oder ein wachsamer Instinkt für die aberwitzigen, unglaublichen Möglichkeiten palästinensischer Geschichte hält sie davor zurück, den alten jüdischen Teil der Stadt zu verlassen. Dabei macht es die Regierung den Leuten überaus schmackhaft, die neuen Siedlungen für sich in Anspruch zu nehmen. Man arbeitet mit künstlich niedrig gehaltenen Preisen und günstigen Krediten, sorgt für eine perfekte Infrastruktur und wird – zumal unter Ministerpräsident Begin – nicht müde, jeden Schwur auf die Unteilbarkeit und

Unversehrtheit Jerusalems zu leisten. Man zeigte mir Wohnungen im ehemaligen arabischen Teil, die Mitte der siebziger Jahre nach dem unglücklichen Krieg von 1973 entstanden und damals tatsächlich nur einen Bruchteil dessen kosteten, was man für eine Wohnung auf sozusagen original jüdischem Boden anlegen mußte. Dennoch dauerte es vier, fünf Jahre, bis man diese Stadtviertel mit Menschen zu füllen vermochte, die bereit waren, jeden arabischen Fluch, jede Veränderung der internationalen Politik und damit die permanente Ungewißheit über ihre eigene Existenz zu akzeptieren.

Jerusalem ist also möglicherweise wirklich so etwas wie eine *verbotene Stadt.* Jede der hier angesiedelten Religionsgemeinschaften beharrt auf ihren manchmal weitreichenden Tabus. Jordanier und Palästinenser – wobei man sich gelegentlich fragen sollte, wer hier eigentlich als Palästinenser auftreten kann – haben bisher gleichfalls noch kein einziges Mal freiwillig auf ihren Besitz verzichtet. Der zähe Kampf in der Altstadt, in der sich das jüdische Viertel unaufhaltsam ausweitet, während immer häufiger arabische und armenische Eigentümer zu resignieren scheinen, ist in dieser Entwicklung nur ein Detail am Rande. Man sollte allerdings nicht vergessen, daß die Altstadt bis 1967 für die Juden praktisch verschlossen war, also eine *verbotene Stadt* war, denn während der jordanischen Herrschaft teilten lediglich Araber, Armenier und Christen das Winkelwerk schmaler Gassen und Basarviertel untereinander auf. Ich habe mir einmal die Mühe gemacht und bin mit jüdischen Bekannten durch die neuen Stadtviertel gefahren, also durch die Quartiere, die außerhalb der Altstadt liegen, um mir sagen zu lassen, was ursprünglich, etwa bis 1967, arabischer Besitz gewesen sei. Ich machte dabei recht erstaunliche Feststellungen. Da gab es manche Villa, manches Mietshaus, manches Quartier, von dem es stets nur lapidar hieß, daß die ehemaligen jordanischen Bewohner daraus geflüchtet wären. Jetzt lebten Juden in diesen Häusern. Aber von einer Ablöse, von einem legalen Kaufpreis war nie die Rede. Und was ist, fragte ich, wenn die früheren Eigentümer einmal zurück wollten? Die Antwort darauf war in der Regel ein verständnisloses Achselzucken. Nur einmal erwiderte ein junger Jude auf meine etwas törichte Frage und sagte, daß man für diesen eher unwahrscheinlichen Fall mit soliden Beweisen aufwarten müßte und daß das Haus eben schon immer jüdisches Eigentum gewesen sei. Welcher Art diese Beweise wären, sagte er nicht. Aber ich fürchte, daß er an ziemlich militante Methoden dachte.

Ich will nun nicht gleich in den Fehler mancher Berichterstatter verfallen und von Jerusalem als einer unglücklichen, ja möglicherweise sogar zum Unglück verdammten Stadt sprechen, auf der nicht zufällig einer der ältesten und wirkungsvollsten Flüche der Menschheit lastet. Es genügt schon, fürchte ich, die Feststellung, daß auf diesem judäischen Hügel, der im Verlauf der Jahrtausende durch den Schutt dieser Jahrtausende um zwanzig oder dreißig Meter gewachsen ist, sich soviel an Zündstoff und gehässigen Motiven angesammelt hat, daß es unter Umständen nur des sattsam bekannten Funkens bedarf, um diese latente Pulverkammer des Orients explodieren zu lassen. Alles andere, alles Schöngefärbte, Optimistische, Positive, das man über Jerusalems Zukunft aussagen möchte, ist ärgerliches Geschwätz, ist vage Prophetie und ein gefährliches Sich-selbst-in-die-Tasche-Lügen. Man hat sich im Verlauf der Geschichte, die in Jerusalem niemals einfach oder geradlinig war, die nie überschaubar oder vorausberechenbar verlief, längst schon damit abgefunden, die jeweils verbotenen Zonen und organisch gewachsenen Quartiere des jeweiligen Gegners immer nur solange zu respektieren, wie man nicht in der Lage war, sie durch einen diplomatischen Handstreich oder durch einen Krieg in den eigenen Besitz zu bringen. Dann mochte der Verlierer zusehen, wie er seinen Verlust, seine peinliche Niederlage überlebte.

Übertreibe ich jetzt, wenn ich sage, daß Jerusalem im Grunde für alle beteiligten Stämme und Religionen eine *verbotene* Stadt ist, ein lebensgefährlicher Schauplatz, an dem man nicht nur vorübergehende Niederlagen, sondern auch endgültige Demütigungen einstecken muß? Wird womöglich nun in den achtziger Jahren den Juden das gelingen, was noch keinem Eroberer in Jerusalem jemals gelungen ist? Nämlich die ganze Stadt endgültig für sich in Besitz zu nehmen, ohne daß daraus ein grenzüberschreitender Konflikt oder gar ein weltweiter Krieg entsteht? Ich persönlich bezweifle das allein schon deshalb, weil ich kein allzu großes Vertrauen in die Vernunft der Menschen setzen möchte. Und weil ich es mir mit der Zeit angewöhnt habe, gewisse historische Parallelen sorgfältig zu beachten, Parallelen, die im Falle dieser alten Stadt nichts Erfreuliches für die Zukunft verheißen.

Kapitel VII

STERNE ÜBER BETHLEHEM

Was ich lange Zeit nicht wußte, ist der Umstand, daß bereits anderthalb Jahrhunderte nach dem Tod Christi ein bedeutsamer Zeuge auftrat, der die berühmte Grotte von Bethlehem als den *wahren* Platz der Geburt des Herrn bezeichnete. Es war ein Märtyrer namens Justin, der als Erster dieses historische Zeugnis ablegte. Hundert Jahre später unterstützte der große Kirchenvater Origines diese These. Noch einmal hundertdreißig Jahre später kam Hieronymus, einer der nachdenklichsten, gelehrtesten und unbeugsamsten Männer der Frühgeschichte des Christentums, nach Bethlehem, weil auch er davon überzeugt war, daß dies der *heilige Ort* sei, an dem Jesus, der Menschensohn, in die Welt trat, um sie zu erlösen. Ein halbes Jahrhundert zuvor hatte bereits Kaiser Konstantin über der Geburtshöhle eine Basilika errichten lassen. Ihre Grundmauern und ein Teil ihrer Ausstattung existieren heute noch.

Manche dieser Geschichten erfuhr ich erst verhältnismäßig spät. Änderte es etwas an meiner Meinung über Bethlehem?

Manchmal ist es unerläßlich, einige Irrtümer, die böswillige Zungen unter Umständen als Geschichtslügen denunzieren könnten, ebenso wie einige dieser schrecklichen *wahren Geschichten*, in denen das Elend eines zerrissenen Landes nur auf sehr verschwommene Weise sichtbar wird, möglichst korrekt und leidenschaftslos richtigzustellen beziehungsweise noch einmal zu erzählen. Der sogenannte originale Abendmahlsaal in Jerusalem zum Beispiel, den christliche, mohammedanische und jüdische Fremdenführer seit Generationen schon als eine der wichtigsten Erinnerungsstätten unserer Religion anbieten, weil dort Jesus im Kreise seiner Jünger zum letztenmal einige seiner unerhörten und im Grunde doch so simplen

Wahrheiten verkündete, weil er dort die letzten Gleichnisse wie das Brechen des Brotes und den lebensspendenden Schluck Wein an seine Jünger vermittelte ... dieser Abendmahlsaal ist, was seinen augenblicklichen Standort betrifft, nichts weiter als eine fromme Lüge und hat mit dem wirklichen Schauplatz dieses ergreifenden Ereignisses nicht das mindeste zu tun. Und auch das angebliche Grab König Davids unmittelbar neben dem Abendmahlsaal in der Altstadt von Jerusalem ist nur eine mehr oder minder gutgelungene Rekonstruktion. Aber beide Plätze haben sich inzwischen im Bewußtsein der Menschen festgesetzt, für die Echtheit beider Plätze gibt es Zeugen, deren Integrität kaum anfechtbar ist.

Ebenso bleibt es möglicherweise zweifelhaft, ob der Stern, der vor nunmehr bald zweitausend Jahren drei orientalischen Stammesfürsten oder Königen nach Bethlehem geleuchtet haben soll, wirklich in all seiner feurigen Schönheit und Eindringlichkeit über den Himmel flog. Ich persönlich würde die Meinung mancher Archäologen und Historiker nicht gar zu empört von der Hand weisen, daß Christus vielleicht doch im nördlichen Galiläa zur Welt gekommen sei. Das hat nichts damit zu tun, ob man nun ein guter oder schlechter Christ, Jude oder Mohammedaner ist, das hat nichts mit der Bereitschaft zum Glauben und der Entschlossenheit, für diesen Glauben auch einzutreten, zu tun, sondern das ist lediglich das Ergebnis einer gewissen Erfahrung, die davon ausgeht, daß in einem Land wie Palästina manche Wahrheit viele Gesichter haben kann.

Aber es waren nicht nur gewisse christliche Fakten, die ich lange Zeit nicht wußte. Es gab auch andere Geschichten, denen man nur langsam, ansatzweise auf die Spur kam. Da gibt es eine Geschichte, die sich im Umkreis von Bethlehem zugetragen hat, und zwar im Jahre 1948, deren Moral so deprimierend ist, daß sie von den Christen aller Konfessionen, die sich heute in Bethlehem schon wieder längst recht heimisch fühlen, gerne verschwiegen wird. Damals ging es darum, einen von den Jordaniern eingeschlossenen und von allen Nachschubmöglichkeiten abgeschnittenen Kibbuz in der Gegend zwischen Bethlehem und Hebron zu unterstützen. Die Kinder und Frauen waren nach Jerusalem evakuiert worden, aber man dachte daran, jetzt auch die Männer entweder zurückzuholen oder sie doch mit Proviant und Munition zu versorgen. Zu diesem Zweck brachen eines Abends einundzwanzig Freiwillige in Jerusalem auf, schwerbepackt und gut ausgerüstet, und sie kamen im Verlauf ihres gefährlichen Unternehmens auch in die Gegend von Bethlehem – wo, soviel ich weiß, auch unter der arabischen Bevölkerung viele Christen leben –, das sie auf Schleichpfaden umgehen mußten. Einer der Männer stolperte in der Dunkelheit, stürzte und brach sich ein Bein. Zwei seiner Kameraden brachten ihn nach Jerusalem zurück. Die achtzehn Israeli trafen zufällig auf eine alte Frau. Sie überlegten, ob sie die Frau töten oder am Leben lassen sollten. Es war eine schwierige Frage. Sie ließen sie schließlich laufen. Der Krieg von 1948 unterschied sich in mancher Hinsicht noch von den nachfolgenden Auseinandersetzungen. Es war die Zeit, in der beide Parteien, Araber und Juden, erst voneinander lernen mußten, wie man die Unmenschlichkeit perfektioniert.

Die alte Frau freilich, von der wir nicht wissen, ob sie eine Christin oder Mohammedanerin war, eilte nach Bethlehem und alarmierte die jordanischen Truppen. Die achtzehn Juden aus Jerusalem, die sich nun untertags in einem leerstehenden Haus verbargen – das Haus steht heute noch, man zeigte es mir, nur ein paar Kilometer von Bethlehem entfernt an der Straße nach Hebron –, wurden von einem jordanischen Kommando überfallen und auf bestialische Weise umgebracht. Die Überreste ihrer entsetzlich zugerichteten Leichen fand man erst neunzehn Jahre später, als die Israeli im Sechs-Tage-Krieg nach Bethlehem kamen und unter der arabischen Bevölkerung peinliche Verhöre anstellten. Bei dieser Gelegenheit erhielt man endlich auch Gewißheit über das Schicksal der Bewohner des Kibbuz, den man damals entsetzen wollte. Alle Männer waren umgebracht worden.

Heute leben die Söhne dieser Männer wieder im Kibbuz. Es ist vorstellbar, daß ihnen eines Tages das gleiche Schicksal widerfährt wie ihren Vätern. Dem Umstand, daß ein Gott der Nächstenliebe und völkerverbindenden Freundschaft unweit ihres Lagers zur Welt gekommen sein soll, schenken sie keinerlei Beachtung.

Warum erzähle ich solche Geschichten, wenn von einer der heiligsten Stätten der Christenheit die Rede ist? Weshalb beschränke ich mich nicht einfach auf die schöne und weltberühmte Legende von der Geburt des Herrn in einem Stall, in einer Felsengrotte? Und beschreibe mit einfühlsamer Genauigkeit, wie jene bedeutende Nacht erfüllt war von ahnungsvoller Spannung? Und wie die

Menschen den Atem anhielten, weil sie begriffen, daß etwas Großes, etwas, das die Welt entscheidend verändern würde, im Entstehen war?

Aber ich fürchte, ich bin ein allzu schlechter, einfallsloser Lügner und Geschichtenerzähler, um das, was in Bethlehem – was bekanntlich soviel wie *Ort des Brotes* heißt – auf so wunderbare Weise geschah oder sich zumindest in der Phantasie der Menschen dort zugetragen hatte, jetzt noch einmal und im geheimnisvollen Tonfall aller Fabeldichter zu erzählen. Ich fürchte, ich bin nicht einmal imstande, die biblische Liebesgeschichte mit glatten und wohlgeformten Worten zu berichten, die sich an diesem *Ort des Brotes* zwischen Ruth, der Ährensammlerin, und Boas abgespielt hatte, deren gemeinsamer und in Liebe gezeugter Sohn Obed dann König Davids Großvater werden sollte. Und weil viele Generationen später ein gewisser Joseph, der als Zimmermann in Galiläa arbeitete, aus dem Stamme dieses David war, mußte er sich anläßlich einer Volkszählung, die Kaiser Augustus angeordnet hatte, nach Bethlehem begeben. Seine Frau Maria begleitete ihn. Sie war hochschwanger. Und es müßte eigentlich vorhersehbar gewesen sein, damals, als die Juden in Samaria, Galiläa und Judäa unterwegs waren, um der römischen Aufforderung zur Volkszählung nachzukommen, daß es in Bethlehem in dem Augenblick zu der Geburt eines Mannes kommen werde, der dann, obgleich er verhältnismäßig sehr jung sterben würde, so großen Anteil haben sollte an den Veränderungen in seiner unglücklichen Heimat.

Das alles wäre zu berücksichtigen, wenn man über Bethlehem Geschichten erzählt. Aber ich bin dazu nicht immer fähig. Ich bin kein guter Berücksichtiger. Mir fallen immer nur Geschichten ein, in denen das Blut nutzlos im gelben Staub versickert und leblose, blicklose Augen in einen unwahrscheinlich blauen Himmel starren, während sich die Fliegen in den Augenhöhlen einnisten. Bethlehem war bis 1967 ein jordanischer Stützpunkt. Die Straße, die den Ort heute mit Jerusalem verbindet, existierte damals noch nicht. Die Christen, die nach Bethlehem wollten, mußten über Amman, Jericho und Ostjerusalem fahren. Es war tatsächlich noch eine Reise in den Orient. Aber mindestens die Hälfte der Bevölkerung sei hier damals bereits christlich gewesen, erzählte man mir. Immerhin wüßten auch Araber ganz genau, wessen Gebete man aufsagen und welche Gebote man befolgen muß, wenn man mit Christen gute Geschäfte machen will. Und in Bethlehem werden schon seit Generationen hervorragende Geschäfte gemacht, wobei ich mir nicht sicher bin, ob das nicht auch schon vor mehr als anderthalbtausend Jahren so war, als der Kirchenvater Hieronymus hier lebte und lehrte, umgeben von seinen Freunden und Bewunderern aus Rom und Byzanz, die seinen klugen Worten lauschten, während er, der große Heilige und Prophet, ein Weltbild entwarf, das in mancher Hinsicht heute noch eine gewisse Gültigkeit besitzt. Aber auch Heilige und ihre Anhänger müssen sich ernähren, kleiden, brauchen ein Dach über dem klugen Kopf, sorgen also für raschen Umsatz. Übrigens sollen unter den Bewunderern auch viele Frauen gewesen sein, Angehörige der besseren Gesellschaft Roms – einige von ihnen avancierten zu Heiligen –, die sich hier ihre Weltflucht, ihr vorübergehendes oder endgültiges Aussteigertum durch einen raschen Griff nach der Unsterblichkeit belohnten. Im Schatten eines großen Mannes erreicht sogar das Mittelmaß etwas Genialisches.

Der Heilige übersetzte in Bethlehem die Bibel ins Lateinische und sorgte gleichsam nebenbei dafür, daß das Eremitendasein gesellschaftsfähig wurde. Als er im Jahre 420 starb und neben der Geburtsgrotte beigesetzt wurde, erfüllte sein Ruhm längst schon die frühchristliche Welt. Bethlehem wurde zum Zentrum einer neuen Bewegung, die allerdings nicht sehr lange andauerte. Es ist überflüssig zu sagen, daß die überwiegende Mehrzahl aller frommen Adepten des heiligen Hieronymus kläglich scheiterte.

Die Briefe des Heiligen, die er mehr als dreißig Jahre lang von Bethlehem in alle Welt versandt hatte, Episteln von moralischer und auch gesellschaftspolitischer Bedeutung, wortgewaltige Predigten und Traktate, die das Gewissen seiner Zeit aufrütteln sollten – in unserem medienfrohen Jahrhundert wäre Hieronymus fraglos einer der berühmtesten christlichen Theoretiker –, hatten Bethlehem hinreichend berühmt gemacht, so daß das Abendland ein wenig verstört den Atem anhielt, als genau hundertvierundneunzig Jahre nach dem Tod des Heiligen eine gewaltige persische Armee vernichtend in Palästina einfiel. Schließlich war Bethlehem nicht nur als Geburtsstätte des Herrn und Schauplatz grandioser byzantinischer Bautätigkeit, sondern nunmehr auch als Ort einer neuen christlichen Bewegung und als Chance für eine Erneuerung verkrusteter

Traditionen wichtig geworden. Jerusalem war das metaphysische, Bethlehem das geistige Zentrum der abendländischen Christenheit, die ja immer noch fasziniert auf Palästina blickte. Aber jetzt brannten überall die Kirchen und Klöster, und nur die Geburtskirche, die im Jahre 330 von Kaiser Konstantin in Auftrag gegeben worden war, blieb wie durch ein Wunder unversehrt.

Wie durch ein Wunder, sagte ich. War es wirklich ein Wunder? Man erzählte sich, daß die persischen Soldaten, als sie gerade darangehen wollten, auch diese Kirche in Brand zu setzen, überrascht entdeckten, daß die Kleider der drei Könige – der *Drei Weisen aus dem Morgenland* –, die auf einem Mosaik an der Außenwand der Kirche dargestellt waren, eindeutig persischen Zuschnitt und persischen Stil verrieten. Verwirrt fielen die Soldaten in die Knie. Ihr Befehlshaber kam. Aber auch er begriff, daß dies, was er zu zerstören beabsichtigte, einen Ausdruck persischer Kultur besaß. Und er befahl, diese eine Kirche zu verschonen. Persische Revolutionäre haben also schon immer, so scheint es, einen feinen Instinkt für das Machbare in haltloser Zeit besessen und für die diffizile Kunst, sich in einem jeweils richtigen Zeitpunkt in einen devoten Kniefall zu retten.

Ich habe freilich auch noch andere, recht eigenwillige Erinnerungen an Bethlehem. Ich vermisse zum Beispiel an mir selbst so gut wie jeden frommen Schauer, wenn ich an die große, auf Kaiser Konstantin zurückgehende Basilika und damit an das denke, was sie repräsentiert, diese vielleicht geschichtsträchtigste aller orientalischen Christenkirchen, deren intellektuelle und magische Wurzeln sich an einem ganz bestimmten Punkt in der Tiefe der judäischen Erde überschneiden, wo heute ein Silberstern etwas herausfordernd die Stelle beschreibt, an der Jesus geboren worden sein soll. Auf meinem Weg dorthin, der mich vom demütigen Pilgergestus rasch zur hektischen Betriebsamkeit eines Allerweltstouristen bringt, habe ich jedenfalls Mühe, mir die Keuschheit meines Glaubens an die atemberaubende Szene von damals zu bewahren. Die Höhle selbst, wo zuerst nur das dumme Vieh, dann schon die ersten Hirten, denen überirdischer Glanz die Augen blendete, und schließlich drei rätselhafte Könige, denen ein Sturm, ein Stern, eine Stimme vorausgegangen war, dem Beginn eines neuen Zeitalters beiwohnen durften, diese Höhle, die also auch der mythische Anfang unserer

Religion ist, unterscheidet sich nicht mehr sonderlich von anderen dekorativen Schauplätzen. Lärm und schweißtreibende Hitze, eine überladene Dekoration, die nicht besser wird, nur weil sie ein ehrbares Alter angesetzt hat, die auffällige Betriebsamkeit von Mönchen und Priestern aller *Fraktionen*, von Kirchendienern und Fremdenführern, aber auch dieses Gefühl erstaunten, überraschten Respektes, das einen an solchen Schauplätzen überfällt, dieser angestrengte Versuch, sich in einen stummen Dialog mit den Gegebenheiten zu flüchten, sich endlich zu sagen: *Schau her, hier beginnt dein Leben, hier begann das Zeitalter christlicher Geschichte, unter dem die Welt leidet und mit dem du persönlich nie fertigwerden wirst* ... o mein Gott, das alles ist letztlich nur ein Teil meiner Einbildung, das alles muß genossen werden wie irgendeine andere weltberühmte Sehenswürdigkeit, für die man mit Geld und Anstrengungen und dem Blättern in Büchern und dem Anhören unglaublicher Geschichten bezahlt hat. Die Gläubigen, die voll Ergriffenheit in diese Grotte kommen, vergessen immer, daß Bethlehem erst durch diese Höhle reich wurde, daß sich Generationen von geschäftstüchtigen Männern goldene Nasen an den Geschichten verdienten, die sie darüber zu erzählen imstande waren, da sie skrupellose Beherrscher der orientalischen Begabung waren, die in jeder Lüge eine Legende und in jeder Legende ein Körnchen Wahrheit entdecken. Ich erinnere mich noch gut daran, als ich mich beim erstenmal in der Geburtsgrotte von Bethlehem dabei ertappte, daß ich unwillkürlich nach einer fleckigen Leinwand suchte, auf der in regelmäßigen Abständen die filmische Darstellung der Christuslegende mehrsprachig vorgeführt wird.

Draußen vor der Kirche die unvermeidliche und furchteinflößende Hitze Judäas. Soldaten der israelischen Armee, ausgerüstet mit Funksprechgeräten, voll unendlicher Geduld, und jordanische Polizisten, die sich nach Möglichkeit in den nächstgelegenen Schatten flüchten, bewachen den breiten Platz vor der Kirche. Der Bombenterror oder das heimtückische Knattern automatischer Waffen sind auch an der Geburtsstätte eines Religionsgründers vorstellbar, wenn das Land, in welchem diese Geburtsstätte liegt, Palästina heißt. Ich selbst mache die süffisante Entdeckung, daß ich als Besucher, der ohne jüdische Begleitung auftritt, in den Teestuben und Restaurants Bethlehems viel besser, ja beinahe freundlicher bedient werde als wenn mich *jüdischer Geruch* umweht. Dieser böse Ausdruck stammt nicht von mir, sondern von einem meiner Begleiter aus Israel. *Sie riechen uns,* sagte er, während wir im Schatten der modernen Kolonnaden sitzen und heißen Tee trinken, den die jordanischen Kellner an den Tisch bringen, während im Hintergrund arabische Musik voll indifferenter Leidenschaft die maßlos erhitzte Luft zerreißt, *sie riechen uns, wie man eine Gefahr wittert,* und ich habe in dieser Hitze nicht mehr die Kraft, zu widersprechen oder mit diesem törichten Argument zu antworten, daß dies hier immerhin der Ort sei, an dem nach der Vorstellung von zehntausend Heiligen und Märtyrern die *Liebe* als etwas *Fleischgewordenes* zur Welt kam. Mir klebt nur die Zunge am Gaumen. Ich fürchte, daß sie in zwei Teile zerbricht, wenn ich das Wort *Nächstenliebe* ausspreche. Ich unterwerfe mich dem ungeschriebenen Gesetz Palästinas und denke mir Geschichten aus, die in der Vergangenheit spielten und mich nicht in Versuchung bringen, über die Gegenwart nachdenken zu müssen.

Am Stadtrand Bethlehems gibt es einige Häuser – eigentlich sind es nur Steinhütten, armselig und trostlos –, deren Fundamente aus den Überresten der ersten Wasserleitung bestehen, die unter David oder Salomo und deren erlauchten Nachfolgern von Hebron nach Jerusalem geführt wurde. Darüber der prachtvoll geschnittene und bearbeitete Stein aus herodianischer Zeit. Dann der Schutt aus der unglücklichen Ära der Kreuzritter. Und schließlich die armselige Architektur der Gegenwart, gekennzeichnet durch grellfarbene Plastikelemente und Fernsehantennen. Ich sehe magere, fahlfarbene Hunde, wie sie in Abfallhaufen wühlen. Und schmutzige Kinder im Unrat. Die wahre Hinterlassenschaft der Jahrtausende besteht ungeachtet der Tatsache, daß hier die tragische Biographie Jesus' begann, wirklich nur aus zerbrochenem Mauerwerk, Resignation und kaum verhohlenem Haß. Nie spürte ich stärker das trostlose Gefühl, daß es unmöglich sei, aus dem Teufelskreis aller menschlichen Existenz auszubrechen. Und daß jedes Aufbegehren ein Akt der Vergeblichkeit bleiben müsse, die man sich in seinen Alpträumen nicht vorzustellen wagte.

Bethlehem ist fraglos der Ort, wo ich meinen Verstand der Hitze ausliefere, damit ich ihn nicht vollends verliere!

Nach Jerusalem hinüber sind es nur ein paar Autominuten. Und auch nach Hebron und Battir, dem antiken Bethar, ist es nicht weit.

Überall lauert die Erinnerung an Tragödien. Von Bethlehem nach Dimona dauert es nur eine knappe Autostunde. Dort stellen die Juden ihre Atombomben her. Masada liegt nur einige schroffe, zersplitterte Hügel- und Bergrücken weiter östlich. Ich bin vom Geruch schlecht verdunsteten Blutes umstellt. Ich bin nicht imstande, die Massaker aufzuzählen, die im näheren Umkreis Bethlehems geschahen. Ich habe keinen Blick mehr für die angebliche Schönheit dieser erbärmlichen Landschaft. Antike Wasserleitungen und die zerborstenen Festungen der Könige und Königsmörder – das Herodium liegt hinter dem nächsten Hügel – sind mir gleichgültig. Ich habe zuviele Geschichten im Kopf, in denen der Totschlag der bestimmende Inhalt ist. Ich werde mit zuvielen Lügen konfrontiert, die in diesem biblischen Landstrich entstanden sind. Ich habe hier, wo es angeblich die tolerantesten Mohammedaner, die gütigsten Juden, die gläubigsten Christen gibt, zuviele Gesichter gesehen, die vom Haß entstellt sind. Ich glaube nur noch das, was ich mit Händen fassen und mit meinem verwirrten Verstand begreifen kann. Ich glaube an die Summen, die hier umgesetzt werden. Und an die Toten, die man eilfertig verscharrt.

Bethlehem ist fraglos so etwas wie ein kapitalistisches Zentrum in Judäa. Hier gibt es die reichsten orientalischen Händler, die vermögendsten Autobusunternehmer und die erfolgreichsten Exporteure jüdischer Waren in den ganzen Orient. Sogar die Franziskaner verlieren hier ihre begnadete Armut. Kopten, Armenier, Griechen und noch ein paar andere christliche Stämme verdanken ihre Einkünfte dem lächerlichen Umstand, daß die Menschheit an das Wunder einer rauchgeschwärzten Grotte glaubt. Ich habe in Bethlehem Devotionalien gesehen, die in Hongkong, Singapore und Japan hergestellt wurden. Und ich habe nie eine Stimme vernommen, die sich gegen diesen Unfug gewehrt hätte.

Wo sich aber soviele Voraussetzungen zur Vermögensbildung ansammeln, da muß es doch wohl auch dokumentarische Verfügungen darüber geben, wem welches Einkommen und welches Erbteil zugesprochen wird. Das ist legitimer Brauch unter den zivilisierten Völkern, und zivilisiert ist man in Bethlehem allemal, auch wenn man in den Hinterhöfen der katholischen Devotionalienläden Sprengkörper baut. Man geht hier sogar noch einen Schritt weiter und regelt die wichtige Frage, *wann wer wo auf welche Weise* zu seinem Gott beten darf. Ich habe diesen grotesken juridischen Ausflug ins Metaphysische nie begriffen. Aber ich muß die Fakten akzeptieren, wie sie vorliegen!

Es gibt selbstverständlich ein umfassendes Dokument, das alles regelt, was mit der Geburtsgrotte in Zusammenhang steht. Das Dokument, das den klassischen Begriff *Status quo* besitzt, stammt aus dem Jahre 1757, ordnet unter anderem die Besuchszeiten der Pilger nach Minuten, verfügt über das Innere von Kirchenschiffen nach Zentimetern und unterteilt den erlaubten Besitz der verschiedenen Konfessionen bis in den Groschen hinein. So ist zum Beispiel der griechisch-orthodoxe Patriarch Jerusalems zugleich auch der nominelle Eigentümer der Geburtskirche in Bethlehem – von der Grabeskirche gehören ihm, wenn ich mich recht erinnere, 65 Prozent –, und es sind griechische Verwaltungsgenies, die immer an entscheidender Stelle mitbestimmen, wieviele Kerzen von welcher Konfession um welche Tageszeit entzündet werden dürfen oder welche Messen wann gelesen werden können und ähnliches mehr. Es ist gar keine Frage, daß in der konstantinischen Basilika heute fast schon jede christliche Gemeinschaft einen Altar, eine geweihte Nische, einen Heiligen oder wenigstens einen Nagel besitzen muß, um würdig repräsentiert zu sein. Und als im Jahre 1850 in der Geburtsgrotte ein Silbernagel verschwand, der ein Teil jenes Sternes war, der die Stelle der Geburt des Herrn bezeichnet, führte der ominöse Verlust anfangs zu diplomatischen Auseinandersetzungen, dann zu den sattsam bekannten Drohgebärden, aus denen gelegentlich bewaffnete Konflikte entstehen . . . und schließlich stolperten einige europäische Großmächte in den Krimkrieg, den man zwar geplant, herbeigesehnt, herbeilizitiert hatte, aber doch aus ganz anderen Gründen, als es der Diebstahl eines Silbernagels und die kreischenden Beschimpfungen zwischen lateinischen und orthodoxen Priestern waren. Immerhin wurde, soviel ich weiß, der Dieb nie ausfindig gemacht. Man ersetzte den Nagel und verfiel in düsteres, mißtrauisches Schweigen.

Es wäre absurd, dem Stern über Bethlehem, der in der Geburtsnacht des Herrn klirrend zur Erde fiel und heute als überraschend unansehnliches Symbol das Zentrum der Geburtsgrotte bildet, alle Schuld am Wahnsinn zu geben, der die Menschheit seit nunmehr bald zweitausend Jahren wie ein Fieber erfaßt hat. Aber unbestreitbar bleibt eine zwiespältige Empfindung, die man hat, wenn man auf die schmale, längliche Grotte blickt, die von jahrhundertelangem Kerzenrauch eingeschwärzt ist. Es sind immer nur Bruchstücke, die einem durch den Kopf gehen, während nachkommende Besucher drängen und fotografierende Touristen die Ellenbogen gebrauchen und eilfertige Priester oder Mönche sich mit sanfter Rücksichtslosigkeit um den besten Platz an der Quelle ihrer Existenz bemühen. Es sind nur laufende Bilder, flüchtige Details, verwischte Ausschnitte aus einem viel größeren Ganzen, das einen hier bewegt, während die Augen im beißenden Kerzenrauch und gelegentlich auch aus echter Emotion zu tränen beginnen und man unter der beklemmenden Hitze – oder weil einem alle diese flüchtigen Bilder und Gedanken einfallen – plötzlich dünnen klebrigen Schweiß auf der Stirn spürt. Ein Stern, der durch die Nacht flog. Ein Gott, der in einer ärmlichen Grotte seinen ersten Schrei tat. Eine Religion, die davon lebt, im Zeichen der Liebe die Welt zu verändern . . .

Aber wenn man diese Grotte, diese schöne alte Kirche wieder verläßt, blickt man auf eine jüdische und auf eine mohammedanische Wahrheit, in der nicht einmal mehr eine vage Ahnung jener ersten Nacht vorhanden ist, in der ein *Gott der Liebe* die Erde betrat. In diesem Augenblick akzeptiert man resignierend, daß auch der Haß eine christliche Tradition besitzt . . . vielleicht weil er neben der Liebe das einzige wahre Gefühl, die einzige unauslöschliche Empfindung ist, die alle konfessionellen Grenzen überwindet!

Kapitel VIII

DIE MAUERN VON JERICHO

Es war im 13. vorchristlichen Jahrhundert, daß die Stämme Israels nach rund vierzigjähriger Wanderung heimkehrten in ein Land, das ihnen von allen Propheten, Patriarchen und Politikern immer nur als *gelobtes Land* dargestellt worden war. Das Fatale daran war nur, daß dieses Land, dessen zukünftiger Besitz so etwas wie ein Mythos geworden war, eine Art nationaler Pflicht, der alles andere untergeordnet werden mußte, vorerst noch fremde Besitzer hatte. Aber ein solcher Umstand hat allem historischen Anschein nach Israels Stämme noch nie davon abhalten können, sich nach ihrem jeweils ersten Auftritt rasch als legitime Grundbesitzer zu fühlen.

Seinen schönen und freilich auch bald gefürchteten Namen hatte dieses Volk übrigens von einem seiner ersten Patriarchen erhalten. Er hieß Jakob – oder Jaakov –, hatte bekanntlich mit einem Engel gerungen und besaß zwölf Söhne, die dann die Ahnherren der zwölf Stämme Israels wurden. Der legendärste Anführer dieses auserwählten Volkes aber, der es später dann auch noch zum Protagonisten der beiden anderen monotheistischen Religionen im Orient brachte, war zweifellos Moses. Er hatte die Stämme aus ägyptischer Zwangsherrschaft zurück in die verhältnismäßige und gelegentlich recht fragwürdige Freiheit der Wüste und in das strenge Korsett einer moralischen und militärischen Gesetzgebung geführt, die dem Leben in der Wüste perfekt angepaßt war. Er besaß die notwendige Autorität, um als oberste sittliche und politische Instanz auftreten zu können, auch in Augenblicken der Resignation und der Niederlage. Moses war, wenn man so will, ein respektgebietender Vorläufer in jener langen Kette erlauchter Namen, die durch Christus und Maimonides, Marx und Einstein charakterisiert wird. Nun war er hochbetagt gestorben. Und es befehligte sein Nachfolger Josua die erschöpften und wahrscheinlich auch nicht mehr sonderlich zuversichtlichen Flüchtlinge, die kaum noch sehr viel Verständnis für ihr anstrengendes Exil in den Wüsten des Sinai und des Negev hatten.

Und so begann in diesem wichtigen 13. vorchristlichen Jahrhundert die welthistorisch ungemein bedeutsame Eroberung des Landes Kanaan, dessen Reichtum zu Legenden herausforderte und der, wie man aus Gründen der Objektivität hinzufügen sollte, gewiß auch in anderen Völkern diese Begehrlichkeit geweckt hätte, die so oft die Ursache dessen ist, was man ein wenig oberflächlich das Elend der Welt nennt.

Übrigens kam vor dem Jubel über das eroberte Kanaan noch eine schweißtreibende harte Arbeit. Es gab nämlich eine Festung am Westufer des Jordan, in der es neben dem frühen zivilisatorischen Luxus städtischer Kultur, neben genügend Wasser und dem poetischen Anblick blühender Palmen auch den symbolischen Schlüssel zum Tor nach Jerusalem und damit für den langen Marsch zum Mittelmeer gab, eine Festung überdies, die damals bereits seit einigen Jahrtausenden als besiedelter und befestigter Platz bekannt war. Ihr Name war Jericho. Und man könnte sogar sagen, daß es lange vor dem ersten Auftreten der Stämme Israels, die sich stets als das auserwählte Volk unter allen anderen Völkern betrachteten und aus denen aufgrund dieser Meinung dann die Juden wurden, wie wir sie heute kennen oder zumindest zu kennen glauben, schon dieses Jericho gegeben hatte, bevölkert von Menschen, deren Schicksal wir durch eine Reihe sensationeller archäologischer Funde ungefähr nachzuvollziehen vermögen. Die Juden mögen vom Anbeginn ihrer Existenz an auserwählt gewesen sein. Die ersten, die unterm hellen Licht des Orient den Schritt aus dem Dunkel der Vorgeschichte gewagt hatten, waren sie zweifellos nicht.

Aber diese zwölf historischen Stämme Israels, die jetzt im 13. vorchristlichen Jahrhundert am anderen, östlichen Ufer des Jordan lagerten und endlich einen siegestrunkenen Blick auf das Land werfen wollten, in welchem angeblich Milch und Honig flossen, brachten nicht sehr viel Verständnis für die historische Entwicklung anderer Völker auf. Sie hatten nur eines ganz unmißverständlich im Sinn: die Eroberung einer befestigten Stadt namens Jericho und den Vormarsch hinauf nach Hebron und Jerusalem, wo Könige wie Saul,

David und Salomo unzweifelhaft für einen spektakulären Eintritt in die Weltgeschichte sorgen würden.

Die Geschichte der Juden begann praktisch genauso, wie die Geschichte der meisten Kulturvölker beginnt. Sie begann mit der Absurdität eines Angriffskrieges. Eine moralische Rechtfertigung für diesen Krieg gibt es kaum, wenn man davon absieht, daß sich die Juden selbst erfolgreich eingeredet hatten, das auserwählte Volk Gottes zu sein. Prophezeiungen hören die Menschen immer gern, vor allem dann, wenn sie unter den Ägyptern ein paar Generationen lang als Sklaven und dann als räuberische, aber doch recht armselige Nomaden vegetieren mußten. Und so forderten sie ungeduldig ihr vermeintliches Recht. Sie waren erschöpft, fast schon entmutigt, wahrscheinlich auch ziemlich herabgekommen, aber in jedem Fall zum Erfolg entschlossen. Kein Kulturvolk verfügt schließlich über eine eigene legitime Geschichte, wenn es sich zuvor nicht einen Raum geschaffen hat, in dem es sich auf seine vermeintliche Unsterblichkeit vorbereiten kann. Israels Stämme folgten lediglich dem Vorbild und Beispiel größerer Vorgänger, also den Sumerern, Ägyptern und Hethitern. Bedenkenswert daran bleibt lediglich der Umstand, daß sich die Juden als einzige aller alten, in der Frühzeit der Geschichte entstandenen Völker unversehrt bis auf den heutigen Tag erhalten haben.

Einige Jahrtausende nach ihrem dramatischen Eintritt in die Geschichte würden die Stämme Israels einem anderen *Volk ohne Raum* zwar beinahe zum Opfer fallen, denn die Geschichte lebt nun einmal von skurrilen Wiederholungen, aber darum kümmerte man sich damals, als man mit Jericho auch den Schlüssel zum Lande Kanaan besitzen wollte, herzlich wenig. Außerdem ist nicht bekannt, daß Israels sprachgewaltige Propheten irgendwann einmal Figuren wie Eichmann, Himmler und Hitler im rollenden Wüstensand erkannt hätten.

Der Schauplatz der ersten wichtigen jüdischen Eroberung, Jericho, zugleich exotische Oase und klassisches Bilderbuch der Geschichte, unerläßlich für den Tourismus, eine archäologische Fundgrube, in der man unter anderem den ersten menschlichen Kiefer fand, dessen Zähne bis auf die Wurzel abgeschliffen waren, was wahrscheinlich beweist, daß man vor zwölftausend Jahren, als es noch keinen Mahlstein und keine Mühle gab, sich wie das Vieh ernähren mußte, ohne daß man über die vernünftigen Kauwerkzeuge des Viehs verfügt hätte. Man biß und kaute und scharrte und schabte so lange mit seinen Zähnen, bis sie vollends abgeschliffen und unbrauchbar waren und man erbärmlich verhungern mußte, sofern man nicht eine Erfindung, eine Entdeckung machte, die dem Fortschritt der menschlichen Ernährung diente. Jericho also, wo die Juden ihren ersten Sechs-Tage-Krieg siegreich beendeten und wo einer von ihnen namens Jesus zwölfhundert Jahre später zuerst feierlich getauft und dann vom Satan versucht wurde, wo aber auch die Araber, denen man bis dahin eigentlich nur Zelte aus Ziegenfell und dürftige Lehmhütten zugetraut hatte, plötzlich eine der schönsten, funktionellsten und weitläufigsten Palastanlagen des ganzen Orient errichteten, den Hishampalast, dessen imponierende Ruinen heute noch ein Kulturdenkmal allererster Ordnung sind, Jericho, Garnisonsstadt, Landstädtchen, Grenzort und Fluchtpunkt der Geschichte, ein Platz von einiger Ausdehnung, den die Überreste riesiger Flüchtlingslager umklammern, die ihre eigene rätselhafte Geschichte haben, Jericho, das die Araber *Ariha* nennen, vermittelt in gewisser Hinsicht jeden Morgen von neuem den Eindruck, als ob hier die chaotische und doch unvermeidliche Welt, die der Mensch sich nach einem bestimmten Vorbild geschaffen hat, einem wollüstigen, orgiastischen Geburtsvorgang unterliegt. Denn Jericho ist vor allem einmal, wenn man seine unglaubliche und jahrtausendealte Vergangenheit geflissentlich übersieht, ein exorbitantes Beispiel für landschaftliche Schönheit. Es ist aber auch, wenn man seine Ruinen zählt, die alten, zerbrochenen und die neueren, allmählich zerbrechenden, die wie eigenwillige Jahresringe die Oase durchziehen, zerschossene Häuser aus der Zeit von 1948 und vergilbte Scherben, braunes Mörtelwerk aus dem 3. oder 4. vorchristlichen Jahrtausend, Einschläge israelischer Granaten aus dem Jahre 1967 und sparsame Überreste einer unbegreiflichen menschlichen Existenz aus dem 9. und 10. vorchristlichen Jahrtausend . . . es ist aber auch ein Faß ohne Boden, in das die Tränen der Menschen fallen. Jericho ist bezaubernd, faszinierend und erschreckend. Es ist herzbewegend und es flößt atemberaubende Furcht ein. Und ich wüßte keinen anderen Ort, an dem wir unsere eigene Vergangenheit, die nutzlosen Hoffnungen und die vertanen Möglichkeiten, so drastisch vor Augen geführt bekämen wie hier am Westufer des Jordan, der von

Jericho aus nur als dünner, leicht begrünter Strich zu sehen ist, der unaufhaltsam dem Toten Meer entgegenzieht.

Jeden Morgen packt das Licht, das der Sonne entströmt, mit Grausamkeit zu, kommt über die dunstverhüllten Moabitischen Berge, eine Art apokalyptischer Reiter, ein unheiltriefender Feuerball, der immer wieder von neuem explodiert. Das Licht, das sich über die Landschaft ergießt, ist freilich von makelloser Reinheit. Es duldet keine ungenauen Konturen und auch keine Halbwahrheiten. Es schneidet der Landschaft keine allzu idyllischen Grimassen in die runzelige Haut. Es ist so unbarmherzig, wie nur irgendeine Wahrheit, unter der man vielleicht sogar leidet, unbarmherzig sein kann. Die hoffnungslos ausgelaugte, ausgewaschene Erde stöhnt unter diesem Licht. Die sandgrauen oder manchmal auch elfenbeinfarbenen Bergrücken beiderseits des Jordan, moabitisch und jüdäisch, übersät mit Bunkern, Artilleriestellungen, Panzersperren und allen Sorten von heimtückischen Menschenfallen, diese alten gutbekannten Bergrücken, die noch gebieterisch und verheißungsvoll aus der taufrischen Nacht hervorgetreten sind, schrumpfen unter der Sonne zu häßlichen Barrieren zusammen, denen nutzloses Geröll von den Flanken rinnt. Ich kann mir gut vorstellen, wie Jesus eines Morgens auf einer steinigen Plattform oberhalb des Jordantals stand und, während ihm der Satan einen verführerischen Wortschwall ins Ohr zischelte, tiefbeeindruckt nach Osten blickte, woher die Feuerstöße des Lichtes kamen. Und wie er staunend und dankbar das Emportauchen der Landschaft aus dem milchigen Dunst beobachtete, der zuerst nur die Umrisse von Häusern, Gärten, Brunnen und Palmen freigab, bis sich endlich diese vielleicht älteste, zweifellos aber berühmteste Oase der Menschheitsgeschichte von den Spinnennetzen des erhitzten Dunstes befreit hatte und alle ihre süßen Verlokkungen genußfreudig preisgab. Im Süden das erstarrte Blau des Toten Meeres. Nach Norden hinauf die grünbewachsene Schlangenspur des Flusses, in dessen schmutzigbraune Flut der Mann, der nun über das Land blickte, untertauchen würde. Ostwärts die Elefantenhaut der Moabitischen Berge. Und im Zentrum die verlockende Vorstellung eines Paradieses, durch das die Silberfäden des Wassers ihren dünnen hellen Ton tragen, eine Musik produzierend, die inmitten orientalischer Steppen- und Wüstenlandschaft einfach hinreißend sein muß. Und die Palmen rauschen. Und der uralte und immer wieder verführerische Duft frischgebackenen Brotes liegt in der Luft.

Solche Bilder könnten einen Gott, der als Menschensohn auftritt und der bereit ist, die Welt von allem Übel zu befreien, für den winzigen Augenblick, da er nur Mensch und damit verführbar ist, in Versuchung bringen. Und ich denke mir, daß es keine Schande gewesen wäre – oder daß sich am unglückseligen Verlauf der weiteren Ereignisse nichts geändert hätte –, wenn dieser Mann namens Jesus, dem die Entbehrung vierzig durchwachter Nächte ins Antlitz geschrieben stand, der Verzauberung zu seinen Füßen nachgegeben hätte. Der Satan neben ihm keuchte vor Anstrengung. Die Sonne schrie vom Himmel. Und die Idylle lag zum Greifen nah.

Daß Jesus nicht getan hat, was ich an seiner Stelle getan hätte, beweist seine ungewöhnliche Stärke. Und vielleicht beweist es auch ein wenig seine Starrköpfigkeit, die ihn schließlich das Leben gekostet hat.

Aber man braucht sich in Jericho nicht nur der Phantasie hinzugeben. Das Bild der Oase wird von einigen welthistorischen Ereignissen geprägt. Darüber hinaus sorgt es auch noch in der Gegenwart für eine ungemein poetische und charakteristische Kulisse, vor der sich heute Dinge von weitreichender Bedeutung abspielen. In Jericho, ich sagte es schon, begann der erste Sechs-Tage-Krieg der Juden. Er endete mit einem triumphalen Erfolg. Und am Rande der großen Oase, noch am Westufer des Jordan, wo ein dichter Maschenzaun die derzeitige Grenze zwischen Israel und Jordanien anzeigt und heute Beduinen und Tscherkessen als Spurensucher für die israelische Armee jeden Morgen die bestbewachte Grenze der Welt nach verräterischen Spuren absuchen, hier also, nur ein paar Minuten vom bescheidenen Basarviertel der Oase entfernt, wurde Jesus von Johannes getauft, hier fand eine der wichtigsten Zeremonielle des Christentums statt.

In Jericho entstanden nach 1948 aber auch die ersten großen Flüchtlingslager, in denen die ehemaligen arabischen Bewohner aus Tel Aviv, Ashkelon, Yaffo, Haifa und Jerusalem und aus anderen israelischen Gemeinden und Städten untergebracht wurden, denen arabische Könige, europäische Politiker und internationale Diplomaten so lange einredeten, daß es nur eine Frage der Zeit sei, bis sie in ihre alte Heimat zurückkehren und sich nach Belieben aus dem

Vermögen des zurückeroberten Israel bedienen könnten, bis aus diesen *Flüchtlingen auf Zeit* schließlich die *Palästinenser* wurden, die heute wie die israelischen Stämme vor mehr als dreitausend Jahren auf der Suche nach einer *gelobten* und *auserwählten* Heimat sind. Der einzige Unterschied besteht vielleicht darin, daß die Palästinenser im Gegensatz zu den Angehörigen der biblischen Juden mit Tagesgeld und Essensrationen versorgt werden. Und daß sie, anders als die Juden vor dreitausend Jahren, als sie unter Josua Jericho belagerten, spätestens 1967 weiterflüchteten und in Syrien, Jordanien oder im Libanon neue Lager mit alten Gewohnheiten aufbauten. Ich erwähne das alles ohne jeden Zynismus. Es ist immer schrecklich, wenn Menschen ihre angestammte Heimat verlieren. Aber es macht doch nachdenklich, wenn man weiß, daß eine ganze Reihe internationaler Hilfsorganisationen seit Jahrzehnten damit beschäftigt ist, diese Flüchtlinge und ihre Nachkommen zu erhalten. Man sollte auch nicht verschweigen, daß die Versprechungen, die diesen Flüchtlingen hinsichtlich jüdischer Villen, jüdischer Appartements und jüdischer Vermögenswerte in Tel Aviv, Haifa oder auch Be'er Sheva gemacht wurden, allesamt davon ausgingen, daß man die Juden zuerst einmal ins Meer werfen müßte. Man verteilte großzügig das Fell des Bären, ohne ihn erlegt zu haben. Und die Flüchtlinge waren so lange fasziniert von der Möglichkeit des mühelos zu erwerbenden Reichtums, wie sie nicht mit der unangenehmen Realität eines israelischen Präventivkrieges rechnen mußten.

Immer wenn ich in den vergangenen Jahren nach Jericho kam, dachte ich nicht so sehr an jene mythische Belagerung der Stadt durch die Juden unter Josua, an ihre feierlichen und beschwörenden Umzüge rund um die Stadtmauern, die sie mit der Bundeslade, den Priestern und den unvermeidlichen Posaunen zu erobern gedachten, sechs Tage lang und jeden Tag dasselbe Bild, die Stimmen heiser von den Verwünschungen, die gegen die unbezwingbaren Lehmmauern flogen, die Augen gerötet vom angestrengten Blick nach einer winzigen Chance, sich den Eintritt nach Kanaan zu erzwingen, bis es am siebten Tag doch noch zum Lärm der Posaunen kam, bis möglicherweise ein Erdbeben den Weg freischlug . . . immer wenn ich nach Jericho kam, dachte ich nicht so sehr an diese Ereignisse, die zu einem Zeitpunkt geschahen, als der Mensch hier bereits eine Kultur besaß und sich zivilisatorischen Neigungen hingab, die anderswo im Mittelmeerraum, im damals noch hoffnungslos verdunkelten Abendland nicht einmal in Ansätzen vorhanden waren, sondern ich versuchte angestrengt, mir den dramatischen Akt der Menschheitswerdung vorzustellen, der hier lange vor diesen absurden Posaunen und jüdischen Beschwörungen stattgefunden hatte. Man braucht Phantasie dazu. Und Gelassenheit. Und natürlich viel Zeit. Denn der zerfurchte, zerwühlte Erdhügel am Ortsausgang, von wo aus die Straße an den verlassenen Flüchtlingslagern vorbeiführt und unter der Dunstglocke des Jordantals verschwindet, verrät im Grunde nicht sehr viel. Die wichtigsten Überreste, die man hier gefunden hat, sind heute in Museen aufbewahrt, in Jerusalem etwa oder in London. Man sagt, dieser Hügel namens Tell es-Sultan sei einer der eigentümlichsten archäologischen Schauplätze der Welt. Aber Millionen Besucher, die über seine zerklüfteten, aufgerissenen, von der Sonne verbrannten Buckel und Löcher geklettert sind, um einen Blick auf die Entwicklung der Menschheit zu werfen oder sich ahnungsvoll vorzustellen, wie es ausgesehen haben könnte, als die jüdischen Posaunen zu lärmen begannen, sind bisher enttäuscht worden. Man erkennt so gut wie nichts. Es gibt keine hochaufragenden Mauern oder Tempelreste, keine Denkmäler der Geschichte, keine stattlichen Ruinen, keine interessanten Gräber. Dieser Erdhügel, der die älteste – oder mit die älteste – Stadt der Welt bedeckt, ist von schamloser Gewöhnlichkeit. Manchmal gibt es eine Vertiefung, die durch ein Gitter verschlossen ist. Manchmal etwas rostigen Stacheldraht. Wie kann man sich hier zwölf Jahrtausende ununterbrochener Menschheitsgeschichte vorstellen? Und die Sonne ist von einer feindseligen Zudringlichkeit, die es geraten sein läßt, den ratlosen Spaziergang über den Tell es-Sultan rasch wieder abzubrechen.

Führungen über den Hügel von Jericho dauern nie sehr lange. Abgesehen von den Autobusunternehmern und Fremdenführern aus Jerusalem oder Tel Aviv profitieren die Angehörigen einer weitverzweigten Familie, die nicht nur den vielfrequentierten Erfrischungsstand neben dem Hügel, sondern auch ein idyllisches Gartenrestaurant im Zentrum der Oase besitzen vom Tourismus. Es sind selbstverständlich Jordanier. Aber sie haben vorerst einen vorsichtigen Waffenstillstand mit der israelischen Besatzungsmacht geschlossen. Man erzählte mir, daß ein Teil des beträchtlichen Vermögens dieser Familie auf Schweizer Konten hinterlegt sei. Und daß ihr materieller Aufstieg an dem Tag begonnen habe, als die ersten Flüchtlingslager im Umkreis der Stadt entstanden. Ich bin durchaus bereit, diese Geschichte zu glauben. In Jericho ist vieles möglich. Man muß sich nur davor hüten, im vollklimatisierten Autobus durch die leeren Straßen zu fahren und sich auf die Angaben der konzessionierten Fremdenführer zu verlassen.

Im übrigen ist es überall dasselbe! Hebron, Nablus, Bethlehem, Jericho, Nazareth . . . wo die Geschichte ihre Spuren hinterläßt, blüht heute das Geschäft. Und fast immer sind es Araber, die davon profitieren.

Hier waren es österreichische und deutsche Archäologen, die bald nach der Jahrhundertwende erstmals den Spaten ansetzten. Noch vor dem Ersten Weltkrieg, gaben Ernst Sellin und Carl Watzinger, die ersten Ausgräber am Tell es-Sultan, ihre ersten wissenschaftlich gesicherten Ergebnisse bekannt. Sie äußerten die aufsehenerregende Vermutung, daß die *Mauern von Jericho,* die man bis dahin in den Bereich biblischer Legendenbildung verwiesen hatte, tatsächlich existiert haben mußten. Sogar eine Datierung in das 13. vorchristliche Jahrhundert war möglich. Später, um 1930, setzten britische Ausgräber die Arbeit fort. Immer neue Funde ließen die Geschichte Jerichos immer älter werden, bis man endlich herausbekam, daß die ersten Spuren menschlicher Siedlungstätigkeit aus dem 10. vorchristlichen Jahrtausend stammten.

Auch die dramatische Biographie der Eroberung Jerichos durch Josua erfuhr nun immer neue Formen der Verifizierung. Der englische Archäologe John Garstang schrieb in diesem Zusammenhang einmal: „Der Zwischenraum zwischen den beiden Mauern ist mit Trümmern und Schutt angefüllt. Man sieht deutliche Spuren eines gewaltigen Brandes, geschwärzte kompakte Ziegelmassen, geborstene Steine, verkohltes Holzwerk und Asche. Die Häuser sind längs der Mauer bis auf die Fundamente ausgebrannt, die Dächer über dem Hausgerät eingestürzt." – Garstang schilderte die Situation der Funde aus dem 13. vorchristlichen Jahrhundert. Seine Darstellung bestätigt, daß es damals in Jericho gebrannt hatte. Aber sie beweist noch nicht die Ursache des Brandes.

Eine entscheidende Wendung in der Geschichte der Ausgrabungen von Jericho begann mit dem Auftauchen von Kathleen Kenyon im Jordantal. Sie war Engländerin, eine hervorragende Archäologin, und sie verbrachte ihr halbes Leben abwechselnd in der Oase am Jordan und in Jerusalem. Sie war eine vom unerläßlichen Glück begünstigte Archäologin, deren Funde neues Licht auf die biblischen Geschichten warfen. Die Juden bezichtigten sie gelegentlich des Antisemitismus, die Araber mißtrauten ihr, aber Kathleen Kenyon hatte ein Leben lang nichts anderes getan, als unser spärliches Wissen über eine der geheimnisvollsten und zugleich ergiebigsten Fundstätten der Menschheitsgeschichte zu erweitern. Heute glaubt man mit Sicherheit annehmen zu können, daß es wirklich ein verheerendes Erdbeben gewesen sein muß, das den Stämmen Israels den Weg nach Jericho und weiter nach Kanaan öffnete. Aber ebenso weiß man, daß dieses Ereignis im 13. vorchristlichen Jahrhundert nur eine Station während der zwölf Jahrtausende langen Geschichte der Oase war.

Den Juden – zumal den orthodoxen, fanatisierten unter ihnen – nötigt eine solche Feststellung nur ein zorniges Achselzucken ab. Für sie beginnt die Geschichte der Menschheit mit dem Aufbruch Abrahams irgendwo in den Tiefen der mesopotamischen Steppe zwischen Euphrat und Tigris. Den jordanischen Einwohnern, die sowohl unter arabischer als auch unter jüdischer Verwaltung ihr Einkommen durch den Fremdenverkehr aufbessern konnten, sind alle Spekulationen gleichgültig, die weiter zurückreichen als bis zur Geburt Mohammeds. Und die Christen sind an der archäologischen Erfassung Jerichos nur insofern interessiert, als hier der Ausgangspunkt war für Exkursionen zum Jordan und damit dem Platz der Taufe – was derzeit verboten ist – und man vom Erdhügel aus sehr gut die Silhouette des griechisch-orthodoxen Klosters erkennt, das wie ein Schwalbennest an den Abhängen der Berge hängt. Der Name Jericho ist mit der vierzigtägigen Meditationszeit Jesus' verbunden. Der Ort entstand an der Stelle, wo Jesus vierzig Tage lang in absoluter Einsamkeit zubrachte, fastend, nachdenkend, einem magischen Zauber unterliegend und geheimnisvolle Formeln rezitierend, aus denen dann einige der wesentlichen Grundzüge unserer Religion entstanden. Hier führte ihn der Satan in Versuchung. Und hier sah er jeden Morgen von neuem den Feuerball der Sonne über die Moabitischen Berge rollen. Hier war der geeignete Platz, um Chaos und Ordnung der Welt gegeneinander abzuwägen.

Es gibt Gerüchte, von denen ich gelegentlich in Jericho hörte. Es war von exzentrischen Asketen unter den Mönchen die Rede, denen die Sonne jeden Gedanken und jedes Gefühl für Demut und Nächstenliebe zerstörte, bis sie sich gottähnlich glaubten und ihre hysterischen Beschwörungsformeln über das leere Land schrien. Ich weiß nicht, ob diese Gerüchte der Wahrheit entsprechen. Und doch könnte ich mir vorstellen, daß ein empfindsamer Mensch hier seinen Verstand verliert.

Die nüchterne Realität ist allerdings viel einfacher und zugleich komplizierter. Jericho verdankt seine Existenz und seinen Ruhm, eine der ältesten Menschheitssiedlungen zu sein, dem ganz natürlichen Umstand, daß die Quelle, die alles Leben in der Oase ermöglicht, stündlich mehr als 27.000 Liter Wasser spendet. Das ist in einer solchen Landschaft, wo die Sonne wie Feuer vom Himmel fällt und der Wüstenwind verderbenbringend aus dem Süden heraufstreicht, ein unbezahlbares Geschenk der Natur. Diese Quelle war wohl die entscheidende Voraussetzung dafür, daß hier vor rund zwölftausend Jahren die *neolithische Revolution* stattgefunden hatte, von der die Prähistoriker voll Bewunderung sprechen. Die Revolution bestand ganz einfach darin, daß erstmals eine bewußt organisierte Vorratskultur entstand. Oder anders ausgedrückt: wildwachsende Getreidepflanzen wurden kultiviert. Vor dieser Revolution lebte der Mensch als vollkommen verwilderter Nomade, abhängig von den mörderischen Zufälligkeiten des Klimas, mehr oder minder der Natur angepaßt, der er immer unterlag. Jetzt, im Schatten dieser Quelle und nachdem er die daraus resultierenden Vorteile endlich begriffen hatte, begann sein Weg in die Kultur. Kathleen Kenyon konnte zum Beispiel nachweisen, daß vor der Stadtwerdung Jerichos – also bevor die ersten Lehmhütten und primitiven Steinmauern entstanden – die Nomaden in dieser Landschaft regelmäßig die Quelle aufsuchten, aus der sie nicht nur ihre Wasservorräte auffüllten, sondern an der sie auch erste kultische Handlungen vollführten. Die britische Archäologin entdeckte ein Heiligtum aus dieser Epoche: eine kleine rechteckige Fläche aus gestampftem Lehm, umgeben von einer bescheidenen Steinmauer. Darüber wuchsen im Verlauf der kommenden Jahrtausende die Heiligtümer der nachfolgenden Generationen. Und mit der Verfeinerung der Kulte entwikkelte sich ein urbanes Leben. Der isländische Archäologe Magnus

Magnusson meinte einmal über die historischen Anfänge Jerichos: „Kaum war die neue Gemeinschaft völlig seßhaft geworden, begann sie sich auch schon äußerst rasch auszubreiten. Das explosionsartige Wachstum kann nur aus der Entwicklung neuer landwirtschaftlicher Techniken erklärt werden. Diese wiederum waren nur möglich durch die Ausbildung eines komplizierten Bewässerungssystems, das größere Flächen ertragreich machen konnte. Eine solche Entwicklung spricht für ein beträchtliches Maß an sozialer Organisation. Es muß eine zentrale Autorität gegeben haben, deren Hauptaufgabe es war, überschüssige landwirtschaftliche Erträge zu überwachen und zu verteilen, und die fähig war, eine stattliche Anzahl von Arbeitern – oder Sklaven – zu beaufsichtigen und Regeln des gesellschaftlichen Zusammenlebens durchzusetzen. Dies alles setzt das Vorhandensein von verbindlichen Normen voraus."

Aber alle eingebildete oder tatsächliche Verbindlichkeit zwischenmenschlicher Normen unterliegt letztlich der unheilvollen Neigung der Menschen zum latenten Größenwahn. Es sind nicht nur die Totschläger und Posaunenbläser, mit denen Jericho in Verbindung gebracht werden muß. Zum Beispiel verschenkte ein paar Jahre vor der Geburt Christi der Römer Marcus Antonius die Oase an seine Geliebte Kleopatra. Sie wiederum verpachtete Jericho umgehend an Herodes weiter. Die gewinnbringende Kunst rascher Vermögensbildung besitzt hier also schon Tradition. Was die Bauern, Viehhirten und Händler von Jericho dazu sagten, wissen wir nicht. Wahrscheinlich übten sie sich damals schon in der schwierigen Kunst der Anpassung, die sie inzwischen bis zur Perfektion beherrschen.

An einem Junitag des Jahres 1980 saß ich inmitten einer größeren Gesellschaft – Juden aus Jerusalem und einigen Kibbuzim aus dem Jordantal – im schönsten Gartenrestaurant von Jericho. Es gehörte natürlich jener reichen Familie mit den angeblichen Konten auf Schweizer Banken. Das Restaurant liegt nicht an der Hauptstraße, sondern etwas abseits vom Zentrum, erreichbar über einige staubige Nebenstraßen. Es versteckt sich hinter einer hohen Mauer, die einen buchstäblich paradiesischen Garten umschließt.

Draußen brütete die Hitze. Im Garten war es freilich kühl und freundlich. Ein Springbrunnen summte leise. Die jordanischen Kellner eilten flink und lautlos zwischen den Tischen hin und her. Einige von ihnen hatten am frühen Morgen des 6. Juni 1967 ein paar Minuten lang gezögert, ob sie sich den israelischen Panzern entgegenstellen sollten. Dann warfen sie die Waffen fort, flüchteten über den nahen Jordan und verbargen sich hier in den Häusern und warteten ab. Sie hatten allerdings nichts zu befürchten. Die Israeli erwiesen sich als großmütige Besatzungsmacht. Anders verhielt es sich mit den Bewohnern der Flüchtlingslager – zeitweise waren es mehr als zwanzigtausend –, die jahrelang davon geträumt hatten, eines Tages nach Jerusalem und Israel zurückzukehren und sich dann schadlos zu halten am Reichtum der Juden, die man ins Meer werfen würde. Einige der berüchtigtsten Terroristenführer jener ersten Zwischenkriegszeit kamen aus den Lagern rund um Jericho. Aber auch sie verschmähten nicht das Tagesgeld und die reichlichen Essensrationen, die ihnen von den internationalen Hilfsorganisationen zugestellt wurden. Nur wenn Journalisten kamen, tauchten sie unter. Dann wurden die schmutzigsten, verwahrlosesten Kinder ausgesucht und den Fotoreportern vorgeführt. Als damals im Juni 1967 die israelischen Panzersoldaten in die Lehmhütten eindrangen, fanden sie Waffen und Munition in hinreichender Menge, um Jericho wochenlang zu verteidigen. Auch eine provisorische Druckerei, in der Pässe hergestellt wurden. Und Einsatzpläne für die Angriffsziele der Terroristen.

Ich erzähle alle diese Dinge im guten Glauben an die Wahrheitsliebe meiner jüdischen Informanten. Einige der Geschichten erfuhr ich an jenem Junitag im Jahre 1980, als wir einen langen, traumverlorenen Nachmittag bei leisem Gesang eines arabischen Springbrunnens zubrachten, umgeben von den sanften Bewegungen des heißen Windes in den exotischen Pflanzen und den unaufdringlichen Dienstleistungen jordanischer Kellner, von denen einige dreizehn Jahre vorher noch mit der Waffe in der Hand hinter den biegsamen Palmen und den fleischigen Bananenstauden auf den Feind gewartet hatten, den sie jetzt mit ausgesuchter Aufmerksamkeit bedienten.

Ich erzähle alle diese Geschichten, wie sie mir erzählt wurden. Einer der Männer, die mich aus Jerusalem begleitet hatten, saß damals, 1967, in einem Panzer. Er sei Richtkanonier gewesen. Er habe während der ganzen Fahrt über die neue Straße herunter in die Jordandepression und weiter nach Jericho keinen einzigen Schuß abgegeben. Aber er sei völlig erschöpft gewesen. Sie hätten immer erst die zerschossenen, ausgebrannten Wracks der jordanischen

Armee beseitigen müssen, bevor sie weiterkonnten, sagte er. Und das sei Knochenarbeit gewesen. Später, in der Oase selbst, habe es kaum Widerstand gegeben. Unsere Posaunen, sagte er und lachte, haben schon vorher kräftig geblasen. Wahrscheinlich meinte er die israelischen Flugzeuge.

Da saß ich nun in einer der ältesten Oasen in diesem alten Land, Gast israelischer Veteranen aller Feldzüge seit 1948, und hörte mir Geschichten an, die von Krieg und Eroberung und Heroismus handelten. Aber meine Gedanken waren mit ganz anderen Inhalten beschäftigt. Es beeindruckte mich, daß ich über einen Platz gegangen war, den ich durch zahllose Schilderungen gleichsam theoretisch kennengelernt hatte und der in der Geschichte der Menschen eine so große Rolle spielte. Ich war fasziniert von den rätselhaften, nur schwer entzifferbaren Spuren im verbrannten Erdhügel draußen vor der Stadt, in dessen Tiefe die Ereignisse von zwölf Jahrtausenden nachweisbar sind. Ich konnte mich nicht sattsehen an den Bildern meiner Erinnerung und wie ich da oben auf dem Hügel stand, auf seiner höchsten Erhebung, die vielleicht nur der Auswurf von den jüngsten Grabungen und vielleicht der jahrtausendealte Schutt über einem vergessenen Wachtturm war, und wie ich von der Spitze dieser zwölf Jahrtausende ein Panorama entdeckte, das von stiller Schönheit war. Ich atmete die heiße trockene Luft ein, und mein Gedächtnis spielte mir Bilder aus den vergangenen Jahren zu, die ausnahmslos mit Menschen zu tun hatten. Ich war es müde, immer nur die berühmten Daten und Fakten nacherzählt zu bekommen. Ich wollte nichts mehr von Krieg und Zerstörung hören. Ich lehnte es ab, mich wie in einer Arena fühlen zu müssen und als Zeuge für die latente Unvernunft der Menschen zu fungieren. Ich beharrte auf meinen persönlichen Erinnerungen.

Und gab es nicht in einer der Lehmhütten draußen am Stadtrand eine schwarzhäutige, noch junge Frau, dort wo die Straße nach Norden verläuft, eine Frau, die ich nie anders als mit einer qualmenden Pfeife im Mund sah? Nächstes Jahr in Jericho, dachte ich, werde ich sie wiedersehen? Und der fröhliche Obsthändler im Basarviertel, der gegen neun Uhr morgens seinen hochaufbeladenen Karren in die Oase schiebt – wo lebt der Mann? Was sind seine privaten Verhältnisse? Wie schaut seine Biographie aus? – und der mir seit Jahren, lächelnd und einen dieser arabischen Schlager summend, die aus allen Lautsprechern dröhnen, meine Tagesration an Orangen und Bananen in arabisches Zeitungspapier einschlägt? Der schmächtige Tankwart, der mich anfangs an einen Griechen erinnerte, bis er mir erzählte, daß er drüben am Mittelmeer geboren worden sei, in einer Stadt, die es heute nicht mehr gibt, im alten arabischen Yaffo, das die Juden zu einer Vorstadt von Tel Aviv verändert haben. An einen Griechen in seiner Familie könne er sich nicht erinnern. Im übrigen sei sein Vater schon 1949 nach Jericho gegangen. Und der schmächtige Tankwart erzählte mir die Geschichte seiner Familie im Verlaufe einiger Jahre, stückweise, zögernd, mißtrauisch, ein Bruder sei längst tot, gestorben in den ausgeglühten, zerrissenen Bergen, hinter denen Jerusalem liegt, der Vater 1967 verstorben, einige Monate nach der Einnahme Jerichos durch israelische Panzer, zuerst verletzt durch einen Granatsplitter, dann Komplikationen und der Brand in der Wunde . . . nein, sagte er einmal, einen jüdischen Arzt hätten sie nicht ins Haus gelassen, damals . . . der jüngere Bruder sei nach Amman gegangen, er höre so gut wie nichts mehr von ihm, dabei liegt Amman nur vierzig Kilometer hinter den Moabitischen Bergen entfernt. Und es dauerte lange Zeit, bis mir auffiel, daß der Tankwart nie von den Frauen sprach, nie eine Mutter, Frau oder Schwester erwähnte – ich werde ihn eines Tages danach fragen müssen! Und mir fällt der junge jordanische Polizist ein, der mit Unbehagen an den näherrückenden Tag denkt, an dem die Israeli wieder abziehen werden. Er kommt gut mit ihnen aus, versichert er, aber seine dunklen feuchten Augen bleiben dabei ernst, lächeln nicht wie sonst, wenn er über seine Arbeit erzählt, die darin besteht, daß er seine jordanischen Freunde barsch zurechtweist, wenn sie auf ihren Fahrrädern und Mopeds und mit ihren uralten amerikanischen Dritthandwagen über die Schlaglöcher Jerichos rumpeln. Und der Kameltreiber, den jeder Tourist kennt, der nach Jericho kommt, weil er sein einziges kostbares Tier draußen an der Einfallstraße aufstellt und auf die fotografierenden Touristen wartet, die sich die Gelegenheit nicht entgehen lassen wollen, sich gegenseitig auf einem Kamel zu fotografieren, während sich das Tier geduldig erhebt, langsam, grunzend, die Vorderbeine noch leicht eingeknickt und schräg gegen den harten Sandboden stemmend . . .

Ich sehe so viele Gesichter und kleine, dürftige Schicksale. Immer nur Männer. Nie Frauen. Manchmal Bäuerinnen, aber ich erfahre nichts über sie. Nur soviel: die Töchter des reichsten Mannes studieren in Israel. Man sagt mir nicht, in welcher Stadt. Einfach Israel. Und es klingt ein wenig Verachtung in der Stimme mit, die mir das erzählt. Aber sonst erfahre ich nur Männergeschichten. Es sind Nachrichten über harmlose, bescheidene Schicksale. Manchmal ein Krieg, manchmal eine Hungersnot, manchmal bleibt das Wasser aus oder stürzt mit verheerender Wucht aus den Bergen herunter auf die Oase. Und sonst? Immer rauscht, quillt, lärmt die lebensspendende Quelle. Immer wuchert das grüne Fleisch der Bananenstauden und glühen die Blüten der Dattelpalmen. Und der Scherenschnitt der ausgebrannten Berge im Hintergrund. Und die Üppigkeit subtropischer Vegetation. Kleine Geschichten über geringfügige Ereignisse. Was für eine absurde Vorstellung, daß Jericho weltberühmt sein sollte!

Kapitel IX

GESCHICHTEN VOM TOTEN MEER

Es war im Oktober des Jahres 1951, als im Gebäude des damals noch jordanischen *Palestine Archeological Museum* im jordanischen Teil Jerusalems mehrere Beduinen aus dem Ta'amirehstamm erschienen und dem Sekretär des Museums einige verwitterte Leder- oder Pergamentfetzen zu verkaufen suchten. Der Sekretär, ein gebildeter Jordanier, warf einen flüchtigen Blick auf das Bündel. Er erkannte hebräische und griechische Schriftzüge. Später behauptete er, sogleich geahnt zu haben, daß es sich hier um einen archäologischen Fund von besonderem Rang handeln mußte, trotzdem verwies er die Beduinen an eine übergeordnete Instanz.

Nun hatten Beduinen des gleichen Stammes, der seine Weideflächen seit Jahrhunderten schon im Graben des Jordantals bis hinunter zu den Ufern des Toten Meeres besaß, einige Jahre vorher weltweites Aufsehen erregt, als sie die berühmten Schriftrollen vom Toten Meer entdeckten. Das war, so weit man das exakt zurückverfolgen kann, im Jahre 1947. Die Fundstelle befand sich in einer Höhle oberhalb eines kleinen Felsenplateaus namens Qumran, das einige Jahre später noch einmal und in einem anderen Zusammenhang eine besondere archäologische Bedeutung gewinnen sollte.

Das berühmte Felsenplateau mit der Fundstelle der Schriftrollen liegt übrigens nur ein paar Autominuten von Jericho entfernt, ein paar Tausend Meter abseits der alten Hauptstraße, die früher Amman mit Jerusalem verband, einige Steinwürfe hinter dem legendären Grab des Moses – soweit es die Mohammedaner betrifft, sind sie davon überzeugt, daß dies das wahre Grab des Moses sei. Und die Autofahrer, die heute, von Jerusalem kommend, zum Toten Meer und weiter nach Ein Gedi wollen, fahren unmittelbar unterhalb dieses Platzes vorüber. Während der Saison, also im Winter, ist der Parkplatz neben dem Plateau mit Autobussen besetzt. Und zwischen den gelbverbrannten, staubigen Mauerresten Qumrans bewegen sich täglich viele Hunderte von Touristen.

Ich habe übrigens im Verlauf einiger Jahre die Probe aufs Exempel gemacht und mir von verschiedenen Fremdenführern, israelischen und arabischen, aber auch von Einheimischen die Höhle zeigen lassen, in der man – es waren natürlich Beduinen – die weltberühmten Schriftrollen gefunden hatte. Ich kam auf ein rundes Dutzend solcher Höhlen. Jeder zeigte mir eine andere Höhle und versicherte wortreich, daß dies der einzige wahre Fundort sei. Heute neige ich zur Annahme, daß die Hirtenjungen, die auf der Suche nach einer verlaufenen Ziege die Schriftrollen entdeckten, auf Geheiß ihrer Stammesführer recht vage, unterschiedliche und einander widersprechende Angaben über den eigentlichen Fundort gemacht haben müssen. Das trieb den Preis für die Dokumente in die Höhe, wobei man hinzufügen muß, daß nicht so sehr die Geschichte ihrer Auffindung als vielmehr die Legende ihrer Rückkehr in das Israelmuseum von Jerusalem außerordentliche und teilweise sogar kriminalistische Spannung besitzt. Manches an dieser Legende ist heute noch ungeklärt. Und ich bin mir nicht sicher, ob alle Beteiligten – Beduinen, Archäologen, aber auch ein hoher Funktionär der griechisch-orthodoxen Kirche in Jerusalem, Antiquitätenhändler und ein paar unvermeidliche Berufsgauner – ausnahmslos die Wahrheit gesagt haben. Aber solche Erörterungen sind heute von sekundärer Bedeutung, nachdem die Schriftrollen, deren archäologischer und kultureller Wert unermeßlich ist, in ihren gutgesicherten Vitrinen im *Schrein des Buches* auf dem Gelände des Israelmuseums gegenüber der Knesset Millionen interessierten Besuchern aus aller Welt zugänglich gemacht worden sind.

Damals, 1951, war man jedenfalls nicht abgeneigt, mit den Beduinen ins Geschäft zu kommen. Man untersuchte den neuen Fund, an dem man verhältnismäßig rasch entscheidende Unterschiede zu den Schriftrollen entdeckte, und man verlangte vorerst einmal, daß die Beduinen den Platz nannten, wo sie diese Dokumente gefunden hatten. Und tatsächlich führte ein Angehöriger des Stammes – ich nehme an, daß dabei immer eine beachtliche Entlohnung mit im Spiel war – den jordanischen Museumssekretär hinunter in die Depression am Toten Meer. Nach längerem Suchen wurde ihm mitten im Gebirge, das sich oberhalb des Toten Meeres hinüber nach Judäa erstreckt, der Eingang zu einer Höhle gezeigt. Jahre später würden israelische Archäologen nachmessen und erfahren, daß sich diese Höhle genau 18 Kilometer südlich von Qumran und nicht ganz drei Kilometer westlich vom israelischen Ufer des Toten Meeres befindet.

1951 also überstürzten sich vorerst einmal die Ereignisse! Während Mitglieder einer halbprivaten wissenschaftlichen Vereinigung aus Jerusalem – korrekt müßte man sagen: aus dem jordanischen Teil der damals noch zweigeteilten Stadt – die Höhle mitten im Gebirge sorgfältig untersuchten und dabei enttäuscht feststellen mußten, daß sie restlos ausgeplündert war, nahm ein Mann namens Khalil Iskandar Shahin, ein Antiquitätenhändler aus dem jordanischen Bethlehem, der schon 1947 beim mysteriösen Verkauf der Schriftrollen eine mehr als eigenartige Rolle gespielt hatte, Verbindung mit dem damaligen Direktor der *Französischen Schule für Bibelforschung* in Jerusalem, einem französischen Pater und leidenschaftlichen Archäologen namens Roland de Vaux, auf. Er bot ihm verschiedene Fragmente von Papyri an, von denen er behauptete, sie stammten wie die legendären biblischen Schriftrollen gleichfalls aus den Höhlen am Toten Meer oberhalb des Felsenplateaus von Qumran. Der Franzose kaufte die Fragmente zwar an, begriff dann aber ziemlich rasch, daß es sich hier um ganz andere Fundstücke handeln mußte – was durch die abweichende Schriftweise und die Beschaffenheit der Papyri leicht nachzuweisen war –, und tatsächlich gestand der gerissene Händler aus Bethlehem nach längerem Leugnen, daß diese neuen Funde nicht aus Qumran stammten.

Im Jänner 1952 kauften Père de Vaux und der damalige Leiter für archäologische Angelegenheiten in Ammah, der britische Historiker und Archäologe Lancaster Harding, weitere Schriftrollen, und zwar traten nun sowohl Beduinen des Ta-amirehstammes als auch der Händler aus Bethlehem, Khalil Iskandar Shahin, als Verkäufer auf. Und jetzt erst, bei der mühsamen Entzifferung dieser neuen Ankäufe, begriff man, daß man wieder einer archäologischen Sensation auf der Spur war, die anscheinend jedem Vergleich mit der wissenschaftlichen Bedeutung der biblischen Schriftrollen standhalten konnte. Denn ein 1951 angekaufter und ein 1952 erworbener

Papyrus enthielten einen Namen, den man bis zu diesem Zeitpunkt nur als Mythos akzeptiert hatte: Shimeon ben Kosiba. Es bestand kein Zweifel, daß es sich dabei um den legendären *Fürsten von Israel* handeln mußte, um Shimon Bar Kochba, der in Bethar von römischen Legionären getötet worden war, nachdem er im 2. nachchristlichen Jahrhundert jahrelang erbittert gegen die Römer gekämpft hatte.

Die beiden Europäer, der französische Pater und der britische Beamte, erreichten nach langwierigen und wahrscheinlich kostspieligen Verhandlungen – über die näheren Details bewahrten alle Beteiligten jahrelang absolutes Stillschweigen –, daß ihnen endlich die *richtige* Höhle gezeigt wurde, aus der alle diese neuen Funde kamen. Sie untersuchten dann von Januar bis März 1952 entlang des Wadi Murabba'at – ein ausgetrocknetes Flußbett, das von den Judäischen Bergen zum Toten Meer verläuft – mehrere Höhlen von unterschiedlicher Größe und Beschaffenheit, wobei sie zuerst die Beduinen vertreiben mußten, die sich dort als Schatzsucher betätigten. Pére de Vaux und Lancaster Harding erkannten bei ihren Untersuchungen bald, daß die angekauften Dokumente – deren Alter man übrigens damals schon völlig richtig auf rund achtzehnhundert Jahre schätzte – zweifellos im Wadi Murabba'at gefunden worden sein mußten. Ebenso begriffen sie aber auch, daß die geschäftstüchtigen Beduinen die wertvollsten Schriftstücke bereits beiseite geschafft hatten. Trotzdem wurden noch einige weitere Dokumente gefunden, deren wissenschaftliche Erarbeitung und Publikation noch ein Jahrzehnt auf sich warten lassen sollte. Außerdem gelang den beiden Europäern erstmals der Nachweis, daß alle diese Höhlen am Westufer des Toten Meeres nicht nur in römischer Zeit – aus der die Papyri stammten –, sondern schon Jahrtausende zuvor bewohnt gewesen waren. Und schließlich hofften sie, die beide keine Juden waren, auf einen überzeugenden Beweis für die Existenz eines der legendärsten Juden in der Geschichte Israels.

Es muß ein recht sonderbarer Anblick gewesen sein, als der katholische Pater und der britische Beamte in der Gluthölle des Wadi Murabba'at nach Zeugnissen über das Leben eines Mannes suchten, der bis dahin kaum viel mehr als ein vager Hinweis in ein paar uralten Aufzeichnungen gewesen war. Die ausgeglühten, von

Wind und Sonne zerrissenen Berge, in denen die schwer zugänglichen Höhlen liegen, waren ockerfarben und schwarzbraun und von dicken rostroten Gesteinsadern durchzogen, sodaß es tatsächlich aussah, als schwitzten die Felswände Blut. Milchiger Dunst lag die meiste Zeit über der Landschaft. Steilabstürze und überhängende Felsen stießen mit ihren verwischten Farben in die gelben Ballen aufgehäuften Sandes, den der schwüle Wüstenwind zu bizarren Spiralen geformt hatte. Die Luft war wie entflammtes Gas. Jeder Atemzug verursachte Schmerzen. Und die Saumpfade, über die man in diese Hölle vorzudringen vermochte, waren für europäische Verhältnisse so gut wie unbegehbar.

Übrigens gibt es im Hinterland dieser Gebirgslandschaft eines der geheimnisvollsten Klöster Palästinas, Mar Saba, ein schmaler, geduckter Gebäudekomplex, der in Erinnerung an den heiligen Sabas entstanden war. Die Reliquien dieses ungewöhnlichen Mannes, der im 5. Jahrhundert an der Stelle, wo sich heute das Kloster befindet, eine Mönchsgemeinschaft gegründet hatte, waren jahrhundertelang in Venedig beigesetzt gewesen, und zwar in der Markuskirche in unmittelbarer Nachbarschaft des Evangelisten. Erst im Oktober 1965 übergab der Patriarch von Venedig einer griechisch-orthodoxen Delegation diese Reliquien, die sie nach Jerusalem zurückbrachte. Sabas war frühzeitig nach Palästina gekommen, nachdem er, um das Jahr 439 in Kleinasien geboren, lange Zeit als Lieblingsschüler eines der großen Asketen der Frühgeschichte des Christentums gewirkt hatte. In Palästina, und zwar in einer der unzugänglichen Schluchten der Judäischen Berge, versammelte er bald annähernd fünfhundert Mönche um sich, die in dieser weltabgeschiedenen Felsenwildnis einige der erstaunlichsten kulturellen und philosophischen Leistungen jenes Zeitalters erreichten. So etwa entstand in diesem Kloster – das zweifellos das älteste Kloster Palästinas ist – die legendäre Lebensbeschreibung eines indischen Prinzen namens Josaphat, die überraschende Ähnlichkeiten mit der Biographie Buddhas aufweist.

Aber auch die Ruinenstätte von Chirbet Qumran – wie der arabische Name lautet –, wo man die Schriftrollen gefunden hatte, liegt in diesem unzugänglichen Gebirgs- und Wüstenbereich am Toten Meer. Früher hielt man die Überreste, die noch nicht vom Treibsand bedeckt waren, für römische Ruinen. Aber als Père de

Vaux und Harding auch hier mit ihren Nachforschungen und Ausgrabungen begannen, entdeckte man ziemlich bald, daß es sich bei Qumran um das Gemeinschaftszentrum einer religiösen Sekte handelte, deren Anfänge etwa in das Jahr 150 vor Christus datierbar sind. Die Mönche dieser Sekte – denn um Mönche handelte es sich zweifellos, also um eine Männergemeinschaft, die strenge asketische Regeln befolgte – scheinen auch die Autoren der Schriftrollen gewesen zu sein, deren Auffindung immer noch als die sensationelle archäologische Leistung dieses Jahrhunderts gilt. Man hatte im Verlauf der Ausgrabungen sogar den Raum entdeckt, in welchem die *Essener,* wie man anzunehmen bereit ist, die Schriftrollen verfaßten, die nichts weiter sind als Abschriften des Alten Testamentes. Die Männer dieser Sekte schufen sich also ihre religiös motivierte Bibliothek selbst, indem sie die ältesten Mythen, die ihnen bekannt, ja vertraut waren, immer wieder kopierten. Und als dann während der Unruhen in Judäa im Jahre 66 nach Christus auch für Chirbet Qumran Gefahr drohte, verbarg man die Schriftrollen in den umliegenden Höhlen, um sie vor einer Vernichtung durch römische Legionäre zu bewahren.

Im Gegensatz zum Kloster des heiligen Sabas, das nur äußerst schwer erreichbar ist, zählt Qumran heute zu den beliebtesten Anlaufplätzen des israelischen Tourismus. Das Wadi Murabba'at hingegen existiert außerhalb jeder vernünftigen Möglichkeit, in das übliche touristische Besichtigungsprogramm eingebunden zu werden. Es liegt zwar nur ein paar Steinwürfe von der modernen Überlandstraße entfernt, die von Qumran nach Süden führt, immer am Ufer des Toten Meeres entlang und bis zur uralten Oase von Ein Gedi, wo schon König David vor der Verfolgung durch seine Feinde Zuflucht suchte, und weiter nach Sodom und Gomorrha, wo das Bizarre und Atemberaubende dieser Gebirgslandschaft etwas Dämonisches annimmt. Manchmal überlegte ich mir schon, daß diese Straße, die von israelischen Pionieren nach dem Sechs-Tage Krieg von 1967 gebaut worden ist, so etwas wie eine *heilige Straße* der Juden sei, da sie ja Qumran, Masada, Ein Gedi miteinander verbindet, historische Plätze von enormer Bedeutung für das jüdische Selbstverständnis, aber trotzdem entzieht sich das Wadi Murabba'at jeder landläufigen Okkupation durch neugierige Touristen. Denn wenn man jemals vom Ende der Welt in einem übertragenen Sinne sprechen kann, so ist es wohl hier in der zerklüfteten, verbrannten und verwüsteten Bergwelt, die das Tote Meer vom dahinterliegenden Judäa trennt. Es bedarf keiner allzu großen Phantasie, um sich schaudernd vorzustellen, daß in dieser menschenleeren und menschenfeindlichen Landschaft, wo nichts und niemand zu existieren imstande scheint und sich selbst die zähen Beduinen immer nur für kurze Zeit aufhalten, vor rund achtzehneinhalb Jahrhunderten Menschen erbärmlich zugrunde gegangen sind, nur weil sie etwas nicht aufgeben wollten, das mit dem Begriff *Freiheit* ungenügend umschrieben ist. Jahre nach den ersten Untersuchungen durch Père de Vaux und Lancaster Harding fand man zum Beispiel in einer der Höhlen menschliche Skelette mit fehlenden Kinnbakken, die Überreste geflüchteter Juden, die verhungert und verdurstet waren. Hier fand die Tragödie einer fanatischen Minderheit statt, die ihr Schicksal vom Aufstieg und Untergang eines einzigen Mannes abhängig gemacht hatte. Und der Name dieses Mannes war Shimon Bar Kochba.

Die Entdeckung seines Namens auf den ersten Schriftstücken, die im Wadi Murabba'at gefunden wurden, war in mehrfacher Hinsicht bemerkenswert. Alles, was man seit dem kläglichen Tod dieses jüdischen Messias auf dem Hügel von Bethera wirklich wußte, war nicht viel mehr als eine Handvoll spärlicher Informationen. Nicht einmal den Namen dieses ersten großen Helden der Juden in der nachchristlichen Ära wußte man mit absoluter Sicherheit. Immerhin bedeutete der Name Bar Kochba im Hebräischen und Aramäischen, also in den beiden Sprachen, die zu seinen Lebzeiten in Palästina am häufigsten waren, wörtlich *Sohn des Sterns.* Ein gewisser Eusebius, Bischof von Caesarea, der im 3. Jahrhundert lebte, berichtete in seinen Schriften, daß es während der Regierungszeit Kaiser Hadrians in Judäa eine Rebellion der Juden gegeben habe, deren Anführer ein Mann gewesen sei, der Bar Kochebas geheißen habe, den seine fanatisierten Anhänger aber nur den *Stern* genannt hätten. Dieser Mann, so berichtete Eusebius, sei freilich nichts weiter als ein gewöhnlicher Bandit gewesen, aber wegen seines ungewöhnlichen Namens sei es ihm gelungen, das Volk von seiner messianischen Sendung zu überzeugen. Und die Ankunft, die Existenz eines Messias war für die Juden vom Anfang ihrer Geschichte an immer schon ein Ereignis von so außerordentlicher Bedeutung, daß sie empört ablehnten, daran irgendwelche realistische Zweifel zu haben. Es war ihnen zwar nicht gelungen, die einzige messianische Lehre, die gleichsam in ihrer Mitte entstanden war, länger als ein paar Jahrhunderte für eine jüdische Minderheit zu reklamieren – die letzten Judenchristen verschwanden im 3. und 4. Jahrhundert spurlos von der Landkarte des Nahen Osten –, aber das konnte sie nicht davon abhalten, immer wieder von neuem auf die Ankunft eines Messias zu hoffen, der sie aus ihrer Bedrängnis erlösen und einer besseren Zukunft entgegenführen werde. Und was war schließlich geeigneter für eine solche Messiaserwartung als eine Rebellion gegen die verhaßten Römer? Denn nach dem ersten mißglückten Aufstand, der mit der Zerstörung Jerusalems und dem Massenselbstmord von Masada geendet hatte, war man jetzt, in den dreißiger Jahren des 2. Jahrhunderts, wieder damit beschäftigt, die römische Besatzungsmacht aus dem Lande zu verjagen und Jerusalem – das einen unaussprechlichen römischen Namen trug und durch römisches Gesindel entweiht worden war – für das Judentum zurückzugewinnen.

Es gibt noch andere Hinweise auf diesen Mann namens Bar Kochba, so etwa in den Schriften des heiligen Hieronymus, der nicht umsonst jahrzehntelang in Bethlehem lebte und eine ziemlich genaue Vorstellung nicht nur von jüdischer Mentalität, sondern auch von den Irrwegen jüdischer Geschichte besaß. Auch in einigen religiösen Kommentaren der Juden selbst fiel der Name Bar Kochba, wurde Bethera als sein Todesplatz genannt, aber erstaunlicherweise konnte man sich bis in die Mitte des 20. Jahrhunderts nicht viel darunter vorstellen. Denn erst durch die Forschungen Yigael Yadins, des Ausgräbers von Masada, wurde das Geheimnis rund um Bar Kochba und seine mißglückte Rebellion gegen die Römer gelüftet.

Im Wadi Murabba'at aber ging vorerst die Suche nach weiteren Fundstücken aus der Zeit dieses legendären jüdischen Helden weiter, allerdings mit großen Verzögerungen, was nicht zuletzt auch auf die seltsame politische Situation jener Jahre zurückzuführen war. Die Höhlen befanden sich damals noch auf israelischem Staatsgebiet – Chirbet Qumran zum Beispiel war jordanisch –, wenngleich schon ziemlich dicht hinter der jordanischen Grenze und späteren Waffenstillstandslinie. Die Beduinen wiederum, die mit bewundernswerter

Unbekümmertheit ihre räuberischen und dabei höchst einträglichen Unternehmungen fortsetzten und alle diese Höhlen systematisch ausplünderten, betrachteten sich zu jener Zeit noch als jordanische Untertanen, was ihnen insofern nützlich war, als sie sich nach jeder gelungenen Unternehmung rasch wieder auf jordanisches Gebiet zurückziehen konnten. Es war daher kein Zufall, daß man im Winter 1953 israelische Soldaten zur Unterstützung und Bewachung der ersten regulären, legalen Grabungsversuche einsetzte. Denn in Israel hatten die ersten Nachrichten über Funde aus der Zeit Bar Kochbas eine ungeheure Erregung ausgelöst, die sich noch steigerte, als allmählich durchsickerte, daß es jordanische Beduinen waren, die alle diese kostbaren Dokumente und Funde jordanischen Institutionen im damals noch jordanischen Ostjerusalem und Bethlehem angeboten hatten.

Aber wieder mußte man resignierend feststellen, daß alle bekannten Höhlen in diesem Wadi, die man im Winter 1953 sorgfältig untersuchte, längst schon von den Beduinen ausgebeutet worden waren. Man fand in der Umgebung zwar noch einige andere Höhlen und auch die Spuren eines römischen Militärlagers, dessen Existenz in dieser leeren Felsenwildnis man sich vorerst noch nicht erklären konnte, man fand bei der nächsten Grabungskampagne im Mai 1955 sogar Skelette aus dem 2. nachchristlichen Jahrhundert, aber immer wieder mußten die israelischen Archäologen erkennen, daß sie gegen die Gerissenheit und den Instinkt der Beduinen nichts auszurichten vermochten. Alle Höhlen im Wadi Murabba'at und auch im südlich davon gelegenen Tal von Nahal Hever waren restlos ausgeplündert. Resigniert stellte man in Israel schließlich alle weiteren Expeditionen ein.

Aber dann, Ende 1959, tauchten in Israel plötzlich wieder Gerüchte auf, daß in Jordanien neuerlich verschiedene Dokumente von Beduinen auf dem Schwarzmarkt angeboten würden, die angeblich aus dem Gebiet rund um Ein Gedi stammen sollten. Und als dann auch noch der Name von Nahal Hever fiel, also eines Tals oder eigentlich einer Felsenschlucht, in der man schon vorher die Möglichkeit interessanter Funde vermutet hatte – und außerdem befand sich alles auf israelischem Hoheitsgebiet –, da entschloß man sich Anfang 1960 dazu, doch noch einmal eine archäologische Expedition ans Tote Meer zu entsenden. Zwar stieß man vorerst wieder nur auf die fast schon unvermeidliche Spur der räuberischen Beduinen, aber diesmal entdeckte man doch auch eine winzige und fast kaum begehbare Höhle, in der sich verschiedene Dokumente, jüdische Gebetsriemen und Münzen aus dem 2. nachchristlichen Jahrhundert befanden. Man war über diese Funde, deren wissenschaftliche Auswertung damals noch bevorstand, überaus glücklich. Aber man begriff auch, daß es gegen die systematische Ausbeutung durch die Beduinen, die jeden Fußbreit dieses feindseligen und unzugänglichen Gebirgsmassivs kennen, so gut wie keine vernünftigen Möglichkeiten gab. Und genau das war der Augenblick, da Yadin auf den Schauplatz eines der erregendsten und aufwendigsten archäologischen Abenteuer unseres Jahrhunderts kam!

Yigael Yadin war bereits Ende 1955 mit dem damaligen israelischen Premierminister David Ben Gurion zusammengekommen, um einen Plan gegen die zunehmenden archäologischen Raubunternehmungen der Beduinen zu entwickeln, von denen man wußte, daß sie im Auftrag jordanischer Antiquitätenhändler arbeiteten. Damals war Yadin, der 1917 in Jerusalem geboren wurde, schon Generalstabschef der israelischen Streitkräfte gewesen und hatte 1951 die Armee verlassen, um sich völlig seiner wissenschaftlichen Arbeit widmen zu können. Erst viele Jahre später, im Mai 1977, würde er als Leader seiner eigenen Partei in die Knesset einziehen und als stellvertretender Ministerpräsident in einer Koalition mit Begin recht glücklos agieren. Zum Zeitpunkt seiner Unterredung mit David Ben Gurion hatte Yadin gerade die Ausgrabungen von Hazor nördlich des Tiberiassees in Galiläa abgeschlossen, die seinen Ruhm als Archäologe begründet hatten. Jetzt diskutierte er die Chancen für eine umfassende archäologische Untersuchung des ganzen Gebietes am Westufer des Toten Meeres, so weit es sich damals um israelisches Gebiet handelte. Er forderte die Unterstützung durch die Armee, er benötigte Pioniere, Hubschrauber, und er, der ehemalige Generalstabschef, erreichte es schließlich auch, daß alle Probleme gelöst werden konnten. Am 23. März 1960 begann das bis dahin größte und am sorgfältigsten vorbereitete archäologische Unternehmen, das bis zu diesem Zeitpunkt jemals in Israel durchgeführt worden war und das erst einige Jahre später, als Yigael Yadin mit den Ausgrabungen auf Masada begann, an technischem Aufwand übertroffen werden sollte.

Ich war eines Tages von Jerusalem nach Ein Gedi gefahren, nachdem ich noch am Vortag wieder einmal durch den weltberühmten *Schrein des Buches* gegangen war, wo eine der ergreifendsten und zugleich auch erregendsten Ausstellungen, die von Archäologen jemals ermöglicht wurden, in der Eingangshalle zum innersten Zentrum dieses futuristisch anmutenden Gebäudes untergebracht ist. Ich meine die Funde, die über das Leben und die Zeit Bar Kochbas informieren und die gleichsam als Vorbereitung, als geistige Einstimmung auf die Schriftrollen vom Toten Meer in Vitrinen liegen, an denen man zuerst vorbeikommt, bevor man ins Innere und damit zu den Schriftrollen selbst vordringt. Ich habe mich immer ein wenig darüber gewundert, daß die meisten Besucher ziemlich achtlos an den Ausstellungsstücken vorbeigehen. Wahrscheinlich kennen sie die abenteuerliche Geschichte ihrer Entdekkung nicht und glauben, daß ihnen nur im Hauptteil dieses *Schrein des Buches* die erstaunlichen Dinge – nämlich die Schriftrollen – angeboten werden, für die das Museum berühmt ist. Dabei finde ich persönlich, daß gerade die Dokumente, die uns über die Zeit und die Person Bar Kochbas informieren, menschlich ergreifender und in gewisser Hinsicht auch historisch aufschlußreicher sind als die biblischen Schriftrollen. Außerdem ist die Geschichte ihrer Auffindung ungleich dramatischer.

Ich wanderte einen Tag später durch eine der ödesten Landschaften der Welt, umgeben vom fahlen Widerschein irritierender Farben, die von den Felswänden tropften, an deren Fuß ich über einen nachgiebigen Teppich aus weißem Sand schritt. Fern zu meiner Rechten schimmerte manchmal die salzige Oberfläche des Toten Meeres. Dahinter lag die schroffe gezackte Linie der Moabitischen Berge, die im Dunst untertauchten und in deren Abhängen sich die jordanischen Grenzbefestigungen verbergen. Die Lautlosigkeit, mit der die Sonne die Felsen und den Sand in ihr gleißendes Licht zwang, dieses vollkommene Fehlen irgendeines Geräusches war so bedrückend, daß ich heftiger ins Geröll trat, um nicht in der Stille zu versinken. Alles was ich hörte, war das seufzende Knirschen des Sandes unter meinen Füßen, während ich immer tiefer eindrang in eine Wildnis, die grausam und nahezu unnatürlich war und nur noch aus schmelzender Hitze zu bestehen schien.

Was für ein Widersinn, daß gerade hier so oft um jeden Fußbreit

Boden erbarmungslos gekämpft worden war! Damals vor mehr als achtzehnhundert Jahren, als die letzten Überlebenden aus der Rebellenarmee Shimon Bar Kochbas sich in die unzugänglichsten Höhlen im Wadi Murabba'at und in der Schlucht von Nahal Hever verkrochen. Und im 20. Jahrhundert wieder, als die Feuerstöße aus den Bordkanonen der israelischen Flugzeuge das Gestein zerfetzen. Wer überlebt in solchen Verhältnissen, die von schrecklicher Trostlosigkeit sind? Und wer ist noch bereit, sein Leben für ein paar verwischte und ausgeglühte Farben zu opfern? Unten am Westufer des Toten Meeres sah ich Baumstrünke, deren schwarzes nacktes Holz von einer dicken Salzschicht überzogen war. Davor die vom Salz zerfressene Küste, die wie eine häßliche weißgefleckte Zunge von den rötlichfarbenen Felsen ins leblose Blau des Wassers hing. Dazwischen die dünnen gelben Striche der Sanddünen.

Das also war der Schauplatz jener aufwendigen archäologischen Unternehmung, die von den Juden unter Yigael Yadin in Angriff genommen wurde, um wieder einmal die Authentizität ihrer nationalen Herkunft zu beweisen. Nicht anders ging man schließlich einige Jahre später auf Masada vor, ähnlich verhielt es sich bei den Ausgrabungen von Arad, Meggido und Hazor, und das gleiche nationale Interesse begleitet die Ausgrabungen in der Altstadt von Jerusalem. Immer ging und geht es nur darum, sich und der Welt das moralische Anrecht zu beweisen, das Juden auf dieses Land haben. Denn wenn nachgewiesen werden kann, daß vor tausend, zweitausend oder fünftausend Jahren jüdische Menschen in einer Falte, in einem Gebirge, in einer Höhle dieses Landes lebten und litten, dann schien es einfach, auch in der Gegenwart einen legitimen Anspruch auf das Land zu erheben. Archäologie ist in Israel nicht nur eine wissenschaftliche, sondern weit mehr noch eine patriotische und politische Angelegenheit. Und wenn es darum ging, das Schicksal eines verschollenen jüdischen Helden zu rekonstruieren, um damit zu beweisen, daß er im Zusammenhang mit dem *Zweiten Aufstand* in den dreißiger Jahren des 2. Jahrhunderts immer wieder genannt worden war, dann bekam dieses Unternehmen einen feierlichen und mythischen Aspekt.

Zwei Tage nach dem Beginn der Suche im Tal von Nahal Hever stießen Mitarbeiter Yadins auf die ersten interessanten Spuren. Am 25. März 1960 hatte man unter unvorstellbaren Schwierigkeiten einen begehbaren Zugang zur Haupthöhle, die man entdeckt hatte, geschaffen. Diese Höhle, deren Durchmesser ungefähr einhundertfünfzig Meter betrug, lag annähernd hundert Meter unterhalb jenes römischen Militärlagers, dessen Überreste man schon früher gefunden hatte. Noch immer begriff man nicht, was die Römer veranlaßt haben konnte, in dieser Wildnis ein befestigtes Lager zu errichten. Es gab zwar eine Theorie, aber vorerst konnte man sie noch nicht beweisen. Angeblich besetzten römische Legionäre den Eingang zur Haupthöhle, weil sich darin eine versprengte Gruppe von jüdischen Rebellen befand. Erst später merkte man entsetzt, daß diese Theorie zutraf und daß die Römer die Juden nicht nur eingeschlossen, sondern auch von jeder Möglichkeit einer Wasserversorgung abgeschnitten hatten. Die Eingeschlossenen mußten erbärmlich verdursten.

Schwierig war es auch, das Material und die Archäologen selbst über einen schmalen Pfad zu der Höhle zu bringen. Pioniere der Armee mußten eingreifen und dafür sorgen, daß man in die Höhle tatsächlich eindringen konnte. Man arbeitete mit Strickleitern und Steigeisen, bis man einen knapp vierzig Zentimeter breiten Pfad in die senkrecht abstürzende Felswand geschlagen hatte. Später entdeckte man überrascht, daß die Beduinen ohne irgendwelche Hilfsmittel vorher schon in die Höhle eingedrungen waren. Aber ihnen war dabei der winzige Spalt entgangen, den einer der Männer unter Yadin namens Pinkas Prutzky zufällig fand. Dieser Spalt befand sich tief im Höhleninneren, und Pinkas Prutzky erweiterte ihn mit den bloßen Händen, damit er breit genug war, um sich hindurchzuzwängen. Allerdings war der geschaffene Durchschlupf nicht viel breiter als fünfzig Zentimeter, außerdem bestand die Gefahr, daß Prutzky in dieser Röhre steckenblieb. Aber sein Mut und seine Entschlossenheit sollten sich lohnen. Denn am Ende der Röhre stieß er auf eine sandbedeckte Nische. Und im flackernden Licht seiner Taschenlampe sah er mehrere geflochtene Körbe mit Totenschädeln, denen die Kinnbacken fehlten. Im Hintergrund der Nische lagen noch weitere Körbe mit menschlichen Knochen und Kieferstücken sowie mit Überresten von Textilien. Was der Jude Pinkas Prutzky hier gefunden hatte, war die provisorische Begräbnisstätte der letzten Rebellen aus dem Krieg von 134/35 gegen die Römer. Es handelte sich um eine versprengte Einheit der Truppen

Bar Kochbas, die in Bethera von den Römern eingeschlossen und vernichtet worden war. Auch die bisher rätselhafte Existenz eines römischen Feldlagers in dieser Wildnis wurde jetzt verständlich. Die Legionäre brauchten nichts anderes zu tun als den Höhleneingang hermetisch abzuschließen. Die eingeschlossenen Juden verhungerten und verdursteten. Die fehlenden Kinnbacken und andere Hinweise von makabrer Deutlichkeit bestätigten das. Es scheint auch Kannibalismus gegeben zu haben, zumindest deutete manches daraufhin.

In der Folgezeit wurden immer neue Funde gemacht, darunter auch ein prallgefüllter Korb, den man mit Minensuchgeräten geortet hatte und der neunzehn verschiedene Bronzegefäße enthielt. Einige dieser schön gearbeiteten, kunstvoll geformten Gegenstände entpuppten sich später als sogenannte *Weihrauchschaufeln,* wie sie bei frommen Zeremonien in den jüdischen Tempeln noch bis in die Römerzeit Verwendung gefunden hatten. Und am 3. April 1960 stieß ein israelischer Zuwanderer aus Nordafrika, ein Soldat namens Ginger, auf die erste Schriftrolle in dieser Höhle, ein verwittertes Pergament mit gut lesbaren Schriftzeichen mit Versen aus dem 15. Kapitel der *Psalmen.* Wenige Tage später wurde an der gleichen Stelle ein Wasserschlauch aus Ziegenhaut gefunden, der neben verschiedenfarbigen Wollknäueln, kosmetischen Instrumenten und einem Spiegel auch ein gerolltes Bündel Papyri enthielt, zwischen denen noch einige dünne beschriftete Holzplättchen steckten. Und schon auf dem ersten dieser Holzplättchen, das Yigael Yadin mit wachsendem Erstaunen entzifferte, stand der faszinierende Hinweis: *Shimeon bar Kosiba (Kochba), Fürst über Israel!*

Es war zweifellos die Krönung der manchmal lebensgefährlichen und immer anstrengenden Arbeit in der Höhle von Nahal Hever, als der aus Deutschland stammende Restaurator und Schriftkünstler Biberkraut später in Jerusalem alle diese Schriftrollen und beschrifteten Holzplättchen voneinander löste, sie entrollte und glättete, so daß sie nunmehr fast mühelos entziffert werden konnten. Alle Schriftstücke enthielten Hinweise auf die letzte Phase der jüdischen Rebellion unter Shimon Bar Kochba gegen die Römer, die mit der Niederlage von Bethera so erbärmlich geendet hatte. Für den modernen Staat Israel, der einige Jahre später die Ausgrabungen von Masada in Angriff nehmen würde, war das ein wichtiger Hinweis auf seine eigene tragische Geschichte. Im Spätfrühling des Jahres

1960 konnte Yadin im Hause Ben Gurions und im Beisein zahlreicher Minister, Journalisten und des israelischen Fernsehens nicht nur die erste wissenschaftlich begründete und damit glaubwürdige Zeile über den *Fürsten Israels,* Shimon Bar Kochba, vorlesen, sondern auch, ans damalige israelische Staatsoberhaupt gewendet, den klassischen Satz aussprechen: „Exzellenz, ich habe die Ehre, Ihnen sagen zu können, daß wir fünfzehn Schriftstücke entdeckt haben, die vom letzten Präsidenten des alten Israel vor achtzehnhundert Jahren geschrieben oder diktiert worden sind."

Es war also nach dem sensationellen Fund der Schriftrollen von Qumran wieder ein Glied in der Beweiskette geschlossen, auf die das moderne Israel einerseits so stolz ist und die es braucht, um seine gegenwärtige Existenz auch historisch untermauern zu können. Jetzt konnte man darangehen, die nächsten großen archäologischen Vorhaben in Angriff zu nehmen. Eines davon war Masada. Das andere Jerusalem selbst, in dem man allerdings noch immer hofft, den sagenhaften Tempel unterm Schutt der Jahrtausende zu entdekken.

Kapitel X

EINE BRÜCKE ÜBER DEN JORDAN

An der einzigen bedeutenden Straßenkreuzung, die es im Jordantal nördlich von Jericho gibt, erhebt sich auf einer kleinen Anhöhe etwas oberhalb dieser Kreuzung ein israelisches Heldendenkmal. Das ist an sich nichts Ungewöhnliches, denn Israel ist bedeckt von solchen Erinnerungsstätten und Kriegerdenkmälern. Hier hinter Argaman, einer verwahrlosten Oase, in der die ärmsten und schmutzigsten jordanischen Bauern leben, die ich in ganz Palästina gesehen habe, an der Kreuzung also, wo eine Straße von Nablus kommend ostwärts zur Adambrücke und die andere von Jericho nach Norden hinauf bis nach Bet She'an geht, wirkt ein solches Denkmal dennoch ein wenig seltsam. Das hat nichts mit seiner überraschenden Silhouette zu tun, der man ähnlich des öfteren in Israel begegnen kann. Das Denkmal hat nämlich die Form einer himmelwärts gerichteten Kanone, einer abschußbereiten Rakete oder auch einer überdimensionalen Maschinenpistole, die auf irgendwelche Vögel gerichtet ist, die wahrscheinlich längst schon tot vom Himmel gefallen sind. Es besteht überdies aus Überresten israelischer Kanonen, Panzer und Gewehre, wie sie im Sechs-Tage-Krieg während des raschen Vormarsches durch das Jordantal verwendet wurden. Die Namen der Gefallenen von damals, also der Besitzer und Benützer dieser Gewehre, Panzer und Kanonen, sind in großen Steinplatten verewigt, die sich am Fuße dieses militaristischen Kunstwerkes befinden. Das wirklich Seltsame daran ist vielleicht, daß ich im Verlauf einiger Israelaufenthalte, die mich auch in diesen Teil des Landes brachten, stets unnachsichtig von meinen jüdischen Begleitern auf die kleine Anhöhe geschleppt wurde, wo ich dann das Denkmal – das mir persönlich überhaupt nicht gefällt – gebührend bewundern mußte.

Ich erzähle das ohne jede Ironie, aber auch ohne Rührung, die mich möglicherweise noch beim erstenmal überkam, als ich dieses Denkmal erblickte und mir vorzustellen versuchte, wieviele junge Menschen ihr Leben lassen mußten, damit man aus ihrem ehemaligen Kriegshandwerkzeug ein so riesiges Mahnmal gestalten konnte. Später war ich auch zu diesem sentimentalen Gefühl nicht mehr fähig, denn ich bemerkte bald, daß die Juden – die eine besondere Neigung dafür haben, ihre Gäste und Freunde zu den Kriegerdenkmalen ihres hoffnungslos verwundeten Landes zu schleppen – alle diese eigenartigen Kunstwerke, die einander in ganz Israel so auffallend ähnlich sind, tatsächlich als einen Ausdruck oder als einen Beweis künstlerischer, kultureller Entwicklung schätzen. Natürlich respektieren sie die Toten. Sie sind jederzeit imstande, auswendig und wie im Schlaf jeden Anlaß und jede Jahreszahl der jeweiligen Entstehung eines solchen Denkmals aufzusagen. Aber vor allem scheinen sie ungemein stolz auf den künstlerischen Wert, die äußere Form, die Gestaltung zu sein . . . ja, ich möchte sogar behaupten, daß sie über die vermeintliche Ästhetik dieser abscheulichen Gebilde, die mich immer nur an das Elend der Vernichtung, an Blut, Tod und Tränen erinnern, vergessen, warum Israel mit Kriegerdenkmalen fast gepflastert ist.

Hier, oberhalb dieser Straßenkreuzung im mittleren Jordantal, die in der Nord-Süd-Richtung vor allem von israelischen Patrouillenfahrzeugen und in der Ost-West-Richtung nahezu ausschließlich von den jordanischen Lastwagen und Taxis befahren wird, die ihre Fracht und ihre Passagiere über die Adambrücke nach Amman weiterreichen – anders kann man den Vorgang, der an dieser merkwürdigen Grenze täglich von neuem stattfindet, kaum nennen –, hier, ungefähr auf halbem Weg zwischen Jericho und Bet She'an, das schon wieder auf altem israelischen Staatsgebiet liegt, hier, nur ein paar Höhenzüge von der *Allonlinie* getrennt, deren herausfordernde und wohl auch beunruhigende Existenz – über die noch zu sprechen sein wird – der Welt kaum bekannt ist und die mir eine Garantie dafür zu sein scheint, daß auch der nächste Krieg nicht mit der völligen Vernichtung Israels und der Juden enden wird . . . hier wirkt ein solches Denkmal freilich nicht als Kunstwerk – obgleich mir das oft eingeredet wurde –, auch nicht als eine Art stählerne Erinnerung an das Grauen des Krieges, sondern eigentlich nur als schmerzhafter Pfahl im Gedächtnis der Araber, die täglich daran vorbeifahren. Das Denkmal gemahnt sie nachdrücklich an ihre permanenten Niederlagen. Und an ihre Ohnmacht. Trotzdem unternehmen sie nichts dagegen. Es wird nicht einmal bewacht. Sie werfen ihre Bomben lieber gegen die Lebenden. Der tote Stahl, der sie zweifellos irritiert, hat noch Schonzeit.

Das Denkmal besitzt durch seine überhöhte Lage allerdings auch einen Vorzug, der nicht zu unterschätzen ist. Vom Plateau aus, das geschaffen werden mußte, um das Ungetüm überhaupt aufstellen zu können, hat man einen weiten Blick auf das Jordantal. Die Landschaft ist hier zwar wie fast überall in Judäa, in der Westbank und im Negev von unbarmherziger Strenge und einer nur schwer erträglichen Monotonie, ihre ursprünglichen Farben sind von der Sonne nach jedem neuen Sonnenaufgang sogleich zerstört und ausgelöscht, und selbst die grüngefärbte Spur des Flußlaufes besitzt etwas Dürftiges und Zufälliges. Aber andererseits kann man von der kleinen Anhöhe herab recht gut die eigentlichen Voraussetzungen für den latenten Zwiespalt erkennen, der hier die Völker bis zur gegenseitigen Vernichtung entzweit. Diese Voraussetzungen sind recht einfach zu beschreiben. Sie bestehen aus einigen farbigen Flächen und Vierecken, die etwas Leben in die strenge Monotonie bringen, und eine fast geometrische Ordnung, durch die sich die israelischen Wehrdörfer und Kibbuzim im Jordantal auszeichnen. Daneben die absurde Verwahrlosung und Trostlosigkeit der arabischen Viehweiden und kaum benutzten Felder. Wo immer einige Farben in einer geordneten Zusammensetzung aus dem erhitzten Dunst aufleuchten, haben sich die Juden des Landes bemächtigt. Allein die neuen Weingärten am Westufer des Jordan stechen mit ihrem saftigen, signalgebenden Grün unübersehbar hervor. Dagegen hebt sich das melancholische Nichts der farb- und kraftlosen Landschaft ab, die noch in jordanischem Besitz ist. Der Unterschied ist jedenfalls gravierend. Obgleich man vorsorglich hinzufügen muß, daß am anderen, östlichen Ufer des Jordan, wo es in hinreichender Menge Wasser gibt, gleichfalls das sanfte Grün bäuerlicher Kulturlandschaft erkennbar ist.

Es gibt aber noch etwas, das man von diesem exponierten Platz genau ausmachen kann, auch wenn man vorerst noch keine Einzelheiten erkennt oder noch nicht über manche Hintergründe Bescheid weiß. Das sind einige Wehrdörfer und Militärlager der *Allonlinie,* die sich, nach dem gleichnamigen israelischen Politiker benannt, der als Erster die Idee einer zweiten Front gegen Jordanien gehabt hatte, parallel zum Jordantal von den nördlichen Ausläufern der Judäischen Berge bis hinauf nach Galiläa erstrecken. In der *Allonlinie,* die sich meines Wissens bisher noch keiner besonderen touristischen Aufmerksamkeit erfreut, obgleich die neue Straße, die alle diese Wehrdörfer und Militärlager miteinander verbindet, streckenweise hervorragend ausgebaut ist, spielen auch die sattsam bekannten *wilden Siedlungen* eine gewichtige Rolle. Ich kann mich erinnern, daß ich vor einer meiner letzten Reisen nach Israel erstaunt und ein wenig ratlos die verschiedenen europäischen Berichte studierte, in denen vom Einsatz des Militärs *gegen* die *wilden Siedlungen* die Rede war. Die übereinstimmenden Kommentare sagten, daß es sich um eine ultra-orthodoxe Minderheit handelte, die gegen den Willen der Regierung auf den Gebirgszügen und der Hochfläche oberhalb des Jordangrabens ihre militanten Wehrdörfer errichte. In einem Gebiet, von dem allgemein angenommen wird, daß man es in absehbarer Zeit an Jordanien zurückgeben wird. Und ich fragte mich auch, seit wann eine israelische Regierung so schwach, so wenig einflußreich sei, daß sie eine ungesetzliche, gegen ihren ausdrücklichen Willen stattfindende Bautätigkeit nicht verhindern könne. Vor allem aber fragte ich mich, wer diesen Siedlern eigentlich den Baugrund zur Verfügung stellt – ich weiß schon, es handelt sich um besitzloses Land, von dem die jordanischen Grundbesitzer entweder geflohen sind oder entmachtet wurden – und woher sie das Baumaterial und die Einrichtungsgegenstände haben. Das Bauen solcher Siedlungen kostet bekanntlich Geld. Und mich irritierte, daß in den europäischen Kommentaren zur Situation dieser *wilden Siedlungen* nie vom Geld die Rede war.

Nun, vor Ort schaut bekanntlich alles anders aus! Ich verbrachte einmal einen ganzen Tag damit, die geheimnisvolle *Allonlinie* gemächlich abzufahren, und die erste Überraschung, die ich dabei erlebte, war der Umstand, daß Truppenverbände, die bisher im Sinaigebiet stationiert gewesen waren, nunmehr hinter und zwischen den kahlen, gelbverbrannten Hügeln neu aufgestellt und in Bereitschaft gebracht wurden. Die nächste Überraschung bestand darin, daß ich einige Male zufällig mitansehen konnte, wie israelische

Pioniere den wilden Siedlern behilflich waren, ihre Fertigteilhäuser mit Generatoren, Klimaanlagen und Kanalisationen einzurichten. Sogar kleine Synagogen wurden aufgestellt. Und irgendwann überkam mich sogar der unangenehme Verdacht, daß dieselben Pioniere, die an manchen Tagen vor laufenden Fernsehkameras die Hütten der Siedler demonstrativ abgerissen hatten, nun mit großem Eifer damit beschäftigt waren, alles wieder in Ordnung zu bringen. Ich habe natürlich keinen handfesten Beweis für diesen Verdacht. Aber ein jahrelanger Umgang mit israelischer Mentalität hat mich gelehrt, daß in diesem Land nichts unmöglich ist und daß es überdies eine besondere Art von jüdischem Galgenhumor gibt, die man nicht so sehr in den Büchern eines Kishon, sondern mehr in den Worten und Taten mancher israelischer Politiker und Militärs entdecken kann. Jeder halbwegs vernünftige Mensch weiß nach einem kurzen Blick auf die Landkarte, daß Israel, wenn es wieder auf seine Grenzen von 1948 zurückschrumpft, nicht sehr viele Chancen gegen einen arabischen Angriff vom Jordan und der Westbank aus hat. Andererseits gibt es Verträge, die man nach Möglichkeit einhalten sollte. Was bleibt, ist die schwierige Kunst, diese Verträge so auf die militärische Realität abzustimmen, daß auch ein gebietsmäßig reduziertes Israel noch echte Überlebenschancen besitzt. Der sogenannte *Allonplan* und die *Allonlinie* sind vielleicht ein Beweis dafür, daß die Juden diese schwierige Kunst immer noch meisterhaft beherrschen.

Ich unterhielt mich mit meinen jüdischen Bekannten und Freunden über dieses Phänomen. Es waren ausnahmslos Menschen, von denen ich wußte, daß sie der Politik ihres gegenwärtigen Ministerpräsidenten Begin ziemlich kritisch gegenüberstanden. Aber es war trotzdem schwierig, sie in diesem besonderen Punkt zu einer eindeutigen Aussage zu bewegen. Außerdem muß ich ehrlich zugeben, daß ich, wäre ich ein Jude, der in Palästina zu leben beabsichtigt, auch alles unternehmen oder doch gutheißen würde, was meiner relativen Sicherheit nützlich sein kann. Einer meiner *Guides,* der mit mir die *Allonlinie* abfuhr – die Straße beginnt übergangslos, ohne jeden Hinweis und ohne jede Markierung, hinter den ersten Beduinenzelten unterhalb Jerusalems –, gestand mir offenherzig ein, daß er sich viel sicherer fühlte, seit es diese Linie gab. Man würde aller Voraussicht nach das Jordantal eines Tages an die Jordanier zurückgeben müssen, sagte er. Das sei zwar blanker Irrsinn, und er könne sich nicht vorstellen, was dann mit den Bewohnern der Kibbuzim und Wehrdörfer geschehen werde, die jetzt unter enormen Anstrengungen die unfruchtbare Wildnis teilweise in wertvolles Kulturland verwandelten, doch im Grunde sei dagegen wohl nicht viel zu machen. Aber daß eines Tages arabische Kanoniere das Visier ihrer Geschütze womöglich vom tausend Meter hohen Hazorberg auf Jerusalem oder Tel Aviv einstellten, wollte er sich auch nicht vorstellen. Der ganze Gebirgszug, die natürliche Schutzmauer gegen Osten, dürfe nie wieder in die Hände der Araber fallen. Und wenn erst einmal genügend israelische Siedlungen vorhanden wären, wäre es doch kaum denkbar, daß man sie an die Jordanier auslieferte.

Solche und ähnliche Argumente hörte ich oft in Israel. Und das alles hört sich auch recht plausibel an. Ich bin davon überzeugt, daß die Juden, die stets geschickter und intelligenter als christliche und mohammedanische *Gojim* sein mußten, um zu überleben, demnächst mit einigen unschlagbaren archäologischen Fundstücken aufwarten werden, die nachdrücklich beweisen, daß das Jordantal oder zumindest die westlich davon gelegene Berg- und Hügelkette uraltes jüdisches Kulturland sind.

Jede Wanderung durch das Jordantal ist ein nachdenklicher, manchmal melancholischer und gelegentlich auch irreführender Spaziergang durch die Geschichte der Völker und Religionen, die ebenso hartnäckig wie ungeduldig ihren Anspruch auf eine der elendsten Landschaften der Welt erheben. Die Christen waren immerhin stets einsichtig oder auch nur geschickt genug, ihren Jesus lediglich vorübergehend in diese menschenfeindliche Wildnis zu delegieren. Am Rande der einzigen nennenswerten Oase ließ er sich taufen und verbrachte in Sichtweite Jerichos seine vierzigtägige Meditationszeit. Alles andere an seiner Biographie, alles, was seinen raschen Aufstieg und seinen eigenartig triumphalen Niedergang charakterisierte, fand in zivilisierteren Gegenden statt, die heute noch mühelos erreichbar und mit einer hervorragenden Infrastruktur ausgestattet sind. Auch die Araber besannen sich frühzeitig darauf, daß es im Grunde so gut wie unmöglich sei, in dieser hoffnungslos verkarsteten, verwilderten und erbärmlichen Landschaft zu siedeln, und sie errichteten ihren berühmten Hishampalast, mit dem sie im

7. Jahrhundert erstmals Zeugnis für ihre ungewöhnliche und genialische Baugesinnung und Baubegabung ablegten, selbstverständlich an einem Ort, wo sie genügend Wasser, den Schatten hochstämmiger Palmen und das sanfte Wehen des abgemilderten Glutwindes in riesigen Bananenstauden erwarten konnten, nämlich in Jericho. Von den europäischen Kreuzrittern des Mittelalters, die wie ein Schwarm halbverhungerter Mörder über Palästina und den ganzen Nahen Osten herfielen und sich überall da festsetzten, wo sie einen strategischen oder zumindest religiös motivierten Vorteil zu erkennen glaubten, ist gleichfalls nicht bekannt, daß sie sich irgendwann einmal für das Jordantal interessiert hätten. Sie betrachteten es äußerstenfalls als Durchzugsgebiet, das man möglichst durchqueren mußte, oder als Schlachtfeld, dem man freilich besser aus dem Weg ging. Jedenfalls verbargen sie nicht im mindesten ihre Abneigung gegen den hitzegeschwängerten und trostlosen Graben, durch den sich ein schmaler lehmfarbener Wasserlauf mühsam nach Süden quält. Das Jordantal scheint tatsächlich eine dieser erbarmungswürdigen Landschaften zu sein, die niemand wirklich haben will . . . und auf die trotzdem keiner der beteiligten Partner verzichten kann. Es handelt sich hier also allem Anschein nach nicht um eine Frage der Zuneigung, sondern ausschließlich um eine Frage des Prestiges.

Nur die Juden, die bekanntlich seit ein paar Tausend Jahren aus der Reihe tanzen, wenn es um die Erfüllung ihrer mythischen Träume geht, haben sich auf dieses wüste Land kapriziert. Und wie immer bei solchen nationalen Anlässen haben sie auch jetzt schon einige historische Argumente bei der Hand, gegen die man nur schwer etwas einwenden kann. So zum Beispiel fanden Archäologen Mitte der siebziger Jahre unweit eines Kibbuz namens Rehov, der ein paar Meilen von Bet She'an entfernt und schon dicht an den mäandrischen Windungen des Jordan liegt, die Überreste einer Synagoge und hier wieder ein prachtvolles Mosaik, in das einer der ersten religiösen Gesetzestexte verarbeitet war, die man jemals in Palästina gefunden hatte. Das Mosaik mit den gleichmäßigen Linien der hebräischen Schriftzüge befindet sich heute im Israelmuseum in Jerusalem. Der Platz, an dem es gefunden wurde, ist ziemlich verwahrlost und befindet sich direkt neben der Hauptstraße die von Süden kommend nach Bet She'an führt. Allerdings handelt es sich hier um das alte israelische Staatsgebiet, denn Rehov liegt innerhalb der Grenzen von 1948.

Und dann gibt es inmitten des langgestreckten und strategisch plötzlich so bedeutsamen Gebirgszuges – die höchsten Erhebungen erreichen eine Höhe von knapp tausend Metern –, der parallel zum Jordangraben verläuft, noch einen Berg namens Marsaba, der in jenem goldenen Zeitalter, als in Jerusalem der Tempel noch in voller Blüte stand, für die frommen Juden in Galiläa von großer Bedeutung war. Mit Feuersignalen wurde von seiner wuchtigen Kuppe herab über das ganze Land hinweg der jeweilige Beginn des Sabbat verkündet. Und wer weiß, mit welchem Eifer, ja Fanatismus die Juden den Sabbat tatsächlich als *Tag des Herrn* betrachten und ehren, kann sich vorstellen, daß sie kaum freiwillig ein Stück Land, einen Berggipfel den Arabern zurückgeben werden, auf dem sich in Verbindung mit ihrer religiösen Vergangenheit etwas so Entscheidendes ereignet hat. Politik ist in Palästina mehr als anderswo auch eine Frage der religiösen Moral. Und wo die Religion eine dominierende Rolle spielt, wo der Mythos vergangener Zeitalter auch noch die Gegenwart bestimmend beeinflußt, hört praktisch jede nüchterne Kalkulation auf, ist die Grenze erreicht, wo man aus diplomatischen Gründen Rücksicht auf die Gefühle des Gegners und damit Vernunft annimmt. Ich glaube ja überhaupt, daß Menschen, die immerzu Gottes Atem auf ihrer Stirn fühlen, mit der Zeit jede Geschicklichkeit im Umgang mit der Realität verlieren. Andererseits trifft dieser Vorwurf freilich auch die Araber, die sich nicht von rationalen Überlegungen, sondern von indifferenten Gefühlen leiten lassen, bei denen der Haß die wichtigste Rolle spielt.

Mir fallen in diesem Zusammenhang zwei Geschichten ein, die möglicherweise als eine Art zeitgenössischer Illustration zum eben Gesagten dienen könnten. Die eine Geschichte spielt in einem Kibbuz namens Mehullah, der ersten jüdischen Ansiedlung nach dem erfolgreichen Krieg von 1967 in diesem Teil des Jordangrabens, und vor allem tiefreligiöse, fromme und patriotisch motivierte Juden, siedelten sich hier auf jordanischem Boden an, was sie durch einige geschickte Bibelzitate und wohl auch im tiefen Vertrauen auf Gottes Schutz weniger vor sich selbst als vor einer damals noch erstaunten israelischen Öffentlichkeit rechtfertigten. Inzwischen sind Wehrdörfer, religiöse Siedlungen und Kibbuzim auf jordanischem oder ägyptischen Boden keine Seltenheit mehr, sondern gehören – wenn man an die *Allonlinie* denkt – durchaus zu den strategischen Überlegungen des offiziellen Israel. Es hat den Anschein, daß sogar ein Volk, das von sich behauptet, auserwählt zu sein, gelegentlich eine Politik betreiben muß, die ein wenig außerhalb der Legalität verläuft.

Die Geschichte handelt aber auch von Terroristen und dem gefährlichen Leben an einer Grenze, die wie ein Messer durch die nationalen Gefühle einiger Hundert Millionen Araber geht. Der Kibbuz Mehullah, der jetzt, 1980, schon länger als ein Jahrzehnt existiert und seine ökonomische Daseinsberechtigung durch den Anbau und Verkauf von Weintrauben, Tomaten, Gurken und Frühgemüse bestätigt hatte, nahm im Verlauf der letzten Jahre – wie ich das selbst während meiner verschiedenen Aufenthalte im Jordantal beobachten konnte – an Umfang und Einwohnern zu. Und zwar in einem relativ beträchtlichen Ausmaß. Seit Mitte der siebziger Jahre hatte es hier kaum noch Überfälle gegeben. Die strengbewachte, hermetisch abgeschlossene Grenze gegen Jordanien – über die allerdings zwei reichlich frequentierte Grenzübergänge führen – schien alle Garantien für ein friedliches Siedlerleben zu bieten. Und weil man inzwischen einigen Erfolg mit neuen Bewässerungsmethoden gehabt hatte und die Ernten größer und ertragreicher geworden waren, begann sich die Zahl der frommen Siedler, der eifrigen jungen Männer und Frauen, die mit Gebetsriemen und Maschinenpistole ihre Traktoren bedienten, sogar noch zu vermehren. Vielleicht sollte ich hinzufügen, daß die meisten Felder dieses Kibbuz unmittelbar an der Grenze liegen, nur ein paar Meter und den obligaten Stacheldrahtzaun vom Jordan entfernt, auf dessen östlichem Ufergelände jordanische Siedler leben, die allerdings insofern vom Glück begünstigt sind, als es dort genügend Wasser gibt.

Aber so gutbewacht diese Grenze auch war, so groß das Vertrauen der israelischen Siedler in ihren jüdischen Gott und in die Wachsamkeit der israelischen Armee auch gewesen sein mag . . . die Palästinenser hatten auch nicht gerade geschlafen! Ihnen war jedenfalls nicht entgangen, daß Mehullah zwar langsam, aber unaufhaltsam größer wurde, daß immer mehr vom einstmals verkarsteten, unbrauchbaren Steppen- und Sandboden zu fruchtbarem Ackerland wurde und jetzt sogar schon Weingärten und Getreidefelder standen, wo früher nur grauer Sand und ein paar zähe Disteln unter der Sonne kümmerten. Eines Nachts – es war, soweit ich informiert bin, im Winter 1979/80 – drangen vier jordanische Guerillakämpfer auf irgendwelchen abenteuerlichen Schleichpfaden über den Jordan und die gutbewachte Grenze bis nach Mehullah vor, wo sie sich in einem der neuen Fertigteilhäuser verbargen, die zu diesem Zeitpunkt für eine Gruppe von Neusiedlern errichtet und noch nicht bezogen waren. Das Unglück der Jordanier war, daß den Beduinen und Tscherkessen, die für die israelische Armee entlang der Grenze als Späher und Spurensucher tätig sind, nicht entgangen war, was sich im Schutze der Nacht ereignet hatte. Es scheint auch verhältnismäßig einfach gewesen zu sein, die Spur der tapferen, aber gewiß nicht sehr intelligenten Terroristen – ich zögere freilich bei diesem Ausdruck, denn schließlich hatten sie nur einen Ausflug in ihre verlorene arabische Heimat unternommen – bis zum Kibbuz und bis zum leerstehenden Fertigteilhaus zu verfolgen.

Der Rest ist rasch erzählt. Im Morgengrauen stand bereits ein riesiger Kranwagen vor dem Haus mit seiner unerwünschten Besatzung und hob es in einem einzigen Arbeitszug auf die Ladefläche des Anhängers. Dann ging die Fahrt im gemächlichen Tempo nach Jerusalem, wo die vier ratlosen Helden aus ihrem verhältnismäßig bequemen Gefängnis befreit und von den israelischen Verhörspezialisten in Empfang genommen wurden.

Ich muß gestehen, daß ich herzhaft lachte, als man mir in Mehullah diese Geschichte erzählte. Erst später wurde ich ein wenig nachdenklich. Die vier Terroristen, die heute in einem Gefängnis im Negev ihre beträchtliche Strafe abbüßen, hatten schließlich nichts anderes getan – oder versucht –, als einen zögernden Blick auf ein Stück Land zu werfen, das jahrhundertelang Eigentum ihres Volkes war. Natürlich waren die vier tragikomischen Helden bewaffnet und hatten den eindeutigen Auftrag, zu töten. Aber war nicht sogar dieser Auftrag von einer aberwitzigen Legalität: Wer mir mein Land fortnimmt, gegen den setze ich mich mit allen Mitteln zur Wehr? Und die orthodoxen Juden von Mehullah saßen eindeutig auf altem arabischen Boden. Alle ihre eifrigen Gebete in der Synagoge, alle frommen Rechtfertigungen änderten nichts an der Tatsache, daß sie sich, begünstigt durch einen gewonnenen Krieg, in den Besitz fremden Eigentums gebracht hatten. Natürlich hatten sie das Land, das sie zuerst mit dem Gewehr in der Hand betreten hatten, urbar gemacht. Selbstverständlich war es ein Verbrechen, das die vier Palästinenser vorhatten, man tötet keine Kinder, man sprengt keine Häuser in die Luft. Aber war es nicht auch auf eine absurde, alle rechtlichen und moralischen Gesetze der Menschen berührende Weise verständlich, daß diese vier Männer die *Diebe ihrer Heimat* ermorden wollten? *Aug' um Aug' und Zahn um Zahn* hatten die alten rachelüsternen Propheten und Gesetzgeber gefordert. Die arabischen Guerillas befolgten diese Forderung. Das war alles.

Ich weiß, daß man so nicht argumentieren soll. Aber manchmal frage ich mich, worin denn eigentlich der Unterschied besteht zwischen der arabischen und der jüdischen Methode, sich einen Streifen Land, einen Baum, ein Haus, eine Quelle und etwas vom blauen Himmel Palästinas als ewiges Eigentum einzuverleiben. Daß die Israeli zweifellos die besseren Landwirte und klügeren Organisatoren sind, ändert schließlich nichts an der fragwürdigen Moral ihrer Art von Landgewinnung. Und daß die Araber nur ihr Eigentum zurückhaben wollen, entschuldigt nicht die Sprengkörper in ihrer Hand. Es ist ein hoffnungsloses Unterfangen, hier den objektiven Beobachter spielen zu wollen. Und so besehen, ist es vielleicht wirklich am vernünftigsten – und freilich auch am feigsten –, über die kuriose Geschichte von Mehullah herzhaft zu lachen, ohne dabei allzusehr über die Hintergründe nachzudenken.

Die andere Geschichte, die ich als Beweis für die unglaubliche Absurdität des Lebens an dieser Grenze erzählen will, hat keine Pointe. Sie ist auch nicht sehr lustig oder erheiternd und enthält keine vordergründige, rasch anwendbare Moral. Es ist eine recht simple Geschichte, die davon handelt, daß ich eines Tages – es war im Frühling 1980 – einen Fremdenführer aus Jerusalem unbarmherzig über die letzten israelischen Maschinengewehrnester hinaustrieb bis an das verfilzte Westufer des Jordanflusses. Ich packte ihn bei seiner Ehre und forderte seinen Mut heraus – was mehr als töricht war, wie ich heute zugebe –, indem ich auf das schmale, aber gute Asphaltband verwies, über das wir fuhren, während zu beiden Seiten des Flusses längst schon jordanische und israelische Feldstecher und Maschinenpistolen auf uns gerichtet waren, bis wir endlich an einem schlammigen Tümpel hielten, darin sich etwa ein Dutzend weißer und rosafarbener Reiher und Störche auf recht graziöse Weise bewegten.

Es war ein Bild wie aus einem Traum. Es waren Augenblicke von fast religiöser, mythischer Schönheit. Die Sonne brannte ätzend vom Himmel herab. Im Schilf, das den Tümpel wie eine braungrüne Umrahmung umfaßte, bewegte sich schläfrig der heiße Wind. Zu beiden Seiten der kleinen Vertiefung, in der dieser Tümpel mit dem Schilf und den umherstelzenden, badenden Vögeln lag, erhoben sich graue, ockerfarbene, gelbe Sandwände. Ihre Oberfläche war in zehntausend Jahreszeiten, die wie ein riesenhafter Hammer die Erde bearbeiteten, steinhart geworden. So ähnlich müssen die legendären Mauern Jerichos vor ihrer Zerstörung durch die Posaunen der Juden ausgesehen haben. Schräg voraus, nach Süden, nur ein paar Meter von unserem Standort entfernt, schlängelte sich der Jordan durch ein Dickicht von Palmen und Buschwerk, das wie eine grüne Pallisade gegen die heranrückenden Sandhügel wirkte. Auf den Hügeln aber, beiderseits des Flusses, dessen lehmgelbes träges Wasser einer zuckend durchs Gras gleitenden dicken Schlange glich, verbargen sich die Stellungen der Jordanier und Israeli. Später, als ich in einem der israelischen Bunker saß, die hervorragend getarnt sind und die alle mit Klimaanlage und automatischen Eingangsschleusen aufwarten können, so daß man mit einigem Zynismus imstande ist, sich vorzustellen, wie bequem es heutzutage die jüdischen Eroberer im Gegensatz zu den zerlumpten, halbverhungerten Elendsgestalten Josuas haben, die vor mehr als zweitausend Jahren auf der anderen Seite des Flusses lagen, später erfuhr ich, daß mein Ausflug in die Flußniederung und zum paradiesischen Tümpel beide Seiten in einen aufgeregten Funkverkehr gestürzt hatte. Man sei schußbereit, feuerbereit gewesen, versicherte man mir mit einem ernsten Männerblick, den die Menschen haben, wenn sie das Unvernünftige zur Regel machen. Ich hatte jedenfalls Mühe, zuerst mich selbst und dann meinen jerusalemischen Führer, der aschfahl vor Angst geworden war, als uns eine jüdische Patrouille aufgegriffen hatte, vor einer Anzeige und Bestrafung zu bewahren. Vor allem der Kommandant dieses Abschnittes, ein schwarzhäutiger Jude aus Nordafrika oder Indien – er sprach ein vorzügliches Englisch und seine Verachtung mir gegenüber war beinahe spürbar –, erwies sich als skeptisch und ließ sich erst nach längerem Zureden von unserer

Harmlosigkeit überzeugen. Ich hatte hinterher das Gefühl, ein Verbrechen geplant oder sogar begangen zu haben. Ich kam mir schmutzig und schäbig vor. Und warum? Weil ich gegen den militärischen Starrsinn, gegen den Haß zweier semitischer Völker mein argloses katholisches Gemüt durchgesetzt hatte?

Es gibt also keine Brücke über den Jordan? Keine Verbindung zwischen den Menschen, die beiderseits dieses uralten und die monotheistischen Religionen des Orients befruchtenden Flusses leben? Ein christlicher Gott, jüdische Propheten, mohammedanische Heilige durften an seinen Ufern leben und wirken. Zehntausend Jahre lang überschritten ihn die Völker. Aber heute führt jeder unvorsichtige Schritt, den man am Jordan macht, unweigerlich in Minenfelder, elektronische Sperren und schließlich zum peinlichen Verhör in einem hervorragend ausgestatteten Bunker.

Nun, es wäre nicht Palästina, wo das Unglaubliche selbstverständlich und das Selbstverständliche absurd wirkt, wenn es nicht auch hier eine Ausnahme geben könnte, wenn nicht auch hier die Menschen zueinander fänden auf die eine oder andere halsbrecherische Weise. Und zwar über zwei Brücken – die eine bei Jericho, die andere ein paar Kilometer östlich vom Denkmal zur Erinnerung an die Eroberung des Jordantals, beide ungefähr ab acht Uhr morgens geöffnet, beide am jüdischen Sabbat nicht einmal von einem harmlosen Polizisten bewacht –, zwei Brücken also, über die der ganze Personen- und Frachtverkehr zwischen Israel und Jordanien geht, wobei man hinzufügen muß, daß von dieser seltsamen Regelung israelische Staatsbürger und israelische Waren, sofern sie nachdrücklich als solche deklariert wären, ausgeschlossen sind.

Ich habe gelegentlich bereits erwähnt, daß man lange Kolonnen schrottreifer, gleichsam ausgedienter Lastwagen mit Kennzeichen aus dem besetzten Gebiet der Westbank und Judäa sehen kann, die über die Straße von Jerusalem hinunter nach Jericho rollen und hochauf beladen sind mit Bausteinen, Papier, Früchten und anderen Waren, von denen man sich nicht gut vorstellen kann, daß man sie in der arabischen Welt so dringend benötigt, um sie den Juden abzukaufen. Und doch ist es so! Nur liegen die Dinge etwas anders, setzen sie sich zu gleichen Teilen aus Lüge und kaufmännischer Gerissenheit zusammen und beschreiben sie in aller hintergründigen Offenherzigkeit eine orientalische Wahrheit, wie sie deutlicher und genauer, aber auch einprägsamer kein frommer Moralist darzustellen vermöchte. Alle verdienen an diesem Geschäft über die beiden offenen Brücken des Flusses, alles wird gehandelt, alles geschieht am Rande der Legalität oder des nationalen Stolzes. Denn natürlich weist nichts an den Warenlieferungen aus Israel auf die jüdische Herkunft hin. Und selbstverständlich halten alle, Juden und Araber, die an diesem sonderbaren Geschäft beteiligt sind, den Mund. Keine einzige jüdische Orange, die nach Amman oder an den Persischen Golf geht, besitzt irgendein jüdisches Merkmal. Kein einziger judäischer Stein verrät durch einen hebräischen Stempel seine ursprüngliche Heimat. Nicht einmal die Lastwagenchauffeure, die in Bethlehem, Hebron oder sogar in Ostjerusalem ihre Fracht einladen, wissen offiziell etwas von einer jüdischen Beteiligung. Immer gibt es einen jordanischen oder palästinensischen Zwischenhändler, der sein Büro im besetzten Gebiet hat und stets nachweisen kann, daß sein Herz für die arabische Idee schlägt. Aber gelegentlich scheint mit seinem Herzschlag etwas nicht in Ordnung zu sein, denn dann erhält er anstandslos die unerläßlichen Lizenzen für den Export der Waren, die legal über den Jordan gehen. Und das einzige Gebot, das die Transportunternehmer erfüllen müssen, besteht darin, daß die Lastwagen, die sie regelmäßig über die Grenze schicken, jederzeit von den israelischen Zöllnern, Polizisten und Soldaten gut einsehbar sein müssen. Dazu werden alle Verschlüsse und Motorhauben entfernt, so daß diese Lastwagen wirklich den Eindruck schrottreifer Vehikel machen.

Es ist ein mehr als sonderbares Geschäft, das über Allenby- und Adambrücke abgewickelt wird und von dem man nicht weiß, ob man seine Absurdität oder seine moralische Fragwürdigkeit beklagen soll. Jedenfalls stammen die Salatbeilagen in den Restaurants der Intercontinentalhotels von Amman und Ostjerusalem manchmal aus einem israelischen Kibbuz, und die Denkmäler zeitgenössischer arabischer Architektur – wie Flughafengebäude, Schulen und Kasernen und gelegentlich sogar eine Moschee – werden häufig aus judäischem Baustein errichtet, dem ja auch das israelische Jerusalem seine attraktive Gefälligkeit verdankt und der auf zahllosen Lastwagen tagaus, tagein von Jerusalem nach Jericho und weiter nach Jordanien transportiert wurde.

Kapitel XI

DIE ENGGEWORDENE WÜSTE

Man macht sich – unterwegs in einem fremden Land, beeindruckt durch eine fremde Kultur – häufig falsche Vorstellungen von den Dingen, die man nicht aus Liebe, sondern nur aus Pflichtbewußtsein erledigt. Man scheitert zum Beispiel zwangsläufig am Geheimnis einer Landschaft, die man nur als Kulisse für historische Abläufe und nicht als Heimat für die Menschen, die sich diese Landschaft mühselig erobert haben, begreifen will. Und nicht einmal das Bibelstudium, das in Palästina so oft über manche Schwierigkeit hinweghilft und Zusammenhänge offenbart, die man vorher nicht begriffen hatte, nützt dem Betrachter gegenwärtiger Verhältnisse. Es ist zwar in einem gewissen Maße erregend, Namen wie Samson, Philister, Beersheba, Abraham oder Gaza in Zusammenhängen zu lesen, die vor dreitausend, viertausend Jahren entstanden, aber das allein kann noch nicht der Schlüssel zum Verständnis zeitgenössischer Probleme sein.

Der Negev etwa, der mit seinen gelben Sanddünen praktisch am Mittelmeer beginnt, war noch vor vierzig, fünfzig Jahren nichts weiter als eine große, leere Wüste. Der Negev mit seinen bizarren Clownerien aus feinem Sand, der unter jeder zufälligen Berührung erzittert, auseinanderfließt und sich dann wieder zu einem kunstvollen Gebilde formiert, genährt vom Sand, den der ewig blasende Wind vom Sinai und der Sahara heranschleppt, der Negev mit seinen eifrigen Wanderdünen, die dem Lokalkolorit etwas Signalhaftes, Jähzorniges oder auch Herausforderndes schenken, das die Touristen in den Hotels und an den Badestränden von Ashkelon bis hinauf nach Netanya genießen, ohne daß ihnen irgendwann einmal zu Bewußtsein käme, daß sie in einer riesigen Kloake baden, die von der gleichförmigen Strömung, der das Mittelmeer ausgesetzt ist, gegen die Küsten Palästinas getrieben wird, dieser Negev also, der mit seinen Sanddünen und Sandzungen wie ein kastrierter Riese aus den Abwässern, die sich im Mittelmeer angesammelt haben, hervorzugehen scheint, verfügt zwar über eine uralte Geschichte, die aber doch mit ein paar Bemerkungen abgetan wäre, wenn sich nicht die Menschen immer wieder an dieser Wüste gemessen hätten. Abraham trieb sich hier herum, geheimnisvolle und feierliche Schwüre wurden geleistet, gelegentlich verschwand eine pharaonische Kommandoeinheit oder eine Gruppe hochmütiger Philister im wehenden Sand, und nur die Beduinen, deren Geschichte noch immer nicht restlos entziffert ist, lebten hier als eine Art unsterbliches Gespenstergeschlecht, das nie ganz zu fassen und nie genau darzustellen war.

Heute käme niemand mehr, der von Ashkelon, einer der fünf Philisterstädte, nach Beersheba unterwegs ist, auf den lächerlichen Gedanken, daß da, wo die reichen Gemüseplantagen, Obstgärten und Getreidefelder liegen, zwischen denen er einer großen gelben Dunstwand entgegenfährt, noch vor vierzig Jahren nackte, elende Sandwüste war. Namen wie Gat oder Lakhish waren einmal von großer Bedeutung für dieses Land, das im Verlauf der Generationen verödete und wieder erblühte und von neuem zur Wüste wurde und noch einmal in unbegreifbarer und nützlicher Schönheit auferstand. Der Riese Goliath wurde hier geboren, König David begann im nördlichen Abschnitt des Negev mit Beweisen seiner genialen Kriegskunst, die übermächtigen und hochmütigen Philister siedelten hier, und sogar eine Dame von zweifelhafter moralischer Reputation, die auf den schönen Namen Delilah hörte, verführte in dieser Gegend den braven Samson, der, verrückt vor Liebe, zuerst der Dame und dann seinem Schicksal unterlag. Allerdings brachte er zuvor halb Gaza zum Einstürzen, wovon ja schon in der Bibel ausführlich die Rede ist. Und mich persönlich wundert es ein wenig, daß die Juden sich nicht dieses biblischen Fingerzeigs entsinnen und den unruhigen Gazastreifen, der ihnen viel mehr als nur ein lästiger Dorn im vorsichtigen Aug' ist, mit der Kraft eines neuzeitlichen Samson niederreißen und in israelisches Kibbuzimland verwandeln. Die paar Ansätze, zu denen sie sich haben hinreißen lassen, die paar

Wehrdörfer und Siedlungen zählen in diesem Zusammenhang nichts.

Wenn man von Judäa in den Negev kommt, also von Jerusalem über Hebron in Richtung Beersheba, dann stößt man einige Kilometer vor Beersheba auf eines der unvermeidlichen jüdischen Heldendenkmale, die wie vergessene Grenzpfähle in der palästinensischen Landschaft stecken und eine Legalität vortäuschen, über deren historischen Wert Juden und Araber nur noch handgreiflich zu diskutieren imstande sind. Das Denkmal von Beersheba, das an die Opfer erinnert, die die militärische Eroberung des Negev gekostet hat und das übrigens wieder einmal aus den Überresten zerschossener Panzer und Geschütze geschmiedet wurde, besitzt einen erstaunlichen Vorzug gegenüber allen anderen ähnlichen Gedenkstätten. *Es singt im Wind,* das heißt, es ist wie eine riesige Orgelpfeife konstruiert, die ganz eigenartige, fast menschliche Geräusche produziert, wenn aus der Wüste der heiße Wind über den Hügel streicht, auf dem sich dieses Denkmal erhebt. Das Singen vermittelt den makabren Eindruck, daß die Toten noch einmal zu sprechen begännen und uns Nachgeborene zu warnen versuchten. Aber ich fürchte, daß sich viel zu selten Besucher auf diesen Heldenhügel verirren, um den Stimmen der toten Helden zu lauschen . . . unterhalb erstreckt sich die endlose Ebene, die den Beduinen gehört. In der Nähe wird derzeit einer der Militärflughäfen errichtet, die die aufgegebenen Flugbasen im Sinai ersetzen sollen. Die Beduinen hat man zu diesem patriotisch-militärischen Zweck einfach enteignet. Darüber sind sie, die eigentlichen Aristokraten des Negev, natürlich nicht sonderlich erfreut, zumal einige ihrer Clans ihren Reichtum aus den riesigen Weideflächen bezogen, über die demnächst schon israelische Jagdbomber und Kampfflugzeuge zur Startbahn rollen werden. Es hat beinahe den Anschein, daß auch Beduinen und Palästinenser irgendwann einmal mit dem oft geübten Brauch euphorischer Heldendenkmäler beginnen sollten. Anlässe dafür hätten beide Völker in hinreichender Menge.

Beersheba heißt soviel wie *Brunnen des Schwurs* und hat natürlich etwas mit dem biblischen Stammvater Abraham zu tun, der als unzerstörbarer Mythos den ganzen näheren Orient beherrscht und Araber, Christen und Juden gleichermaßen in Verwirrung bringt, wenn sie seine labyrinthische Biographie zu schreiben und auf die jeweils eigenen Wünsche, Ideale und religiösen Vorstellungen abzustimmen versuchen. Beersheba, das die Juden der ersten Einwanderergeneration, die zugleich eine Generation von Eroberern war, kurzerhand in Be'er Sheva umgetauft haben, was dieselbe Bedeutung hat und auf die uralte Eidesformel zwischen Abraham und einem Manne namens Abimelech an einem Brunnen mitten in der Wüste zurückzuführen ist, dessen angeblicher Standort unweit des sogenannten Beduinen- und Kamelmarktes heute von den Touristenbussen aus Tel Aviv und Jerusalem pünktlich gegen zehn Uhr vormittags aufgesucht wird, diese Stadt also ist erstens die Hauptstadt des Negev und zweitens in mancher Hinsicht etwas undurchsichtig. Eine Chimäre, der Juden und Araber, Beduinen und Christen immer wieder auf den Leim gehen. Nichts stimmt mit der Phantasie überein. Alles geschieht auf bloßem Verdacht. Nicht einmal die Wüste, der man gespannt entgegenfiebert, erweist sich im weiteren Umkreis als wüstenähnlich. Die Beduinen reiten nicht auf Kamelen, sondern benützen japanische Automodelle. Ja, sie leben vielfach nicht einmal in den obligatorischen Zelten aus schwarzem Ziegenfell, sondern in Hütten, auf deren Dächern Fernsehantennen ihre dünnen Spinnenbeine himmelwärts strecken.

Der Fortschritt, den die Israeli in die Wüste gebracht haben, scheint enorm und unaufhaltsam zu sein. Allerdings zerstört er allmählich auch die Produkte unserer Phantasie. Die imaginären Gestalten Karl Mays und die recht realen Figuren Lawrence', die man sich vor zwei Jahrzehnten noch im Umkreis von Beersheba vorzustellen vermochte, kann man sich heute überhaupt nicht mehr vorstellen. Auch Abrahams biblischer *Eidbrunnen* hat so, wie er jetzt vermarktet wird, nichts mehr mit der historischen Quelle zu tun, an der sich außer Abraham und Abimelech auch ein Feldhauptmann namens Pichol verschwörerisch gegen die Philister zusammenschlossen. Und schließlich ist der einstmals berühmte Markt von Beersheba – den ich vor anderthalb Jahrzehnten noch in voller folkloristischer und historischer Funktion erleben durfte – heute nur noch eine Karikatur, ein trostloses Zerrbild vergangener Exotik. Längst gibt es mehr Touristen als Kamele, sind manche Fotoapparate, die man hier kaufen kann, preisgünstiger und besser als manche Apparate, die die Touristen auf die farbige Folklore richten – beide Gruppen von Apparaten stammen natürlich aus Japan –, längst hat internationaler Ramsch das einheimische Handwerk verdrängt. Nur die Zahl der Polizisten hat zugenommen, was in Beersheba ausnahmsweise nichts mit der politischen Situation in Palästina zu tun hat, sondern mit den gerissenen Taschendieben, die aus Tel Aviv anreisen, um sich an den arglosen Touristen gütlich zu tun. Vor meinen Augen entwand einmal ein flinker Typ einem kurzbehosten Franzosen die Brieftasche. Die Polizisten, die ihn mit großer Gestik verhafteten, erzählten dem nervösen Touristen, es handelte sich um einen Beduinen . . . Ich weiß nicht recht. Beduinen sehen anders aus, obgleich sie, die untereinander von bestechender Ehrlichkeit sind, nichts daran finden, einem kurzbehosten Franzosen die Brieftasche zu stehlen. In Beersheba biß ich einmal ahnungslos in die feurigste Pfefferschote meines Lebens. In Beersheba werden Israels angeblich schönste und zweifellos haltbarste Toilettendeckel und Klosettschüsseln hergestellt, und es gibt eine der jüngsten und zugleich ehrgeizigsten Universitäten der Welt, an der auch Beduinen ihre Abschlußprüfungen machen können. Und Beersheba ist zwar eine der ältesten Städte Palästinas, seine Geschichte erreichte aber erst in den letzten fünfundzwanzig Jahren den Ruf des Außerordentlichen und Faszinierenden, der einen zwingt, länger über die Stadt nachzudenken, als man ursprünglich angesichts der lastenden Hitze und des flirrenden Staubes vorgehabt hatte, der aus der leicht gewellten und sanft hügeligen Gras- und Steinsteppe stammt, die in die berüchtigte Sand- und Steinwildnis des südlichen Negev übergeht. Abraham soll hier auch einmal eine Tamariske gepflanzt haben. Das scheint den Juden einige Jahrtausende später Anlaß genug gewesen zu sein, um daraus eine kompakte, voll funktionierende, moderne Mittelstadt von etwa 80.000 oder 90.000 Einwohnern zu machen. Es schien widersinnig wie so vieles, was Abrahams Söhne in ihrer Verzweiflung angesichts osteuropäischer Pogrome und faschistischer Ausrottungspolitik und in ihrer Gier nach Leben anstellten – ich nenne es *Gier,* obgleich ich weiß, daß es etwas mit Gott zu tun haben muß, wenn Menschen nichts anderes als überleben wollen –, es war verrückt, gegen alle Vernunft und auch gefährlich, was sie planten. Aber es klappte! Manchmal frage ich mich, was bei den Juden eigentlich nicht klappt, wenn sie sich erst einmal etwas Ungewöhnliches, etwas, das mit der Lebensgier in Verbindung steht, in den Kopf gesetzt haben.

Die neue Biographie Beershebas beginnt am 22. Oktober 1948. An diesem Tag hatten die israelischen Soldaten die verwahrloste, schmutzstarrende und im Grunde vollkommen bedeutungslose ägyptische Kleinstadt erobert, die unter britischem Mandat stand, die zuletzt im Oktober 1917 durch den legendären britischen General Allenby erobert worden war – damals war die Stadt türkisch – und die später in der sogenannten Mandatszeit nie mehr als sechs-, siebentausend Einwohner zählte, darunter Waffen- und Rauschgiftschmuggler, Spione, Mörder und gestrandete Kreaturen, die sich manchmal als Archäologen und seltener als Beduinen zu tarnen versuchten. 1948, als das neugeschaffene und von der Welt anerkannte Israel um sein Überleben kämpfte, verfügte Beersheba über eine britische Polizeikaserne, ein zerlumptes Basarviertel und ein paar Brunnen mit ungenießbarem Brachwasser. Draußen vor der Stadt – die den zivilisatorischen Titel gar nicht verdiente – kauerte die Wildnis wie ein gewalttätiges Tier. Straßen im heutigen fortschrittlichen Sinne gab es so gut wie keine. Nur einige alte Karawanenwege. Einer davon führte zu einem Ort namens Dimona, wo die Juden zuerst ihre Arbeiter für die Phosphatminen unten am Toten Meer ansiedelten und wo sie heute, schon dicht am bizarren und grandiosen Steilabbruch der Wüste zum Negevgraben, ihre gefürchteten, vielfach verleugneten und doch stets existenten Atombomben herstellen. Wenn man an dem weitläufigen, gutbewachten Areal mit der charakteristischen Kuppel des Reaktorgebäudes vorbeikommt, lächeln zufällige oder auch befreundete israelische Begleiter immer ein wenig schadenfroh, stolz und auch bedrückt und geben einem unmißverständlich zu verstehen, daß man ihnen den Gefallen machen und wie sie von einer *Textilfabrik* reden sollte, die hier mitten in der wüstenähnlichen Steppe die Produktion aufgenommen hat. Die Frage ist nur, um welche Produktion es sich handelt. Ich habe in anderthalb Jahrzehnten noch keinen einzigen Lastwagen mit Textilien beladen diese Fabrik verlassen sehen. Einmal geriet der Vater eines meiner jüdischen Freunde unmittelbar vor der *Textilfabrik* in einen schweren Verkehrsunfall. Ein Lastwagenchauffeur wurde lebensgefährlich verletzt. Der Vater meines Freundes zögerte nicht lange, sondern packte den Schwerverletzten in seinen Wagen und raste die paar Kilometer zur *Textilfabrik.* Er wußte, daß es dort eine hervorragend eingerichtete Krankenstation gab. Später stellte sich heraus, daß es sich dabei sogar um eine Klinik handelte.

Nun, um es kurz zu machen: Der schwerverletzte Chauffeur wurde gerettet und nach einigen Wochen Intensivbehandlung in ein öffentliches Krankenhaus überführt. Der Vater meines Freundes konnte ihn begleiten. So lange hatten die sorgfältigen Untersuchungen über seine Existenz, seine politische Vergangenheit und patriotische Zuverlässigkeit gedauert. Die ganze Zeit hatte er als unfreiwilliger Gast oder Patient in der Klinik zugebracht. Israelische *Textilfabriken,* wenn sie ausgerechnet im Negev angesiedelt sind, verfügen eben über einen besonderen Service.

Am 22. Oktober 1948 also ging dieser sagenhafte und natürlich längst nicht mehr verwendbare Ort eines *Schwurbrunnens,* Beersheba, nach kurzen, aber heftigen und auch verlustreichen Kämpfen in israelischen Besitz über. Einige Jahre vorher war bereits offiziell mit der *Operation Negev* begonnen worden, die vor allem einmal darin bestanden hatte, daß man eine rund hundertvierzig Kilometer lange Pipeline in die damals noch bis ans Meer heranwogenden Sanddünen zu verlegen begann. Diese Arbeit dauerte einige Jahre und ist im Grunde heute noch nicht abgeschlossen. Es war jedenfalls der erste Versuch, dem rollenden, gefräßigen und alles hinwegfegenden Sand mit der beharrlichen Kraft des Wassers zu begegnen, das durch diese Pipeline fließen sollte. Man hatte sie der Londoner Feuerwehr billig oder doch preisgünstig abgekauft, die sie im letzten Weltkrieg zur Bekämpfung von Flächenbränden, die durch deutsche Angriffe verursacht wurden, eingesetzt hatte. Die Israeli verstehen es meisterhaft, mit einem Minimum an Kapitaleinsatz ein Maximum an Profit zu erzielen, eine Gewohnheit oder Begabung, die sich nur dort, wo sie am verwundbarsten ist, auf Dauer nicht durchhalten läßt: bei den Menschen.

Aber auch die Pipeline war im Grunde noch nicht der allererste Schritt gewesen, den die ehrgeizigen und in Palästina buchstäblich zum Erfolg verdammten Juden gegen die Wüste und in den Negev hinein unternommen hatten. Der erste Kibbuz in diesem Gebiet, Beth Eshel, entstand bereits 1943. Er lag nur ein paar Kilometer vom Mittelmeer entfernt an der alten Karwanenstraße nach Beersheba. Einige Jahre später, nach dem unglaublichen Sieg von 1948, wurde Ashkelon zum Ausgangspunkt vieler Unternehmungen, avancierte also die südlichste Stadt Israels an der Mittelmeerküste zum Einfallstor in den Negev, eine Stadt, die genau wie die Oase von Jericho vor mehr als zweitausend Jahren von Marcus Antonius als Zeichen ewiger Zuneigung verschenkt worden war. Dieser Mann muß zweifellos der großzügigste Liebhaber der Antike gewesen sein, während Kleopatra, seine reichbeschenkte Braut, überaus geschäftstüchtig war und die Geschenke des Liebhabers gewinnbringend veräußerte.

Damals war Ashkelon mit der Erinnerung an die hochmütigen und selbstherrlichen Philister belastet, eine aufblühende Hafenstadt – der römische Feldherr und Liebhaber verschenkte keinen wertlosen Ramsch –, Anlaufpunkt aller Karawanen aus Arabien, die mit ihren exotischen und hochbegehrten Waren den Bewohnern an der Küste raschen Reichtum und eine Neigung zu luxuriösem Leben ermöglichten. Später versandete der Hafen, die prachtvollen Anlagen zerfielen, die Araber, als sie im 7. Jahrhundert Byzanz auch in diesem entlegenen Teil des Orients ablösten, hatten keine Verwendung dafür, sie waren ein Landvolk, wüstengewohnt, sicher nur auf dem Kamelrücken und ängstlich dem nassen Element gegenüber. Die Stadt verschwand von den Landkarten und versank in einen langen Schlaf. Der gelbe Wüstensand wehte besitzergreifend über die letzten Überreste einstiger Größe. Im Jahre 1949 kamen dann die ersten israelischen Siedler in das zerstörte arabische Dorf.

Ashkelon setzte sich in dieser Pionierzeit der israelischen Nationswerdung aus römischen Ruinen, palästinensischen Lehmhütten – das arabische Dorf, das neben den Ruinen dahinkümmerte, hieß Majdal – und den ersten, noch recht primitiven Häusern der jüdischen Einwanderer zusammen. Heute gehört der Besuch der sorgfältig betreuten und geschickt rekonstruierten Ruinenstätte sozusagen zu einer Pflichtübung der zahlreichen europäischen Badeurlauber und Touristen, die hier ihren Urlaub verbringen, beschützt von israelischen Militärpatrouillen, die im Vierundzwanzig-Stunden-Rhythmus die schönen Strände abfahren, deren Sinai- und Saharastrand so weich und anschmiegsam wie sonst nirgends an der israelischen Mittelmeerküste ist. Die Bewohner des ehemaligen Palästinenserdorfes Majdal, das im Krieg von 1948 zerstört wurde, sind längst verschwunden. Sie bevölkern schon in der zweiten Generation eines der zahlreichen Flüchtlingslager im Gazastreifen, in Jordanien oder im Libanon. An die Stelle ihrer einfachen Hütten sind inzwischen mehrstöckige Wohnblöcke und Appartementhäuser getreten, in denen nun auch schon die zweite Generation der jüdischen Bevölkerung Ashkelons lebt. Einige Jahre lang nannte man diese neue und rasch wachsende Ansiedlung übrigens noch Majdal-Ashkelon, als wollte man die Erinnerung an die palästinensische Vergangenheit nicht vollends verlieren. Heute ist davon nichts mehr zu spüren. Ashkelon ist eine jüdische Stadt, und die einzigen Palästinenser, denen man hier noch begegnen kann, kommen jeden Morgen aus dem nahen Gazastreifen zur Arbeit in die jüdischen Betriebe und Hotels.

Ein anderer Schritt, mit dem man, abgesehen von allen zukünftigen und unerläßlichen militärischen Operationen, den Negev zu erobern trachtete, bestand in einer unmenschlichen, fast mythischen Anstrengung. Denn im Jahre 1946 wurden in einer einzigen Nacht im damals noch eindeutig palästinensischen Zwischenland zwischen Steppe und nacktem Wüstenboden – und natürlich gegen die politischen Vorstellungen und Wünsche der britischen Mandatsmacht – elf jüdische Siedlungen errichtet. Die Stoßrichtung dieses abenteuerlichen Unternehmens zielte auf Beersheba und den inneren Negev ab. Im übrigen waren es Moshavs, also Wehrsiedlungen, die hier über Nacht entstanden, Vorläufer jener Wehrsiedlungen, die heute im Gazastreifen gegen eine erdrückende palästinensische Mehrheit errichtet sind. Die ersten elf Siedlungen im Negev besaßen aber nicht nur eine agrarische und damit ökonomische Funktion, sondern erwiesen sich viele Jahre später zuerst im Krieg von 1948 und dann im Krieg von 1967 als ungemein nützlich für die israelische Armee. In Palästina scheinen sogar landwirtschaftliche Projekte stets auch eine militärische Funktion erfüllen zu müssen.

Ich war seit Mitte der sechziger Jahre in regelmäßigen Abständen nach Beersheba gekommen. Und bei allen diesen Besuchen fiel mir das rasche, fast amerikanische Tempo auf, in welchem sich die Stadt entwickelte. In den letzten Jahren interessierte mich hauptsächlich der Ruinenhügel von Tell es-Seba östlich der Stadt, der oberhalb einer kleinen Oase und direkt gegenüber des *singenden Denkmals* liegt und wo höchstwahrscheinlich vor einigen Jahrtausenden auch die feierliche Zeremonie des Männerschwurs gegen die Philister und der Einpflanzung einer Tamariske durch Abraham stattgefunden hatte. Dieser biblische Akt einer Baumpflanzung ist bekanntlich durch Theodor Herzl wiederaufgenommen worden und zählt heute zu den symbolträchtigsten Handlungen des zeitgenössischen Israel.

Die Ausgrabungen von Tell es-Seba, also dem antiken und biblischen Beersheba, sind in mehrfacher Hinsicht bemerkenswert. Denn als die Stadt um das Jahr 700 vor Christus durch Feuer vollkommen verwüstet wurde – das Feuer legten marodierende Stämme aus dem Osten, möglicherweise aber auch Soldaten der großen babylonischen Invasion im darauffolgenden Jahrhundert –, da blieb der Grundriß in seiner wesentlichen Gestalt unter den niedergestürzten und herabgebrannten Lehmziegelhütten erhalten. Es war für die Archäologen des 20. Jahrhunderts daher möglich, so etwas wie eine detaillierte Biographie der alten Festungsstadt zu erhalten, da man Mauern, Häuser, Straßen, Verwaltungsviertel und Lagerschuppen und Pferdeställe noch ziemlich genau rekonstruieren konnte. Zum anderen beweist dieser archäologische Schauplatz, an dem immer noch mit hartnäckiger Zähigkeit gearbeitet wird, daß es mitten im Negev schon vor mehr als zweieinhalb Jahrtausenden wohlhabende Städte gegeben haben mußte, was wiederum bedeutet, daß die Bemühungen der Juden im 20. Jahrhundert, die *Operation Negev* erfolgreich durchzuführen und abzuschließen und die Wüste in eine brauchbare Kulturlandschaft mit ertragreichen Ernten und der permanenten Möglichkeit der Ansiedlung von Neuzuwanderern umzugestalten, sowohl in historisch-moralischer als auch in praktischer Hinsicht hinlänglich abgesichert erschienen. Ich habe immer wieder den nachhaltigen Eindruck gewonnen, daß sich die Israeli zu ihrer kompromißlosen und für die arabischen Nachbarn ärgerlichen Expansionspolitik, die gelegentlich sogar einen peinlichen kolonialistischen Beigeschmack besitzt, hinreißen lassen, wenn sie tatsächlich sicher sind, daß am Schauplatz ihrer modernen Art von Landgewinnung – die im übrigen gar nicht so modern ist, sondern sich wie seit Jahrtausenden auf Krieg und Besetzung verläßt – schon vor zahllosen Generationen Juden saßen und ihrem strengen Gott gehorchten. Die Juden von heute brauchen gleichsam den zustimmenden Beifall der Juden von vorgestern. Und zu diesem Zweck durchwühlen ihre Archäologen pausenlos die Erde Palästinas und die Bibel ist das wichtigste Geschichtsbuch des jungen und gleichzeitig uralten israelischen Staates.

Ich wage natürlich nicht zu behaupten, daß meine Vermutung auch wirklich und in jedem einzelnen Fall stimmt. Am Beispiel der *Operation Negev* dürfte sie aber doch einigermaßen zutreffen, denn immerhin war eine ganze Reihe von kolonialistischen, imperialistischen Handstreichen und Unternehmungen notwendig, um die Wüste überhaupt in Besitz zu nehmen. Vom Standpunkt eines Volkes, das zumindest nach außen den Eindruck einer verschworenen Gemeinschaft macht – ich wünschte mir für das Christentum eine ähnliche Haltung –, bedeutet der Besitz und die Urbarmachung des Negev nichts weiter als ein Akt patriotischer Pflichterfüllung gegenüber den nachfolgenden Generationen. Ein *Volk ohne Raum* zu sein, ist vor allem dann unangenehm und sogar lebensgefährlich, wenn die Kanonen einer feindlichen Armee von jedem beliebigen Grenzpunkt aus den Marktplatz jeder beliebigen israelischen Stadt mit Dauerfeuer belegen können. Denn nicht immer kommt dem jüdischen Volk, das mit seinen Lippen an den mythischen Posaunen klebt, ein Erdbeben zu Hilfe, wie das damals vor den Mauern Jerichos der Fall war.

Die halbherzige Präsenz einiger ägyptischer Polizisten und Fellachen rund um Beersheba war demnach in der Tat keine unüberbrückbare militärische oder moralische Barriere für die endgültige Einverleibung des Negev im Kriegsjahr 1948, obgleich es noch lange Jahre danach und eigentlich bis 1967 immer wieder zu Überfällen kam, zu terroristischen Aktionen durch palästinensische Rollkommandos, die sich in der Hauptsache gegen Schulkinder und abseits gelegene Neuansiedlungen richteten. Der Negev war damals zwar ein erobertes, aber noch lange kein befriedetes Gebiet.

Etwas anders verhält es sich mit den Beduinen, die seit Jahrtausenden hier leben. Deren ständige Präsenz im Negev – wie auch am Jordan oder im Sinai – ist nicht einmal durch archäologische Kunststücke oder durch die irritierende Auslegung uralter Bibelsprüche zu widerlegen, so daß es vom ersten Augenblick an wirklich nur die Möglichkeit gutnachbarlicher, behutsamer Freundschaftsbeweise und einer delikaten Handhabung kulturpolitischer Maßnahmen gab, um ihre Anwesenheit im Negev und damit innerhalb der israelischen Staatsgrenzen nicht zu einer permanenten Gefahr werden zu lassen. Die Juden, die Jahrtausende hindurch verfolgt, gedemütigt und allen möglichen Ausrottungsprozessen unterworfen waren, wissen zu gut, wozu ein unterdrücktes Volk fähig ist, wenn es den letzten Rest seiner vermeintlichen Freiheit verlieren soll. Sie sind eines der wenigen Völker dieser Erde, das seine ungestüme und vielleicht lebensnotwendige Herrschsucht auf Erfahrungen stützen kann, die zwar leidvoll waren, die aber alle Instinkte zum Überleben inmitten einer feindseligen Umwelt schärfen. Übrigens weiden die Ziegenherden, brennen die Lagerfeuer, brüllen die Kamele der Negevbeduinen auch in Sichtweite einer gewissen *Textilfabrik,* wo alle intellektuellen und materiellen Möglichkeiten für eine Apokalypse im orientalischen Stil vorhanden sind. Es wäre allein schon aus diesem Grund mehr als ungeschickt, sich 60.000 oder 90.000 Beduinen – die Zahlen schwanken – zu erbitterten Feinden zu machen. Andererseits ist man jetzt, 1980, trotz aller Vorsicht gezwungen, in der Ebene unterhalb von Arad und auf den Hochflächen oberhalb Eilats Militärbasen einzurichten, um die verlorenen Flugplätze im Sinaigebiet, das man zähneknirschend den Ägyptern zurückgibt, wieder zu ersetzen. Ich habe einmal anläßlich einer Vierundzwanzig-Stunden-Rundfahrt durch Israel den Eindruck gewonnen, daß das kleine Land beinahe überläuft vor Soldaten und Waffen, seit dem man den Sinai als militärisches Operationsgebiet aufgegeben hat. Und im Negev geht die Umsiedlung von Bataillonen, Panzern, Kanonen und Raketen eindeutig zu Lasten der Beduinen, die zwar an der Universität von Beersheba studieren oder zumindest guteingerichtete Volksschulen mitten in ihren angestammten Weidegebieten besuchen können oder sich einer vorzüglichen medizinischen Versorgung durch israelische Ärzte erfreuen dürfen, insgesamt aber eigentlich mehr Vor- als Nachteile durch ihre gutmütige Koalition mit den jüdischen Nachkommen Abrahams genießen, denen es aber auch unverständlich bleiben muß, daß sie plötzlich einen Teil ihres alten Grundbesitzes verlieren sollen, nur weil einige Hundert Kampfflugzeuge eine neue Heimstätte brauchen. Und so groß, daß die Errichtung zweier moderner Flugplätze nicht weiter ins Gewicht fiele, ist der Negev auch wieder nicht.

Meine allererste Reise quer durch den Negev führte mich vor Jahren einmal kreuz und quer durch eine der attraktivsten und zugleich wohl auch furchteinflößendsten Landschaften des ganzen Nahen Osten, nämlich durch die Canyons, Stein- und Sandwüsten südlich von Beersheba und Dimona, wo damals – es war Ende der sechziger Jahre – die berühmte *Operation Negev* noch nicht wirksam geworden war. Sie ist es übrigens, wenn man von einigen Kibbuzim und geheimen Raketenbasen absieht, auch heute noch nicht. Damals war ich noch naiv genug, um auf Spuren der antiken Ruinenstätten von Avdat, Rehovot und Soubeita zu hoffen, deren Existenz unter anderem den jüdischen Wissenschaftlern beweist, daß es in antiker Zeit Ansätze zu einer blühenden Landwirtschaft im Negev gegeben haben muß. Denn alle längst wieder verschwundenen, vom Sand begrabenen Städte und Festungen hätten ohne Wasser und ohne eine gewisse Autarkie in der Lebensmittelversorgung kaum existieren können. Also gilt es nur, so folgern die Wissenschaftler, ähnliche Verhältnisse für die Gegenwart herzustellen, um die relative Fruchtbarkeit von damals wieder zu erreichen. Ich habe auch Meldungen gelesen, die sogar in populärwissenschaftlichen Büchern ihren Niederschlag fanden und die alle vom erfolgreichen Verlauf der Experimente erzählen, die man im unfruchtbarsten Gebiet des Negev anstellt, um auch hier riesige Tomaten, saftige Gurken, prachtvolle Zitrusfrüchte ernten zu können. Aber alles, was ich aus eigener Anschauung kennengelernt habe, bestätigt nur meine skeptische Vermutung, daß es doch nicht ganz so einfach sei, das Rad der Geschichte mit ingeniösem Schwung zurückzudrehen. Ich erinnere mich zum Beispiel an einstmals hoffnungsvoll errichtete Kibbuzim, von denen heute nicht einmal mehr die Grundmauern stehen. Auch die alte ägyptische oder eigentlich britische Militärstraße von Beersheba über Avdat und Mizpe Ramon hinunter in den südlichen Ausläufer des Negev und zum Golf von Akaba oder Eilat, war damals vor fünfzehn Jahren noch so etwas wie eine dünne Nabelschnur durch die Geschichte und die Überlebensmöglichkeiten in der Wüste, schwierig zu befahren, aber durchaus zu bewältigen, während man heute schon ein geländegängiges Fahrzeug braucht, um diesen Weg zu überwinden. Und doch verrät der Blick auf die magische Schönheit dieses wilden Landes, wie zauberhaft im Sinne von Verzauberung auch eine Wüste sein kann, wenn man bloß die Augen auf gleicher Höhe mit den Steinen, Disteln und Skorpionen hat. Natürlich fällt einem der fatale Vergleich mit einer Mondlandschaft ein. Aber im Gegensatz zum himmlischen Gestirn haben hier tatsächlich Jahrtausende hindurch Menschen gelebt und um ihr Leben gekämpft, verehrten sie Gottheiten, von denen wir heute keine Ahnung mehr haben, und schrieben die ersten unbeholfenen Nachrichten in den Sand und in die Felswände der Canyons.

Mir war es während jener ersten Reise nicht immer möglich, die Schönheit und den Zauber der Wüste unvoreingenommen zu genießen, weil ich viel zu sehr damit beschäftigt war, Wasser aufzutreiben und mich vor der Wut der Sonne zu schützen. Ich erkrankte damals bei Temperaturen um fünfzig Grad an einer eitrigen Halsentzündung, wobei ich heute noch nicht genau weiß, ob es die unmenschliche Hitze oder die eisige Kälte der Nächte war, die mich zuerst fiebernd und wahrscheinlich auch fantasierend auf die Hintersitze meines Wagens und dann in das Innere eines Beduinenzeltes zwang. Das war in der Nähe der alten Gipsminen südlich von Ramon, und es hatte zur Folge, daß ich in den Jahren danach sowohl mit Beduinen als auch mit Arabern und Juden – nur manche Christen scheinen sich eher auf den Herrgott als auf ein gefülltes Wassergefäß zu verlassen, wenn sie den Negev erkunden – oft genug die erste und wichtigste Vorsichtsmaßnahme in der Wüste übte, nämlich das regelmäßige Trinken von Wasser, und zwar auch dann, wenn ich überhaupt nicht durstig war. Man sollte sich nämlich nicht davon täuschen lassen, daß der Negev scheinbar nur eine kleine, flächenmäßig gut überschaubare Wüstenlandschaft ist. Das alles ist die Theorie der europäischen Besucher. Die Praxis schaut anders aus. Ich habe oft genug Touristen erlebt, die eine lächerliche halbe Autostunde vor einem Rasthaus auf dem Weg nach Eilat oder auch nach Sharm el Sheik einen Kreislaufkollaps bekamen, weil sie vergessen hatten, regelmäßig und ausreichend Wasser zu trinken und notfalls ein paar Salztabletten zu nehmen. Solche und ähnliche Erfahrungen steigern allerdings meinen Respekt vor den israelischen Siedlern ins Unermeßliche, die mitten in dieser Wüste Gott zu versöhnen und ihren Rabbi zu überraschen versuchen, indem sie irgend etwas Grünes, Lebendiges, Nützliches ins verbrannte Gelb und ausgeglühte Ocker des Negev zaubern.

Die Beduinen sind in dieser Hinsicht vernünftiger. Oder auch nur etwas weniger halsstarrig. Sie beschränken ihre Weideflächen in der Hauptsache auf die Region von Beersheba und Dimona. Das hat auch politische Gründe, denn zwischen manchen Clans aus dem Negev und manchen Stämmen aus dem Sinai herrscht nicht das allerbeste Verhältnis. In der Gegend von Beersheba sah ich auch den ersten festangelegten, sozusagen stationären Beduinenfriedhof. Ich habe früher stets angenommen, daß Beduinen ihre Toten unter einigen Steinen begraben und dann ungerührt weiterziehen.

Ich ahnte hier auch etwas von den festgefügten Normen beduinischer Lebensart. Ich behaupte nicht, daß ich sonderlich viel von diesem Volk – oder von den Eigenarten der verschiedenen Stämme – verstehe oder auch nur ahnungsvoll begreife, aber ich weiß, daß die unzähligen Mystifizierungsversuche und romantischen Darstellungen ihrer Existenz nicht nur falsch, sondern auch schädlich sind. Ich wage zu behaupten, daß Beduinen in der Regel nicht mit zeitgenössischen soziologischen Maßstäben erfaßbar sind. Sie sind andererseits aber auch keine mythischen Helden, die sich auf rätselhafte Weise aus einem antiken Zeitalter in die Gegenwart verirrt haben. Manche Clans sind für ihre unheimliche Perfektion berüchtigt, mit der sie den Rauschgiftschmuggel über alle Grenzen hinweg betreiben. Andere wieder haben sich einen besonderen Ruf durch ihre Fertigkeiten erworben, ahnungslose Reisende auszuplündern und Touristen um ihre Barschaft zu erleichtern. Die Beduinen entlang des Gazastreifens und im Raum von El Arish sind und waren immer potentielle Gegner der Juden, und eine der obskursten und allerdings auch materiell einträglichsten Diebstahlsserien des Nahen Ostens, nämlich die Entwendung israelischer Fahrzeuge, ihre Eingrabung im Wüstensand und ihre Wiederverwendung als Taxis in Kairo und Alexandria, wäre ohne die Mithilfe der Beduinen nicht möglich gewesen. Die Stämme im Negev gehen gelegentlich sogar soweit, daß sie ihre Söhne zur israelischen Armee abstellen, wo diese neben Drusen und Tscherkessen die besten Spurenleser und sichersten Schützen sind. Es gibt keine einheitliche Norm, die allen Beduinen auf palästinensischem Boden gerecht zu werden vermöchte. Sie sind primitive Analphabeten, deren Moralbegriffe tatsächlich noch aus der Zeit zu stammen scheinen, als Abraham seine berühmt gewordene Schwurhand hob oder der Römer Marcus Antonius ganze Oasen und Hafenstädte verschenkte. In dieser Hinsicht gleichen die Beduinen manchen orthodoxen Juden, die auch nicht wahrhaben wollen, daß sich seit dem Auftritt eines Mannes namens Moses oder seit den tränenfeuchten Seufzern jüdischer Emigranten an den babylonischen Ufern die Welt ein wenig verändert und entwickelt hat. Aber ich habe andererseits hervorragend gebildete, intellektuelle Beduinen getroffen, die in primitiven Baracken mitten im Negev ihren Stammesgenossen Lesen und Schreiben beibringen. Und vor einiger Zeit hörte ich sogar von einer weiblichen Stammesgenossin, die an einer israelischen Universität ihren Doktor der Medizin gemacht haben soll.

Am meisten beeindruckte mich immer die Selbstverständlichkeit, mit der dieses uralte Volk vom Kamelsattel in den Sattel eines überschweren japanischen Motorrades überwechselt. Oder zumindest der Möglichkeit eines solchen Wechsels nicht hilflos gegenübersteht. Und manchmal habe ich den Eindruck, als ob die Beduinen, die scheinbar rückständigen oder auch nur zeitlosen *Söhne der Wüste,* als die wir sie ein wenig hochmütig apostrophieren, den Übergang vom Nomadendasein in die hochtechnisierte und anspruchsvolle Welt des 20. Jahrhunderts müheloser als manches arabische Nachbarvolk bewältigt hätten. Und zwar ohne den gravierenden Nachteil, den andere Opfer des sogenannten Fortschritts auf sich nehmen mußten. Die Beduinen haben ihre Zugehörigkeit zur Wüste trotz aller Fortschrittsgläubigkeit nicht verloren. Die Juden, die vor einigen Jahrtausenden aus dieser Wüste gekommen sind, um das Reich Gottes und ein wenig auch die Gesellschaft der Hohepriester, Geldwechsler, Geschäftsleute und Advokaten zu errichten, arbeiten jetzt schon seit dreißig, vierzig Jahren, um wieder in der Wüste heimisch zu werden. Man darf davon überzeugt sein, daß sie ihr anspruchsvolles Ziel erreichen werden. Denn ihnen – und den Beduinen – lächelt das Glück des Tüchtigen. Nur die Araber, die Palästinenser bleiben wieder einmal auf der Strecke.

Kapitel XII

EILAT ODER DIE VERGANGENHEIT HAT SCHON BEGONNEN

Salomo, der Jerusalem um das Jahr 998 vor Christus eroberte, war als Nachfolger seines Vaters David der König der Juden. Salomo ist für die anekdotische Geschichte der einzigen israelischen Hafenstadt am Roten Meer, für Eilat, von immenser Bedeutung, wenngleich diese Bedeutung wie so manche in Palästina vielfach nur eine eingebildete oder guterfundene ist und alle abenteuerlichen oder romantischen Geschichten, die den ahnungslosen Touristen erzählt werden, nicht im mindesten verifizierbar und in einigen spektakulären Fällen sogar herzhaft gelogen sind. Salomo begann seine königliche Karriere mit Brudermord und einer Reihe von Hinrichtungen, was für eine immerhin rund vierzigjährige Regierungszeit kein sonderlich guter Anfang gewesen sein konnte. Aber Salomo scheint andererseits tatsächlich so weise gewesen zu sein, wie das seine Hagiographen bewundernd feststellen. Eine ganze Reihe von außerordentlichen Maßnahmen, die er zugunsten seiner israelischen Untertanen und wohl auch der eigenen Vermögensbildung setzte, bestätigen die spezielle Form orientalischer Klugheit. Er besaß an die siebenhundert Ehefrauen und dreihundert Konkubinen, was neben anderen Anstrengungen auch einen beträchtlichen Aufwand an kosmetischen Artikeln erforderlich gemacht haben dürfte. Und weil Salomo nicht nur der fromme König war, der zu Jerusalem den ersten Tempel der Juden errichten ließ, sondern dem auch, da er selbst den Luxus bevorzugte, das Wohlleben seiner Untertanen, Haremsdamen und Pferde am Herzen lag, ließ er in der Oase von

Jericho riesige Plantagen mit Balsambäumen anlegen, aus denen alle Salben, Schminken, Tinkturen und duftenden Essenzen für die Damen seines Harems gewonnen werden konnten und man nicht mehr auf kostspielige Importe aus Ägypten angewiesen war.

Salomo war trotz seines düsteren, ja blutigen Beginns ein friedlicher und friedliebender König, und manche Autoren, die heute sein Leben und seinen Charakter darzustellen versuchen, vertreten kategorisch die Meinung, daß er durchaus das Geschick und den Weitblick eines modernen Konzernherrn besessen habe. Natürlich lassen sich jüdische Autoren zu solch emphatischer Meinung hinreißen. Höchstwahrscheinlich war Salomo, der gar nichts anderes als ein begabtes Kind seiner rauhen und rücksichtslosen Zeit war, zwar eitel und habgierig, aber auch despotisch und unberechenbar, wie es einem orientalischen Potentaten im 10. vorchristlichen Jahrhundert durchaus zustand. Es mag schon sein, daß die Juden kein Fältchen an seinem Charakter entdecken können, aber deshalb zu behaupten, er wäre der beste aller Könige gewesen, *weil* er ein Jude war . . . das hieße doch, den Philosemitismus zu weit treiben. Er war ein Tempelbauer und Köpfeabschlager, ein Förderer von Kunst und Architektur und ein Brudermörder, er führte das Reich der Juden – was immer man sich darunter vorstellen mag, wenn man nicht gerade dem historischen Enthusiasmus orthodoxer Juden in Mea Shearim verfallen ist –, das Reich, das von seinem Großvater Saul begründet und von seinem Vater David hervorragend organisiert worden war, zu einiger geographischer Ausdehnung und beträchtlicher wirtschaftlicher Blüte, aber er verschleuderte ein riesiges Vermögen für die Erfüllung seiner extravaganten Wünsche, zu denen neben kostbaren Pferden und exorbitanten Bauvorhaben zweifellos auch die Erhaltung eines überdimensionierten Harems gehörten. Er war vielleicht ein Genie, wovon die freundlicheren unter seinen Biographen ohnedies überzeugt sind. Die kritischeren Berichterstatter verweisen freilich darauf, daß schon vier Jahre nach seinem Tod, der im Jahre 926 eintrat, das jüdische Reich wieder zerfiel.

Und ich, in diesem Kapitel mit Eilat und seiner attraktiven Umgebung beschäftigt, soweit das alles heute und gestern den Juden zugute kommt, ich möchte zu bedenken geben, daß die populärste aller Meinungen über Salomo, die alljährlich einigen Zehntausend

Touristen und Liebhabern von Reisebüchern aufs nachhaltigste erzählt oder eigentlich eingeredet wird, grundfalsch ist. König Salomo, so geschickt und gerissen er sonst auch gewesen sein mag, hatte überhaupt nichts mit *Salomos Minen* und *Salomos Säulen* im Dunstkreis von Eilat zu tun, mit diesen Horrorschauplätzen verzweifelter Sklavenarbeit unter unmenschlichen Bedingungen, wo Kupfer in beträchtlichen Mengen gewonnen wurde, das dann – so behaupten es die Fremdenführer – in der biblischen Industrie- und Hafenstadt Ezeon Geber, dem heutigen Akaba, der jordanischen Schwesterstadt Eilats, verhüttet und verschifft worden wäre. Das ist genauso falsch oder nicht nachweisbar wie die romantische Geschichte von der Königin von Saba, die auf *Coral Island,* einer kleinen Koralleninsel südlich von Eilat, schon in der ersten Nacht ihrer prunkvollen Ankunft in die Arme des ewig liebebereiten und auch liebefähigen Judenkönigs gesunken sein soll. Aber auch die Diamantenminen im südlichen Negev, aus denen sich der verschwenderische König nach der Vorstellung seiner Biographen nach Belieben bedienen durfte, sind nur eine nützliche Erfindung für den Fremdenverkehr und die Filmindustrie. Und nicht einmal die an sich recht plausible Behauptung, daß Salomo die Hafenstadt Ezeon Geber am Roten Meer gegründet und damit den ersten Grundstein gelegt habe für Akaba und in weiterer Folge für Eilat, entspricht der historischen Wahrheit.

König Salomo war zweifellos ein bedeutender Herrscher! Vieles, durch ihn initiiert und von ihm geschaffen, hat ihm Unsterblichkeit eingebracht. Manche seiner Sprüche und Lieder, die wahrscheinlich seine geplagten Hofpoeten erfinden mußten, sind von bewegender Schönheit. Der Tempel zu Jerusalem, den er den Juden hinterließ, sorgt bis heute für politische Aufregung und religiöse Mythenbildung. Nur mit Eilat hat Salomo herzlich wenig zu schaffen gehabt, wenn man davon absieht, daß seine Handelsflotte dort vor Anker lag. Kupfer, Diamanten, Verhüttungsindustrien oder gar ein *Pittsburgh oder Gelsenkirchen am Roten Meer,* verschönt durch eine stürmische Brautnacht mit der Königin von Saba . . . ach nein, soviel unverdientes Glück besitzen nicht einmal die Einwohner von Eilat, um derlei staunenswerte Details an den Beginn ihrer Biographie setzen zu können. Eilat bestand zum Beispiel 1948 aus einem dürftigen Holzhaus, aus einer Blockhütte, in der sich einige ägyptische Zöllner und Grenzpolizisten erbärmlich langweilten. Sonst gab es nichts außer den Korallen, der Wüste und den monolithischen Steinblöcken, die wie Gebilde aussehen, die aus der Hand eines großen und zornigen Gottes gefallen sind. Akaba am gegenüberliegenden, jordanischen Ufer war eine verschlafene und unter der Hitze so gut wie bedeutungslose Kleinstadt, in der alles Leben für alle Zeit erstarrt zu sein schien. Einige halbverrückte Ausgräber suchten nach Anhaltspunkten für das historische Ezeon Geber. Und einige jordanische Soldaten bewachten eine Grenze, die es damals eigentlich noch gar nicht gab.

Aber derlei nüchterne Fakten, die durch ein paar Anekdoten über die Eroberung des ägyptischen Grenzpunktes durch eine jüdische Brigade aufgelockert werden, haben die sympathischen Juden am Roten Meer noch nie sonderlich gestört. Sie leben schließlich vom Fremdenverkehr. Heute mehr denn je, da der Suezkanal wieder geöffnet ist. Also sind sie sozusagen zwangsläufig zu Meistern im Erfinden unglaublicher Geschichten geworden, mit denen sie ihre Besucher unterhalten. Und wer dadurch noch nicht überzeugt ist, daß Eilat eine ungewöhnliche Stadt ist, kann es heute an Dutzenden von Hotels aller Kategorien und Preisklassen sowie atemberaubend schönen Stränden, einigen Korallengärten, Beduinen, gelegentlich auch Haien und hin und wieder im nahen Sinai sogar Gazellen erkennen. Denn Eilat, das keinesfalls aus Salomos unerschöpflicher Phantasie entsprang, könnte durchaus von ihm erfunden worden sein.

Aber diese Stadt verfügt selbstverständlich über eine ganze Reihe von anderen Attraktionen, die – ob nun mit oder ohne den posthumen Segen Salomos – in mehr als nur einer Hinsicht bewundernswert sind. Da gibt es zum Beispiel in der näheren Umgebung, etwa eine mühselige Autostunde im geländegängigen Fahrzeug von der Küste entfernt, eine dramatisch gegliederte Schlucht, durch die bis ins späte Mittelalter hinein die wichtigsten Handels- und Pilgerwege von Ägypten und dem Mittelmeer hinauf nach Palästina und vor allem hinüber nach Arabien führten. Auch die Armeen in den verschiedenen Jahrtausenden verschmähten diese natürlichen Verbindungswege keinesfalls. Eine dieser Schluchten diente noch im März 1949 einer jüdischen Brigade als Anmarschweg nach Eilat. Die Ägypter waren jedenfalls vollkommen verblüfft, als sich in ihrem

Rücken plötzlich israelische Soldaten zeigten, die aus diesem labyrinthischen Durcheinander zerklüfteter Steine, aufgetürmter Felsblöcke und sandgefüllter Schluchten auftauchten, als hätte sie tatsächlich ein Engel durch die menschenfeindliche Wildnis geleitet, während doch zur gleichen Zeit jüdische Einheiten einige Kilometer oberhalb Eilats lagerten, und zwar an einer Stelle, an der heute die neue Autostraße vorbeiführt und die durch zwei halbverwischte Mosaike, auf denen die Feldzeichen dieser Truppen von damals eingezeichnet sind, gekennzeichnet ist. Übrigens waren es auch israelische Soldaten, die Jahre später den sogenannten *Canyon der Inschriften* entdeckten, eine bizarre und manchmal kaum mannsbreite Schlucht von düsterer Schönheit, an deren steil abstürzenden und eigenwillig geformten Felswänden sich länger als zweitausend Jahre hindurch Menschen der verschiedenen Rassen und Religionen durch Schriftzeichen verewigt hatten. Und diese Schlucht, dieser *Canyon der Inschriften,* ist in der Tat einer der aufsehenerregendsten Schauplätze menschlicher Geschichte im Umfeld von Eilat, eine Sehenswürdigkeit, die zwar nur mühsam erreichbar, aber dennoch von außerordentlicher Faszination ist.

Es waren jüdische Heimkehrer ins *Gelobte Land,* unterwegs aus der alexandrinischen Diaspora, die sich hier mit spitzen Tierknochen oder scharfgeschliffenen Steinen an der Felsenhaut als Zeichengeber und Schriftsteller versuchten, aber auch berühmte Karawanenführer der Antike, die entlang ihrer uralten Routen, die über viele Hunderte von Kilometern hinweg quer durch die Jahrtausende stets dieselben blieben, ihre Signatur in den hellen Sandstein zeichneten. Es waren römische Legionäre unterwegs nach Judäa, wo der Aufruhr tobte, und die Rebellen von Masada und rund sechzig Jahre später die Anhänger Shimon Bar Kochbas, die sich gegen die verhaßte römische Besatzungsmacht wehrten. Es ist aberwitzig, sich vorzustellen, daß eines der Zeichen in dieser Schlucht aus der Hand des römischen Soldaten stammt, der dann in Bethera die Lanze in den Leib Shimon Bar Kochbas stieß. Es waren aber auch die ersten arabischen Pilger nach der heiligen Stadt Mekka, deren primitive und doch beeindruckende Schreibversuche in diesem entlegenen Wadi zu sehen sind. Heißer Wind, maßlos erhitzt von der Sonne, fällt lautlos und wie flüssiges Gas in den Canyon ein, Staubfahnen wehen über das davorgelagerte Plateau, durch das sich die Schlucht in Jahrmillionen ihren eigenwilligen Weg gebahnt hat. Und über die Inschriften, über altjüdische Leuchter, arabische Kamele und römische Legionszeichen, über alle diese geheimnisvollen und doch so verräterischen Chiffren der Geschichte in den Felswänden rinnt raschelnd schwärzlicher Sand. Das Wadi frißt sich durch bis an die Küste. Und die Pilger, Heimkehrer, Handelsleute und Soldaten folgten dem schmalen, gewundenen Weg ein paar Tausend Jahre lang. Zuletzt waren es christliche Pilger im 3. und 4. Jahrhundert, die sich nach Süden wandten, dem mythischen Sinai entgegen, darunter auch adelige Frauen, Europäerinnen, die furchtlos oder vielleicht auch nur fanatisch genug waren, um im Namen des Herrn das Äußerste zu wagen. Immerhin entstand durch solchen Mut, durch solche unbegreifliche Beharrlichkeit nicht nur das weltberühmte Katharinenkloster, sondern auch – woran sich heute niemand mehr erinnert – die frühchristliche Gemeinde von Feiran mit ihren zahlreichen Kirchen und Klöstern, einige Tagesmärsche hinter dem Sinaiberg gelegen und heute nur noch eine Ansammlung trauriger Ruinen inmitten einer bescheidenen arabischen Oase. Einen Tagesmarsch weiter machte ein britischer Archäologe anfangs dieses Jahrhunderts eine der wichtigsten Entdeckungen. Er fand eine Schrifttafel, auf der sich eines der ersten Alphabete der Menschheitsgeschichte befand. Man sieht, daß der eigenartige *Canyon der Inschriften* in mehr als einer Hinsicht weit in die Vergangenheit zurückweist.

Ich kann natürlich nur für mich selbst und über meine eigenen Erlebnisse und Empfindungen sprechen, aber gerade hier, auf diesem Hochplateau am Eingang zum *Canyon der Inschriften,* habe ich einmal in der Begleitung eines weltscheuen, eigenbrötlerischen Juden und seines Beduinenfreundes ein wenig von der sanften Verführung kennengelernt, die aus der Endlosigkeit der Wüste, in der jede Schöpfung zu beginnen scheint, über die Menschen kommt. Es waren vielleicht nur Augenblicke, in denen ich das Unglaubliche des Lebens so zu spüren vermeinte, in denen ich die Wurzeln begriff, an denen die Menschen in dieser Wildnis hängen. Mein Gefühl der Dankbarkeit für diese wenigen Augenblicke ist heute noch vorhanden, weil sie mir etwas beibrachten, was ich hier und heute beinahe nicht mehr auszudrücken imstande bin: Respekt vor dem Leben!

Wir tranken damals heißen, süßen Tee, wobei der Beduine immer wieder einige aromatische Kräuter ins siedende Wasser warf, wir lagen hingebreitet auf schmutzigen Decken, die sich später als amerikanische Schlafsäcke entpuppten, wie sie auch von der israelischen Armee verwendet werden, wir dösten vor uns hin und spürten die tropfende Zeit – wie schwierig es jetzt doch ist, die Stimmung von damals nachzuvollziehen! –, während draußen ein heftiger Sommersturm den Sand aufwirbelte und in den Windungen der Wadis und tiefeingeschnittenen Schluchten diese phantastische Musik erzeugte, die man sein ganzes Leben nicht mehr aus den Ohren verliert. Aber im Inneren des Zeltes war es friedlich und sogar vergleichsweise kühl. Irgendwann begann der Mann, der mich hierher begleitet hatte, seine Geschichte zu erzählen. Es war, wenn man es pathetisch ausdrücken will, die Geschichte einer verzweifelten Menschwerdung, die dadurch ermöglicht wurde, daß sich der Mann immer nachhaltiger, kompromißloser von allen bürgerlichen Normen befreite und sich schließlich auch aus den üblichen zwischenmenschlichen Verhaltensweisen zurückzog.

Sein Leben begann mit dem Überleben in einem Konzentrationslager, und immer, wenn ich solche Sätze niederschreibe, solche Bemerkungen zu machen gezwungen bin, fällt mir ein, wie selbstverständlich einem das heute über die Lippen geht. Es hat fast den Anschein, als ob wir – vorbereitet durch Inquisition und Pogrome – über den Zustand halbherzigen Mitleids nicht mehr hinauskämen. Jedenfalls verließ der Mann nach seiner Befreiung Europa, ging mit einigen anderen Hoffnungslosen und Geschlagenen, die das Pech hatten, Juden zu sein, in einer mondlosen Nacht südlich von Haifa an Land, nachdem das Schiff, das sie bis vor die palästinensische Küste gebracht hatte, nur ganz knapp einem britischen Zerstörer entkommen war. Dann folgte die Tätigkeit im Untergrund, die Teilnahme an Überfällen auf britische Polizeiposten und arabische Waffenlager, bis von den Briten eine hohe Belohnung auf den Kopf des Mannes ausgesetzt wurde, der neben mir in einem Beduinenzelt saß und dessen Stimme flach, teilnahmslos klang, während er das Ungeheuerliche, das in diesem Jahrhundert anscheinend selbstverständlich geworden ist, andeutungsweise erzählte. Ich erinnere mich, daß ich ihn gefragt hatte, ob er Menschen umgebracht hätte. Seine Antwort war unmißverständlich: *Why not – warum nicht?*

Im Jahre 1948 war er einer der ersten Israeli, die über Beersheba quer durch den Negev bis ins Wadi Araba vordrangen, in das langgestreckte Wüstental, das sich vom Toten Meer südwärts bis zum Roten Meer erstreckt und durch das heute die absurde, unauffällig friedliche Todesgrenze zwischen Israel und Jordanien verläuft. Er war auch einer der ersten, die einen erstaunten, glücklichen Blick auf die gerundete Bucht von Akaba warfen, und manche romantische Metapher, die man sich seit damals über Salomo in Verbindung mit Eilat, dem Wadi Araba und Coral Island erzählt, hatte er möglicherweise verursacht. Denn damals besaß er noch etwas Hoffnung, damals glaubte er noch an die Möglichkeit einer friedlichen Koexistenz zwischen Arabern und Juden. Das änderte sich radikal, als er einige Jahre später vom Wadi Araba aus den verrückten, selbstmörderischen Gedenkmarsch der jungen Israeli nach Petra mitmachte, zur nabatäischen Felsen- und Höhlenstadt hinter den jordanischen Grenzbergen, das zwar ein gleichnishaftes Unternehmen war, das aber Dutzenden von jungen Juden das Leben kostete, während die meisten Überlebenden in jordanischen Gefängnissen landeten. Heute erinnert an dieses Abenteuer nur noch ein kleines, für israelische Verhältnisse eher bescheidenes Denkmal am Rand der Verbindungsstraße zwischen Eilat und dem Norden.

Der Mann neben mir im Beduinenzelt, dessen Geschichte ich hier nachzuerzählen versuche, überlebte auch den wahnwitzigen Ausflug in die Vergangenheit, der ein Symbol für den Frieden zwischen den Völkern werden sollte und der eine Katastrophe wurde, eine von vielen in diesem biblischen Landstrich, der den Angehörigen der drei monotheistischen Religionen so heilig ist, daß sie sich seinetwegen seit Jahrtausenden zerfleischen. Der Mann überlebte auch zahlreiche andere Aktionen, über die er nur zögernd, in vagen Andeutungen sprach und bei denen neben den Sprengsätzen, Tellerminen und entsicherten Maschinenpistolen der Geruch des zeitgemäßen jüdischen Sterbens sein ständiger Begleiter war. Ich weiß, daß eine solche Darstellung allzu emphatisch anmutet und sich auch kitschig anhört. Ich weiß aber auch, daß nur eine gewisse Fähigkeit zur Emphase und der Mut zum Kitsch ein solches Leben, wie es der Mann neben mir viele Jahre führte, zwar nicht gerade erträglich, aber doch überlebenswert machen. Die Touristen, die heute durch den Negev und das Wadi Araba nach Eilat kommen – oder mit der

Binnenfluggesellschaft *Arkia,* Juden wie Christen, und viele von ihnen würden den Mann sofort erkennen, wenn ich sein Gesicht, seine Augen, seine Figur beschreiben dürfte –, diese Touristen vergessen längst schon wieder die blutige Geschichte dieser Region, die ihnen lediglich als Ferienparadies bekanntgemacht wird. Die zahlreichen Gedenksteine und Denkmäler an Straßenrändern und auch im unwegsamen Gelände erzählen ja nicht nur von Auto- oder Arbeitsunfällen, sondern in der Hauptsache von terroristischen Aktionen palästinensischer Freischärler gegen Kinder, Krankenhäuser und Schulen, wobei ich im gleichen Atemzug sagen muß, daß wir überhaupt kein Recht haben, uns darüber zu empören, weil wir erstens selbst seit vielen Generationen im Ausüben von Terror geübt sind und weil hier zweitens ein geschlagenes, gedemütigtes und von seiner Heimat vertriebenes Volk, nämlich die Palästinenser, lediglich seine Art der Selbstverteidigung demonstriert. Ich bin mir nicht immer sicher, ob es einen gerechten Gott im Himmel gibt, aber ich bin mir sicher, daß es – sofern es *ihn* tatsächlich gibt – den Tag geben wird, an dem das Blut der Opfer, *aller* Opfer, über die Verursacher kommen wird. Das hat nichts mit Aberglauben zu tun. Das ist eine Erfahrung, die uns die Geschichte beigebracht hat.

Der gewonnene Krieg von 1967 machte dem ständigen Alptraum entlang dieser Grenze ein Ende. Die Ägypter zogen sich aus dem Sinai zurück, die Jordanier stellten jede Unterstützung für die Palästinenserkommandos ein. Es bleibt jetzt abzuwarten, wie sich die neuen Verhältnisse nach der Rückgabe des Sinai an Ägypten auf die Sicherheit in diesem Gebiet auswirken werden. Der Mann neben mir im Beduinenzelt war skeptisch.

Was mich damals am Eingang zum *Canyon der Inschriften* aber besonders berührte, war die nüchterne Selbstverständlichkeit, mit der er, ein europäischer Jude, der nicht nur ein perfekt ausgebildeter Untergrundkämpfer war, sondern auch ein Hochschuldiplom besaß, über sein hoffnungslos vergeudetes Leben sprach. Denn nach unseren landläufigen Vorstellungen, die wir von der Entwicklung einer bürgerlichen Biographie haben, bestand sein Leben nur aus Enttäuschung, Entbehrung und ständiger Lebensgefahr, aus Verbitterung und Trauer, bis er sich auf seine frugale Existenz am Rande der sogenannten Zivilisation zurückzog, geübt im Umgang mit der Natur und den Beduinen. Er war ein geschlagener Jude, ein ernüchterter Jude, ein programmierter Zyniker und zugleich ein hoffnungslos enttäuschter Romantiker, der alles getan hatte, um den Judenstaat zu ermöglichen und der nun nicht mehr imstande war, an irgendeine politische oder religiöse Instanz zu glauben. Er war dabei vielleicht sogar ein glücklicher Mensch. Aber sein Glück war kalt, empfindungslos, soweit es die Menschen und ihre gesellschaftlichen, politischen und religiösen Ordnungen betraf. Er war ein Jude, der das abstruse Schicksal seines Volkes ein paar Jahrzehnte lang so miterlebt hatte, daß er jetzt nicht mehr die Kraft oder den Willen besaß, nichts weiter als ein durchschnittlicher Optimist und gläubiger Mensch zu sein. Dieser Mann, dessen kaltes Glück anscheinend nur noch im Hinterland von Eilat und in der Unzugänglichkeit labyrinthischer Wadis, menschenleerer Hochflächen und Wüsten existieren konnte, war ein Produkt des Verhängnisses, das seine Rasse so hartnäckig verfolgt. Israel ist voll von solchen Charakteren, Geschlagenen und Ausgebrannten, den eigentlichen Opfern der infantilen Nahostpolitik. Sie alle hatten Illusionen. Nun verkrochen sie sich in der Wüste oder in großstädtischer Einsamkeit oder in einem entlegenen Kibbuz. Sie alle hatten getötet, Briten und Araber, Ägypter und Palästinenser, Syrer und Jordanier, sie hatten mit der Unermüdlichkeit und Anteilnahme getötet, zu der man wohl nur fähig ist, wenn man an die Gerechtigkeit seiner Sache blindlings glaubt. Sie alle waren Meister des Tötens gewesen. Jetzt konnten sich die Augen dieser Menschen mit Tränen füllen, wenn ihr Fuß zufällig einen Skorpion zertrat. Das Schicksal dieses Mannes aus Eilat, der sich heute sein Brot im Umgang mit Touristen verdient, ist kein Einzelschicksal. Es gibt in Israel, ich sagte es schon, viel mehr erloschene, leergebrannte Menschen, als man es angesichts dieses nervösen, aktiven, lebensfrohen Volkes glauben möchte. Es gibt viele tote Seelen in des Wortes furchtbarster Bedeutung. Sie sind die Opfer, die in keiner Statistik erscheinen und die weder von Dichtern noch von Politikern besungen oder dargestellt werden. Das Seltsame daran oder eigentlich das auf seltsame Weise Natürliche ist, daß man ihnen am häufigsten in den Grenzzonen, dem scheinbaren Nichts, zwischen der Zivilisation und der Wüste begegnen kann, wo sie als eine Art unheimlicher Mönchsorden illusionslos, teilnahmslos das Schicksal eines Staates verfolgen, für dessen Existenz und vorläufiges Überleben sie zuviel geopfert haben.

Warum ich das alles im Zusammenhang mit Eilat erzähle? Und ob eine solche Biographie, ein derartiger Charakter also wirklich ein Beweis dafür ist, daß die Geschlagenen und Desillusionierten wie die Motten vom Licht und in diesem Falle vom bleichen Widerschein der Wüsteneinsamkeit angezogen werden, wobei man vorsorglich und nicht ohne anteilnehmenden Spott hinzufügen muß, daß es in der Stadt Dutzende von Pubs, Bars, Tavernen, Bierstuben und erfreuliche Kommunikationszentren gibt? Ich weiß es auch nicht. Vielleicht übt Eilat deshalb eine so magnetische Anziehungskraft auf manche dieser Hemingway-Typen jüdischer Provenienz aus, weil es immer noch eine optimistische, zukunftsorientierte und zugleich freie und allen Absonderlichkeiten gegenüber ungemein nachsichtige Stadt ist. Das läßt sich unter anderem ja auch an der erstaunlichen Entwicklung der Bevölkerung ablesen. Im Jahre 1955, also noch vor der Suezkrise, die den unglaublichen Boom für Israels einzige Hafenstadt am Roten Meer auslöste, gab es hier nur etwas mehr als fünfhundert ständige Siedler. Aber nach dem fatalen Suezkonflikt, nach der Zerschlagung der ägyptischen Blockade für jüdische Schiffe und mit der Schließung des Suezkanals begann für Eilat buchstäblich über Nacht das 20. Jahrhundert. Der Hafen und eine erste Entsalzungsanlage wurden gebaut, eine breite Straße von Norden her und quer durch das wüstenähnliche Wadi Araba angelegt. Später errichtete man auch noch die berühmte Öl-Pipeline hinauf zum Mittelmeer, da Eilat nicht nur der Ölhafen für Israel, sondern auch für einige europäische Industrienationen wurde. Die Tanker aus dem Persischen Golf legten hier an, wurden entladen, und das für Europa bestimmte Rohöl wurde quer durch den Negev ans Mittelmeer gepumpt, wo es in andere Tankschiffe verladen wurde, die in Triest, Marseille oder Rotterdam vor Anker gingen.

Das alles nützte der kleinen, rasch wachsenden und aufblühenden und sich radikal verändernden Stadt. Die Bevölkerungszahl verdoppelte sich einige Zeit hindurch jedes Jahr von neuem. Der Freizeitwert der Stadt war groß, außerdem wurden hier die höchsten Löhne Israels bezahlt. Dafür wurden aber auch die prachtvollen Korallengärten im näheren Umkreis der Stadt vollkommen zerstört. Die ersten Hotels entstanden. Ich erinnere mich noch an meinen ersten Aufenthalt in Eilat in den sechziger Jahren, als es gerade erst zwei Hotels gab, an denen noch gearbeitet wurde, und als die Hippies, die man später unbarmherzig vertrieb, unterhalb der Betonstelzen, auf denen die Hotels ruhten, ihr romantisches Nachtlager aufschlugen. Die ersten zivilen Einrichtungen wurden in Rekordzeit fertiggestellt. Das modern eingerichtete Krankenhaus liegt, wenn ich recht informiert bin, zu 70 Prozent unter der Erde, was einerseits mit der nahen jordanischen Grenze zu tun hat, denn die Ärzte lehnten es vor 1967 ab, zu operieren, während die Einschläge der jordanischen Artillerie rund um den Operationssaal explodierten, und was andererseits die Sparsamkeit der israelischen Behörden beweist. Den harten Wüstenboden zu erschließen, auf dem die Stadt steht, kostet immenses Geld. Die Berge im Hintergrund verhindern eine Ausdehnung. Und es ist nicht weiter verwunderlich, daß hinter den letzten hübschen Ein- und Zweifamilienhäusern, Schulen und öffentlichen Verwaltungsgebäuden schon die Wildnis des Negev und des Sinai mit ihren bizarren Farben und Formen beginnt und der Übergang vom städtischen Leben mit seinen zahllosen erfreulichen Möglichkeiten in die Erbarmungslosigkeit einer menschenfeindlichen und doch grandiosen Natur völlig übergangslos ist. Es gibt in Eilat supermoderne Hotels, bei denen man, wenn man eine gewisse Zimmernummer an der Rezeption zugewiesen bekommt, neben dem unvermeidlichen Lärm der Klimaanlage zugleich das sanfte Rauschen des Swimming-pools, die gedämpfte Musik aus der Bar und das Rascheln des heißen Glutwindes im Wüstensand hören kann, während man aus dem Fenster in eine Art aufgerissenen Höllenschlund blicken kann. Dieser Höllenschlund, ein sogenanntes Wadi, das von den küstennahen Bergen herabführt und mit unaufhörlich rinnendem Sand und mächtigen Felsblöcken angefüllt ist, ist von giftigen Farben überzogen, rot, gelb, braun oder grün, und voll erdenklicher Schattierungen, die je nach dem Sonnenstand unheilverkündend, bedrohlich und freilich auch immer faszinierend auf den Besucher wirken.

Eilat ist in jeder Hinsicht eine Stadt der krassen Widersprüche und unglaublichen Gegensätze, ohne daß man dessen gleich beim Eintritt in diese vorgeschobene Bastion der Zivilisation gewahr würde. Eilat zählt heute mehr als 20.000 Einwohner. Und mir persönlich wird es stets rätselhaft bleiben, wie diese erkleckliche Summe an durstigen Kehlen hinlänglich mit Wasser oder auch mit Nahrung zufriedengestellt werden kann. Im anschließenden Wadi

Araba – wo es heute nicht nur einen Zoo, sondern auch Milch- und Gemüsefarmen gibt – hatte man es vor ein paar Jahren einmal in einem Kibbuz mit der Aufzucht von Legehennen versucht. Aber die Hühner gingen im mörderischen Klima reihenweise zugrunde. Dafür exportiert man jetzt mit Charterflugzeugen die prachtvollsten Treibhausblumen Winter für Winter nach Europa, wo es gelegentlich schon vorkommt, daß diese Produkte aus der Wüste als *Nelken aus Nizza* und *Rosen aus Holland* verkauft werden. Man erzählte mir hier die hübsche Geschichte von einem Staatsbankett zu Ehren arabischer Ölminister, das in einem europäischen Land stattfand und dessen Blumenschmuck aus solchen *französischen Nelken* und *holländischen Rosen* bestanden haben soll.

Die gebratenen Hähnchen, die man in Eilat bis Mitternacht bestellen kann, stammen übrigens aus Galiläa. Und nur in Krisenzeiten, wenn jedes Flugzeug und jeder Lastwagen gebraucht werden, um Soldaten und Munition von einer Front zur anderen zu transportieren, gibt es gewisse Versorgungsschwierigkeiten. Die Schmutzwäsche aller Hotels und Restaurants wird einmal wöchentlich in einem umgebauten Autobus nach Jerusalem gefahren, dort gereinigt und mit dem nächsten Transport wieder zurückgebracht. Das kommt immer noch billiger, als wenn man die Wäsche in Eilat selbst waschen würde, wo das Wasser, das heute in zwei Entsalzungsanlagen aus dem Meer gewonnen wird, nicht nur rar, sondern auch teuer ist. Das ist auch mit ein Grund dafür, daß man sündteures Importwasser aus Frankreich aufs Hotelzimmer serviert bekommt, wenn man arglos um ein Glas Wasser gebeten hat.

Aber das sind natürlich nur skurrile Kleinigkeiten, gemessen an den wirklichen Problemen dieser eigenartigen Stadt. Zwei Besonderheiten fallen einem sofort auf, wenn man sich erst einmal etwas näher mit der gegenwärtigen Situation beschäftigt. Erstens gibt es einen fast nutzlos gewordenen Ölhafen, der jetzt, nachdem der Suezkanal längst wieder passierbar wurde, keine besondere Funktion mehr zu erfüllen hat. Und zweitens herrscht ein spürbar stärker gewordener Snobismus bei den Menschen, die hier leben, was meines Erachtens eine der unangenehmsten Nebenerscheinungen einer ganz bestimmten Art von Fremdenverkehrsphilosophie ist. Vielleicht klingt es übertrieben, wenn ich sage, daß Eilat so etwas Ähnliches wie das Cannes oder St. Tropez des Roten Meers zu sein versucht, aber der Gegensatz zu den orthodoxen Judenvierteln in Jerusalem oder zu den alteingesessenen jüdischen Bauernsiedlungen im Norden ist hier, wo Barbusigkeit, Promiskuität, zeitgemäße Exaltiertheit und Lebensgier durchaus keine unangemessene Einzelerscheinung mehr ist, außerordentlich groß. Vielleicht hängt das auch ein wenig damit zusammen, daß die Menschen in Eilat zu nah und zu genau sehen können, welche Möglichkeiten ihnen ein friedliches 20. Jahrhundert bieten könnte! Im Containerlager am Hafen stapeln sich die Importe vor allem aus dem Fernen Osten, stehen Tausende japanischer Autos auf ihren Abstellplätzen, häuft sich also der angenehme Luxus, für den Israel eigentlich kein Geld besitzt, um ihn leichten Herzens bezahlen zu können. Ein paar Meter daneben erfreut sich die junge Generation der *Sabras,* der in Israel geborenen Juden, gemeinsam mit europäischen Wohlstandsbürgern an einer großzügigen und spektakulären Lebensform, die gelegentlich schon im absurden Widerspruch zur echten oder vielleicht auch nur noch vorgetäuschten Frömmigkeit steht, mit der in den großen Hotels von Eilat der jüdische Sabbat unnachsichtig eingehalten wird. Und im gebirgigen Hinterland oberhalb des Wadi Araba errichten die Amerikaner getreu den Abmachungen von Camp David einen riesigen Militärstützpunkt, einen supermodernen Flughafen, während die Beduinen nur einige Meter davon entfernt auf ihren uralten Wanderwegen die Steinwüste durchqueren. Und wem die körperliche Ertüchtigung junger Menschen am Herzen liegt, der kann einige Meilen von Eilat entfernt ein paramilitärisches Ausbildungslager für die israelische Jugend bewundern, das zu den härtesten seiner Art zählt.

Abends dann, wenn die Sonne fast übergangslos hinter den Küstenbergen im Osten verschwunden ist, kann man die orangefarbene Lichterkette von Akaba sehen und sich gut vorstellen, daß auch in der jordanischen Schwesterstadt fieberhaft daran gearbeitet wird, den internationalen Fremdenverkehr an sich zu ziehen. Im Süden beginnt freilich hinter dem grellen Lichtpunkt der Grenzstation zwischen Jordanien und Saudi-Arabien die kompakte Dunkelheit eines islamischen Landes in seiner totalitärsten Form. Bald werden auch wieder ägyptische Grenzposten in Ruf- und Sichtweite der berühmten Badestrände von Eilat existieren, und es gibt nicht wenige Pessimisten in der jungen fröhlichen Stadt, die heute bereits damit rechnen, daß ihre Zukunft davon abhängen wird, ob Luftwaffenoffiziere und Panzerkommandeure demnächst mehr oder weniger Gewalt ausüben und auch exekutieren werden. Jedenfalls könnte ich mir vorstellen, daß das Gesicht der Stadt dann strenger, militanter sein wird, wobei man nie vergessen sollte, daß zwischen dem letzten vorgeschobenen israelischen Grenzbunker und dem ersten jordanischen Maschinengewehrnest nur einige Hundert Meter Niemandsland liegen.

Vielleicht werden dann, wenn die alten und nicht ungefährlichen Grenzverhältnisse auch mit Ägypten wiederhergestellt sein werden, neue skurrile Legenden entstehen. Vielleicht besinnt man sich aber auch der erstaunlichen Vergangenheit dieser Küste. Im Jahre 1937, also noch zur britischen Mandatszeit, fand der amerikanische Archäologe Nelson Glueck knapp fünfhundert Meter von der Küste entfernt, direkt am Stadtrand von Akaba, die Ruinen einer ausgedehnten vorchristlichen Industrie- und Sklavenstadt. Es handelte sich um Schmelzgruben und Schmelzöfen sowie um Arbeitersiedlungen, die Glueck damals noch auf die salomonische Zeit zurückdatierte, denn er zögerte nicht, diese Ruinenstätte mit dem Kupferabbau von Timna im Wadi Araba zu verbinden, was an sich richtig war, und beides auf die Zeit Salomos zu deklarieren, was sich als grundfalsch herausstellen sollte. Erst viele Jahre später und anläßlich neuer Forschungen konnte von israelischen Archäologen nachgewiesen werden, daß die antiken Kupferminen von Timna – die inzwischen bereits seit Jahren stillgelegt sind, weil der Weltmarktpreis für Kupfer nicht sonderlich hoch ist – zwar seit vorgeschichtlicher Zeit existieren und unter anderem von ägyptischen Sklaven der Pharaonenzeit, aber auch von Römern und Arabern ausgebeutet wurden, daß sie aber im salomonischen Zeitalter stillgelegt waren.

Was übrigens den hübschen Namen *Salomos Säulen* angeht, der eine ganz bestimmte Stelle in Timna, dem uralten Kupferabbaugebiet, meint, so war es 1949 ein israelischer Unteroffizier, dem angesichts der gewaltigen, eigenartig geformten rötlichfarbenen Steintürme, die hier tatsächlich wie Säulen aus dem Steppenboden wachsen, instinktiv sein großer jüdischer Ahnherr eingefallen ist. Wahrscheinlich wollte er bloß witzig sein, als er seinen Kameraden gegenüber erwähnte, diese merkwürdigen Felsgebilde erinnerten ihn an Salomo. Aber der Name blieb erhalten. Dann fand man auch die ersten Spuren der verzweifelten, hoffnungslosen altägyptischen Sklavenarmeen, die hier unter unmenschlichen Bedingungen das begehrte Kupfer für die Pharaonen gewinnen mußten. Und noch einige Zeit später entdeckte man am Fuße der bizarren Säulen einen Tempel der ägyptischen Liebes- und Todesgöttin Hathor sowie in den darüberliegenden Felswänden primitive Zeichnungen von Kampf- und Jagdszenen, die alle von den unglücklichen Sklaven stammten, die hier im Gluthauch der Wüste lebten.

Eilat heute, Eilat morgen: Ist diese Stadt ein Paradies für sonnenhungrige Touristen, mit Winterblumen, Frühgemüse, Unterwassersport, Archäologie und Eigenbrötlerei – oder ein unglücklicher Grenzort, dessen Existenz nach militärischen Maximen verläuft? Ich glaube, daß im Augenblick noch niemand genau weiß, wie sich die Zukunft der Stadt gestalten wird. Einige Jahre schien es, als hätte hier am Roten Meer die Zukunft Israels bereits begonnen, optimistisch, tolldreist und freizügig. Heute stehen die Zeichen eher auf Sturm. Schon werden Hausanteile verkauft, Geschäftslokale verpachtet, geplante Transaktionen wieder abgesagt. Manche Familien, die erst vor einigen Jahren in den Süden gezogen sind, sehen sich nach Möglichkeiten um, im Norden, in Galiläa oder in den großen Städten an der Küste wieder Fuß zu fassen. Andererseits werden immer noch neue Strandhotels errichtet, wird der Bau einer Eisenbahnlinie quer durch das Wadi Araba in Erwägung gezogen, gibt es viele junge Juden, die jederzeit bereit wären, aus den überfüllten Städten oder aus ärmlichen Kibbuzim ans Rote Meer zu ziehen. Eine sichere Zukunftsanalyse ist für diese Stadt nicht möglich. Denn alles hängt hier stärker als anderswo in Israel vom Ausgang des nächsten bewaffneten Konfliktes ab. Und daß es den geben wird . . . nun, davon sind viele Israeli – nicht nur in Eilat – fest überzeugt.

Kapitel XIII

SINAI, DAS VERLORENE PARADIES

Erinnerungen, die das Gedächtnis notiert, Bilder, die die gemachte Erfahrung aufgezeichnet hat: der feine hellgelbe oder auch nur mehlfarbene Sand der heranrollenden Wanderdünen von Yammit, der jüdischen Enklave an der Mittelmeerküste zwischen Gazastreifen und El Arish, wo sich jetzt wieder, getreu den pazifistischen Vereinbarungen von Camp David, die Ägypter niedergelassen haben. Dann die unübersehbare Feindseligkeit in den Blicken der Beduinen, die entlang der alten Straße nach Ägypten lagern. Die Straße, die sich vom Gazastreifen aus rasch in der unglaublichen Bewegung, mit der die Wüste sich hier gegen das Mittelmeer drängt, verliert, scheint eine Art Legende zu sein. Die dünnen, dunklen Zeilen der poetischen Dattelpalmen am Strand eines kleinen, äußerst primitiv eingerichteten Camps an der Küste, das indische Juden südlich von Yammit eingerichtet haben, sind nur eine winzige Zäsur im gewaltigen Sandmeer. In einer solchen Umgebung ist das Drama der jüdischen Siedler nur schwer vorstellbar. Sie verlieren alles, was sie seit 1967, seit den Augenblicken eines fast hysterischen Triumphes und einer mit lässiger Selbstsicherheit veranstalteten Besetzung feindlichen Bodens aufgebaut haben. Die finanziellen Entschädigungen sind angesichts der Inflation eine Zumutung. Gravierender aber ist noch das Gefühl der moralischen Niederlage, das die Politik der Nachgiebigkeit dem Gegner von gestern gegenüber in den eigenen Reihen verursacht, obgleich man zur gleichen Zeit nichts daran findet, den Sitz der Regierung nach Ostjerusalem zu verlegen, was einen ungeheuerlichen Affront gegen die Araber bedeutet. Es will den jüdischen Siedlern auf der Sinai-Halbinsel nicht eingehen, daß allem Anschein nach mit zweierlei

Maß gemessen wird. In ihren kleinen, sauberen, gestern noch blühenden Ansiedlungen, mitten in der Wüste, in ihren religiös motivierten Bauernburgen mitten im trostlosen Fellachenland sitzen sie verzweifelt, verbittert in ihren Synagogen, den obligaten Gebetsriemen um die Hand gebunden, die auf dem Schaft der Maschinenpistole ruht. Sie sind bereit zu kämpfen und notfalls für Israel auch zu sterben. Den angeordneten, irgendwo im fernen Amerika ausgehandelten Rückzug hinter die ungeliebten Grenzen von 1967 verstehen sie nicht.

Mir fällt ein, was der deutsche Schriftsteller und Jude Hans Habe vor Jahren einmal gesagt hat: Man dürfe den Berg der zehn Gebote und den ganzen Sinai den Juden niemals wieder wegnehmen, weil es sie umbringen würde. Jetzt marschieren längst wieder schwerbewaffnete Straßenpatrouillen zwischen den Lehmhütten der Fellachen und Palästinenser am Rande des ominösen, ewig unruhigen Gazastreifens und überwachen den Rückzug der jüdischen Siedler. Währenddessen tobt der Aufruhr in einem der riesigen Palästinenserlager, in dem das israelische Militärkommando kategorisch angeordnet hat, daß die Lagerinsassen sich selbst durch eine feste Mauer von der Umwelt absondern müßten . . . was für eine Vorstellung: Palästinenser als eifrige Handwerker und Maurer, wie sie schichtweise die Mauer aufziehen, während israelische Doppelposten, verstärkt durch Kampfpanzer, diese Demütigung überwachen. Andererseits kommt gerade aus diesen Lagern, über die immer noch der Geldsegen internationaler Hilfsorganisationen mit der Hartnäckigkeit eines göttlichen Fingerzeiges hängt, der Terror in seiner widerlichsten Form, kommen die Fanatiker der zweiten und dritten Generation, die sich als Kindsmörder und Geiselnehmer produzieren.

Ein ägyptischer Bauer fällt mir ein, der voll Wut einen schweren Stein aufhebt und nach mir wirft, weil ich seine Lehmhütte fotografieren will. Die ratlose Wut jüdischer Siedler fällt mir ein, die einen jüdischen Minister anspucken, der sie von der Notwendigkeit ihres Rückzuges aus dem Sinai überzeugen will. Ist das alles immer nur ein Fluch der bösen Tat? Oder haben diejenigen recht, die mit tonloser Stimme davon sprechen, daß übers Jahr schon ein neuer Krieg wüten und alle heuchlerischen, halbherzigen Ergebnisse von Camp David zerstören werde? Mir fallen auch die makellosen, vom reibenden Wind und vom schabenden Sand restlos abgeschliffenen

Ruinen der Panzer, Bunker, Geschütze ein, die auf den Schlachtfeldern des Sinai auf ihre nutzlose Auferstehung warten. Einmal hatte ich einen jüdischen Begleiter bei mir, der bis zu seiner Verwundung den mühsamen Vormarsch auf El Arish und dann auch die verlustreiche Eroberung der kleinen ägyptischen Handels- und Hafenstadt am Rand der Wüste mitgemacht hatte. Durch ihn lernte ich die israelischen Überreste von den ägyptischen Wracks zu unterscheiden. Was für ein ernüchterndes Tun, mitten in der Wüste die Herkunft eines stählernen Sargs zu bestimmen! Einmal erzählte er mir kichernd die Geschichte eines ägyptischen Generals, der 1967 so rasch zu den Israeli flüchtete, daß er seinen Dienstwagen gegen einen Baum steuerte. Es war der einzige Baum weit und breit. Er steht immer noch, und mit etwas Phantasie kann man die Vertiefung am Stamm erkennen, die dem ägyptischen General schließlich das Leben kostete.

Und die israelische Fahne am Grenzposten vor El Arish bläht sich herausfordernd im heißen Wind, der in kurzen Intervallen von der Sandwüste zum nahen Meer herüberweht. Davor ein israelisches Dorf, das demnächst aufgegeben werden muß. Die Hälfte der Bewohner ist schon ausgezogen. Es herrscht eine gespenstische Atmosphäre. Einige Müllcontainer quellen über, das Eisentor am Eingang schlägt leise knarrend ins Schloß. Ein Lastwagen, vollbepackt mit Hausrat, wartet mit laufendem Motor.

Auf der neuen Umfahrungsstraße von Gaza, die der relativen Sicherheit von Juden und Touristen dienen soll, machen sich höhnisch winkende Kinder und Jugendliche ein Spiel daraus, die abfahrenden Lastwagen der israelischen Siedler mit Schmährufen und manchmal mit Steinwürfen zu begleiten. In Gaza selbst, das wie so viele Städte in Palästina auf eine erstaunliche Vergangenheit zurückblicken kann, prangen schon die grellen Riesenplakate eines ägyptischen Reiseunternehmens, das die Palästinenser zu Traumreisen einlädt, die sie auch in ihren kühnsten Träumen nicht finanzieren könnten. Die heillose Unordnung in den Straßen irritiert meinen jüdischen Begleiter, der eine entsicherte Pistole, während er den Wagen lenkt, so krampfhaft gegen seinen rechten Oberschenkel preßt, daß ich allen Ernstes ein Losgehen der Waffe befürchte, während wir über Schlaglöcher und tiefe Querrinnen holpern. Einige Jahre zuvor, damals allein und im eigenen Wagen, den ich mir über Zypern und Haifa mitgebracht hatte, war ich hier zufälliger Augenzeuge gewesen, wie eine Handgranate gegen die Limousine des damaligen Bürgermeisters flog. Jetzt, 1980, atme ich auf, als ich endlich die Stadt hinter mir weiß und am farblosen Meer entlang, am ärmlichen Hafen – wo ein Wrack die sprichwörtliche Unfähigkeit griechischer Kapitäne demonstriert – und an den abgedeckten Mosaikböden einer uralten jüdischen Synagoge vorbei aufs freie Land komme. Bauern arbeiten in ihren Gemüsegärten, am Horizont stehen die Wachtürme der israelischen Armee, dahinter immer wieder die gelben Sandzungen der Wüste.

Gaza ist den Juden seit Jahrtausenden unheimlich. Aus dieser unglücklichen Stadt drohte ihnen stets Gefahr. Im *Buch der Richter* kann man nachlesen: „Einst ging Samson nach Gaza, und als er dort eine Dirne sah, ging er zu ihr hinein. Den Leuten von Gaza aber wurde gemeldet: Der Samson ist hierhergekommen. Da liefen sie umher und lauerten ihm am Stadttor auf. Samson schlief bis Mitternacht, sodann stand er auf, ergriff die Flügel des Stadttores samt den beiden Pfosten, hob sie mit dem Riegel aus, nahm sie auf die Schultern und trug sie hinauf auf die Höhe des Berges gegenüber Hebron." – Das war damals wie heute eine beträchtliche Wegstrecke, die zugleich zwei der feindseligsten und zum permanenten Widerstand entschlossenen Hochburgen des palästinensischen Antisemitismus miteinander verbindet. Und wenn es auch niemand laut ausspricht, so könnte ich mir doch gut vorstellen, daß mancher Jude heute so etwas wie Sehnsucht nach einem neuen Samson verspürt.

Aber auch an anderen Orten der Sinai-Halbinsel scheinen die Nachkommen eines Abraham und Moses nicht immer imstande zu sein, die Gunst des Augenblickes zu nützen. Das Katharinenkloster zum Beispiel, das seit dem stürmischen und von den westlichen Medien lauthals bejubelten Vormarsch im Jahre 1967, mit dem die israelische Armee merkwürdige Erinnerungen an Rommels Afrikakorps wachrief, immer eine ergiebige Geldquelle für die israelische Wirtschaft war, weil Zehntausende von europäischen Christen wenigstens einmal in ihrem Leben dem *brennenden Dornbusch* und dem Schauplatz der mythischen *Zehn Gebote* aus eigener Anschauung teilhaftig sein wollten und dafür sogar die reichlich unverschämten Preise der offiziellen israelischen Reisebüros zu bezahlen bereit waren, das legendäre Katharinenkloster also ist heute nur noch eine schmerzliche Erinnerung für die geschäftstüchtigen Israeli. Man organisiert zwar immer noch vom Flughafen in Eilat aus die Kurzflüge zur neuangelegten Piste im Widerschein des Berges Sinai, aber das große Geschäft ist nur noch auf Widerruf möglich, das heißt, so lange Ägypten noch nicht fähig oder willens ist, den Strom der eifrigen Christen nach eigenem Gutdünken zu dirigieren. Im übrigen ist dieses spezielle Interesse am Katharinenkloster, das auf recht realistischen ökonomischen Überlegungen basiert, gar nichts Neues. Denn der Ort, an dem Moses seinem Volk eine neue Moral beibrachte und wo auch – fast möchte man sagen: selbstverständlich – die beiden anderen monotheistischen Religionen Palästinas gewichtige Gründe für die perfekte Moral ihrer Glaubensbekenntnisse zu erkennen glauben, dieser Ort, heilig und faszinierend zugleich, hat trotz seiner verhältnismäßigen Unzulänglichkeit seit fünfzehn Jahrhunderten Eroberer, Plünderer und kühl kalkulierende Geschäftsleute jeder Rasse und jeder religiösen Zugehörigkeit angelockt.

Die Biographie des Katharinenklosters ist dabei von naiver Folgerichtigkeit. Angeblich hielt sich im Jahre 342 die fromme Kaiserinmutter Helena, die ganz Palästina auf den Spuren Jesu bereiste, in dieser gebirgigen Wildnis auf, weil sie den Platz ihrer erregenden Traumbilder endlich kennenlernen wollte. Denn das war ja einer der unschätzbaren Vorzüge jener frühchristlichen Protagonisten, die mit frommem Ehrgeiz und erstaunlicher Unerschrockenheit auf der Suche nach Gottes Spuren bis ins wildeste, gefährlichste Heidenland vordrangen und das Metaphysische ihres Glaubens mit metaphysischen Mitteln für sich zu erobern suchten. Traumbilder, phantastische Gesichter, Prophezeiungen waren dabei sozusagen das geistige Handwerkszeug, was im übrigen zu jedem Zeitpunkt völlig legitim gewesen ist, denn bekanntlich haben schon die Juden, denen man doch wahrlich nicht eine gewisse Erfahrung mit der Religion absprechen kann, das sogenannte Zwischenreich der Seele, die Nachtseite unserer Gedanken und natürlich immer auch diverse Traumbilder in ihre langanhaltende Auseinandersetzung mit Gott einbezogen. Helena wiederum, die Mutter des byzantinischen Kaisers, der das Christentum legalisierte – wobei man allerdings nicht näher nachforschen sollte, wie dieser Legalisierungsprozeß wirklich gelaufen ist, welche Ursachen er gehabt hat –, Helena sah im Traum die Stelle in Jerusalem, an der Christus am Kreuz starb, sie verfiel dem *zweiten Gesicht* in Bethlehem und folgte hartnäckig der Flammenspur ihrer Träume, bis sie am Horizont die dunkle, massige Kontur des Sinaiberges sah. Und neben dem Respekt, den man dieser Frau – die einmal eine ganz gewöhnliche Schankdirne auf dem Balkan war – für ihre physische Leistung zollen muß, rührt sich heute auch so etwas wie Bewunderung für die psychische Leistung, mit der sie das Unerhörte und Unglaubliche, mit dem sie auf ihren Reisen durch Palästina konfrontiert wurde, demütig hingenommen hatte. Sie wollte Gott nahe sein. Und sie wollte das Geheimnis einer Religion begreifen, die in ihrer Kindheit noch verboten war und sich trotzdem unwiderstehlich durchgesetzt hatte. Sie wollte wissen, welche Kraft sich in diesem Glaubensbekenntnis verbarg, das nahezu ausschließlich von der Liebe spricht. Und sie wollte wissen, ob es die Stelle wirklich gab, an der ein Dornbusch brannte und eine Stimme, die nicht von dieser Erde war, Gesetze aufsagte, nach denen sich die Menschheit allmählich zu orientieren begann.

So kam Helena in das Gebiet des südlichen Sinai. So erreichte sie die Zone des Schattens, den der heilige Berg warf. Und so begann die Biographie des Katharinenklosters.

Natürlich lebten damals schon Menschen in der gebirgigen Einsamkeit, gab es neben den beinahe unvermeidlichen Beduinen, die wie ein Schatten unter der Sonne wegschmolzen, wenn ein Fremder auftauchte, die hier ihre Heiligen begruben und an den wenigen dürftigen Wasserstellen ihre Zusammenkünfte hatten, auch noch andere Einsiedler, Vagabunden, Weltflüchtlinge, die dem Schauplatz nahe sein wollten, an dem der Menschheit das Gesetz verkündet worden war. Es ist ja stets dasselbe, daß irgendwann aus unerklärlichem Anlaß eine Legende entsteht, deren moralische Inhalte unwiderstehlich auf die Phantasie der Menschen wirken, was dazu führt, daß man – auch wenn man die moralischen Inhalte mißachtet – der Geburtsstätte der Legende automatisch Respekt erweist. Ich habe mir, unterwegs im Sinai und zum Berg der Verkündigung, oft überlegt, was einen Platz wie diesen – der lediglich durch bizarre Landschaftsformen und fast höllische Farben auffällt – so ungemein anziehend macht. Aber mir fiel nie eine befriedigende Antwort ein.

Warum übrigens Katharinenkloster? Und nicht ein anderer

Name, einer, der vielleicht mit Moses in Beziehung stünde? Immerhin hieß Katharina, die wahrscheinlich um das Jahr 294 im ägyptischen Alexandria geboren wurde, ursprünglich Dorothea und war das, was man auch heute eine Intellektuelle nennen würde. Sie versuchte sich in allen möglichen Studien, was in Alexandria, einer Stadt immenser Gelehrsamkeit, leicht möglich schien, zumal es dort einige hervorragende Lehrmeister gab, zumeist Juden, die in der Diaspora lebten. Ein syrischer Wandermönch soll sie dann zum Christentum bekehrt und getauft haben, was ihr Schicksal auf sozusagen rasende Weise beschleunigte. Denn sie, die ungewöhnlich klug und gebildet war, wollte auch der heidnischen Gesellschaft, die Götzenbilder anbetete und in religiöser Verworfenheit lebte, das wahre Heil demonstrieren, was unweigerlich zu einer Konfliktsituation führte. Zuerst gab man ihr die Chance, mit einem römischen Kaiser und seinen fähigsten Ratgebern und Gelehrten über alle Fragen des Glaubens zu diskutieren. Dann, nachdem sie unbeugsam blieb oder vielleicht auch nur der versammelten Männergesellschaft an intellektueller Wortwahl und fundiertem Wissen überlegen war, warf man ihr Ketzerei vor, was bekanntlich immer schon ein beliebter Anklagepunkt war, wenn man einen lästigen Mund, ein unangenehmes Gewissen zum Schweigen bringen wollte. Katharina wurde gefoltert und getötet. Einige Jahrhunderte später entdeckte ein Mönch, der auf den Gipfel des Sinaiberges gestiegen war, um den majestätischen Sonnenaufgang zu genießen – es gibt Stimmen, die davon sprechen, daß er in der Nacht zuvor einen bedeutungsschweren Traum gehabt haben soll –, den unversehrten Leichnam der inzwischen heiliggesprochenen Katharina. Engel, so heißt es, hätten ihn aus seinem ärmlichen Grab in Alexandria geholt und im raschen Flug an diese bedeutsame Stätte gebracht. Und obgleich man wußte – oder anzunehmen bereit war –, daß der Heiligen die Glieder zerrissen worden waren, als man sie auf viehische Weise folterte, und daß man ihr den Kopf vom Rumpf getrennt hatte, als endlich der Tod ihre irdischen Qualen erlöste . . . obgleich man das alles also wußte und jetzt sah, daß da ein Gerippe lag, das unbeschädigt war, war man doch der praktischen Meinung, daß dies nur ein weiteres Wunder im Zusammenhang mit dieser Heiligen wäre. Vielleicht sollte ich noch hinzufügen, daß man das rätselhafte Skelett in einer ölgefüllten Wanne gefunden hatte. Und daß, während die Mönche davor ergriffen in die Knie sanken und zu beten begannen, ein fremder Greis erschien und das Skelett küßte. Das hatte zur Folge, daß aus dem Skelett, das man in feierlichem Umzug hinunter ins Tal und zum Kloster brachte, immer wieder Öltropfen sickerten, die man auffangen, in winzige Phiolen füllen und verkaufen konnte, was den Mönchen, die hier in ziemlicher Armut lebten, lange Zeit ein bescheidenes Zubrot brachte.

Es war also viel Geheimnisvolles, Mysteriöses mit im Spiel und alles führte dazu, daß man nicht den geringsten Zweifel hatte, hier einem echten Wunder beigewohnt zu haben. Und so wurde das Kloster, in dem ehemals eine Art weltlicher Mönchsgemeinschaft existierte, eine Gruppe von Einsiedlern oder naiven Philosophen, die dem unnützen Treiben der Welt zu entkommen suchten, um am Fuße des sagenhaften Sinaiberges, tief versunken in meditative Nachdenklichkeit und spirituelle Übungen, zu überleben . . . so wurde also dieses Kloster zum Katharinenkloster, wie wir es heute noch kennen. Das alles geschah während der Regierungszeit Kaiser Justinians, also im 6. Jahrhundert, und seit diesen Anfängen lebt hier auch ein Stamm, eine Gemeinschaft von dunkelhäutigen, schwarzhaarigen Menschen, die man nur bei oberflächlicher Betrachtung als Beduinen identifizieren kann. In Wahrheit sind es Nachkommen rumänischer Hilfsarbeiter, Wächter, Hirten, die auf Geheiß eines byzantinischen Kaisers in den Sinai entsandt wurden, um den Mönchen in jeder Hinsicht zur Hand zu gehen. Daran hat sich bis heute nichts geändert.

Selbstverständlich gibt es im Kloster einen Dornbusch, der die Stelle bezeichnet, an welcher der mythische Dornbusch brannte. Natürlich verfügt man hier über einen Schatz an Erfahrungen, Anekdoten und Ikonen, der keinen Vergleich zu scheuen braucht und dessen Prunkstück die Geschichte einer kostbaren Handschrift ist, die bestätigt, daß selbst an dem Ort, an dem Gott den Menschen die Moral beizubringen suchte, gewisse törichte Verhaltensweisen und Geschäftsinteressen nicht völlig auszuschließen sind.

Die Landschaft ist von grandioser und zugleich widersprüchlicher Schönheit. Das Kloster selbst mit seinen ockerfarbenen, hellbraunen Mauern, die ihm den Ausdruck einer mittelalterlichen Festung schenken, liegt in einer kleinen Schneise unterhalb zerklüfteter Felsen, die wie geborstene Säulen oder zerbrochene Finger himmelwärts ragen. Das Geröll darunter schiebt sich fast übergangslos in das dürftige Grün der kleinen Oase. Aber während ich jetzt aus meiner Erinnerung darzustellen versuche, wie dieses Kloster in seine Umgebung eingebettet liegt und welche Besonderheiten es besitzt, fällt mir plötzlich noch mehr ein. Ich erinnere mich an das erschöpfte Aufatmen, an den gedämpften Jubel, an die süchtige Freude, an die heftigen Gefühle, die von einem Besitz ergreifen, wenn man nach endloser Fahrt durch die Stein- und Sandwildnis des südlichen Sinai endlich die Silhouette der Klostermauern entdeckt. Ich denke an das leidenschaftliche Gefühl der Dankbarkeit zurück, das man hat, wenn man sich über einen Becher frischen Trinkwassers beugt. Oder mir fällt die feierliche, kontemplative Stille und Nachdenklichkeit ein, die im Katharinenkloster herrscht, wenn einmal nicht die touristischen Karawanen durch das schmale Tor quellen und photographierende Touristen den aufgeschreckten Mönchen bis in die primitiven Zellen folgen. Das ist dann auch der Augenblick, da man im Beinhaus des Klosters, wo die Skelette der Mönche aufbewahrt werden, ein wenig nachdenklich wird angesichts dieser Anhäufung von vergessenen Schicksalen, verlorenen Leidenschaften und abgelaufenen Lebensuhren. Ein junger Mönch, ein Grieche wie alle seine Mitbrüder, sagte mir einmal, daß er nur einen Wunsch habe, einen einzigen brennenden Wunsch, der ihn ununterbrochen beschäftige, seit er zum erstenmal von diesem Kloster gehört habe: hinter das Geheimnis zu kommen, weshalb gerade hier Gottes Stimme über die Menschen und ihre Sünden gekommen sei.

Vielleicht – und ich meine das gar nicht ironisch – könnte ihm der heilige Stephan, der zu den charakteristischen Sehenswürdigkeiten des Katharinenklosters zählt, eine befriedigende Antwort geben. Er bewacht nämlich immer noch, wie er das Zeit seines Lebens getan hat, das Beinhaus, die längst vergilbten Knochen in eine grüne Mönchskutte gehüllt, das beinerne Antlitz gegen die verschlossene Tür gewandt, vor der sich regelmäßig die Besucher stauen, die mit einem Gefühl angenehmen Gruselns die säuberlich geschlichteten Überreste von rund anderthalbtausend Mönchen betrachten.

Diese makabre Zurschaustellung mönchischen Gebeins hat eine natürliche Erklärung. Der Platz für die Toten war und ist auf dem Gelände des Katharinenklosters so sparsam bemessen –

denn wovon sollen die Lebenden tatsächlich leben, wenn anstelle von Oliven, Zitrusfrüchten, Granatäpfeln und Weinreben nur noch knochengelbes Gebein die Erde düngt? –, daß man vor Jahrhunderten schon damit beginnen mußte, die Toten wieder auszugraben. Das war und ist eine ökonomische Geste, die sich heute, nachdem das Katharinenkloster längst schon eine internationale Sehenswürdigkeit geworden ist, in gewisser Hinsicht sogar bezahlt macht. Denn ich habe regelmäßig feststellen können, daß die neugierigen Besucher nicht die Tatsache bewundern, daß es hier Weinreben und neben allen Arten von selbstgezogenem Gemüse auch Mandeln und Pfirsiche gibt, was in diesem Klima und in dieser auf unnatürliche Weise ins Grandiose übersteigerten Landschaft beinahe an ein Wunder grenzt, sondern daß sie sich vom Beinhaus angezogen fühlen oder staunend den Dornbusch im Schatten der Klosterkirche bewundern, von dem es heißt, daß er seit dem Augenblick, da aus ihm, der lautlos brannte, eine überirdische Stimme ertönte, niemals mehr aufgehört habe zu blühen. Solche Geschichten liebt man hier, nach solchem anekdotischen Beweismaterial für das Einmalige und vielleicht sogar Mythenbildende dieses Schauplatzes verlangen die aufgeklärten Besucher aus Europa und Amerika. Sie wollen etwas haben für ihr Geld, mit dem sie sich den Eintritt in ein verlorenes Paradies erkauften.

Jetzt verrichten hier bekanntlich ägyptische Notabeln, Minister und Generäle ihre Meditationsübungen. Sogar das Geld für die Errichtung einer neuen Moschee, die die alte Moschee ersetzen soll, ist schon vorhanden. Und vielleicht ist es wirklich nur noch eine Frage der Zeit, bis man im näheren Umkreis des kleinen Flughafens, der etwa zwanzig Meilen vom Kloster entfernt liegt, ein größeres Touristenzentrum einrichten wird. Im Kloster selbst gibt es für die hartnäckigen Besucher, die den berühmten Berg besteigen und ein wenig am Leben der Mönche teilhaben wollen, nur recht primitive Übernachtungsmöglichkeiten.

Aber die Veränderungen, die im südöstlichen Sinai stets stattfinden, werden immer unter dem verhältnismäßigen Schutz religiösen Respekts durchgeführt. Man besitzt immerhin soviel Takt, daß man im Umkreis dieses attraktiven Heiligtums nicht gerade Raketenstellungen und Radarstationen in Betrieb nahm und daß sogar die Juden, die nicht gerade zimperlich sind, wenn es um ihre militärische Präsenz geht, nach Möglichkeit vermieden haben, während ihrer Besatzungszeit ihren kleinen Flughafen mitten auf der steinigen, staubigen Hochebene für militärische Zwecke zu mißbrauchen. Alle Veränderungen sind an anderen Orten des Sinai einschneidend und schmerzhaft, und das keinesfalls nur für die Israeli, sondern auch für die alteingesessenen Fellachen, Palästinenser und Beduinen. Zum Beispiel spielt der Gazastreifen immer noch und immer wieder von neuem eine verhängnisvolle Rolle, die man am ehesten durch einige wichtige Zahlen verdeutlichen kann. Seit 1948, also seit dem historisch bedeutsamen Augenblick der Nationwerdung Israels mit den daraus resultierenden Waffengängen zwischen Arabern und Juden, waren im Gazastreifen bei einer annähernd gleichbleibenden Einwohnerzahl von rund 150.000 mehr als eine Viertelmillion palästinensische Flüchtlinge unterzubringen. Von Gaza aus, das eine unruhige, turbulente und trotz aller augenscheinlichen Verwahrlosung poetisch anmutende Stadt im alten orientalischen Stil ist, operierten in den fünfziger Jahren die Terrorkommandos Nassers, fanatische und kampferprobte Helden der islamischen Revolution, die nicht nur für ihren Propheten Mohammed, sondern auch – was sie besonders gefährlich und unberechenbar machte – für eine arabisch-marxistische Utopie zu kämpfen und wohl auch zu sterben bereit waren. Es gab in jener Zeit Tage und Wochen, da man fast stündlich mit Horrormeldungen rechnen mußte und das Leben in den Kibbuzim und Moshavs entlang der unsicheren Grenze zum Sinai von penetranter Ungewißheit war. Und noch im Mai 1967 nahm in Gaza der militante Palästinenserführer Ahmed Shukeiri eine glanzvolle Parade seiner Untergrundkämpfer ab, was den Israeli in der Tat als eine höhnische Herausforderung erscheinen mußte, zumal man damals wie heute mit einem Fahrzeug nur knapp zehn Minuten von der letzten jüdischen Siedlung bis ins Zentrum Gazas fährt. Ich habe überhaupt den Eindruck gewonnen, daß der Haß der Israeli sich eher gegen die Terroristen aus dem Gazastreifen als gegen die syrischen Feuerüberfälle am Golan richtete, sofern man hier überhaupt von einem Unterschied der Gefühle sprechen kann. Denn was sich im äußersten Norden Galiläas ereignete, war letztlich bei aller Brutalität immer noch eine militärische Angelegenheit mit Artillerieduellen und wechselseitig vorgetragenen Panzerattacken, während im Süden, an der Grenze zum Sinai, der Terror in seiner gefährlichsten Form fast ausschließlich unter der Zivilbevölkerung ausgeübt wurde. Trotzdem warteten die israelischen Behörden nach ihrem spektakulären Sieg von 1967 bis zum Frühjahr 1972, bevor sie in und rund um Gaza einschneidende Maßnahmen ergriffen. Zahlreiche Sympathisanten der Untergrundorganisationen wurden umgesiedelt, neue Lager errichtet, die alten Auffanglager modernisiert – worunter man auch die Möglichkeit einer besseren Bewachung durch das israelische Militär verstehen kann –, es wurden aber auch Umfahrungsstraßen angelegt sowie eine ganze Reihe von Kibbuzim und Wehrlagern gegründet, von deren Existenz man sich gleichfalls eine Beruhigung der Lage erwartete. Andererseits öffnete man die Grenze nach Israel für Bewohner des Gazastreifens, die gewillt waren, ihre Arbeitskraft an die Juden zu verkaufen. Zur gegenseitigen Überraschung nahmen nach anfänglichem Zögern bald Zehntausende von Fellachen und Ägyptern diese Möglichkeit wahr, und heute gehört es jeden Morgen – außer am jüdischen Sabbat und am mohammedanischen Feiertag – zum fixen Bestandteil israelischer Alltagsrealität, daß die Überlandstraße von Gaza nach Ashkelon, Ashdod und Tel Aviv hoffnungslos mit Fahrzeugen mit Nummern des Gazastreifens überfüllt ist.

Und doch ist, wenn man von Gaza aus weiter in den Sinai vordringt, eine allgemeine Verwahrlosung in moralischer und ökonomischer Hinsicht nicht zu übersehen. Zuerst einmal fällt einem der gravierende Unterschied in der Anlage und im Ertrag der Kulturflächen auf: In Israel sieht man blühende Kulturen, überreiche Obstgärten und Gemüseplantagen, im ägyptischen Teil Dürftigkeit, Armut und Kahlschläge selbst dort, wo die Erde brauchbar und kultivierbar zu sein scheint. Es wäre einmal einer Untersuchung wert, weshalb die Araber, die Ägypter, die Fellachen, die Palästinenser allem Anschein nach so gut wie keine Beziehung zum Boden haben, den sie bearbeiten, von dessen Ertrag sie leben müssen, der ihre Heimat ist. Ich könnte mir vorstellen, daß diese erschreckende Lethargie im Umgang mit der eigenen Existenz unter anderem auch etwas mit den permanenten Niederlagen zu tun haben könnte, die den Arabern und Ägyptern seit Generationen beigebracht werden, mit der Unfähigkeit, nach dem Kolonialzeitalter auch die Diktatur feudalistischer Herrschaftsstrukturen abzuschütteln.

Im Flugzeug über den Sinai hinwegfliegend – man hat den

Eindruck, ein Pfeil zu sein, der aus der Bogensehne hervorschnellt –, unterwegs von Küste zu Küste, in diesen atemberaubend kurzen Augenblicken, die eine zweimotorige Maschine braucht, um die Kriechspur der alten Karawanenwege und Wüstenpisten als ebenso lächerlich wie unzeitgemäß erscheinen zu lassen, im Flugzeug über den Sinai davonziehend, dem kobaltblauen Himmel nah und die gefaltete, zerrissene, pergamentfarbene Haut der Erde wie ein Riesenspielzeug unter sich, in solchen Augenblicken ahnt man etwas von den Geheimnissen dieser mythischen Halbinsel. Es sind beeindruckende Bilder, die unter einem hinweggleiten. Aber es sind die Erinnerungen, die durch diese Bilder vermittelt werden, denen man auch in der fragwürdigen Sicherheit eines vibrierenden Flugzeugrumpfes nicht entgeht. Erinnerungen an staubaufwirbelnde Panzerschlachten und spektakuläre Einsätze von Raketen werden wach, an die heimtückische Lautlosigkeit der Rauschgiftkarawanen, die, unterwegs von Küste zu Küste, ihre Millionenfracht manchmal in Kamelmägen und manchmal in Wasserschläuchen aus Ziegenleder transportieren, Erinnerungen aber auch an den bewegenden Mut jener Pilger, die vor Jahrhunderten schon die Wüste und die unzugänglichen Gebirge bezwangen, um eine genauere, sozusagen menschlichere Vorstellung von Gott zu erfahren. Der Sinai mit seinen winzigen, erbärmlichen Oasen, riesenhaften Gebirgszügen und endlosen Sandflächen, unter denen sich immer noch ein halbes Dutzend unausgegrabener Ruinenstätten verbirgt, ist für mich seit vielen Jahren ein Musterbeispiel für die Ordnung der Natur, gegen die der Mensch mit all seiner Vernunft und allen seinen technischen Fähigkeiten doch nichts auszurichten imstande ist. Die israelischen Flugbasen und auch die ägyptischen Raketenstellungen sind im Grunde nicht viel mehr als Mückenstiche in der Haut eines Elefanten, der sich mit zeitloser Grazie durch die Zeitalter bewegt. Die neuangelegten Straßen, Siedlungen, Fabriken, Kasernen verlieren schon am Tag nach ihrer Fertigstellung den Kampf gegen den rinnenden Sand. Und bei den wenigen Möglichkeiten, die der Mensch gegen die Ordnung der Natur zu besitzen scheint, sorgt Unvernunft, Lethargie und häufig der Haß für die endgültige Niederlage aller zivilisatorischen Anstrengung. Die jüdischen Siedler, die nach 1967 in den Sinai vordrangen, kehren jetzt wieder nach Israel zurück. Die Fellachen, die 1967 in panischer Furcht westwärts flüchteten, sind kaum zur Rückkehr zu bewegen. Und sogar die Beduinen haben es sich angewöhnt, entlang den Überlandstraßen ihre schwarzen Zelte und primitiven Holzhütten aufzuschlagen, denn sie haben längst begriffen, daß man vom Abfall der Zivilisation und vom schlechten Gewissen kriegsführender Völker ganz gut leben kann. Angeblich machen die Sinai-Beduinen, die den Israeli eher feindselig gegenüberstehen, jetzt mit der jüdischen Halbwelt aus Tel Aviv und mit amerikanischen Gangstern ihre einträglichen Rauschgiftgeschäfte, obgleich sie von der Militärverwaltung ausgiebige Entschädigungen bekommen haben für den angeblichen Verlust, der ihnen aus der strikten Unterbindung des Rauschgiftschmuggels zwischen Jordanien und Ägypten erwachsen sein soll. Aber niemand im Sinai glaubt die rührselige Geschichte von den bekehrten Beduinen, und mir wurde zuletzt erst wieder – also im Frühling 1980 – die angeblich wahre Geschichte jüdischer Siedler erzählt, die aus dem Sinai nach Israel zurückkehren mußten und sich die ungewollte Rückkehr durch eine Riesenladung billig oder doch preiswert erworbenen Rauschgiftes materiell versüßten.

Wie rasch sich aber hier tatsächlich die Verhältnisse ändern können, beweist ein Zitat aus einer sehr geistreichen, sachkundigen Arbeit über Israel, die der Schweizer Willy Guggenheim vor ein paar Jahren veröffentlichte. Da konnte man lesen, daß „israelische Regierungsstellen immer häufiger auf die Geschichte der Grenzziehung im Sinai verweisen. Die Halbinsel hatte nie zu Ägypten gehört, sondern zum Osmanischen Reich, bis dann zu Beginn dieses Jahrhunderts die englischen Imperialisten zum Schutze des Suezkanals die Türken unter Druck setzten, um die Abtretung zu erreichen. Israels Minimalforderungen im Sinai erschöpfen sich im Verbleiben der Israeli in Sharm el Sheik und dem Ausbau einer Landverbindung dorthin, wobei man offenläßt, ob das im Rahmen einer Annexion des Gebietes oder im Abschluß einer anderen völkerrechtlich verbindlichen Vereinbarung, etwa einer längerfristigen Verpachtung, geschehen soll.“ – Dieses Zitat, das aus großer Sachkenntnis heraus geschrieben wurde, ist erst ein paar Jahre alt. Aber es ist bereits hoffnungslos überholt. Sharm el Sheik, die legendäre Siedlung im Süden der Sinai-Halbinsel, fällt genauso an Ägypten zurück wie das Katharinenkloster oder El Arish oder alle die jüdischen Siedlungen im Hinterland von Gaza, die einige Jahre lang so etwas wie eine neue bevölkerungspolitische Moral der Juden dokumentierten. Immerhin waren es Tausende von jungen, begeisterungsfähigen Juden, die frohen Mutes auszogen, um die Wüste in Besitz zu nehmen und urbar zu machen. Heute stehen diese Menschen vor den Trümmern ihrer Existenz. Und die Frage ist, was bedrohlicher ist: die grenzenlose Verbitterung der enttäuschten und mehr noch getäuschten Siedler oder das Heranrücken ägyptischer Panzer- und Raketenverbände an die Südgrenzen Israels. In Verbindung damit befürchtet man auch eine neue Terrorwelle im Negev und im Umkreis der Städte und Kibbuzim an der südlichen Mittelmeerküste.

Kapitel XIV

DAS SCHAUSPIEL VON TEL AVIV

Wenn man nach viereinhalbstündigem Flug an die Küste des *Gelobten Landes* kommt, erwartet einen immer ein zugleich deprimierender und alle Erwartungen herausfordernder Anblick. Man erblickt den verwaschenen Übergang eines leicht gerippten, wie in zersplitterte Glasteilchen zerfallenden Aquamarin in verwischte Brauntöne, hinter denen ein grelles Gelb aufgeht, das scheinbar bis zum Himmel reicht, aus der man mit der landenden Maschine herabfällt! Man spürt grenzenloses Erstaunen, wenn man, die wellige Oberfläche des Mittelmeeres hinter sich lassend, hinabstürmt auf die blassen Farben, aus denen sich plötzlich Quadrate und Kuben erheben, weizenblond, semmelfarben die einen, dunkler und kraftvoller in der Farbe, kompakter in der Form die anderen! Und immer bildet man sich einen exotischen Geruch ein, wenn man endlich das Flugzeug verlassen kann. Der für einen internationalen Airport ungewöhnliche Geruch entsteht nicht nur aus verbranntem Gummi, Treibstoff und irgendwelchem Qualm, sondern auch aus Weihrauch, Minze und Blut, süßlich, verdorben, herausfordernd. Alles entspringt natürlich fiebriger Einbildung, bis man alle Kontrollen und Fragen hinter sich hat und erstmals die Hitze des unheiligsten aller *heiligen Länder* mit ihren genau gegeneinander abgegrenzten Düften bis in die Mundhöhle hinein zu spüren glaubt! Und immer spürt man auch eine leichte Enttäuschung und Argwohn, wenn man schließlich den Stadtrand von Tel Aviv erreicht und sich kein Wunder ereignet und keine aberwitzige Fata Morgana gezeigt hat!

Jede Ankunft in Israel, sofern sie nicht über den Hafen von Haifa erfolgt, wo das graue Schmutzwasser gegen den Schiffsrumpf gurgelt, während man vergeblich gegen den Argwohn israelischer

Polizisten ankämpft, die auf komplizierten Fragebögen nicht nur die Harmlosigkeit des Passagiers, sondern auch die seines mitgebrachten Fahrzeuges erklärt haben wollen, jede Ankunft in Israel, wenn man nicht gerade so verrückt ist und die kraft- und zeitraubende Prozedur über eine der beiden geöffneten Jordanbrücken auf sich nehmen will, wo man – und ich weiß, wovon ich rede – wie ein Gaukler mit seinem Gepäck von einem jordanischen Taxi zum anderen jordanischen Taxi wandern muß, die sich lediglich darin unterscheiden, daß die einen für die besetzte Westbank und die anderen für das Königreich Jordanien zugelassen sind, jede Ankunft in Israel besitzt einen Hauch des Irrationalen, weil man als Neuling auf palästinensischem Boden nicht damit rechnet, dem normalen Alltagswahnsinn einer mediterranen Großstadt zu begegnen. Jesus lebte hier, Mohammed atmete diese heiße Luft, als sein Reitpferd einen letzten Fußabdruck hinterließ, biblische Stammväter und Könige erlebten hier ihre unglaublichen Geschichten, aus denen eine faszinierende Geschichte wurde, unzählige Heilige und Ritter aus Europa waren hier damit beschäftigt, ihrem Gott auf die eine oder andere Weise zu dienen, pharaonische und römische Söldner, persische Armeen, arabische Karawanen trieben sich jahrtausendelang durch diesen Landstrich, der einem im Landeanflug wie eine geöffnete Honigwabe erschienen war, und nun, plötzlich, übergangslos . . . als ob man aus einem inhaltsreichen Traum hoffnungsvoll erwachte . . . fällt man einem Taxifahrer in die Hände, der sich nicht im mindesten von allen anderen Taxifahrern auf allen möglichen Flughäfen unterscheidet und der einen in rasender Fahrt in eine Großstadt bringt, die sich nicht im mindesten von allen möglichen Großstädten unterscheidet, außer daß diese eine Großstadt, in der man jetzt atemlos untertaucht, noch vor einem Menschenalter nicht viel mehr als die Größe eines balkanischen Bauerndorfes besessen hatte.

Gerade erst war man noch damit beschäftigt gewesen, die Farben zu unterscheiden, an denen man zu erkennen glaubte, wo das Meer aufhörte und das *biblische* Land begann. Eben noch hatte man Gerüche eingesogen, die nicht nur exotisch, sondern auch verheißungsvoll waren. Und jetzt erstickte man schon im Auspuffqualm, als ob man das vergiftete Europa nie verlassen hätte.

Ich weiß nicht, wie es allen anderen Flugpassagieren geht, die zum erstenmal nach Israel kommen und auf dem Ben-Gurion-

△ Der Brunnen der Ahmed-Jezzar-Moschee in Akko

◁ Das Katharinenkloster in der Wüste des Sinai

Flughafen von Lod landen. Aber ich weiß, daß nicht einmal die Kenntnis Palästinas einen davor bewahrt, enttäuscht zu sein, wenn man erstmals nach Tel Aviv kommt. Ich war bereits jahrelang immer wieder nach Palästina gekommen, bevor ich endlich auch nach Tel Aviv kam, und der erste Eindruck war niederschmetternd, fast obszön. Ich kannte den Hafen von Haifa mit seinem gestenreichen und gelegentlich undurchsichtigen Empfangszeremoniell, ich war über den Landweg, über die Türkei, Syrien und Jordanien, nach Israel gekommen, und stets waren die Erwartungen, die ich in meine Ankunft gesetzt hatte, irgendwie erfüllt worden, stets war das Außerordentliche völlig normal und das Wunderbare vorstellbar gewesen. Nur Tel Aviv erschlug mich mit seiner großstädtischen Banalität, mit seinen schmalen und lärmerfüllten Gassen zwischen Hochhäusern, über denen sich eine Art Blase oder kompakte Kuppel aus Qualm und Abgasen bildet, was wiederum dieses feuchtschwüle Treibhausklima erzeugt, an dem man anfangs buchstäblich zu ersticken glaubt.

Aber das alles ist es eigentlich noch gar nicht, was mir diese jüdische Metropole, deren beide wichtigsten Geschäftsstraßen nach einem britischen General und einem israelischen Bürgermeister benannt sind, so furchteinflößend oder unbegreiflich erscheinen läßt. Jede Ankunft in Beirut, Damaskus, Amman oder Kairo ist noch schwindelerregender und zugleich deprimierender. Jedes Eintauchen in die Gerüche und Farben irgendeiner anderen orientalischen Großstadt zwischen den uralten babylonischen Ruinenhügeln im Zwischenstromland und den gigantischen Hinterlassenschaften der Pharaonen am Nil besitzt unter Umständen etwas Lebensgefährliches und bleibt stets ein Wagnis, dessen Ausgang ungewiß ist. Jede Beschäftigung mit Großstadtbürgern außerhalb Israels macht einem unmißverständlich bewußt, daß die arabische oder ägyptische Gesellschaft auch nach Generationen noch nicht den Sprung aus dem Altertum in die Neuzeit geschafft hat und aus Kameltreibern, Bauern und elenden Arbeitssklaven ein selbstbewußtes städtisches Bürgertum machte. Tel Aviv ist im Vergleich zu allen benachbarten Metropolen eine perfekt durchorganisierte, gut funktionierende und strukturell beneidenswert gut gelungene Nachkonstruktion jenes *babylonischen Turmbaus,* der die unvernünftige Maßlosigkeit der Menschen zwar lächerlich gemacht, ihr Genie aber niemals in Frage gestellt hatte. In Tel Aviv, das erst gegen Ende des Ersten Weltkrieges sich wie ein künstlich zusammengefügter Phönix aus den Sanddünen am Mittelmeer zu erheben begann und damals zwischen fünfzehnhundert und zweitausend Einwohnern zählte, die teilweise in Zelten, Bretterbuden und unter freiem Himmel ihre großstädtische Zukunft zu träumen begannen, in Tel Aviv empfindet man heute nicht anders als in Athen oder Neapel, Marseille oder Barcelona. Manchmal droht die Wasserversorgung zusammenzubrechen, was nichts mit dem Ungeschick der Juden zu tun hat, sondern auf klimatische Ursachen zurückzuführen ist. Manchmal streiken die Feuerwehrleute vor dem pompösen Amtssitz des Bürgermeisters, weil sie wie überall auf der Welt eine Gehaltserhöhung fordern, mit der sie die fatalen Folgen der Inflation abwehren können – was wohl nur Wunschdenken sein kann in einem Land, das innerhalb von drei Jahrzehnten vier größere Kriege führen mußte –, und manchmal hat man als Ausländer und Christ den unangenehmen Verdacht, daß diese Stadt – wie das ganze Land – so etwas wie eine Falle ist, die unbarmherzig zuschnappt und aus der man sich erst durch die Bezahlung eines saftigen Lösegeldes wieder retten kann. Das ist durchaus keine böswillige Unterstellung, sondern bezieht sich auf die schamlose Erhebung einer sogenannten *Mehrwertsteuer,* wenn man israelische Waren oder Dienstleistungen nicht mit Dollars, Franken oder Mark, sondern mit israelischen Banknoten bezahlen will.

Und trotzdem, ich wiederhole es, ist das alles nicht die Ursache der widerstreitenden Gefühle, denen man in dieser Stadt eindeutiger als anderswo in Israel zu unterliegen beginnt, wenn man erst einmal damit angefangen hat, die beiläufige Haltung eines Touristen, der sich nur um Sehenswürdigkeiten und Jahreszahlen zu kümmern braucht, abzulegen und beginnt, sich schärfer in den Straßen und auf den Plätzen einer Stadt umzusehen, die bei oberflächlicher Betrachtung ein großstädtischer Alptraum ist. Immer wieder, wenn ich nach Palästina bzw. Israel komme und dabei Tel Aviv besuche und mich in Tel Aviv mehr als ein paar Stunden bis zum nächsten Abflug nach Europa oder bis zur nächsten Exkursion in den Süden aufhalten muß, fallen mir Bilder und Begegnungen ein, die ich bei meinem ersten Aufenthalt in dieser Stadt hatte. Und ich kann dann gar nichts anderes mehr tun als nachzuprüfen, ob diese ersten

Eindrücke von damals auch heute noch stimmen, ob sich die Stadt gewandelt hat oder vielleicht ich selbst, ob das Bild vom *jüdischen Menschen,* das mir meine christliche Herkunft und meine katholische Erziehung vermittelten, immer noch Assoziationen hervorruft, die wie ein Schuldbekenntnis sind. In einem Kibbuz oder Moshav, in Jerusalem oder in Eilat, ja selbst in Galiläa, wo man auf den Spuren des Nazareners nur Frommes und Ehrerbietiges im Sinne hat, oder in Haifa, wo das mediterrane Europa durch den Hafen ans palästinensische Land gespült wird, überall sonst also in Israel ist dieses Bild, das man sich vom *jüdischen Menschen* macht, etwas Selbstverständliches. Und weil die orthodoxen Juden in den berühmten oder auch berüchtigten Stadtvierteln von Jerusalem sogar von den Israeli abgelehnt oder zumindest belächelt werden, kann man sogar durch Mea Shearim gehen, ohne ein schlechtes Gewissen zu haben oder sich ständig fragen zu müssen, was da eigentlich falsch gelaufen ist, welche furchtbaren Mißverständnisse da geschehen sind und weshalb man den leisen, ziehenden Antisemitismus in sich selbst nie ganz abschütteln kann.

In Tel Aviv stolpert man allem Jüdischen, also jüdischer Mentalität, jüdischem Schicksal, jüdischen Nasen und Gerüchen, jüdischer Genialität, jüdischer Geschwätzigkeit, völlig unvorbereitet über den Weg, schwankt man unentwegt zwischen der Furcht, in antisemitische Raserei zu verfallen, und dem Optimismus, endlich alle eingepflanzten, anerzogenen Vorurteile abschütteln zu können. In Tel Aviv – und ich will und kann jetzt wirklich nur für mich selbst sprechen – gibt es nichts, was einen von der Begegnung mit dem Judentum ablenken könnte, gibt es keine antiken Sehenswürdigkeiten oder heroischen Landschaften und erst recht keine spektakulären Pilgerplätze, die vor der Begegnung mit dem *jüdischen Menschen* so etwas wie eine kulturelle Schutzwand stellten. In der *Allenby Street* und mehr noch in der legendären *Dizengoff Street* habe ich mich in all den Jahren, die ich nach Palästina gegangen bin, oftmals mit Grazern und Wienern, Neapolitanern und Mailändern, Brünnern und Pragern und sogar mit Bukarestern und Warschauern unterhalten, habe ich mit ihnen lange Gespräche geführt, die erinnerungsschwer und voll poetischer Metaphorik waren, und stets habe ich mich dazu zwingen müssen, ihre Biographien, Schicksale, Niederlagen, Totenlisten, Demütigungen und unheilbaren Wunden zu übersehen oder zu vergessen, damit ich mich mit ihnen tatsächlich so unterhalten konnte, wie man sich in Europa mit Neapolitanern, Wienern und Brünnern unterhält. Immer wenn ich Geschichten aus der jeweiligen Heimat meiner Gesprächspartner hörte, die zugleich auch die unselige Geschichte meines eigenen Kontinentes beschreiben, befand ich mich in einer Art verlogener Defensive. Immer wenn ich Erzählungen über ein Konzentrationslager, über eine Flucht, über verlorene Vermögen und Familienmitglieder hörte, mußte ich mich gegen das unsinnige Gefühl wehren, das in mir hochstieg und nach Schuld schmeckte. Und immer – ich denke an ganz bestimmte Figuren in ganz bestimmten Cafés – wenn ich einen dieser Neapolitaner, Wiener, Brünner oder Warschauer schrecklich unsympathisch fand, spürte ich so etwas wie Scham in mir, weil ich ja wußte, daß es *Juden* waren, mit denen ich mich unterhielt, die mir unsympathisch waren, deren keifendes Geschwätz ich nicht ertragen wollte, daß es *Juden* waren, deren elendes Schicksal mir jede instinktive Ablehnung oder jede rüpelhafte Erwiderung kategorisch verbot.

Da war ein alter Mann, der eines Tages auf offener Straße zusammenbrach. Ich hatte mich ein paar Meter hinter ihm befunden und versuchte jetzt, ihm behilflich zu sein. Ich vermutete einen Kreislaufkollaps, einen Herzanfall, ich öffnete seinen Kragen, rollte seine Hemdsärmel auf und sah in der Innenseite seines rechten Arms eine Nummer eingraviert. Ich hatte natürlich davon gehört, daß es das gab, daß man Menschen mit Nummern versehen hatte, wenn man sie für ihre Liquidation sozusagen mit bürokratischer Genauigkeit vorbereitete, ich hatte davon gehört und auch Filmaufnahmen davon gesehen, aber ich hatte mir im übrigen nie weiter Gedanken darüber gemacht. Es gab solche Dinge, es war entsetzlich oder auch unglaublich, aber ich hatte nie eingesehen, weshalb ich ein schlechtes Gewissen haben sollte, weil es diese eintätowierten Ziffern gab. Und jetzt sah ich mitten in Tel Aviv zum erstenmal in meinem Leben eine solche Tätowierung, noch dazu an der Innenseite eines Arms, der einem Mann gehörte, dessen Röcheln ich hörte, dessen schlechter Körpergeruch mir entgegenschlug, dessen Oberlippenschweiß ich dicht vor mir hatte und dem ich in meiner nervösen Ungeschicklichkeit nicht helfen konnte, bis endlich andere Passanten, die auf uns aufmerksam geworden waren, mich zuerst in dieser unaussprechlichen, unverständlichen hebräischen Sprache, von der ich kein Wort verstehe, etwas fragten und sich dann um den kranken alten Mann kümmerten. Ich schlich mich damals wie ein geprügelter Hund davon, und so abgeschmackt, billig dieser törichte Vergleich auch sein mag, so traf er in diesen Augenblicken dennoch auf mich zu. Ich hatte das Gefühl, etwas unsagbar Widerliches getan oder doch mitverursacht zu haben, und obgleich ich mir meine relative Schuldlosigkeit einzureden begann, verabscheute ich in diesen Minuten Tel Aviv, Israel und die Juden, weil ich sonst wahrscheinlich mich selbst hätte verabscheuen müssen.

Da war eine Gruppe junger Neapolitaner in der *Dizengoff Street,* junge Kaufleute oder die Söhne von Kaufleuten, üble Burschen, lässig, herausfordernd, mit dem Geld um sich werfend, die Tische eines ganz bestimmten Straßencafés beschlagnahmend, lümmelnd, die Passanten belästigend, die jungen Mädchen mit Zoten überschüttend, Neapolitaner der übelsten Sorte, und ich weiß, was ich sage, denn ich kenne Neapel seit dem Augenblick meiner Geburt, ich verstand jedes schlüpfrige, ordinäre, eindeutige Wort, das sie den Frauen nachriefen, jedes widerliche Wortspiel, über das sie brüllend lachten, und der neapolitanische Dialekt ist unvergleichlich in der Obszönität seiner Anspielungen, Zweideutigkeiten und zotigen Wortpossen. Und jedenfalls amüsierte ich mich über diese verdammte Bande reicher, nichtsnutziger, junger Neapolitaner, die *natürlich Juden* waren, Söhne süditalienischer Juden, weil ich dadurch eine Art Ventil für meine eigenen merkwürdigen Gefühle zu haben glaubte. Wahrscheinlich dachte ich *Drecksbande, widerliche, jüdisches Gesindel,* und in einer gewissen Weise hatte ich recht mit dem, was ich dachte. Und weil ich wußte, daß ich in einer gewissen Weise recht hatte, ärgerte ich mich, wurde ich nachdenklich, mißtrauisch, verunsichert, begann ich mich zu fragen, ob meine Reaktionen vielleicht deshalb so eindeutig ausfielen, weil es sich hier um *Juden* handelte, um eine besondere Rasse von Menschen, die ich nicht einfach als neapolitanische Lausbuben abklassifizieren konnte, sondern deren ärgerniserregendes Verhalten ein Bestandteil jener vieltausendjährigen Tradition war, gegen die wir Christen letztlich immer fassungslos und ohnmächtig sind!

Es sind kuriose Beispiele, die ich hier anführe. Es ist aber auch eine kuriose Wahrheit, die ich hier zu verdeutlichen suche. Es scheint fast so, als ob ich mir selbst meine unerklärliche Antipathie gegen Tel Aviv oder meine rätselhafte Furcht vor dieser jüdischen Großstadt erklärlicher machen möchte. Ich liebe Jerusalem. Mich fasziniert der Negev. Ich empfinde großen Respekt vor den jüdischen Siedlungen im Norden. Mir verschlägt die wilde Poesie mancher Dörfer, die zwischen dünnen Palmenreihen und den mächtigen Wanderdünen fast verschwinden, buchstäblich den Atem. Mich interessieren Städte wie Haifa oder Akko. Nur an Tel Aviv scheitere ich, nur dieses Schauspiel macht mich unruhig, lenkt mich ab, irritiert mich auf eine besorgniserregende Weise, was nicht nur damit etwas zu tun haben kann, daß es immer schon das Zentrum der *zionistischen Bewegung* war. Das wäre zu einfach, beinahe dumm. Andererseits ändert mein dumpfes Schuldbewußtsein gegenüber dem Judentum, das im berühmten Holocaustmuseum von Jerusalem nachdrücklich genährt wird, gar nichts an meiner Zuneigung für Jerusalem. Das allein kann es also nicht sein. Und manchmal schrecke ich vor der möglichen Wahrheit zurück, daß es einfach die kompakte Masse der Juden, der *jüdische Alltag,* die *großstädtische Banalität jüdischer Lebensweise* sein könnte, die mich in Tel Aviv irritiert. Ist das der Antisemitismus in seiner gedämpften Form? Bin ich jetzt ein Antisemit? Oder war ich bisher bloß noch nicht imstande, die Eischalen christlicher Denkungsart und katholischer Erziehung abzuschütteln?

Ich fürchte, daß es mir nicht gelingen wird, eine klare und unmißverständliche Erklärung über mein sonderbares Verhalten abzugeben. Ich werde mich darauf beschränken, die Meinung eines ehedem populären Schriftstellers jüdischer Abstammung – sein Name ist Hans Habe – zu zitieren, weil mir im Grunde nichts Vernünftigeres oder Moralischeres mehr einfällt, weil ich es müde bin, meinen absurden persönlichen Kampf *gegen und mit* dem Judentum, der sich aus uneinsichtigen Gründen auf Tel Aviv zu konzentrieren scheint, in aller Öffentlichkeit auszutragen. Nun, Hans Habe schrieb jedenfalls: „Tel Aviv, die größte Stadt Israels, ist auch die jüdischste. Tel Aviv ist jüdisch, also international. Tel Aviv ist die jüdischste Stadt Israels, also die europäischste. Ost und West auch hier, doch tritt der Orient zurück, und unter Osten versteht man höchstens den Osten Europas. Die Geschäftsstraßen ein Stück altes Wien, Handel mit Wandel, Eile mit Weile, Geschäft mit Gemütlichkeit. Das Café Ritz ein Stück altes Budapest, Literatur mit Humor, Kunst mit Schmus, Kultur mit Koketterie. Dizengoff, Cercle, leuchtende Springbrunnen, hier tanzt man am Wochenende: ein Stück Madrid, europäischer Süden im Osten, hastiges *dolce far niente,* jugendliche Tradition." – So sieht es ein europäischer Jude, und ich sehe keine Veranlassung, ihm allzu nachhaltig zu widersprechen.

Tel Aviv, was übersetzt soviel wie *Hügel des Frühlings* bedeutet, entstand um die Jahrhundertwende in den Sanddünen der palästinensischen Mittelmeerküste. Im Hintergrund erhob sich die Silhouette einer der ältesten palästinensischen Städte. Ihr Name war Yaffa oder Yaffo, und es gehört wahrscheinlich immenses jüdisches National- und Selbstbewußtsein dazu, die Tatsache der vollkommenen Eliminierung dieser arabischen Stadt als die eigentliche Geburtsstunde Tel Avivs zu bejubeln. Die arabischen Palästinenser, die 1948 nach den schweren Kämpfen fast fluchtartig ihre zerstörten Häuser und Geschäfte verließen und in den Lagern von Jericho und Gaza auf eine mögliche Wiederkehr und damit auf die Erfüllung ihrer rachelüsternen Wünsche hofften, sehen das jedenfalls anders. Aber das ist dann schon wieder eine dieser unlösbaren Geschichten, mit denen man in diesem Land ständig konfrontiert wird und bei denen man nie Partei ergreifen kann, weil nur die Flucht in die Verantwortungslosigkeit, nur die pure Feigheit allen palästinensischen Problemen gegenüber einen europäischen Christen davor bewahrt, vollends verrückt zu werden. Heute, ein halbes Menschenalter nach der Zerstörung des arabischen Yaffa, akzeptiert man die Doppelstadt Tel Aviv-Yaffa als politisches und moralisches Faktum. Niemand erinnert sich mehr an die rauchenden Trümmerhaufen der arabischen Quartiere von damals, niemand, der als Jude die Welt zu begreifen sucht, wird Anstoß daran nehmen, daß noch lange nach 1948 die Ruinen der arabischen Stadtviertel systematisch gesprengt, abgetragen und damit praktisch vom palästinensischen Erdboden getilgt wurden. Und als ich vor Jahren in einem Rundfunkkommentar über diese Sprengungen berichtete, erhielt ich zahllose empörte Briefe aufgebrachter Juden, die mir faschistische Greuelpropaganda vorwarfen oder mich wutentbrannt fragten, auf welches Bankkonto in der Schweiz ich meinen arabischen Judaslohn für die Verbreitung dieser infamen Lügen erhalten hätte. Damals war ich nicht fähig, irgend etwas auf die absurden Anschuldigungen zu antworten.

Heute würde ich sagen, daß die Sprengungen und *städtebaulichen Veränderungen* in Yaffa insofern ihr Gutes gehabt hätten, als diese sogenannte Altstadt von Tel Aviv – unter diesem Titel wird sie den ahnungslosen Touristen verkauft – tatsächlich ein bezauberndes, teilweise verträumtes und romantisches und andererseits auf bizarre Weise farbenfrohes Refugium für Künstler, Pensionisten und vermögende Rückwanderer aus Amerika und Europa ist. Yaffa illustriert heute die Sehnsucht der Juden nach Heimeligkeit, Idylle, sanfter Poesie, und daß sie dafür eine der ältesten arabischen Städte an der palästinensischen Mittelmeerküste zerstören mußten, ist den jungen *Sabras,* die hier ihre ersten romantischen Verabredungen haben, genausowenig vorzuwerfen, wie den heute vierzigjährigen Deutschen die Liquidierung von einigen Millionen Juden.

Tel Avivs Stadtwerdung war im übrigen stets mit Krieg und Zerstörung verbunden. Denn zu einem Zeitpunkt, da der britische General Lord Allenby Palästina von den Türken und ihren verbündeten deutschen Bataillonen mühsam befreit hatte, veranstalteten einerseits ein paar Dutzend verlauster, verschmutzter und hoffnungslos verarmter Juden in den mächtigen Sanddünen am Mittelmeer Freudentänze und schrieb der General andererseits in sein Tagebuch, daß es ihn nicht überraschen würde, wenn in einigen Jahren schon dort, wo es jetzt, 1917, 1918 lediglich Zelte und Hütten gab, eine jüdische Großstadt stehen sollte. Allenby sollte recht behalten, wenngleich er sich um eine ganze Generation irrte. Aber an seinem Irrtum war nicht er, sondern die Weltgeschichte schuld. Selbst ein so bedeutender Mann wie Ben Gurion beging einmal den Fehler, das arabische Yaffa als eine bittere Enttäuschung für die jüdischen Neuankömmlinge zu beschreiben. Das war allerdings im Jahre 1906, als noch keiner der weißrussischen, galizischen, rumänischen und deutschen Juden, die sich am Strand von Yaffa aufhielten, die heroischen Leistungen ihrer Söhne und Enkel vorherahnen konnte.

In den zwanziger Jahren zählte Tel Aviv etwa 15.000 Einwohner, unmittelbar nach dem Zweiten Weltkrieg waren es 170.000, und heute nähert man sich allmählich der Halb-Millionen-Grenze, immer im Wettlauf mit Jerusalem. Seit 1967 freilich führt Jerusalem, das sich fast explosionsartig bis tief ins arabische Hinterland hinein vergrößert. Das wirklich Erstaunliche und vielleicht sogar Einmalige an Tel Aviv aber war, daß es von seinen zögernden Anfängen als

Gartensiedlung namens Achusath Bajit am Nordrand Yaffas bis zum heutigen Tag immer eine jüdische und darüber hinaus eine zionistische Stadt war, wobei man den Begriff *zionistisch* durchaus in seiner radikalsten Form verstehen kann. Bereits die Namensgebung dieser Gartensiedlung zeugt davon, wobei ich nicht weiß, wer auf die Idee kam, eine Ansammlung von behelfsartigen Unterkünften und Zelten als *Gartensiedlung* zu beschreiben. Theodor Herzls utopischer Juden- und Palästinaroman „Altneuland“ jedenfalls erhielt in der ersten hebräischen Übersetzung den wesentlich poetischeren und zugleich wohl auch programmatischeren Titel „Tel Aviv“, also *Frühlingshügel.* Von den allerersten Anfängen an bis zu den schweren Unruhen und Kämpfen im Jahre 1948, als man gegen die arabische Nachbarstadt Yaffa um die eigene Existenz ringen mußte, war Tel Aviv immer das bevorzugte Ziel der zionistischen Einwanderer. Wer in diesen rasch anwachsenden, sich stetig vergrößernden *Frühlingshügel* zwischen den Sanddünen zog, hatte nichts Neutrales, bloß auf Auswanderung und Neugründung einer Existenz Bedachtes und damit Friedfertiges im Sinn. Oder sagen wir es anders: Tel Aviv war die Bastion gegen Palästina, eine Art trojanisches Pferd, ein Brükkenkopf, der zuerst die arabische Nachbargemeinde verschlingen mußte, um sich dann mit rasender Schnelligkeit ausbreiten zu können. Hier verschmolzen europäische Einflüsse zu einer neuhebräischen Kultur, wie man sie in dieser ausgeprägten Form bis dahin nicht kannte. Hier lernte man zuerst und im Gegensatz zu den orthodoxen und schwerfälligeren und wohl auch uneinsichtigeren Neusiedlern in Jerusalem mit Problemen fertig zu werden, deren existenzbedrohende Dramatik man sich heute kaum noch vorstellen kann. Man hatte mit der Willkür und Korruptionsanfälligkeit osmanischer Bürokratie fertigzuwerden. Man mußte die Spionenfurcht der türkischen Militärbehörden überleben. Dazu kamen Hungersnöte und Pogrome. Die meisten führenden Köpfe der frühen Phase der zionistischen Bewegung mußten außer Landes gehen und konnten erst mit der britischen Armee wieder nach Palästina zurückkehren. Man darf auch nicht vergessen, daß von geschätzten hunderttausend Juden im Jahre 1914 vier Jahre später nur noch knapp fünfzigtausend im Lande selbst überlebt hatten.

Aber der Zionismus lebte und überlebte durch die Opfer, die das Judentum nach dem Ersten Weltkrieg in Osteuropa bringen mußte.

Jede Wirtschaftskrise in Galizien oder Ruthenien, jede Judenverfolgung in Rußland, Rumänien oder Polen brachte eine neue Welle von Einwanderern nach Palästina und vor allem nach Tel Aviv. Und die Zahl der Einwanderer wuchs durch das Aufkommen des Nationalsozialismus in Deutschland.

Es entstanden Probleme, die durch den Umstand, daß man zionistisch dachte und handelte, nicht aus der Welt zu schaffen waren. Was bedeutete schließlich der Begriff *Zionismus* für den polnischen Handwerker, russischen Bauern oder deutschen Kleinbürger, die nichts anderes gemeinsam hatten als die unauflösliche Bindung zu einer Rasse und das Vertrauen in einen Gott, dessen Gesetze mitunter im krassen Widerspruch zum *Zionismus* standen? Flüchtlinge aus Europa waren keine Pioniere in dem Sinn, daß sie bereit gewesen wären, einen neuen Kontinent für ihre Schicksalsgemeinschaft zu erobern. Sie waren keine Konquistadoren, die mit dem Schwert in der Faust ihr Recht forderten. Sie wechselten lediglich die geographische Situation und schleppten beharrlich ihre kleinbürgerlichen, kleinstädtischen Vorstellungen und Ressentiments mit nach Palästina, wo sie ahnungslos, behaftet mit ihren uralten Vorurteilen, verfolgt von der unerbittlichen Strenge ihrer religiösen Gesetze und gedemütigt durch ihre Geschichte plötzlich alle Voraussetzungen dafür schaffen sollten, daß in einem verhältnismäßig bescheidenen, ja fast ärmlich anmutenden Gebäude am Rothschild Boulevard am 14. Mai 1948 um vier Uhr nachmittags der *Staat Israel* proklamiert werden konnte. In diesem Haus mitten in Tel Aviv ist heute selbstverständlich ein Museum eingerichtet, das ähnlich beeindruckend und ergreifend auf den unvorbereiteten Besucher wirkt wie das Holocaustmuseum in Jerusalem. Man muß wohl die Hochhäuser und autobahnähnlichen Verbindungsstraßen Tel Avivs von heute im Aug' haben, wenn man das Museum betritt, um das wahre Ausmaß der Entwicklung seit jenem 14. Mai 1948 verstehen zu können, wobei man noch hinzufügen sollte, daß damals Tausende von Armeezelten und Holzhütten die Flüchtlinge aus Europa aufnehmen mußten, deren Söhne und Enkel sich heute über horrende Mietpreise und unzumutbare Wohnverhältnisse beklagen. Aber der Enthusiasmus dieser merkwürdigen Gründergeneration des neuen Staates, die weder Pioniere noch Vorkämpfer in einem historischen Sinne waren, sondern Kleinbürger, Gewerbetreibende, Intellektuelle und Bauern geblieben waren, die sich häufig nicht einmal miteinander unterhalten konnten, weil sie das *Ivrith,* die neue Landessprache, nicht verstanden, der Enthusiasmus dieser Menschen in ihren erbarmungswürdigen Unterkünften und mit ihren immer noch äußerst fragwürdigen Zukunftsaussichten war ungeheuer. Es war der Enthusiasmus von Menschen, die in Tel Aviv wieder zögernd zu lernen begannen, was unter dem suspekt gewordenen Begriff *Heimat* zu verstehen sein könnte. Es war der ungebrochene Lebenswille einer Generation, die Pogrome, russische Verfolgungen, deutsche Ausrottungsorgien und letztlich auch britische Lethargie überlebt hatten, die aus nationalsozialistischen Lagern krochen, auf elenden Frachtkähnen illegal in das britische Mandatsgebiet gekommen waren, gegen britische Polizisten und arabische Nationalisten um ihr Leben gekämpft hatten, Menschen, die jede Niederlage ausgekostet und jeden nur vorstellbaren Verlust an Würde und Hoffnung hingenommen hatten, eine geschlagene und wiederauferstandene Generation europäischer Handwerker, Kleinbürger und Bauern, die gemeinsam mit einigen verzweifelten Intellektuellen nicht akzeptieren wollte, daß eine Rasse, nur weil sie den eingebildeten Makel des Judentums mit sich trug, ausgelöscht werden sollte. Die Bürger Tel Avivs, die damals im Frühling 1948 der Nationswerdung eines Staates zujubelten, den sie noch gar nicht genau begriffen, waren alles andere als Helden. Und die meisten von ihnen verstanden nicht einmal genau, was es mit dem Zionismus auf sich hatte, was es bedeutete, *zionistisch zu sein,* was der Zionismus von ihnen an Entbehrung und Leid fordern würde. Man jubelte, weil man sich vor keinem deutschen, polnischen, russischen, rumänischen oder auch britischen Polizisten mehr zu ängstigen brauchte. Man schrie sein Glück über die Sanddünen am Mittelmeer hinaus, und die Worte, die man sich dabei zurief, stammten aus zahlreichen Sprachen, denn man war ein Volk, das nicht einmal eine gemeinsame Sprache beherrschte. Und daß die Araber in Yaffa, das nur ein paar Hundert Meter weit entfernt war, Waffen und Munition zu verteilen begannen, ahnte man zwar, aber in diesen seligen Augenblicken fürchtete man keinen Feind der Welt. Man fühlte sich so stark, daß man mit bloßen Händen gegen eine Armee vorgegangen wäre. Und es war das unglaubliche Glück dieser braven Kleinbürger aus Europa, aus Osteuropa vor allem, dieser Analphabeten und Wanderhändler, Dorfkrämer und Bauern, Gehilfen und ständig Unterprivilegierten, Verfolgten und Getretenen, es war das unglaubliche Glück dieser eigenartigen Bürger von Tel Aviv, von denen die meisten überhaupt nicht wußten, was der Name ihrer Stadt bedeutete oder wie er zustande gekommen war, daß es einige Zionisten gab, die ihrerseits jetzt die Waffen verteilten, weil sie wußten, daß mit dem Augenblick der Nationswerdung Israels die wahren Schwierigkeiten überhaupt erst anfangen würden.

Aus allen diesen Erinnerungen, Überlegungen und Problemen heraus ist Tel Aviv zu sehen. Wenn Jerusalem heute und für die achtziger Jahre als Musterbeispiel für die Fähigkeit der Juden steht, sich selbst und seine Nachbarn immer wieder in Schwierigkeiten bringt, weil man von seiner eigenen Auserwähltheit so blindlings überzeugt ist, daß man keinen vernünftigen Argumenten mehr zugänglich zu sein scheint, so war Tel Aviv zwischen 1948 und 1967 ein Symbol für die bohrende Wirksamkeit des Zionismus. Jerusalem wird möglicherweise an seinem Anspruch, die heilige Hauptstadt der Juden zu sein, kläglich scheitern. Tel Aviv, das nie einen ähnlich summarischen, pathetischen Anspruch erhoben hatte, erwarb sich dafür im Kampf gegen die arabische Nachbarstadt Yaffa und im Bewußtsein des Überlebenmüssens in einer Zeit, als jeder Krieg die Existenz des jungen Staates unmittelbar bedrohte, eine Art frecher, zäher und zynischer Unbekümmertheit. Jerusalem ist orientalisch, Haifa europäisch auf eine ziemlich romantische Weise, die Kibbuzim im Jordantal, im Negev oder auch Eilat sind zukunftsorientiert, ohne daß man sich allzuviele Hoffnungen auf diese Zukunft macht, Ashkelon und Ashdod und in einem noch stärkeren Maße Beersheba haben sich von ihrer Vergangenheit emanzipiert . . . aber was ist Tel Aviv? Die vernünftigste Antwort müßte lauten: eine mediterrane Großstadt. Aber das trifft noch nicht die ganze Wahrheit. Es ist nämlich eine jüdische mediterrane Großstadt, deren Bewohner freilich nicht aus dem Mittelmeerraum gekommen sind, sondern aus Osteuropa und Deutschland. Und das ist ziemlich verwirrend, wie es auch angesichts einer christlichen Großstadtbevölkerung an einer mittelmeerländischen Küste verwirrend wäre, wenn die Gründergeneration aus polnischen Ebenen, deutschen Kleinstädten oder russischen Industriezentren käme. Ich habe zum Beispiel seit meinen ersten Besuchen in Tel Aviv nie den Eindruck verloren, daß es in dieser Stadt zuviele tiefgreifende Widersprüche gibt. Das ist unter anderem zwar ein prägnanter jüdischer Charakterzug, aber wenn es tatsächlich nur noch das Judentum an sich ist, das ein solches Bevölkerungskonglomerat zusammenhält, wenn nur noch der Umstand gemeinsamer Gebetsformeln, gemeinsamer Beschneidungszeremonien und gemeinsamen Unglücks alles Konträre eines beinahe schon babylonischen Abstammungsgewirrs miteinander verbindet, dann sieht sich der nichtjüdische Besucher dieser Stadt einer Fülle von rätselhaften Schwierigkeiten gegenüber.

Eines der ersten prägnanten Schlagworte, das die Zionisten der Gründergeneration in Umlauf setzten, um Tel Aviv und Palästina mit jüdischen Menschen besetzen zu können, lautete ebenso präzise wie herausfordernd: „Das Land ohne Volk für das Volk ohne Land!" – Das schien natürlich einleuchtend und beseitigte etwaige Skrupel gegenüber türkischen Untertanen, von denen man erst allmählich begriff, daß es sich eben nicht um Osmanen, sondern um Araber handelte. Dann, etwa während des 11. Zionistenkongresses in Wien im Jahre 1913, verbesserte man die ersten radikalen Formulierungen dahingehend, daß man jetzt sagte: „Es ist eine unabweisbare Aufgabe, das Beieinanderwohnen von Juden und Arabern zu einem friedlichen und möglichst freundschaftlichen zu machen. Wir haben hier vieles nachzuholen, was wir bisher versäumt haben, und begangene Fehler wiedergutzumachen." – Das war, wie gesagt, 1913! Und 1938 verstieg man sich sogar zur Behauptung: „Der jüdische Bodenerwerb in Palästina kommt der arabischen Bevölkerung zugute und bietet ein Mittel zur Besserung und Befestigung ihrer materiellen Lage."

Die erstaunliche Entwicklung Tel Avivs ist geprägt von der Philosophie, die hinter allen plakativen zionistischen Formulierungen steckt. Später, als die Zeit der schönen Phrasen und wissenschaftlichen Dokumentationen endgültig vorbei war und Tel Aviv sich anschickte, den Sprung zur jüdischen Großstadt inmitten orientalischer Umgebung zu riskieren, später, als aus dem *Traum von Israel* ein politisches und moralisches Faktum wurde, schluckte Tel Aviv, das sich nun auf dem unaufhaltsamen Weg nach oben befand, seinen palästinensischen Nachbarn Yaffa. Die Juden stützten sich dabei auf das uralte Recht des Stärkeren, dem sie selbst einige

Jahrtausende lang immer wieder unterlegen waren. Tel Aviv, der *Frühlingshügel,* das *Altneuland* Herzls mitten in den längst verschwundenen Sanddünen an der Küste, ist durch dieses moralisch zweifelhafte, aber historisch völlig legitime Primat geprägt worden. Seine Hochhäuser, Geschäftsstraßen, Hotelviertel und Verwaltungszentren konnten sich nur deshalb aus der melancholischen Kulisse verwahrloster Zeltlager und Holzbuden erheben, weil hinter ihrer Entwicklung die fast manische Kraft von Menschen stand, die im Grunde nichts mehr zu verlieren hatten. Vielleicht ist das ein Grund, warum mir Tel Aviv nie ganz geheuer ist? Vielleicht wehre ich mich nur gegen das Gefühl fröstelnder Bewunderung, wenn ich die Geschichte dieser Stadt überdenke? Vielleicht ängstigt mich der lärmende Trommelwirbel, den Tel Aviv, diese jüdische Metropole europäischer Kleinbürger, auf uraltem arabischen Boden veranstaltet?

Kapitel XV

HAIFA ODER DIE UNERLÄSSLICHE ENTFREMDUNG

Mir fällt ein hübsches poetisches Zitat von Theodor Herzl ein, der in mancher Hinsicht ein Prophet war und der in seinen längst vergessenen literarischen Arbeiten das zukünftige Israel besser und genauer beschrieb als in seinen gesellschaftspolitischen Traktaten. In seinem Roman „Altneuland", der 1902 entstanden ist und für Israel und hier wiederum für Tel Aviv eine besondere Bedeutung besitzt, versuchte Herzl auch das zukünftige Haifa zu beschreiben, eine Hafenstadt also, die zu jenem Zeitpunkt ein verschlafenes, hoffnungslos rückständiges osmanisches Nest war, verlottert und verkommen wie viele andere orientalische Städte mit großer Vergangenheit. Er schrieb: „Da sie vom Süden kamen, verdeckte ihnen der Bergvorsprung zuerst den Anblick des Hafens und der Stadt Haifa. Nun aber lag auch diese vor ihnen. Eine herrliche Stadt war an das tiefblaue Meer gelagert. Großartige Steindämme ruhten im Wasser und ließen den weiten Hafen dem Blicke des Fremden sogleich als das erscheinen, was er wirklich war: der bequemste und sicherste Hafen des Mittelländischen Meeres. Schiffe aller Größen, aller Arten, aller Nationen hielten sich in dieser Geborgenheit auf. Tausende weißer Villen tauchten, leuchteten aus dem Grün üppiger Gärten heraus. Von Akko bis an den Karmel schien da ein großer Garten angelegt zu sein, und der Berg selbst war auch gekrönt mit schimmernden Bauten."

Was der gebürtige Budapester und nunmehrige Wiener Theodor Herzl, Jude, Schriftsteller, Vorkämpfer für den Zionismus und realitätsbesessener Utopist, der zu einem Zeitpunkt starb, als man in Europa noch heftig darüber diskutierte, wo man die Juden ansiedeln sollte, in Afrika, auf Madagaskar oder vielleicht doch in Palästina, was er da also in romanhafter Beschreibung anbot, entsprach wie alles in seinem Werk teilweise einer zukünftigen Wirklichkeit und war zugleich in Gefahr, von der Wirklichkeit überholt zu werden. Haifa war damals, 1902, gewiß keine schöne Stadt im romantischen Sinne. Und es ist heute, nachdem es lange Zeit Israels wichtigster Hafen war und demnach den Intentionen Herzls durchaus entsprach, zweitrangig geworden, da der Hafen von Ashdod südlich von Tel Aviv zu einem modernen Großhafen ausgebaut wurde, der tatsächlich allen Anforderungen zeitgenössischer Technologie entspricht.

Utopie, Traumbild und Wirklichkeit lagen also bei Theodor Herzl stets dicht beieinander, und obleich das allein noch nichts typisch Jüdisches ist, wird es durch die Sentimentalität und den heiligen Eifer, mit dem es vorgetragen wird, zu einer ganz besonderen, unverwechselbaren Form jüdischer Selbstdarstellung. Ich bin überzeugt, daß Haifa, das immer noch den gesamten Passagierverkehr übers Meer bewältigt, den Besuchern Palästinas, die mit dem Schiff ankommen oder abreisen und Haifa als erste oder letzte israelische, jüdische Stadt sehen, ein leichtes Gruseln beibringt, oft ein Gefühl der irritierenden Enttäuschung erzeugt. Das kann einerseits mit den martialischen Sicherheitsbedingungen zu tun haben, andererseits vom Zustand der Nebelbänke abhängen, die Haifa belagern und dem Blick der ankommenden Schiffspassagiere entziehen, es kann aber auch abstrakte, spirituelle Ursachen haben. Es beginnt vielleicht schon damit, daß man als unvorbereiteter nichtjüdischer Ankömmling überrascht entdeckt, mit welcher Emphase, mit welcher Leidenschaft die Juden an Bord des Schiffes, das langsam in den Hafen gleitet, den Boden Israels begrüßen. Allerdings muß man viel Geduld aufbringen, bevor man ihn betreten kann, denn die Juden haben eine rätselhafte Mischung aus preußisch-orientalischem Reglement erfunden, um die Zeremonie der Zoll- und Grenzformalitäten immer wieder in die Länge ziehen zu können. Andererseits kann ich es mir natürlich nicht so einfach machen und sagen, daß Haifa allen Juden, Ankommenden wie Abreisenden, als ein fast religiöses Symbol für ihre Nationalität erscheint, während alle Christen, Atheisten und Agnostiker nur mit reichlich gemischten Gefühlen in den Bannkreis dieser Stadt und ihres Hafens gerieten. Die Wahrheit dürfte wie so oft in der Mitte liegen. Und nur wer kein besonders feines Gespür für Zwischentöne und Widersprüche hat, mag in Haifa gleichgültig von Bord gehen oder einen letzten zufälligen Blick auf Palästina werfen, bevor es hinter den fast unvermeidlichen Nebelbänken verschwindet.

Mich verbindet mit Haifa neben manchen anderen Geschichten die Erinnerung an einen ganz bestimmten Augusttag im Jahre 1972. Es war verhältnismäßig früh am Morgen, ich war in der Nacht mit meinem Wagen, den ich aus Europa mitgebracht hatte, aus dem Sinai nach Norden gefahren, und jetzt, nach wochenlanger selbstauferlegter Entfernung von der sogenannten Zivilisation, wenige Stunden vor dem Ablegen des Schiffes, das mich nach Griechenland bringen sollte, wollte ich am Hafen noch rasch einige Zeitungen kaufen. Ich war arglos, ahnungslos und, weil ich mich in den letzten Tagen nur auf Wüstenpisten und alten Karawanenpfaden herumgetrieben hatte, hungrig nach Neuigkeiten. Der Zeitungskiosk neben der Haupteinfahrt zum Abfertigungsgelände im Hafen war gerade geöffnet worden. Einige Männer standen um ihn herum. Ich trat hinzu und wollte mit großer, ungeduldiger Geste alle englisch- und deutschsprachigen Zeitungen kaufen, die es an diesem kleinen Kiosk gab, als ich überrascht sah, daß einige der Männer Tränen in den Augen hatten. Der Besitzer des Zeitungsstandes, ein gebürtiger Österreicher, wenn ich mich recht erinnere, ein alter Mann mit grauem Gesicht, das von tiefen Ulkusfurchen zerschnitten war, sah mich mit einem eigenartigen Blick an, als ich ihm meine Bestellung in deutscher Sprache sagte. Ich glaube, er sagte dann, ohne mir eine Zeitung zu geben oder auch nur daran zu denken, mich zu bedienen, *„Ja wissen Sie denn nicht, was passiert ist!"*, und die Art, wie er diesen Satz aussprach, besaß etwas so Fassungsloses, Wütendes und zugleich Resignierendes, daß ich nun doch neugierig wurde und kopfschüttelnd erwiderte, daß ich unten im Sinai gewesen sei und natürlich keine Ahnung hätte . . .

Ich bin auf Erinnerungen angewiesen, wenn ich diese kleine Szene, die ich freilich mein Leben lang nicht vergessen werde, möglichst genau nacherzählen will. Und wenn mich meine Erinnerung nicht trügt, dann empfand ich die Nachricht vom *Massaker in München,* wo ein palästinensisches Terrorkommando die israelischen Olympiateilnehmer als Geiseln genommen und dann getötet hatte, zuerst als etwas so Unglaubliches und dann als etwas so Beschämendes, daß ich zu keiner Antwort fähig war. Ich muß das vielleicht erklären, gerade weil ich mich gelegentlich als Neutralist zwischen den Fronten aufspiele, gerade weil ich nach objektiven Gründen suche, die mir das Begreifen israelischer und palästinensischer Verrücktheiten leichter machen sollten. Niemand, der nicht tage- und wochenlang in einer absoluten Natur, wie sie eine Wüste darstellt, zugebracht hat, kann verstehen, daß man in dem Augenblick, da man aus dieser absoluten und abstrakten Natur hervortritt, noch nicht fähig ist, die Welt mit ihren gewohnten Perfidien und Obszönitäten zu realisieren. Ich war in einer metaphorischen Stimmung. Die riesigen Sterne der klaren Wüstennächte drehten sich noch in meinem Kopf. Das raschelnde Geräusch des Windes, wenn er den rinnenden Sand bewegt und zu bizarren Formationen häuft, hatte sich noch nicht aus meinem Gedächtnis verflüchtigt. Ich war wie ein neugeborener Mensch und zugleich doch uralt, ich hatte noch romantische Vorstellungen vom Leben, das ich in den letzten Tagen und Wochen geführt hatte, in mir und war jetzt nicht imstande, sie rasch, übergangslos gegen die Wirklichkeit einzutauschen. Ich sah Männer, die Tränen in den Augen hatten. Aber es dauerte eine elende, unheimliche Schrecksekunde, bis ich endlich begriff, daß die Welt, in die ich sozusagen zurückgekehrt war, die Menschen in Israel buchstäblich zu Tränen herausfordert.

Ich habe dann völlig vergessen, mir am Kiosk eine Zeitung zu kaufen. Und während der unvermeidlichen und langwierigen Untersuchungen und Formalitäten, die man über sich ergehen lassen mußte, bevor man aufs Schiff durfte – noch dazu mit einem Wagen, den man wieder ausführte aus Israel –, war es mir unmöglich, an etwas anderes als an das *Massaker von München* zu denken. Diese Behauptung hört sich hier und heute etwas hölzern an. Ich beginne einzusehen, daß es nur eine Erzählung aus zweiter Hand ist, nur eine Art verwischter Reproduktion meiner Gefühle und Gedanken von damals. Und daß man den Eindruck der vollkommenen Betäubung, der Lähmung aller Instinkte nicht einfach nach Belieben immer wieder von neuem darstellen kann. Damals schämte ich mich für etwas, das in Europa, wohin ich gerade zurückkehren wollte, geschehen war. Heute fehlt mir diese Scham. Heute weiß ich nur, daß ich sie damals in mir spürte. Damals fühlte ich so etwas wie eine dumpfe Mitschuld an dem Elend von München, ohne daß ich hätte ausdrücken können, worin meine Schuld bestand. Heute denke ich an dieses Gefühl nur noch kopfschüttelnd zurück. Aber etwas, das damals wie heute gleichgeblieben ist und meine Erinnerungen an Haifa belastet, ist der einfache Umstand, daß ich unendlichen Respekt, vermischt mit hoffnungsloser Melancholie, in mir hochsteigen fühlte, wenn ich an das jüdische Volk dachte. Und daß ich seltsamerweise keinen Haß gegen die Palästinenser empfand, gegen dieses geschlagene, besiegte und gedemütigte Volk, das damals wie heute nur leicht zu formendes Wachs in den Händen mancher Drahtzieher ist.

Dies alles belastet meine Erinnerungen an Haifa. Dies alles ist zwar nicht sonderlich geschickt ausgedrückt, nicht besonders gut formuliert, nicht durchdacht in dem Sinne, in dem man aus dem Erlebnis erst dann einen literarischen Text machen kann, wenn man das Erlebnis mit dem Speichel der eigenen Assoziationen befruchtet hat, aber es entspricht in seiner gedanklichen und sprachlichen Neutralität oder vielleicht sogar Dürftigkeit meinem tiefen Unvermögen, die *Hinrichtung von München* – denn etwas anderes war es ja nicht – als Außenstehender zu betrachten. Jeder Blick aus Judenaugen, der mich damals in den letzten Stunden vor meiner Abreise aus Haifa noch traf, war eine stumme Anschuldigung. Jede Geste enthielt Verachtung. Jedes Wort war wie über einen gähnenden Abgrund hinweg an mich gerichtet. Und in jeder jüdischen Stimme bildete ich mir den bohrenden Vorwurf ein, einer Welt anzugehören, die ein solches *Massaker von München* nicht einmal verhindern kann.

So war das damals, 1972, in Haifa, in dieser schönen alten Stadt an einer Küste, an der zuerst die Römer ihre Hauptstadt Caesarea und dann die unvermeidlichen Rothschilds ihren ersten Golfplatz auf palästinensischem Boden errichteten, wobei man allerdings hinzufügen muß, daß sie auch sonst Ende des 19. und anfangs des 20. Jahrhunderts unendlich viel für Israel, für die Juden getan hatten, darunter die Etablierung von beachtlichen Weinkellern unweit des heutigen Tel Aviv. So war das damals in Haifa, das bis 1948 – was heute anscheinend längst wieder in Vergessenheit geraten ist – eine arabische Minderheit besaß, die im April jenes

Jahres, als sich die Nationswerdung Israels bereits abzuzeichnen begann, die Stadt fluchtartig verließ.

Und das ist dann die andere Seite der Geschichte, die man auch erzählen muß, wenn man die Erschütterung über das *Massaker von München,* über irgendeinen Terroranschlag glaubhaft machen will und wenn man nicht nur Theodor Herzl mit seinen utopischen Träumen, sondern auch die Gegenseite zu Wort kommen lassen will. Denn im Jahre 1948 besaß Haifa annähernd 150.000 Einwohner – heute sind es mehr als 200.000 –, davon mindestens 50.000 Araber oder Palästinenser. Ein solcher Massenexodus aber mußte Ursachen haben, denn auf einen bloßen Verdacht hin verlassen nicht 50.000 Menschen ihre Heimat, ihre Häuser und Geschäfte, und wenn man heute in jüdischen Publikationen nachlesen kann, daß es damals das arabische Oberkommando gewesen sei, das den arabischen Bürgern von Haifa den nachdrücklichen Rat gegeben habe, die Stadt umgehend zu verlassen, so ist das nur die halbe Wahrheit, ist es wie so oft in Palästina nur die jüdische Wahrheit. Was geschah damals, als aus dem britischen Mandatsgebiet Palästina der selbständige Staat Israel zu werden begann, als überall, zwischen Galiläa und Judäa die patriotische Zuversicht der Juden zu wachsen begann und es neben den berühmt-berüchtigten Untergrund- und Terrororganisationen auch die ersten Ansätze einer sogenannten jüdischen Volksarmee gab? Haifa war zum Beispiel der Hauptumschlagplatz für die illegale Einwanderung der Juden nach Palästina. In Haifa arrangierte und organisierte die *Jewish Agency,* die für das Funktionieren der Einwanderung hauptsächlich verantwortlich war, Schiffe und Waffen, darunter uralte schrottreife Kähne und ein einmotoriges, kaum noch flugfähiges Schulungsflugzeug, das den Beginn der legendären israelischen Luftwaffe darstellte. Dieses Flugzeug, mit dem heute nicht einmal der verrückteste Privatpilot eine Runde über den Platz drehen würde, war im Mai des Jahres 1948 übrigens mitverantwortlich dafür, daß die Ägypter, die bis in die Gegend von Ashdod vorgedrungen waren, fluchtartig in ihre Ausgangspositionen im Gazastreifen zurückkehrten. Wahrscheinlich hatten sie angenommen, dieses vorsintflutliche Fluggerät sei nur eine Art Versuchsballon, und die Geschwader mit ihrer gefährlichen Bombenladung würden ihm auf dem Fuße folgen . . . Jedenfalls sahen die Araber von Haifa täglich, stündlich und mit wachsender

Mutlosigkeit, wie immer neue Einwanderertransporte die britische Blockade durchbrachen und an Land kamen, wie immer neue Waffentransporte durch die Stadt geschleust wurden, ohne daß die Engländer, die in jenen Tagen keine sehr rühmliche Rolle spielten, irgend etwas Entscheidendes dagegen hätten unternehmen können. Außerdem wußte man, daß für den Fall, da die Weltorganisation *UNO* den Staat Israel aus der Taufe heben würde, Haifa in jedem Fall dem israelischen Territorium zugeschlagen werden würde. Die fanatische arabische Propaganda aus Amman, Damaskus und Jerusalem besorgte dann den Rest, so daß tatsächlich innerhalb weniger Tage rund 50.000 Menschen ihre Stadt fluchtartig verließen und in provisorische Auffanglager im Libanon und in Syrien gingen. Aus dem Provisorium wurde freilich ein Dauerzustand, aus den Auffanglagern, in denen man sich damals äußerstenfalls für ein paar Wochen, für einige Monate einrichtete, wurden die Palästinenserlager, die heute das regelmäßige Ziel israelischer Raketenangriffe und sogenannter Strafexpeditionen sind.

Aber auch hier – und stets den Blick auf Haifa gerichtet – wäre es falsch, zu sagen, daß alle Schuld bei den arroganten und unbarmherzigen Juden liege! So einfach ist es nicht. Man darf nicht vergessen, daß seit 1948 verschiedene internationale Hilfsorganisationen und politische Vereinigungen Milliardenbeträge ausgegeben haben, um diese Lager manchmal künstlich am Leben zu erhalten. Man darf nicht übersehen, daß in diesen Lagern, die ein probates Mittel für die Fortführung des Kampfes gegen Israel sind, immer wieder unerläßliche Kader für die *PLO* mit all ihren Schattierungen und extremen Gruppierungen rekrutiert werden können. Alle israelischen Angebote an die Palästinenser in den Lagern des ganzen Nahen Osten, wieder in ihre Heimat zurückzukehren, werden seit Jahren kategorisch abgelehnt. Dafür entwickelt sich in diesen Lagern die fanatische Idee von der Zerstörung Israels und der Vertreibung aller Juden aus Palästina. Das ist zwar nichts Neues oder Überraschendes mehr, aber gelegentlich scheint es doch notwendig zu sein, an die Quellen des gegenwärtigen Unheils zurückzuerinnern.

Haifa ist eine zauberhafte, ungemein poetische, romantische Stadt, die zu metaphorischer Beredsamkeit herausforderte – und früher einmal tatsächlich viele Autoren herausgefordert hat –, wenn da nicht die einschüchternde Industriezone im Norden der Stadt wäre, ein abrupter Donnerschlag giftiger Gegensätze zum sanften Lyrismus einer schöngelegenen Hafen- und Hügelstadt mit dem Berg Karmel als theatralische Hintergrundkulisse. Ich habe Haifa noch gekannt, als die Industriezone mit ihren gewaltigen Bauten und Geräuschen erst im Entstehen begriffen war, als man in den Gewässern vor Haifa noch schwimmen konnte, was jetzt schon seit Jahren unmöglich ist, und als der Unterschied zwischen den attraktiven Villen und Appartementhäusern oben am Karmel und den Arbeitersiedlungen im Schatten der Hochöfen und Fabriken unten an der Küste noch nicht so gravierend und mitunter fast alptraumhaft wie heute war. Haifa war immerhin die erste jüdische Stadt, die ich kennenlernte, als ich vor Jahren mit einem griechischen Linienschiff in Palästina ankam und dann mit zunehmender Zuneigung feststellen durfte, daß ich in einer typisch mediterranen Hafenstadt mit südländischem Temperament und Charakter gelandet sei. Jedenfalls schien mir der Unterschied zwischen Piräus oder Saloniki und dem israelischen Hafen nicht sonderlich bedeutend zu sein, und meine unerfahrene Nase suchte damals vergeblich nach den *jüdischen Gerüchen,* die ich mir vorgestellt hatte. Ich weiß noch, wie ich an Bord des langsam gleitenden Schiffes stand und aus dem Nebel eine anfangs dunkle und dann dunkelgrüne Wand auftauchen sah und wie in dieser Wand andere Farben sichtbar wurden, wie ich nach den ersten Konturen bald Einzelheiten ausmachen konnte, Häuser, Straßen, Bewegungen, bis ich begriff, daß ich mich einem neuen Kontinent näherte, der mir in vielen Einzelheiten ungemein vertraut war. Einige Zeit später lernte ich die Stadt dann gründlich kennen, weil ich auf der Suche nach einer Schiffsagentur war, die sich aus unerfindlichen Gründen im obersten Stockwerk eines alten Hauses verbarg, das in einer Nebenstraße lag, die zuletzt als Sackgasse in überwachsenen Trümmerhaufen endete. Es waren Spuren aus dem Krieg von 1948 und den darauffolgenden *mechanischen* Veränderungen – diesen neutralen Ausdruck für die Sprengung und Schleifung arabischer Quartiere habe ich in Israel gelernt –, mit denen man das Stadtbild verschönern wollte, was in den sechziger Jahren nicht immer auf glückliche Weise gelungen ist.

Heute beherrscht längst schon der industrielle Gigantismus, dem sich anscheinend jeder Staat unterwerfen muß, wenn er mitreden will im Gespräch zwischen den sogenannten Industrienationen, die einstmals blühende und zu poetischen oder historischen Assoziationen herausfordernde Natur von Haifa. Zuerst entstanden die riesigen Fabrikshallen, dann die erbärmlichen Arbeitersiedlungen. Zuerst verschwanden die Fabrikshallen angesichts des schimmernden Meeres unter dem Qualm und den Abgasen, die sie produzierten. Dann erstickten auch die Arbeitersiedlungen, die inzwischen eine gleichförmige Färbung angenommen haben, die etwas von der Qual verrät, hier leben zu müssen. Und wer auch immer von Palästina oder Israel als einem Land schwärmt, wo Ölbaum und Minze, Thymian und Schafgarbe, Distel und anderer grüner Wildwuchs wetteifern mit den Anstrengungen der Wüste, eines der letzten landschaftlichen Paradiese im mittelmeerländischen Raum abwechslungsreich zu gestalten, der sollte in das Industrieviertel von Haifa kommen, wo nicht nur das größte Industrieunternehmen des Landes mit annähernd 20.000 Angestellten und Arbeitern angesiedelt ist und wo zum Beispiel Israels Luftwaffe, die 1948 mit einer einmotorigen Schulmaschine anfing, ihre technische und strategische Schlagkraft erhält, sondern wo auch alle anderen Möglichkeiten neuer Technologien bis zur Produktionsreife vorangetrieben werden. Angesichts der Ballung industrieller Produktionsstätten im Raum von Haifa erstaunt es einen auch nicht mehr, wenn man erfährt, daß das einstmals berühmte Künstlerdorf Ein Hod, das malerisch an den Ausläufern des Berges Karmel liegt, inzwischen von Safed, das nicht nur eine besondere historische Bedeutung besitzt, sondern das auch für die Industrie unangreifbar im Hinterland von Galiläa liegt, ersetzt wurde. Auch die Existenz von Drusen in Daliat el Karmel nimmt sich angesichts dieser industriellen Gigantomanie ein wenig seltsam aus, während die goldene – oder, wie ich vermute, lediglich vergoldete – Kuppel des Bahai-Tempels immer noch eine Art Wahrzeichen der Stadt ist. Die Bahais waren oder besser sind eine Sekte, die um die Mitte des 19. Jahrhunderts aus Persien bis an die palästinensischen Ufer des Mittelmeeres vordrang und heute harmlos und nur noch exotisch anmutet, als ein pikanter Farbton im allmählich überhandnehmenden trostlosen Grau einer Hafenstadt, die sich zur industriellen Metropole des Landes entwickelt hat.

Und doch kann Haifa den geheimen Ruhm für sich beanspruchen, gemeinsam mit Jericho und neben einigen anderen archäologischen Schauplätzen das Auftreten des *Homo sapiens* im Mittleren

Osten tatsächlich in aufregender Weise veranschaulichen zu können. Haifa, Hafen- und Industriestadt, von der man bis vor wenigen Jahren noch glaubte, daß sich ihre Geschichte in jenem Blutrausch erschöpfte, den die marodierenden Söldner Alexanders des Großen erzeugten, als sie die Stadt eroberten und zerstörten, Haifa, wo Elias seinen berühmtgewordenen Kampf mit den Abgesandten des Baal ausgefochten haben soll, was aber nur eine mythische und keine realhistorische Annahme sein kann, und wo es im Jahre 352 nach Christus einen Aufstand gegen die Römer gegeben hatte, der wie alle verzweifelten Rebellionen mit der vollkommenen Vernichtung der Stadt endete, dieses Haifa kann von sich behaupten, eine der ältesten menschlichen Siedlungen zu sein, deren Anfänge bis in jene Zeit zurückreichen, in der die unmittelbaren Vorfahren des Menschen zuerst den aufrechten Gang und dann den praktischen Umgang mit Geräten, Waffen aus Feuerstein mühsam erlernten.

Ich drücke mich hier ein wenig oberflächlich aus, was allerdings zwangsläufig geschieht, denn die Diskrepanz zwischen dem Haifa, das ich kenne, und dem Mythos, den die Archäologen in den letzten Jahren zur Wirklichkeit umgestalteten, ist zu groß. Man darf nicht übersehen, daß diese Stadt, so weit sie eine überschaubare Geschichte besitzt, nie sonderliches Glück gehabt hat. Einen Höhepunkt scheint sie während der Römerzeit erlebt zu haben, der mit dem gewaltigen Massaker von 352, mit der Vertreibung der Juden und der Zerstörung ihrer Häuser und Synagogen endete. Im Mittelalter, nachdem Haifa wiederaufgebaut war und einer neuen wirtschaftlichen Blüte entgegenging, fiel der Europäer und Christ Tankred mit seinen Kreuzrittern über die Stadt her und ließ die jüdische und arabische Bevölkerung rücksichtslos ausrotten. Benjamin von Tudela, einer der großen Juden Spaniens, der auf seinen abenteuerlichen Reisen bis nach Mesopotamien vorgedrungen war und als einer der ersten von den verlorengegangenen Reichen im Zwischenstromland erzählte, fand im 12. Jahrhundert Haifa als eine *Stadt ohne Juden* vor. Hundert Jahre später zerstörten die Mamelucken, wie einst die Griechen unter Alexander dem Großen, die Römer und die europäischen Christen, neuerlich die Stadt.

Während all der Konflikte, Kriege und Verwüstungen, die sich im 18. und 19. Jahrhundert ereigneten, während Napoleon die Stadt für kurze Zeit besetzte, während sie neun Jahre lang – bis

1840 – zum Reich des Mohammed Ali gehörte, bis dieser durch die europäische Kolonialpolitik nach Ägypten zurückgedrängt wurde und während die deutsche *Tempelgesellschaft,* die das neuerliche Erscheinen Christi in Palästina erwartete und enormen Zulauf hatte, so etwas wie eine deutsche Kolonie in Haifa gründete, schlummerte im Hinterland der Stadt der uralte Berg Karmel, den schon König Salomo gepriesen hatte und der für die Juden seit altersher nur als *Weinberg Gottes* vorstellbar war, der eines der großen faszinierenden Geheimnisse der Urgeschichte der Menschheit barg. An der Küste begann mit dem Anbruch des 20. Jahrhunderts die sogenannte neue Zeit, die Eisenbahnlinie zwischen Haifa und Damaskus wurde fertiggestellt und später bis Kairo verlängert. Im Jahre 1920 entstand das erste moderne jüdische Stadtviertel der alten arabischen Stadt mit dem europäischen Antlitz, eine erste Hochschule wurde eingerichtet, eine erste Ölraffinerie installiert, der Hafen ausgebaut, ja sogar die einzige U-Bahn Israels sollte hier die Stadt mit dem Karmel verbinden. Und doch dauerte es noch Jahre, bis man eher zufällig einige Kilometer südlich von Haifa und gar nicht weit von der modernen Küstenstraße entfernt, die Haifa mit Tel Aviv verbindet, dem erstaunlichsten Geheimnis dieser Stadt auf die Spur kam. Erste Ausgrabungen im sogenannten *Tal der Höhlen* am Berg Karmel fanden in den dreißiger Jahren statt, und zwar unter der Leitung britischer und amerikanischer Archäologen. Aber erst nach dem siegreichen Krieg von 1967 wurden die Ausgrabungen im großen Stil und unter der Führung israelischer Wissenschaftler fortgesetzt, die die ersten erstaunlichen Funde bestätigten.

Der Berg Karmel, der in schluchtähnliche Gänge und Klippen zerfällt, scheint schon vor rund hunderttausend Jahren bewohnt gewesen zu sein. Man fand zum Beispiel ein menschliches Skelett, das in einer Höhle mit angezogenen Beinen auf dem Rücken lag und zweifelsfrei von einer Frau stammte, die etwa um 40.000 vor Christus gestorben und eine der letzten Vertreterinnen des *Homo sapiens neandertalensis* war. In einer benachbarten Höhle, die in prähistorischer Zeit als Grabstätte gedient haben mußte, entdeckte man zehn Skelette, die aus einer Epoche um das Jahr 30.000 vor Christus stammen, und obgleich man bis heute noch keine direkte Entwicklungslinie zwischen der sogenannten *Neandertal-Frau* und den neuen Skeletten feststellen oder nachweisen konnte, blieb die

Tatsache unbestritten, daß es sich hier um eine echte archäologische Sensation handelt. Denn obgleich zwischen dem erstgefundenen, älteren Skelett und den später entdeckten, rund zehntausend Jahre jüngeren Skeletten spezifische Unterschiede bestanden, die die Entwicklung des menschlichen Geschlechtes vom *Neandertaler* zum *Homo sapiens* in seiner heutigen Form aufzeigen, kann man doch noch nicht – zumindest bis zum gegenwärtigen Zeitpunkt nicht – mit Sicherheit nachweisen, daß es zwischen den Menschen und menschenähnlichen Wesen, die vor Zehntausenden von Jahren den Berg Karmel bevölkerten, ursächliche Zusammenhänge gegeben hat. Eines freilich steht unmißverständlich fest: Haifa rückte durch diese Funde in die erste Linie archäologischer Schauplätze, an denen wir überrascht und vielleicht auch ein wenig nachdenklich unsere Herkunft studieren können.

Einmal erklärte mir ein Archäologe in Haifa, daß die Geschichte der prähistorischen Funde zwar außerordentlich interessant sei, zumal man auf weitere Ergebnisse hoffen dürfe, daß es für ihn persönlich aber am bemerkenswertesten sei, auch am Sabbat einen Linienbus benützen oder ein Taxi herbeiholen zu dürfen. Nun, das ist für Israel in der Tat außergewöhnlich! Immerhin sieht sich die Verwaltung der israelischen Eisenbahnen gezwungen, unerläßliche Reparaturen am Bahnkörper, an den Gleisanlagen, am Oberbau regelmäßig am Sabbat durchführen zu lassen, wenn keine Züge verkehren. Die israelische Luftfahrtsgesellschaft fliegt zwar auch am jüdischen Sabbat, aber man wird vergeblich in den Fahrplänen nach irgendwelchen Abflugs- und Ankunftsdaten forschen. Und wenn auch die Feiertagsruhe des Sabbat nicht überall durch Polizisten überwacht wird, wie das in Jerusalem der Fall ist, so verursacht der religiöse Feiertag den Juden doch große Probleme. Nur in Haifa kann man sicher sein, auch an diesem Tag einen diensthabenden Arzt zu erreichen oder sich in einem öffentlichen Verkehrsmittel durch die Stadt fortbewegen zu können. Das hängt mit dem Arbeiterpotential und den eigengesetzlichen Verhältnissen im Industrieviertel zusammen, in dem man nicht ohne weiteres einer religiösen Übung wegen Hochöfen stillegen und Produktionsvorgänge abbrechen kann. Es erscheint mir aber darüber hinaus irgendwie symbolhaft, daß in der einzigen jüdischen Stadt, die den Sabbat nicht allzu genau, nicht buchstabengetreu nimmt, sich einerseits das industrielle Vermögen des Landes konzentriert und aus der andererseits die ältesten bekannten Beispiele menschlichen Lebens und menschlicher Tätigkeit stammen. Eine Idylle bilden die beiden Möglichkeiten menschlicher Tätigkeit: An der Küste lebt der industrielle Alptraum, ohne den ein selbständiger Staat nicht mehr existieren könnte, und der *Weinberg Gottes* birgt den Nachweis für die Entstehung des Menschen in prähistorischer Zeit. Haifa gewinnt dadurch eine geistige Dimension, die diese Stadt – deren Schicksal nie sonderlich von Glück oder Ruhm begünstigt war – tatsächlich weit über die Grenzen Palästinas hinaus zu bevorzugen scheint.

Kapitel XVI

DIE KREUZRITTER VON AKKO

Eine topographische Darstellung Akkos, das in jeder Hinsicht heute noch ausschließlich vom Ruhm zehrt, den es innerhalb eines wildbewegten Jahrhunderts und durch seine fast schon manische Neigung zum Unglück erworben hatte, als es Mohammedanern und Christen zwar abwechselnd triumphale Erfolge und bittere Niederlagen, den eigenen Bürgern aber stets nur den Tod brachte, und zwar einen ruhmlosen und schäbigen Tod, der nahezu zur Ausrottung Akkos führte, eine solche topographische Darstellung muß sich auf ein paar lapidare Bemerkungen beschränken. Das ist unter anderem deshalb erstaunlich, weil Akko unter allen jüdischen Städten Palästinas diejenige ist, deren äußeres Erscheinungsbild wenig vom Judentum, etwas mehr von arabischer Lebensweise und viel von jener ehedem moralisch begründeten und dann nur mit roher Gewalt durchführbaren Kreuzzugsidee verrät, die zwar nicht allein gegen das Judentum gerichtet war, bei deren dramatischen Anfängen aber die ersten schreckenerregenden Pogrome an den Ufern des Rheins stattfanden. Eine geschickte Propaganda kaschierte damals bereits die eigenen Fehler und lenkte die Wut der Massen auf eine hilflose Minderheit. Was mich persönlich an Akko immer wieder interessiert oder eigentlich auf dumpfe, trostlose Weise erschüttert, ist die stets von neuem wiederkehrende Erinnerung, die von den architektonischen Zeugnissen jener grandiosen Kreuzzugskultur ausgeht, die sich unweigerlich mit der Raserei der ersten Kreuzfahrer beschäftigt, die, bevor sie überhaupt noch ahnten, was sie im sogenannten *Heiligen Land* erwartete, eine Blutspur hinterließen, jüdische Frauen und Kinder, jüdische Bürgerlichkeit und Religion abschlachteten und vernichteten. Auch hier – und wie so oft besteht eine Beziehung zwischen Europa und Palästina – fand ein Drama, das dem Holocaust des 20. Jahrhunderts vergleichbar ist, am Anfang der frommen Kreuzzugsidee statt.

Das Erstaunliche ist, daß heute den Pilgern und Touristen, die mit Chartermaschinen und auf überfüllten Schiffen regelmäßig und in wachsender Zahl dieses *Heilige Land* aufsuchen, immer nur die *Heiligkeit* und so gut wie nie die *Erbärmlichkeit* vor Augen geführt wird, mit der sich das christliche Abendland den erinnerungsträchtigen Stätten des Christentums näherte. Bethlehem und Nazareth, Jerusalem mit Gethsemane und Golgatha oder die Stätte der welthistorisch bedeutsamsten Taufzeremonie am Jordan verursachen Neugier, Bewunderung und sogar Ergriffenheit, aber niemand erklärt den Besuchern dieser Schauplätze, daß sie nur die halbe Wahrheit widerspiegeln. Allein in Akko und angesichts von Überresten, die wie geborstene Kulissen die Stätte abendländischen Triumphes und bitterster abendländischer Niederlage kennzeichnen, könnte man zumindest auf die Idee kommen, daß nicht alle erbaulichen Geschichten stimmen, die man sich über das Verhältnis zwischen Europa und Palästina erzählt.

Akko zeigt vor allem einen erstaunlichen Widerspruch. Zwar vermittelt es heute noch den Eindruck einer alten orientalischen Stadt mit Basar und Moschee und verheißungsvollen Düften, deren Exotik etwas unmittelbar Berührendes besitzt. Zwar leben in Akko heute noch Palästinenser mohammedanischen und christlichen Glaubensbekenntnisses, einige Dutzend Familien, jeweils einige Hundert Köpfe stark, aber grundsätzlich handelt es sich hier um eine jüdische Stadt. Viele Arbeiter, die im nahen Industriebezirk von Haifa ihre Arbeitsplätze haben, leben hier in einer vergleichsweise idyllischen Umgebung. Viele Händler, die auf das agrarische Potential des galiläischen Hinterlandes angewiesen sind – Israels fruchtbarstes, landwirtschaftlich ergiebigstes Tal erstreckt sich vom Jordangraben quer durch Galiläa bis in die Gegend von Akko –, haben hier ihre Kontore und Läden. Fischer, allerdings meist Palästinenser, die im Lande geblieben sind, kämpfen gegen die zunehmende Verschmutzung des Wassers und gegen schwierige Absatzbedingungen. Der Rest der Bevölkerung – könnte man prononciert sagen – beschäftigt sich mit dem Fremdenverkehr, lebt davon und existiert in der Hoffnung, daß immer neue Ausgrabungen die Zahl der besichtigungswerten Schauplätze erhöhen.

Dabei erscheint Akko, was sowohl seine historische als auch seine landschaftliche Bedeutung angeht, eine beneidenswerte Stadt zu sein. Einige Kilometer im Norden und schon dicht an der Grenze zum Libanon liegt Naharia, eine ursprünglich deutsche Gründung aus der Mitte der dreißiger Jahre dieses Jahrhunderts. Die ersten Juden, die vor Hitler hierher flüchteten, gedachten die alte deutsche Handwerks- und Bauerntradition fortzuführen und mußten dabei feststellen, daß man eine altvertraute Kultur nur dann in ein fremdes Land verpflanzen kann, wenn man zunächst einmal die Sprache dieses fremden Landes beherrscht. Naharia war jedenfalls ein prägnantes Beispiel dafür, wie schwierig es für Neuzuwanderer war und ist, sich einzuleben, wenn sie nicht das *Ivrith* beherrschen, die zeitgenössische Umgangssprache in Israel. Und im Süden Akkos liegt Haifa, qualmt und lärmt die Industriezone der Hafenstadt. Akko, das halbwegs in der Mitte zwischen Haifa und Naharia das klassische Schaubild einer relativ unbedeutenden, freilich auch pittoresken oder eigentlich in einem sehr sanften, verträumten Sinne malerischen Stadt liefert, stützt sich auf eine recht beachtliche Vergangenheit, wenn man einmal von jenem Jahrhundert absieht, in dem hier die wichtigen Entscheidungen zwischen dem christlichen Abendland und der mohammedanischen Welt gefallen sind. An Akko scheiterte zum Beispiel bereits Josua, der legendäre Nachfolger des Moses und Eroberer von Jericho. An Akkos feinem weißen Sandstrand wurde aller Wahrscheinlichkeit nach zufällig die Fabrikation von Glas erfunden, als einmal unter einem extrem heißen, stark entfachten Lagerfeuer der weiße Sand buchstäblich zu schmelzen begann und ein kluger Kopf daraus eine ungeahnte Möglichkeit zur Verbesserung zivilisatorischer Bequemlichkeit ableitete. Und Akko war in phönikischer Zeit überdies ein wichtiges Wirtschaftszentrum, das durch die Aufzucht und den Handel mit den kostbaren Purpurschnecken und dem daraus gewonnenen Farbstoff – die Farbenpracht der Antike wäre wohl unvorstellbar ohne die Purpurschnecke und ihrem grellen Farbstoff – einen soliden Reichtum erwarb, der manche militärische Kraftanstrengung und manchen Beweis für luxuriöses Leben ermöglichte.

Aber Akkos augenscheinlichste Bedeutung liegt doch in der Tatsache begründet, daß hier Anfang und Ende christlich-europäischer Expansionspolitik stattfand. Akko mag durchaus zu Josuas

Epoche für die Begehrlichkeit israelischer Stämme ein faszinierender Anziehungspunkt gewesen sein. Es mag im phönikischen Zeitalter ein frühes Wirtschaftsimperium gewesen sein. Und es kann den Ruhm für sich beanspruchen, einen der wichtigsten Produktionsvorgänge der Antike, nämlich die Herstellung von Glas, entdeckt zu haben. Das alles ändert nichts daran, daß sich hier eine der großen Entscheidungen mittelalterlicher Geschichte vorbereitete und ereignete und daß die Geschichte dieser Stadt in der Fähigkeit der Menschen zu absoluter Niedertracht und zum absoluten Heroismus kulminiert. Die Touristen, die heute Akko besuchen, wissen zwar nicht sehr viel oder auch gar nichts von den Ereignissen jenes unglücklichen Jahrhunderts zwischen 1189 und 1291, in dem hier sozusagen großes Welttheater gespielt wurde, in dem Europas letzter verzweifelter Griff nach einem Paradies im Morgenland sowohl an der eigenen Unzulänglichkeit als auch am erbitterten Widerstand arabischer Sultane scheiterte, und zwar auf eine elende und opferreiche Weise scheiterte, die Besucher dieser Stadt wissen davon nicht sehr viel, nichts Genaueres, sie kennen weder die Ursachen noch die Hintergründe der Katastrophe, aber sie ahnen beim Anblick geborstener Mauern und einer hier fremdartig wirkenden Architektur, die etwas Düsteres, Tragisches besitzt, daß Akko manchen extrem tragischen, extrem bitteren Verlust hat hinnehmen und überleben müssen. Natürlich lenken mohammedanische Überreste die Aufmerksamkeit auf eine falsche Spur, hat die sogenannte Ahmed-el-Jazzar-Moschee nichts mit den Ereignissen zwischen 1189 und 1291 zu tun, denn sie stammt aus der napoleonischen Ära, und wurde von einem osmanischen Pascha erbaut, der im Nahostkonflikt gegen Napoleon – das gab es also auch damals schon – eine bedeutende Rolle spielte, und selbstverständlich signalisiert manche Karawanserei, mancher arabische Schnörkel im Abbild der Stadt eine starke Erinnerung an arabische Verhältnisse, auch wenn vieles nur gut rekonstruiert und künstlich am Leben erhalten ist, damit den Touristen ein pittoreskes, fremdländisch anmutendes Bild angeboten werden kann. Nein, die Wahrheit über Akko, sein schreckliches Geheimnis, wenn man so will, liegt in jener Zeit begründet, in der hier noch einmal das christliche Abendland mit einer letzten übermenschlichen Anstrengung das Unmögliche versuchte, nämlich einen Fuß in der Tür zu Palästina zu lassen, und diese Tür hieß

Akko, das *Heilige Land* durch Akko mit allen erlaubten und unerlaubten Mitteln dem Einflußbereich christlicher Interessen zu erhalten. Man weiß nicht oder man hat es im Verlauf der Jahrhunderte vergessen oder der Schauplatz ist zu weit entfernt, daß Akko, was den Krieg und die unausbleiblichen Verluste angeht, mit Begriffen wie Stalingrad oder Monte Cassino durchaus vergleichbar ist. Akko ist eine Bühne, auf der Figuren wie von Shakespeare mit Argumenten wie von Hitler handelten. Es war hundert Jahre lang ein Faß ohne Boden, was den ständigen Verlust von Menschenleben und vortrefflicher Moral betrifft, es gab keine Abscheulichkeit, die hier nicht stattgefunden, kein Heldentum, das hier nicht möglich gewesen wäre. Nach Akko, nach dem Verlust der letzten fanatisch verteidigten Festung, nach dem Tod der letzten blutverschmierten, erschöpften Europäer, nach dem Verschwinden des letzten Segels mit dem Christuskreuz am Horizont begann auch in Europa eine neue Epoche, begann die unselige Kreuzzugsidee auch im europäischen Osten wirksam zu werden, während andererseits die osmanische Invasion mit Zielrichtung Konstantinopel und Wien jetzt erst die notwendigen militärischen und strategischen Impulse erhielt. Akko, heute ein beliebtes Ziel für Touristenbusse der israelischen Reiseunternehmen, für zwei Stunden Sightseeing, war vor siebenhundert und achthundert Jahren der Ort, an dem das Gewissen des Abendlandes verspielt wurde. Das hört sich hochtrabend an, aber die Geschichte, auf die man aus zeitlich sicherer Entfernung zurückblikken kann, besitzt etwas Hochtrabendes, Arrogantes, diffus Pathetisches. Nur die Opfer sind echt. Nur die Niederlagen sind nicht metaphorisch darstellbar.

Akko lag übrigens damals wie heute auf einer kleinen felsigen Halbinsel, der es in allen Phasen seiner turbulenten Existenz die Bedeutung verdankte, die ihm Elend und Glück, Reichtum und totale Zerstörung einbrachte. Die Halbinsel ragt in den Golf von Haifa hinein, wie eine Art widerspenstiger Sporn, der dem palästinensischen Erdreich aus der Flanke wächst. Heute noch kann man ungefähr die Bastionen der Mohammedaner und Kreuzritter ausmachen, kann am Zustand halbfertiger oder renovierter Molen, Türme, Mauern, Bastionen abgelesen werden, wie das damals war, 1189 und dann wieder im sogenannten Schicksalsjahr 1291, als die letzten überlebenden Christen den Kontinent fluchtartig und gedemütigt verlassen mußten. Heute noch kann man sich vorstellen, wo der *Fliegenturm* und der *Verfluchte Turm* standen, wichtige Stützpunkte im Verteidigungskonzept der Parteien, die beide die Stadt abwechselnd eroberten und wieder verloren, von neuem belagerten und von neuem aufgeben mußten. Die Stadt galt jedem Besitzer als wertvoll, weil sie uneinnehmbar schien. Es gab genügend Trinkwasser, es waren starke Festungsbauten vorhanden, es schienen die jeweiligen Besatzungen von hinreichender Stärke zu sein, um jeden Angriff abschlagen zu können. Aber immer gab es irgendein apokalyptisches Unglück, eine Seuche, Pest, Cholera oder vielleicht auch nur eine Massenpsychose im Lager der Verteidiger, immer gab es die achtlos geschlichteten Haufen der Verstorbenen, den schlechten Geruch nach Fäulnis und Verderben, die Lethargie vor der Niederlage. Saladin war einer der bedeutendsten Männer arabischer Geschichte, kongenialer Nachfolger des Propheten, und wahrscheinlich den christlichen Königen, Fürsten und Heerführern in Palästina turmhoch überlegen, und zwar nicht nur an soldatischer Disziplin und strategischem Können, sondern auch in moralischer Hinsicht. Er war ein Mensch, den man nicht zum Gegner haben sollte, weil ihn die Götter – welche das immer auch sein sollten – auf so rätselhafte Weise liebten. Saladin hatte Akko den fränkischen Christen entrissen. Jetzt, 1189, eroberten sich die abendländischen Invasoren die alten Positionen zurück. Hundert Jahre dauerte dann ihr verhältnismäßiges Glück, Besitzer fremden Landes zu sein, Zwingherren spielen zu müssen, Missionare, die mit dem Schwert naturgemäß besser umzugehen wußten, weil sie vielfach selbst keine *guten, ordentlichen* Christen waren. Und endlich, im März 1291, begann die längst erwartete große mohammedanische Gegenoffensive, versammelten sich die Wüstenreiter mit dem schweren Belagerungsgerät, das sie den christlichen Ingenieuren abgeschaut, abgekauft hatten, vor Akko, traf El Ashraf, der befehlshabende Sultan vor den Mauern der Christenfestung ein, mit ihm mehr als zweihunderttausend Mann, und wenn auch die allgemein genannte Zahl übertrieben sein dürfte, so bestand doch das Verhältnis zwischen Verteidigern und Angreifern in etwa eins zu fünf.

Wo waren die Juden? Denn Juden gab es zu jener Zeit in Palästina. Es waren nicht viele, sie besaßen keine Städte, keine Ansiedlungen, nicht einmal irgendwelche Rechte außer dem eines raschen Exodus oder eines qualvollen Sterbens. Die Christen hatten ihnen nie Glück gebracht, nicht im 7. Jahrhundert, als die erste arabische Invasion Jerusalem erreichte und ein christlicher Bischof den verhängnisvollen Rat gab, auf den Überresten des jüdischen Tempels eine mohammedanische Moschee zu errichten, und auch später nicht, als zuerst die Missionare und Heiligen und Märtyrer im *Heiligen Land* einfielen und später riesige Heerscharen, zusammengesetzt aus Fanatikern, Abenteurern, charakterlosen Mördern, Dirnen, Geschäftemachern und frommen Männern, sich über Palästina ergossen. Es waren die Juden, die wehrlos jedes Elend hinnehmen mußten, denen man unbarmherzig die Schuld am Sterben Christi gab und die von der arabischen Seite nichts zu erwarten hatten. Es war ein Kreislauf von entsetzlicher Folgerichtigkeit, dem sie überall unterworfen waren. 1189 begannen in England die ersten großen Judenverfolgungen, und in Akko brachten die christlichen Ritter die letzten überlebenden Juden um. Hundert Jahre später, als das Blatt sich gewendet hatte, massakrierten die abziehenden Christen sozusagen als letzte lobenswerte und gottgefällige Tat wieder einmal die überlebenden Juden, während in Europa das erbärmliche Zeitalter der anhaltenden Judenverfolgung gerade erst wieder einem neuen Höhepunkt zustrebte. Immer waren es die Juden, mit denen man abrechnete, denen man alle metaphysische und reale Schuld mit Blut heimzahlte, mit denen man allerdings auch – wie in Venedig – widerwillig Geschäfte machte, die man brauchte, um Geld aufzunehmen, und die man tötete, wenn man mit dem Geld eine Armee aufgestellt, einen Kreuzzug vorbereitet hatte. Es wäre töricht und gegen jedes Moralempfinden, wollte man verschweigen, daß zum selben Zeitpunkt, da Saladin die Juden aufforderte, in das von ihm befreite Jerusalem zurückzukehren – was nicht möglich war, da es ganz einfach zu wenige Juden gab, die die ausrottende, die Substanz des jüdischen Volkes treffende Christeninvasion überlebt hatten –, es in Spanien, England, am Rhein und in Frankreich schon Pogrome gab. Während damals Israels Todfeind von heute Erbarmen und Großmut und Vernunft demonstrierte, Europas Päpste und Heilige, Könige und Ritter und sogar die Lagerdirnen und Gaukler, Hanswurste, landlosen Bauern und verschuldeten Barone, die das Kreuz nahmen, um ihre Schulden loszuwerden, einen Ablaß zu gewinnen, oder drohenden Gerichtsverfahren zu entgehen, sich fromm, gottesfürchtig und christlich nannten, wüteten sie erbarmungslos gegen die jüdische Minderheit. Die entsetzliche Chronik des Antisemitismus beginnt nicht mit dem Zeitalter der Kreuzzüge, aber sie erfuhr hier ihre bis dahin grauenvollste Bestätigung. Das Abendland, das ausgezogen war, Christi Heimat zu befreien, erreichte im Grunde nichts anderes als eine umfassende antisemitische Politik. Und Akko, Israels vielleicht verträumteste und wahrscheinlich am meisten europäisierte Stadt – sofern man in historischen Kategorien denkt –, war der Mittelpunkt, war eine Drehscheibe nicht nur für den Kampf zwischen Mohammedanern und Christen, sondern war auch der idyllische Schauplatz für eine der grimmigsten Judenabschlachtungen in dieser an Judenabschlachtungen so reichen abendländischen Geschichte. Der organisierte Mord an den Juden hatte bereits 1099 begonnen, als Gottfried von Bouillon Jerusalem eroberte, und er endete erst 1291, als die letzten Christen Akko verließen. Die genaue Zahl der jüdischen Opfer ist dabei unbekannt. Aber man kann sich unschwer vorstellen, was zweihundert Jahre christlicher Besatzungspolitik in dieser Hinsicht erreichten.

Das alles sind Fakten, die gesagt werden müssen, auch wenn man sie nur andeutungsweise erzählt. Es sind gleichsam Ingredienzen der großen Erzählung, die auch mit Akko zu tun hat und doch weit über den speziellen Anlaß hinausreicht, weil diese Erzählung den Mythos vom Entstehen einer Idee genauso enthält wie den tragischen bis grotesken Zusammenbruch dieser Idee, die nicht nur die glänzende Oberfläche der christlichen Medaille, sondern auch ihre arg befleckte Kehrseite darzustellen hat, also alle Vorzüge und Nachteile mittelalterlicher Kreuzzugsphilosophie, es ist alles in allem eine auf perverse Weise unterhaltsame, ungemein lehrreiche und in ihrer Moral völlig hoffnungslose Erzählung. Später, als für die Christen, für Ordens- und Kriegsleute, Dirnen und Fürstinnen, Gefolge und Mitläufer, längst alles vorüber und verloren war, gab es bei den Überlebenden und an den europäischen Fürstenhöfen, aber auch im römischen Lateran, wo der Papst saß, und in Venedig, Genua, Pisa, wo man Geschäfte mit dem Krieg in Palästina gemacht hatte – man sieht schon, daß sich seit damals, seit rund siebenhundert, achthundert Jahren gar nichts geändert hat in der Politik zwischen dem Abendland und Palästina –, später gab es unvermeidliche gegenseitige Beschuldigungen. Es kam zu den üblichen Intrigen. Es schrieben die abhängigen Historiker ihre Rechtfertigungen, wobei sie sich zwischen Verfälschung und glatter Lüge bewegen mußten. Es wurden Gottesdienste gehalten. Es ist zu bezweifeln, ob in den weihrauchgefüllten Kirchen tatsächlich an die unschuldig-schuldigen Opfer von Akko gedacht wurde. Und es gab schließlich, ich deutete es schon an, für die plötzlich arbeitslos gewordenen Ordensleute, für die berüchtigten Tempelritter, den sogenannten Schicksalszug nach Osten, während die Johanniter ihren jahrhundertelangen Abstieg über Zypern, Rhodos, Kreta bis nach Malta begannen.

Und Palästina? Und Akko? Das Land erholte sich nie mehr von den Strapazen der zweihundertjährigen Christeninvasion. Die schön gerundete felsige Halbinsel, die wie ein Sporn in den Golf von Haifa hineinragt, blieb lange Zeit ein Trümmerhaufen. Palästina verödete, Akko blieb verfallen. Die arabischen Armeen rückten weiter. Von der bodenstämmigen Bevölkerung lebte, wenn man zeitgenössischen Angaben trauen darf, ein schwaches Zehntel. Juden gab es so gut wie keine mehr. Erst das Zeitalter der Inquisition, erst der schreckliche Wortbruch der katholischen Majestäten Spaniens nach dem Fall Granadas den Juden gegenüber würde *Gottes auserwähltes Volk* in Palästina vor dem Aussterben retten.

Die offizielle Darstellung der Geschichte jener Zeit, die sich im übrigen bis heute nicht viel geändert hat, stellte mit melancholischem Unterton und gepeinigt von Selbstvorwürfen fest, daß der Verlust von Akko die Kreuzzugsidee illusorisch gemacht habe. Heute graben israelische Archäologen in Akko den gewaltigen Pfeilerdom der Johanniter aus, graben sich Juden durch das blutbesudelte Erdreich der Stadt, um die architektonischen Leistungen ihrer mittelalterlichen Mörder zu rekonstruieren.

Damals kämpften die Juden, die das christliche Zeitalter in Palästina irgendwie überlebt hatten, ums nackte Überleben. Jerusalem und Akko sollten wiederaufgebaut werden, was man allerdings nach wenigen kläglichen Anstrengungen rasch unterließ. Es fehlten Menschen, Material und materielle Möglichkeiten. Noch Ende des 15. Jahrhunderts, kurz vor dem Nachschub jüdischen Blutes aus Spanien, lebten in Jerusalem siebzig Juden. Die Perfektion, mit der die Kreuzritter den latenten Antisemitismus der katholischen Kirche und ihrer Geschöpfe in einen Vernichtungsfeldzug gegen die Juden umgewandelt hatten, war so bewundernswert und wohlgelungen gewesen, daß es erst wieder neuer Pogrome auf dem europäischen Kontinent bedurfte, um die hoffnungslos dezimierten Juden in Palästina vor dem völligen Aussterben zu bewahren.

Heute leben in Akko Juden, Araber und Christen – wobei es sich in der Hauptsache um christianisierte Palästinenser handelt – mehr oder minder friedlich nebeneinander. Freunde in Tel Aviv und Jerusalem haben mir erzählt, daß in Akko die ersehnte Symbiose zwischen Juden und Arabern Wirklichkeit geworden sei. Ich selbst habe in Akko davon fünfzehn Jahre lang nichts feststellen können. Es gab nicht nur feindselige Blicke aus nachtschwarzen Augen, die ein beliebtes Klischee fast aller Israelbesucher sind, wenn sie den Unterschied zwischen Israeli und Arabern charakterisieren, die permanente Gefahr beschreiben wollen, in der sich das Mehrheitsvolk von heute hineinmanövriert hat. Es gab nicht nur dieses Klischee – das erstaunlicherweise meistens auch stimmt –, es existierten auch handfeste Probleme sozialer Natur, die markanten Unterschiede in der Einkommensstruktur, die besseren Wohnverhältnisse und relevanteren Aufstiegschancen der Juden, die polizeilichen Vorschriften und Sicherheitsvorkehrungen, die immer gegen die Palästinenser gerichtet sind, und eine Form der Rassentrennung, die beinahe an Diskriminierung erinnert.

Es gab nicht nur Blicke und einen vagen Verdacht, sondern handfeste Beweise dafür, daß die Juden aus ihren permanenten Niederlagen und den Pogromen, die sie irgendwie überlebten, tatsächlich gelernt hatten. Ich weiß nicht, ob ich korrekt nacherzähle, was ich in Akko stets empfunden habe: Aber die Araber von Akko sind nicht viel mehr als ein folkloristisches Element! Das ist eine unbarmherzige Feststellung, aber schließlich gibt es in Palästina nicht sehr viel, das nach Barmherzigkeit oder Menschlichkeit schmeckt.

Kapitel XVII

RUNDREISE UM EINEN BERG NAMENS TABOR

Ich habe mir eigentlich nie Gedanken darüber gemacht, ob *das Glück* in seiner israelischen Form, in seiner auf Palästina zugeschnittenen Form etwas anderes, Mysteriöseres sei als *das Glück* im allgemeinen. Ich bin kein Jude und brauche mich daher nicht ein Leben lang darum zu kümmern, wie ich es anstelle, um ein bevorzugter und auserwählter Mensch innerhalb einer bevorzugten und auserwählten Rasse zu sein. Für mich ist der Anstieg auf einen Berg namens Tabor im südlichen Galiläa, wo der Mann, den man Jesus nannte, seine Verklärung hatte, kein dramatisches Abenteuer, das an die letzten Dinge rührt, weil es auf diesem Tabor keine jerusalemische Klagemauer gibt, gegen die ich heftig meine Stirn stoßen muß, damit ich einen strengen und zornigen Gott von meiner maßlos überschätzten Existenz überzeugen kann. Ich bin nur ein katholischer Christ, beladen mit der Erinnerung an das Unrecht, das andere katholische Christen zweitausend Jahre lang den Juden zugefügt haben. Aber das hindert mich nicht daran, manchmal den Kopf einzuziehen vor der Maßlosigkeit, mit der die Juden – und es sind nicht manche, nicht einige wenige, es sind viele Juden – ihre selbsterwählte Rolle als auserwähltes Volk spielen. Schauplätze von nationaler Bedeutung wie Masada oder die Klagemauer unterhalb des mohammedanischen Felsendoms oder das Holocaustmuseum am Herzlberg in Jerusalem schnüren jedem nichtjüdischen Besucher fast das Herz ab, wenn er sieht, mit welchem Ernst und mit welch unbeugsamer Haltung, die jeden Trost ablehnt und jeden Anflug von Glück verweigert, die Juden eine Rolle spielen, in der sie unfehlbare Richter und wir unglückliche Angeklagte sind.

Ich weiß, daß man, wenn man sich über einen palästinensischen Berg namens Tabor Gedanken macht, wenn man über einen Ort wie Nazareth nachdenkt, nicht in eine rechthaberische Argumentation verfallen sollte. Ich weiß, daß jemand, der aus dem deutschen Sprachraum kommt, auch heute noch nicht das fundierte Recht hat, den Juden vorzuwerfen, was an ihnen unbegreiflich oder sogar abstoßend ist. Ich weiß, daß es gerade die Christen bis in alle Ewigkeit schwer haben werden, sich ausgerechnet auf einem Berg namens Tabor den Juden gegenüber so etwas wie strenge Rechenschaft abzulegen. Aber der Mann, der vor fast zweitausend Jahren als Gottes Sohn in Erscheinung trat und dessen Namen wir angenommen haben, war Jude. Seine eifrigen Apostel der ersten Stunde waren Juden. Paulus, ohne dessen wütenden Eifer die Lehre Christi vielleicht niemals Europa erreicht hätte, war Jude. Alle ersten Christen, alle, die im ersten Augenblick mit der neuen Religion beschäftigt waren, alle, deren Namen wir je nach Temperament und Charakter ehrfurchtsvoll oder erstaunt aussprechen, waren Juden. Sogar die Mörder des Mannes namens Jesus waren Juden. Die christliche Religion entstand aus der messianischen Heilserwartung der Juden, die sich nicht damit abfinden konnten, lediglich zweitklassige Bürger einer römischen Provinz zu sein. Denn alles, was jüdisch war, jüdisch schmeckte, jüdisch roch, jüdisch wirkte, jüdisch dachte und lebte, war seit den Zeiten der großen Könige Saul, David und Salomo unmißverständlich davon überzeugt, besser, bevorzugter, bedeutsamer und dem Anspruch auf Glück näher zu sein als jedes andere menschliche Geschöpf, das nicht den wahren Glauben und die Fähigkeit besaß, sich die Stirn in Gottes Namen an einer Mauer aus judäischen Steinblöcken wundzuschlagen. Ich kenne kein anderes Volk, dessen Hochmut so grenzenlos und dessen Neigung zum Unglück so ausgeprägt ist und das gerade darin sein Glück zu finden scheint, seine moralischen, militärischen und materiellen Niederlagen auf eine Weise zu feiern, die den Status der Auserwähltheit unterstreicht.

Solche Überlegungen sind auf dem Berg Tabor nicht völlig abwegig. Was ist Glück? Hängt es unter anderem wohl auch von der Fähigkeit des Menschen zur Vernunft ab? Sind die Juden ein glückliches Volk? Haben sie es während ihrer abenteuerlichen Geschichte wenigstens einen dürftigen Augenblick lang verstanden, glücklich zu sein? Oder sind sie, blind vor Hochmut, erstickend am Bewußtsein, ein auserwähltes Volk darstellen zu müssen, tatsächlich außerstande, die simple Wahrheit zu begreifen, die aufdeckt, daß jedes Ausmaß an Glück, über das ein Mensch verfügen darf, immer in einem Zusammenhang zur schwierigen Kunst der Reduzier- oder Teilbarkeit der jeweiligen Wünsche, Forderungen und Hoffnungen steht? Darf ich, weil das Volk, dem ich angehöre, durch sein ängstliches Schweigen Auschwitz und Treblinka nicht verhinderte, jüdisches Glück heute nicht in Frage stellen? Muß ich mich einverstanden erklären mit jüdischem Hochmut, nur weil ich eingesehen habe, daß zum Beispiel die *Bergpredigt* – ein jüdischer Text aus eines jüdischen Mannes heiligem Mund – vielleicht doch wirkungslos geblieben ist?

Wer am Schauplatz der weltberühmten, in ihrer moralischen Aussagekraft bislang unübertroffenen und dabei doch so erschreckend nutzlosen Bergpredigt oberhalb des Sees Genezareth im dünnen Schatten einer Kirche steht, die, wie eine Inschrift das stolz verkündet, im Jahre 1937 und damit im *prachtvollen XV. Jahr des römischen Faschismus* von italienischen Franziskanern fertiggestellt wurde, oder wer mit seinem eigenen Wagen oder im Taxi die schön angelegte Straße auf den 588 Meter hohen Tabor südwestlich des Sees Genezareth gefahren ist, um hier in der Erinnerung an ein Meisterwerk frühchristlicher Rhetorik und humaner Philosophie, das allerdings jüdischen Ursprunges ist, einige Augenblicke zu verweilen, wird als gläubiger Mensch fraglos von einem fast körperlich spürbaren Glücksgefühl bewegt sein. Sein Blick wird südwärts streifen, über die grüne und erdbraune Ebene von Yzreel, dem fruchtbarsten Tal Palästinas, einer Landschaft, in der das sagenhafte und für die Existenz der Völker so entscheidende Fließen von Milch und Honig seit Jahrtausenden vorstellbar ist. Das Elend der Westbank hingegen, einer steinigen und hügeligen Zone von strenger Kargheit, die südwärts an die Ebene von Yzreel anschließt, wird unsichtbar bleiben. Flimmernder Dunst, der von der erhitzten Erde aufsteigt, verbirgt die zahllosen privaten und allgemeinen Tragödien, die sich seit 1948, also seit mehr als drei Jahrzehnten, hier immer wieder von neuem und stets in derselben einschüchternden Form ereignen. Es ist eine Landschaft, die sich durch Unordnung und Dürftigkeit auszeichnet. Kein aufmerksamer Besucher Israels, kein Schriftsteller, der wachsamen Gemüts und angeblich unvoreingenommen Israel in Zonen des Glücks und der Verwahrlosung einteilt – ich gehöre dazu, ich mache die gleichen Fehler, ich bin vom üblichen Hochmut angesteckt –, wird es verabsäumen, die sichtbaren Unterschiede zwischen palästinensischem und jüdischem Grundbesitz herauszustreichen. Die Nachlässigkeit und die latente Neigung zur Verwahrlosung bei den jordanischen Bauern ist augenscheinlich. Die Eindringlichkeit, mit der jüdisches Land seinen Reichtum signalisiert, ist beeindruckend. Und weil niemand nach den Ursachen forscht, die im gleichen Land zwei verschiedene Kulturen ermöglicht, weil niemand zu wissen begehrt, was eine jüdische Ernte von einer jordanischen Ernte unterscheidet, weil auch Christen eher geneigt sind, jüdischer Tüchtigkeit und jordanischer Faulheit zu glauben, erscheint es nur nützlich, wenn Dunstschwaden den Blick auf die Westbank verhüllen. Der europäische Christ, der am Taborberg die Anfangssätze der Bergpredigt memoriert und voll seufzender Dankbarkeit den kühlen Lufthauch an der Stirn spürt, der in dieser bescheidenen Höhe die sommerlich entflammte Hitze im südlichen Galiläa mildert, wird weder Janin noch Nablus erkennen, diese zeitgenössischen Bühnen, auf denen der Haß dargestellt wird, noch das antike Samaria, dessen Ruinen auch schon wieder eine melancholische Patina angesetzt haben. Der Besucher, der sich auf den Spuren Christi bewegt, der vom Tabor aus weder die längst funktionslos gewordene Pipeline, die zu seinen Füßen durch die Ebene von Yzreel verläuft, noch die angebliche oder tatsächliche Geburtsstadt des Herrn, nämlich Nazareth, zu sehen bekommt, wird es stets schwer haben, seine zerstreuten Gedanken von den Inhalten der Bergpredigt oder vom Wunder der Verklärung Christi aus voranzutreiben in das metaphysische Labyrinth, in welchem sich vielleicht das reine Glück verbirgt. Es sind nicht nur die Geräusche ankommender Autos, nicht nur die lauten Stimmen der Fremdenführer oder das unvermeidliche Geheul jüdischer Kampfflugzeuge auf ihrem Weg in den südlichen Libanon, es ist vor allem auch die innere Unruhe, die einem in ganz Palästina und damit auch auf dem Tabor so nachdrücklich zu schaffen macht.

Nazareth liegt nur einen Steinwurf vom Tabor entfernt, ist heute prunkvoll gekrönt von der sogenannten Verkündigungskirche, deren Vorläuferin eine Franziskanerkirche war, die 1730 fertiggestellt war und die wiederum auf den Ruinen einer Basilika der europäischen Kreuzfahrer stand, was allein schon die unglückliche Biographie dieser Stadt und dieses Landes beschreibt. Nazareth ist Heimat des *Herrn,* der ein Jude war, also beschnitten, krummnasig, levantinisch, gestikulierend, redselig, was alles keine negativen Beschreibungsmerkmale wären, wenn wir uns nur endlich daran gewöhnen könnten, daß der Mittelmeerraum, zumal der orientalische, einen eigenen, eigenständigen, unverwechselbaren Menschenschlag hervorgebracht hat, der keinesfalls in Juden und Nichtjuden zerfällt, sondern der sich insgesamt vom Nordeuropäer unterscheidet, meinetwegen auch vom Mitteleuropäer. Nazareth also mit seinen schrecklichen Kirchen, touristischen Lügen – nicht einmal die alte Synagoge fehlt, in der Jesus angeblich den jüdischen Sabbat gefeiert haben soll –, dieses Nazareth, das praktisch in zwei große Stadtteile zerfällt und von wo aus man, bevor man über Afula eindringt in die unbegreifliche und gefährliche Welt der besetzten Westbank, noch einmal durch Israels Vorratskammer, die Ebene von Yzreel, kommt. Nazareth ist ein glänzender Beweis für die Neigung der Palästinenser – und dazu gehören Juden wie Araber –, ungeachtet aller religiösen Motive nach einem handfesten Ausweg zu suchen aus dem zeitgenössischen Dilemma des gegenseitigen Hasses. Hier war es zum Beispiel, wo man im Dezember 1970 befürchten mußte, daß die *fünfte Kolonne* der Kommunisten erstmals innerhalb der arabischen Bevölkerung Fuß fassen würde. Immerhin wäre es in den Augen der Welt ein besonderes Spektakel gewesen, wenn ausgerechnet am Heimatort Christi ein kommunistischer Bürgermeister, ein radikaler Stadtrat für propagandistischen Widerhall gesorgt hätten, zumal damals schon die christlichen Araber Nazareths ihr politisches Heil in der Befolgung leninistischer Maximen sahen. Die Juden, die diesen Anschlag abwehren konnten, verfolgten teils befremdet und teils amüsiert den widersprüchlichen Versuch, mit den Stimmen der Christen eine atheistische Ideologie zu etablieren. Vielleicht wäre es besser gewesen, wenn sie sich schon 1970 gefragt hätten, was die Ursache ihrer widersprüchlichen Politik sein könnte, was die Menschen so verbittert, verzweifelt, unglücklich macht, daß sie sich sogar mit dem Erbfeind der katholischen Kirche einlassen, nur um einen ersten winzigen Einbruch in die israelische Machtvollkommenheit zu erzielen. Es war wahrscheinlich ein Zufall, als die

Kommunisten von Nazareth nur sieben von siebzehn Sitzen erhielten. Die palästinensischen Attentate in der Zeit danach gegen jüdische Einrichtungen und ahnungslose Pilger aus Europa waren kein Zufall mehr.

Die Frage, die mich, seit ich nach Palästina komme, immer nachhaltiger beschäftigt, ist verhältnismäßig leicht zu formulieren. Warum scheint gerade in einem Land, das die Heiligtümer der drei großen monotheistischen Religionen enthält, wo das Christentum entstanden, die jüdische Religion von Anbeginn vorhanden gewesen und der Islam gleichsam auch politisch gesellschaftsfähig geworden ist, warum in einem solchen Land, wo die Entstehungsgeschichte aller drei Religionen im Grunde dem gleichen ideologischen, metaphysischen Alphabet verpflichtet war und ist, nämlich dem jüdischen ... warum scheint ausgerechnet hier der gegenseitige Haß unausrottbar? Es ist immerhin *eine* Sache, ob man auf den Spuren Christi zwischen Nazareth und dem Tabor unterwegs ist und sich voll frommer Einfalt nur mit den Fragen eines christlichen Selbstverständnisses befassen will, und es ist eine völlig *andere* Sache, zwischen Nazareth und Tabor einen Blick auf die Geschichte dieses Landes zu werfen und dabei resigniert zu begreifen, daß durch die exaltierte Unvernunft jüdischer, christlicher und mohammedanischer Instanzen Palästina heute der vorstellbare Ausgangspunkt für einen *Dritten Weltkrieg* ist. Ich behaupte, daß es nicht an politischen oder ökonomischen Fragen liegt, sondern daß es immer wieder an der religiösen Unduldsamkeit liegt, daß sich ein nicht mehr kalkulierbarer Haß zum Wahnsinn steigert. Und ich behaupte auch, daß man dieses Phänomen in Nazareth besser studieren kann als in Jerusalem, wo religiöse Intoleranz und politische Feindseligkeit scheinbar auf der Hand liegen, während in Galiläa diese Probleme verwischt und versteckt scheinen. Und doch ist das arabische Nazareth – mehr als 30.000 Araber leben hier, davon die Hälfte getaufte Christen, denen etwa 20.000 Juden gegenüberstehen –, von dem wohlwollende Autoren noch vor zehn Jahren behaupteten, daß die palästinensischen Terroristen einen großen Bogen um die friedliebende Stadt schlügen, was sich inzwischen als billiges Wunschdenken herausgestellt hat ... und doch ist das arabische Nazareth ungleich gefährlicher, da man hier anfangs noch nicht mit Sprengstoff und Maschinenpistolen argumentierte, sondern sich auf das religiöse, ideologische, politische Glaubensbekenntnis verließ, bis man allenthalben begriff, daß die Zeit der Phrasen und Argumente endgültig vorbei war. Heute ist auch Nazareth, die freundlichste und friedlichste aller alten palästinensischen Städte Israels, von Doppelposten der israelischen Armee durchsetzt, heute müssen sich die Palästinenser auch hier die demütigenden Untersuchungen gefallen lassen, wenn sie ihre Stadt verlassen oder in die Stadt hinein wollen, heute befinden sich auch die europäischen Pilger in permanenter Gefahr.

Das alles sind Dinge, über die man in Israel und vor allem in Galiläa nicht gerne spricht. Vorteilhafter auch in einem nutzbringenden ökonomischen Sinne sind schon die irritierenden Angaben über das angebliche Wohnhaus Christi, das man gutgläubigen Touristen zeigt, einträglicher ist in jedem Falle die Souvenir-Industrie, die sich voll ungehemmter Phantasie nicht nur der Eltern des Mannes namens Jesus, sondern auch des *Gottessohnes* selbst aufs schamloseste bedient, wobei man nicht unbedingt jüdischer Geschäftsbegabung alle Schuld geben sollte. Viele der Devotionalien, von denen manche schon an Gotteslästerung grenzen, werden in der Bundesrepublik Deutschland produziert oder haben ihren Weg aus dem fernen Hongkong nach Palästina gefunden. Die gläubigen Pilger kaufen freilich auch den erbärmlichsten Ramsch, und sind jederzeit bereit, selbst den abgefeimtesten Lügen ergriffen zu glauben.

Aber das sind nur, wenngleich enervierende, Nebenerscheinungen des eigentlichen Problems, an dem Palästina zu ersticken und die übrige Welt zugrunde zu gehen droht. Vielleicht kann ich das, was ich hier ausdrücken will, durch einen scheinbar nebensächlichen Vorfall besser verdeutlichen. Ende der siebziger Jahre, als in Israel verhältnismäßige Ruhe herrschte, war noch nicht offiziell deklariert worden, daß man Ostjerusalem als Hauptstadt der Juden mißbrauchen würde, es gab damals nur sporadische Angriffe aus dem südlichen Libanon, die mit sporadischen Angriffen der israelischen Luftwaffe und Artillerie auf sogenannte Palästinenserlager beantwortet wurden, Ende der siebziger Jahre jedenfalls, als man einige Wochen oder Monate lang tatsächlich zu glauben begann, daß der Friede in Palästina irgendwie vorstellbar sei, vielleicht durch ein Wunder, aber keine Chimäre mehr, kein verrückter Traum hoffnungsloser Illusionisten, damals war ich mit einem jordanischen

Chauffeur, der aus Ostjerusalem stammte und selbstverständlich eine israelische Lizenz besaß, nach Nazareth unterwegs. Er war ein junger Mann, heftig und ungebildet und von einem penetranten Hochmut, der ihn so unsympathisch machte, daß ich meinen Einfall zu verabscheuen begann, ausgerechnet mit einem christlichen Araber, mit einem getauften Palästinenser in die Heimat des *Herrn* fahren zu wollen. Einige Kilometer vor Nazareth wurden wir dann von einer israelischen Militärpatrouille angehalten. Das war nicht weiter ungewöhnlich, auch in jenen Tagen des relativen Friedens. Mein Fahrer, der junge heftige Mann aus Ostjerusalem, glaubte anscheinend, das touristische Emblem an seinem Wagen enthebe ihn der Pflicht, sich kontrollieren zu lassen, und er glitt mit dem Wagen rasch an der wartenden Kolonne vorbei, die vor einer *eisernen Katze,* einem kettenähnlichen Nageldorn, der die Straße absperrte, zustande gekommen war. Ein Soldat winkte uns dennoch zur Seite. Und beugte sich mit düsterem Gesicht in das Wageninnere. Den folgenden Wortwechsel verstand ich nicht, aber mir war bewußt, daß der junge Jordanier auf irgendwelche Vorrechte pochte, die ihm der junge Jude nicht zugestehen wollte. Schließlich wurden sogar meine Dokumente verlangt. Andere Soldaten waren an den Wagen getreten. Es gab eine aufsehenerregende Stockung. Das Gespräch wurde heftiger, artete in Geschrei aus. Und das Ende vom Lied war, daß wir aufgefordert wurden, von der Straße herunterzufahren und uns neben den aufgehäuften Sandsäcken, die ein Teil der Sperre waren, solange aufzustellen, bis man über Funk nähere Details über den Fahrer herausbekäme.

Ich bin damals mit erheblicher Verspätung nach Nazareth gekommen. Ich habe es dann auch nicht mehr zustande gebracht, den Chauffeur wie vereinbart zum Mitkommen zu bewegen. Er blieb düster, zornig, schweigend im Wagen, und auch auf der Rückfahrt nach Jerusalem sprach er kein Wort mit mir. Es hatte den Anschein, als wollte er mich mitverantwortlich für den Vorfall machen, den er mit seiner Heftigkeit heraufbeschworen hatte.

Erst später, am nächsten oder übernächsten Tag, als wir noch einmal gemeinsam nach Galiläa fuhren, begann ich seine merkwürdige Verhaltensweise zu begreifen. Er erzählte mir die Geschichte seiner Familie, die seit Generationen in Jerusalem ansässig war. Es scheint einer seiner Großväter gewesen zu sein, der dem sanften

Drängen der Franziskaner nachgegeben und sich zum Christentum bekannt hatte. Das war irgendwann in der zweiten Hälfte des 19. Jahrhunderts. *Wo waren damals die Großväter jener jüdischen Soldaten, die ihn jetzt daran hinderten, ohne erniedrigende Kontrolle nach Nazareth zu fahren?* Der junge Mann sagte es nicht mit diesen deutlichen Worten, dazu reichten seine englischen Sprachkenntnisse kaum aus. Aber der Sinn seiner Worte, mit denen er mir sein Verhalten klarzumachen versuchte, war derselbe. Er selbst, seine Geschwister, seine Freunde, seine Eltern, sie alle, die einen jordanischen Paß besaßen, Christen oder Mohammedaner waren, in Ostjerusalem, in der Westbank oder auch in Nazareth lebten, und seit Generationen schon in diesem Land ansässig waren, betrachteten die Juden als Eindringlinge. Dabei ist es völlig bedeutungslos, daß ich israelische Bekannte habe, die mir zum Beispiel in Nazareth voll Stolz die Stelle am Türstock ihres Hauses zeigten, wo seit altersher die Thora, das jüdische Gebets-, Mythen- und Geschichtenbuch, seinen Stammplatz hat. Diese Familien betrachteten ihrerseits die Palästinenser als Eindringlinge. Und wenn ich in diesen Augenblicken, da ich meine Erinnerung an solche Vorfälle aufschreibe, nachzudenken beginne, habe ich den Eindruck, als müßte mein Gedächtnis unter dem Geschrei der Juden und Araber ertauben. Beide behaupten von sich, immer schon dagewesen zu sein, immer schon im *heiligen Land* gelebt zu haben, während der andere, der Jude oder der Araber, erst vor zwei oder drei Generationen ins Land gekommen sei.

Wie war das eigentlich damals, als Jesus von Nazareth im judäischen Bethlehem geboren wurde, angeblich in einem Stall, in einer primitiven Erdhöhle oder auf einer Steinplatte, umgeben von Hirten und heimgesucht von Königen, die einem prachtvollen Stern gefolgt waren? Wie war das eigentlich damals, als Palästina eine römische Provinz war, römischer Kolonialbesitz, als die Araber wie die Beduinen größtenteils als Nomaden lebten und die alteingesessenen Juden sich nicht vom Trauma erholen konnten, das ihnen der Verlust ihrer nationalen Unabhängigkeit verursacht hatte? Die klimatischen Voraussetzungen waren fraglos dieselben, der Himmel wie auch jetzt im 20. Jahrhundert gelegentlich seidig und tiefblau, meist aber von erhitztem Dunst verhüllt, die Erde ocker, sepia, wie zersprungener Basalt, staubig, ausgebleichter Stein über kümmerlichen Grashalmen und im übrigen eine Heimstätte für nutzlosen

Wildwuchs, für Unkraut und Disteln, zwischen denen der Ölbaum sich mühsam behauptet. Das Wasser war damals so kostbar wie heute, weil es auch so selten wie heute war. Der Jordangraben war eine Steppe, Judäa teils Wüste, teils gebirgige Einöde, Galiläa hingegen fast üppig und im Negev noch letzte Spuren einstiger Fruchtbarkeit. Masada war noch ein herodianischer Palast, Jerusalem eine Provinzstadt, die bald vom Erdboden verschwunden sein würde, Nazareth kaum erwähnenswert, ein Dorf, Lehmhütten entlang der Schlucht, die sich in abenteuerlichen Windungen zur Ebene hinabsenkt. Und war das Temperament der Menschen dasselbe wie heute? Immer das Fieber im Blut, ein Fieber des Ehrgeizes, der Religion, der politischen Forderungen? Haßten sich Araber und Juden in jenem entscheidenden Augenblick der Menschwerdung Christi, als die Römer mit harter Hand das Land regierten? War ihr Temperament so ungezügelt wie heute? Und gab es auch barbarische Heimsuchungen, mit denen sich Menschen verschiedenen Glaubens und unterschiedlicher Herkunft seit Jahrtausenden gegenseitig überzeugen wollen?

Ich fürchte, in gewisser Hinsicht muß es damals schon so gewesen sein. Ich fürchte, daß der Auftritt eines jüdischen Mannes namens Jesus die Situation noch entscheidend verschärft hat. Ich fürchte, daß dieser leibhaftig gewordene Gott der Liebe und Zärtlichkeit schuldlos dafür verantwortlich wurde, daß damals und heute zwischen Nazareth und Bethlehem das Elend des Hasses dramatische Formen annahm. Ich sage das zögernd und mit großem Respekt vor den verschiedenen Glaubensbekenntnissen, mit denen man in diesem Lande leben muß und an denen man unvermutet sterben kann.

Jesus wurde, so glaubt man heute annehmen zu dürfen, im Dezember des fünften Jahres unserer christlichen Zeitrechnung in Bethlehem geboren und wuchs dann in Nazareth auf. Es gibt seriöse wissenschaftliche Meinungen, die davon ausgehen, daß Jesus bis in sein dreißigstes Lebensjahr Nazareth nicht verlassen habe, demnach also auch in Nazareth geboren worden sein müßte. Ich will und kann mich in diese Diskussion, die wie alle Diskussionen religiöser Natur mit grausamer Leidenschaft geführt wird, nicht einmengen. Auf jeden Fall steht außer Frage, daß er in jüdischer Umgebung innerhalb einer intakten familiären Ordnung aufwuchs. Es war eine jüdische, hebräische Ordnung, durchtränkt von messianischen Mythen, den ebenso erstaunlichen wie wortgewaltigen Monologen altjüdischer Propheten und einer abergläubischen Furcht vor *Jahwe,* dem einen ausschließlichen Gott der Juden, dessen Name nicht *eitel genannt* werden durfte. Dabei wird es sich im galiläischen Nazareth nicht anders verhalten haben als in allen anderen jüdischen Städten und Dörfern. Im Lande saßen die Römer und diktierten den Juden zwar nicht gerade den Glauben an die Götter, aber doch eine Unzahl von Gesetzen, die sich gegen uralte jüdische Kultvorstellungen wandten. Die Gespräche am Brunnen, dem unvergleichlichen Zentrum mediterranen und orientalischen Lebens, werden sich also neben dem lebenserhaltenden Dorfklatsch auch mit Politik beschäftigt haben. Die Gewerbetreibenden stöhnten unter den Steuern und inflationären Bedingungen, unter denen sie arbeiten und ihre Familien ernähren mußten. Die Landarbeiter, Hirten und kleinen armseligen Händler, die von der Hand in den Mund lebten, duckten sich scheu in den Schatten und schwiegen, während die Alten und Bevorzugten aus der Gemeinde über das Elend der Welt seufzten. Und immer gab es bei solchen Auftritten auch eine Stimme, die von geheimnisvollen Prophezeiungen sprach, von der Ankunft eines Messias, der die Welt und besonders die Juden von allem Übel befreien werde. Das verhielt sich im ägyptischen Alexandria, wo eine starke Judengemeinde lebte, genauso wie in Palästina, das war in Kleinasien nicht anders als im Yemen oder in Mesopotamien, wo die Urenkel der einstmals verschleppten Juden immer noch in der Diaspora lebten. Der junge heranwachsende Mann namens Jesus, Sohn eines tüchtigen Handwerkers, eingebettet in die ruhige Ordnung einer scheinbar in sich selbst ruhenden Provinzkultur, mußte also zwangsläufig von allen diesen Dingen geprägt worden sein, die damals die kleine Welt rundum bewegten. Es gab soziale Ungerechtigkeit und politische Willkür. Es herrschte zwar Ordnung im Lande, aber es war eine fremde Ordnung. Das Verhältnis zu Gott, zum jüdischen Gott *Jahwe,* war noch ungebrochen, die Erinnerung an die Worte der Propheten noch gegenwärtig, die Nützlichkeit jüdischer Religiosität kaum in Frage gestellt, aber zugleich muß in den Köpfen einiger junger, intelligenter, leidenschaftlicher Menschen etwas vorgegangen sein, das die Welt, wie sie sich darbot, nicht mehr stumm akzeptierte. Es lag der Geruch nach radikaler Veränderung in der Luft. Es ahnten einige wenige unter den seufzenden, sich unterdrückt fühlenden, benachteiligten Juden, daß die alten Ordnungen nicht mehr stimmten, die alten moralischen Gesetze nur noch eine leere Hülle ohne überzeugenden Inhalt waren und möglicherweise auch das politische System, das aus der übermächtigen Anwesenheit der römischen Kolonialherren und ihrer Statthalter einerseits und aus der dumpfen Unzufriedenheit des weitgehend rechtlosen Volkes andererseits bestand, einer grundlegenden Erneuerung bedurfte. Es lag möglicherweise eine Ahnung von Revolution in der Luft – wenige Jahrzehnte später würde sie losbrechen und Jerusalem vom Erdboden vertilgen –, und zweifellos war die Sehnsucht nach Reformen religiöser, politischer und moralischer Natur so groß, daß immer neue selbsternannte Propheten, Messiase, Gaukler, Führer und Sektengründer in diesen unruhigen Jahren um die – damals natürlich noch nicht als solche erkannte – Zeitenwende gleichsam Hochkonjunktur hatten.

In Nazareth, der kleinen, verschlafenen, gottesfürchtigen Gemeinde, die halbwegs in der Mitte zwischen dem Tabor und den Ruinen von Meggido liegt, einer der großen, volkreichen Städte der palästinensischen Geschichte, auf die man erst mehr als neunzehnhundert Jahre später stoßen würde, als sich eine neue israelische Nation aufmachte, die eigene Vergangenheit noch einmal zu erforschen und Beweise zu sammeln für eine eigenständige und zugleich heroische Geschichte, in Nazareth also, wo sich das Leben wie seit Generationen auf intime Weise abspielte, wird von allen diesen Gefühlen und Hoffnungen auf Veränderung auch manches zu spüren gewesen sein. Mehr als eine Ahnung davon vielleicht, daß draußen in der Welt etwas in Bewegung geraten war. Mehr als ein Verdacht, daß die Art, wie man lebte, nicht dem natürlichen menschlichen Stolz entsprach. Und es tauchte die Frage auf, ob das alles, was man an Leben zugeteilt erhielt, was die Möglichkeiten der menschlichen Existenz ausmachte, nicht vielleicht doch der Liebe entbehrte, der Gutmütigkeit, der Toleranz . . . es flogen damals viele Begriffe von Mund zu Mund, es gab viele Fragen, es herrschte, wenn man erst einmal tiefer hineinhorchte in die Seelen der Menschen, ratlose Unsicherheit.

Jesus, der in einem judäischen Stall geborene *Gottessohn,* als den wir Christen ihn angenommen haben, war weder blind noch taub für die Probleme seiner Zeit. Und Nazareth lag zwar abseits der wichtigen Zentren Palästinas, Caesarea, Jerusalem, abseits der vielbenutzten Karawanenstraßen nach Ägypten und Arabien, aber das Land war immer schon klein und so überschaubar, daß sich jede politische Meinung, jede religiöse Strömung in Windeseile verbreiten konnte. Man weiß zwar so gut wie nichts über die Jahre, die Jesus in Nazareth verbrachte. Aber wenn man weiß, was sich alles in diesen Jahren an politischer Realität und religiöser Aufbruchstimmung abgespielt hat, dann kann man sich auch vorstellen, in welchem geistigen Klima der junge Handwerkersohn aufgewachsen ist. Das wirft natürlich die Frage auf, ob er, der aus dem Judentum kam und diesem Judentum eine neue religiöse Ordnung zu geben versuchte, die dann allerdings völlig eigenständigen Gesetzen gehorchte, sich verselbständigte und schließlich auch antijüdisch, antisemitisch in einem beklagenswerten Sinne wurde, ob er also von den Juden als Abtrünniger angesehen wurde. Shalom Ben Chorin, ein bedeutender israelischer Dichterphilosoph, meinte einmal, daß es unstatthaft sei, von Jesus als einem *Verräter an der Judensache* zu sprechen. Er sagte: „Ist denn das arme jüdische Kind in der Krippe nicht das Gleichnis für die zahllosen heimatlosen jüdischen Kinder der jüngsten Vergangenheit?" – Und Abba Eban, der große israelische Politiker, schreibt in seiner Autobiographie: „Jesus sah in sich nie mehr als einen Propheten des Judentums. Er war ein Jude in Wort und Tat." – Und schließlich möchte ich auch noch einmal Hans Habe zitieren, der, Jude von Geburt, deutschsprachiger Publizist und Schriftsteller, ein Konservativer war, der von den Liberalen heftig befehdet wurde und dem ich doch zutrauen möchte, daß er allein schon seiner Herkunft und seinen Neigungen zufolge ein besseres Verständnis aufbringt für alle diese Probleme, Hans Habe also schrieb: „Das Symbol des ans Kreuz geschlagenen Christus ist für den Juden doppelt, wenn nicht gar dreifach schmerzlich: Ein Jude wurde gekreuzigt, doch wurde dieses Kreuz allen blutigen Kreuzzügen vorangetragen. Überdies hat sich die Legende von der jüdischen Schuld im Unterbewußtsein der Juden eingenistet: Beweise für das Gegenteil, von Juden und Christen erbracht, bleiben intellektuelle Zeugnisse. Die Beziehung zwischen Judentum und Christentum ist eine Verewigung des Generationenkonfliktes. Der Jude ist der Vater, der Christ ist der Sohn. Wie sollten sie sich da verstehen? Hier ist die Wurzel der Religion von der Baumkrone des Volkes nicht so weit entfernt, denn die rassische Verfolgung der Juden ist verhältnismäßig jungen Datums, jahrhundertelang hatten die Pogrome immer einen religiösen Anstrich."

Das sind Überlegungen, die uns zwar scheinbar von Nazareth wegführen, die aber doch eine tiefe Wahrheit enthalten, die auch heute noch Gültigkeit besitzt. Jede Auseinandersetzung rund um das Judentum ist eigentlich religiösen Ursprungs. Und wenn man sich vorstellt, daß in dem Augenblick, da Jesus in Nazareth lebte, heranwuchs, geistig wie moralisch reifend, noch keine Rassenfeindschaft war zwischen den verschiedenen Völkern, sondern daß dieser unheimliche, verderbenbringende und die Welt zerfleischende Haß zwischen den Anhängern verschiedener Glaubensbekenntnisse erst in der Sekunde ausbrach, als eine erste jüdische Stimme *Kreuzigt ihn* und *Tod dem Verräter* schrie, daß dieser Haß dann von Jahrhundert zu Jahrhundert eskalierte bis zum schandbaren Tag, an dem ein christlicher Bischof in Jerusalem den siegreichen Arabern den Tempelberg als bevorzugten Bauplatz für eine Moschee anpries, während etwa zur gleichen Zeit die letzten christlichen Juden in Syrien und in der Wildnis des Sinai erbärmlich zugrunde gingen. Wenn man sich vorstellt, wie aus der Idee, die in Nazareth geboren wurde, zuerst die mögliche Spaltung des Judentums beschworen und dann, tausend Jahre später, das unaufhörliche Blutgericht der europäischen Kreuzzugspolitik erfunden wurde, wenn man sich alle Pogrome, Judenabschlachtungen, inquisitorischen Leistungen und Tribunale, alle Konzentrationslager und antijüdischen Terrorakte vorstellt, an deren historischem Beginn ein jüdischer Handwerkersohn stand, dann ist man nur noch ein fröstelndes Stück Fleisch, das unter der heißen galiläischen Sonne durch Nazareth wandert, nur noch ein deprimierter Gedanke, der fassungslos die Erinnerungsbauten an diesen jüdischen Handwerkersohn betrachtet, nur noch ein feiger Flüchtling vor der eigenen Nachdenklichkeit. Ich kann mir vorstellen, daß es sensible Charaktere gibt, die alle göttliche Folgerichtigkeit verleugnen und sich daran klammern, daß der junge Mann aus Nazareth nichts weiter war als einer der vielen Sektengründer jener Zeit, der das Pech hatte, so erfolgreich zu sein, daß er zuerst den Juden und dann den Römern lästig wurde und ans Kreuz geschlagen wurde.

In Nazareth, wo heute das Geschrei der Fremdenführer und

Devotionalienhändler die Erinnerung an Jesus fast zerstört, begann diese übermenschliche und vielleicht auch unmenschliche Liebe zu wachsen, deren wichtigste geschichtliche Leistung darin besteht, daß es seit vielen Jahrhunderten schon eine Erbfeindschaft gibt zwischen den Völkern, über die diese Liebe zuerst gefallen ist. Ich bin oft durch Nazareth gegangen, ich habe mir oft einzubilden versucht, wie es gewesen sein könnte, als der junge Mann, der junge Jude über den eigentlichen Zweck seiner Existenz nachdachte, über die Möglichkeit, daß er ein Sendbote sein könnte, der den Menschen etwas Entscheidendes beibringt, ich habe mich oft auf dem Berg Tabor umgesehen, dem Ort der Verklärung, und auf dem Hügel oberhalb des Sees Genezareth und dabei die faschistische Inschrift zu vergessen versucht und mich zurückerinnert an jenen welthistorischen Augenblick, in dem hier eine Stimme, die vielleicht wirklich einem Gott gehörte, die ersten Worte der Bergpredigt sprach. Aber es gelang mir nie, die Wirklichkeit zu vergessen. Es war mir nie möglich, neunzehn Jahrhunderte zu unterschlagen, in denen die *Idee von der Liebe zwischen den Menschen* unaufhörlich Opfer gekostet hatte. Ich sah in Nazareth die weißen Kuben der Häuser, in denen Juden, Palästinenser und christliche Araber leben. Und zugleich sah ich, wie die Häuser sich rötlich verfärbten durch das Blut der Erschlagenen. Ich sah die prachtvollen oder auch rührenden Gotteshäuser von Nazareth und dem Tabor, die Klöster, Synagogen, die Symbole der drei monotheistischen Religionen, die alle davon ausgehen, die einzig richtige Wahrheit zu verkünden. Und zugleich sah ich das unauslöschliche Alphabet des Hasses, das sich eilfertig, gefräßig und unbarmherzig zwischen den drei Religionen hin und her bewegt, ein Menetekel des Unterganges, eine Flammenschrift an der Wand, die von allen hartnäckig verleugnet wird.

Es gibt allein in Nazareth, wenn ich recht unterrichtet bin, einundfünfzig Kirchen und Kapellen, die zu Ehren des *Gottessohnes* entstanden sind. Es gibt den legendären *Marienbrunnen,* an dem schon die Mutter des *Gottessohnes* ihre Wasserkrüge gefüllt haben soll. Es gibt das Basarviertel mit seinen atemberaubenden Gerüchen und Möglichkeiten, mit seinen Messingwaren, Teppichen, Süßigkeiten, Gewürzen und Devotionalien, es gibt die machtvolle Verkündigungsbasilika, die auf den Ruinen einer frühchristlichen Kirche aus dem 4. Jahrhundert steht, es gibt auch hier eine Via Dolorosa, über die sich fröhlich lärmend die Menge der Pilger und Touristen bewegt, die auf der Suche nach den vermeintlichen Zeugnissen der Existenz Jesus sind, nach dem Wohnhaus seiner Eltern, das schamlos gezeigt wird, obgleich es nur eine Chimäre ist, nach dem Vorratskeller, in den man hinabsteigen kann und sich erschauernd vorstellen darf, daß hier der junge Jesus Wein, Öl und Hirse für den Haushalt seiner Mutter geordnet habe, es gibt tausendundeine Assoziation oder Erinnerung an das Leben des *Gottessohnes* bis hin zur Christusfigur mit der eingebauten elektrischen Batterie, die diese Figur ein paar unverständliche Worte schnarren läßt . . . warum gibt es nicht auch die Sicherheit des Friedens? Warum hat man in Nazareth stärker als anderswo in Israel das Gefühl, an den Lügen ersticken zu müssen, in die man untertaucht wie in einen zähen, süßen Brei? Und warum spürt man hier die Liebe nicht, die allumfassend sein soll?

Kapitel XVIII

AM SEE TIBERIAS

Das landläufige Bild, das man sich heute vom israelischen Palästina macht, zeigt braunverbrannte Steppen, die gelben Wanderdünen von Negev und Sinai, das derbe Blau des Toten Meeres und die einheitliche Architektur von Jerusalem, es gibt den zerfurchten Ruinenhügel von Jericho wieder, das verbrannte, von der Sonne buchstäblich zu Staub zermalmte Plateau von Masada und die längst schon weltberühmt gewordene Silhouette von Jerusalem mit Felsendom und Al-Aksa-Moschee, es ruft Assoziationen durch die tiefblaue Schraffur des Roten Meeres oder die langgezogenen Sandstrände zwischen Ashkelon und Haifa hervor. Dieses landläufige Bild beinhaltet aber auch Truppenaufmärsche, Polizeiaktionen, Terrorakte, und manchmal drängt sich immer noch der Lärm des Krieges dazwischen, wenn die Nachrichtenagenturen zum Beispiel von neuen *Vergeltungsmaßnahmen* der israelischen Luftwaffe im südlichen Libanon berichten. In diesem Bild sind katholische Kirchen, protestantische Gotteshäuser, orthodoxe Priester, jüdische Synagogen und mohammedanische Moscheen enthalten, wobei man gelegentlich, erst einmal heimgekehrt nach Europa, kaum noch unterscheiden kann, welche religiöse Architektur zu welcher religiösen Ordnung gehört. Und dieses Bild wird abgerundet durch die orientalischen oder zumindest orientalisch anmutenden Botschaften der verschiedenen Basarviertel, durch folkloristische Schauspiele, die alte Traditionen abgelöst haben – ich denke dabei vor allem an den sogenannten *Kamelmarkt* von Beersheba – und durch die vermeintliche Exotik nomadisierender Beduinen, wobei man allerdings auch hier manche europäische Illusion zerstören und sagen muß, daß die Nomaden, die von den Fremdenführern beschrieben werden, seit

Generationen schon ihre festen Standplätze haben. Trotzdem ergibt das alles ein farbenbuntes Kaleidoskop, voller Geheimnis und Zauber, und wenn auch beispielsweise die meisten Autos in Israel japanischen Ursprungs und die meisten Hotels in amerikanischen Händen sind, wenn auch Israel, was seine technologischen Leistungen und sein bürokratisches System betrifft, eines der fortschrittlichsten und europäisiertesten Länder des Nahen Osten ist, so formt sich im Israelbesucher doch regelmäßig die Vorstellung von *Tausendundeiner Nacht,* von historischem Mythos und religiöser Glorie. Die Juden oder *das Judentum* und damit alle Probleme, die daraus resultieren, die eingebildeten wie die wirklichen, werden nur am Rande wahrgenommen. Mea Shearim, das orthodoxe Judenviertel von Jerusalem, gilt als touristische Attraktion. Klagemauer und Holocaustmuseum haben inzwischen einen musealen Stellenwert erhalten, der es auch antisemitischen Bildungsreisenden erlaubt, das touristische Pflichtprogramm zu erfüllen. Im übrigen unterscheiden sich Juden keinesfalls von anderen Menschen, von Deutschen etwa oder Amerikanern, was schon manchen Israelbesucher, der in der Tradition des europäischen Antisemitismus aufgewachsen ist, anfangs verwirrt und dann erleichtert hat.

Aber das alles, was hier andeutungsweise gesagt wird, ist natürlich noch nicht das vollständige Porträt des Judenstaates, wie ihn Theodor Herzl erträumt und beschrieben hat. Es ist nur die Oberfläche, nur der Teil, der sich augenscheinlich dem nichtjüdischen Besucher aufdrängt. Es ist eine erstaunliche Tatsache, daß sich die überwiegende Mehrzahl der Israeltouristen hauptsächlich in Judäa und am Roten Meer aufhält, abgesehen von kurzen Abstechern nach Galiläa, wobei diese Exkursionen in den Norden wieder nur dem Interesse christlicher Pilger vorbehalten sind, die am See Tiberias – oder auch See Genezareth oder See Galiläa – die heute noch erkennbaren oder zumindest vermuteten Spuren des Religionsgründers Jesus verfolgen. Jede katholische Pilgerfahrt nach Palästina hat außer Jerusalem mit dem nahegelegenen Bethlehem auch den See Tiberias oder Genezareth mit dem benachbarten Nazareth zum Ziel, wo man tatsächlich mit dem *Neuen Testament* in der Hand imstande ist, die Schauplätze von damals aufzusuchen, da hier im Norden einige der spektakulärsten und auch ergreifendsten, überzeugendsten Leistungen und Selbstdarstellungen des frühesten Christentums zustande gekommen sind. Kapernaum am nordwestlichen Ufer des Sees zum Beispiel, heute gekennzeichnet durch ein Franziskanerkloster und eine sorgfältig restaurierte Synagoge aus dem 2. bis 3. Jahrhundert, in deren Originalmauern – die unvermeidlichen Fremdenführer und auch manche Autoren behaupten, es habe gar keine andere Synagoge gegeben, sondern die heutigen Ruinen seien das berühmte Original – Jesus, der *Gottessohn* Menschen heilte oder gar zum Leben erweckte, während nur einige wenige Kilometer im Süden und natürlich noch immer am Westufer des Sees der Ort liegt – er trägt heute den Namen Tabgha –, an dem Jesus das unglaubliche Wunder der Brot- und Fischvermehrung den verwirrten Menschen vollbrachte. Hier erinnert ein Benediktinerkloster an dieses Ereignis, und etwas oberhalb davon, bedeckt von dunklen Basaltblöcken und grünem Wildwuchs, liegt der Hügel, auf dem Jesus seine *Bergpredigt* gehalten hat. Von der Franziskanerkirche, die hier dem römischen Faschismus ihre Existenz verdankt, habe ich schon in einem anderen Kapitel gesprochen. Der Blick auf die spiegelglatte Oberfläche des Sees, über den Jesus gleichsam überirdischen und trockenen Fußes geschritten ist, und die gewaltige Kontur des Hermongebirges im östlichen Hintergrund entschädigen ein wenig für gewisse zynische Assoziationen, die man gelegentlich haben kann, wenn man an die erstaunlichen Zusammenhänge zwischen Politik und Religion denkt.

Und doch ist diese Landschaft, vor allem das nördliche Galiläa viel mehr als nur eine Schaubühne für bildungshungrige Christenpilger. Willy Guggenheim schrieb einmal: „Galiläa, die wilde Gebirgslandschaft im Norden Israels, war schon seit Jahrhunderten immer die Heimat oder Zufluchtsstätte von Rebellen und Nonkonformisten. Revolutionen und Aufstände haben hier begonnen. Die Galiläer standen im offenen Gegensatz zu den Bewohnern Jerusalems, von denen sie als ungebildet und nicht schriftkundig verachtet wurden. Um so starker war jeweils der Unabhangigkeitsdrang dieser Menschen, ihr Bedürfnis, eigene Wege zu gehen. Von Flavius Iosephus und Shimon Bar Kochba über Jesus von Nazareth bis zu den Gründervätern Israels: der *Galil,* wie Galiläa auf Ivrith heißt, hat in der jüdischen Geschichte eine große Rolle gespielt." – Dieser kurzen Erklärung ist eigentlich nichts hinzuzufügen, allerdings sollte man sie erläutern und in einigen wesentlichen Details erzählen. Vor allem scheint es notwendig, die Rolle Galiläas für die jüdische Geschichte und den jüdischen Mythos darzustellen, da der europäische oder amerikanische Israelbesucher viel über Jesus, manches über Mohammed und einiges über die Epoche der Kreuzritter weiß, aber bis zur schieren Hilflosigkeit uninformiert ist über die Bedeutung dieser Region für das Judentum.

Es gibt zum Beispiel auf einem winzigen Flecken, den man nur zögernd als Dorf, als Siedlung bezeichnen möchte und der etwa in der Mitte zwischen der alten Judenstadt Safed und dem Mittelmeer liegt, einige wenige Familien, die mit einiger Wahrscheinlichkeit von sich behaupten können, direkte Nachkommen jerusalemischer Juden zu sein, die im Jahre 70 nach der Zerstörung des Tempels und der Stadt in den Norden geflüchtet waren. Das aber bedeutete, daß die Menschen von Peki'in, wie diese kleine Ansiedlung heißt, seit nunmehr rund neunzehn Jahrhunderten Galiläa niemals verlassen haben, daß es sich hier um die wahrscheinlich einzigen Juden der Geschichte handelt, die niemals im Exil, in der Diaspora leben mußten. Es gibt zwar keinen exakten wissenschaftlichen Beweis für diese Behauptung, nur ungewöhnliche Anzeichen für Hartnäckigkeit und Seßhaftigkeit dieser Leute, aber jedermann in Israel ist von der Wahrheit ihrer Erzählung überzeugt. Mein vorsichtiger Einwand jüdischen Bekannten gegenüber, die mir die Geschichte von Peki'in erzählt hatten, daß es sich hierbei wohl um eine fast unglaubliche Form von Inzucht handeln müßte, wurde achselzuckend abgetan.

Nicht weit entfernt von Peki'in liegt die Kleinstadt Safed, heute eher unter dem Ivrith-Namen Zefat bekannt, Ausgangspunkt für eine Exkursion zu den erstaunlichen Ausgrabungen von Hazor, wo Yigael Yadin, diese schillernde Figur der israelischen Archäologie und Politik, einen seiner großen archäologischen Erfolge erzielt hatte, und nur wenige Autominuten vom einzigen israelischen Nationalpark entfernt, der sich rund um den zwölfhundert Meter hohen Meronberg erstreckt, eine wilde und urtümliche Landschaft, die bei flüchtiger Bekanntschaft den Eindruck einer mitteleuropäischen Alpenregion vermittelt. Nördlich davon, schon in Sichtweite, liegt der Libanon mit seinen ungelösten Problemen, Palästinenserlagern, Bürgerkriegen, und ich selbst habe einmal von hier aus, ausgerüstet mit einem Fernglas, im Norden Rauchsäulen aufsteigen sehen, die zerrissen wie sturmgepeitschte Pinienkronen aussahen und wohl trauriges Zeichen für einen israelischen *Vergeltungsangriff* auf irgendein libanesisches Dorf waren. Safed freilich lebt nicht von der Erinnerung an den Krieg, den die Juden seit 1948, seit dem Augenblick ihrer Nationswerdung, beinahe unaufhörlich führen müssen, sondern von seinem historischen Potential, von seinen markanten Erinnerungen an die Anfänge des Zionismus und an die Zeit der Kreuzzüge. Iosephus Flavius, der berühmte römische Geschichtsschreiber, der Jude war und zum Römertum konvertierte, hatte hier eine Festung errichtet, und zwar noch in seiner Eigenschaft als jüdischer Rebellenkommandant, bevor er dann im Gefolge der römischen Armee nach Masada ging. Auf den Überresten dieser damals nutzlosen Festung bauten sich die Kreuzritter eine Burg, deren Ruinen heute noch besichtigt werden können und die inmitten der hügeligen, beinahe gebirgig anmutenden Landschaft des zentralen Galiläa so fremdartig aussehen wie eine Moschee oder eine orthodoxe Judenfamilie in Mitteleuropa.

Safed oder Zefat ist ein touristisches Zentrum für die Juden, was zu geringerem Teil auf gewisse klimatische Vorzüge zurückzuführen ist – die Stadt liegt genau 850 Meter über dem Meeresspiegel und hat in den heißen Sommermonaten erträgliche Temperaturen –, zu überwiegendem Teil aber damit zu tun hat, daß Safed viele Jahrhunderte hindurch Mittelpunkt jüdischer Gelehrsamkeit war. Es scheint einen ersten bedeutsamen Höhepunkt im 13. und im 14. Jahrhundert gehabt zu haben, als hier einige berühmte Rabbis lebten, und kulminierte im 15. und 16. Jahrhundert dadurch, daß die Juden Spaniens nach dem kläglichen Wortbruch der katholischen Könige, Ferdinand und Isabella, die noch während der Belagerung Granadas den Juden alle bürgerlichen Rechte versprochen und sie dann, nachdem die letzten maurischen Verteidiger abgezogen waren, mit absurden Kopfsteuern belegt und in jeder Hinsicht diskriminiert hatten, daß also die Juden Spaniens in dieser frühen Phase spanisch-katholischer Judenpolitik, die immer eine Politik der inquisitorischen Rechtssprechung und der Pogrome war, zu Tausenden die Iberische Halbinsel verließen und viele von ihnen nach Palästina, nach Safed kamen. Das hatte gute Gründe. Granada lag inmitten von Gebirgen auf einer Hochebene. Safed liegt ähnlich. Das Klima in Granada war auch in den erdrückenden andalusischen Sommern erträglich gewesen. In Safed war es genauso. Und in Safed gab es vor allem eine hebräische Tradition, gab es jüdische Schriftgelehrte und kluge Köpfe, die den Neuzuwanderern behilflich sein konnten. Denn schließlich ist der Exilant, der seine Heimat aufgeben und seine festgefügten Gewohnheiten gleichsam über Nacht verraten muß, stets auf fremde Hilfe angewiesen, braucht er doch neben materieller Sicherheit auch den intellektuellen Zuspruch, der ihn in fremdem Boden wieder Wurzeln schlagen läßt.

Safed war vorzüglich dazu geeignet. Hier entstand eines der berühmtesten religiösen Lieder der Juden, das heute noch in aller Welt, wo es Juden gibt, am Freitagabend in den Synagogen gesungen wird, das Lied *Lecha Dodi,* das übrigens von Heinrich Heine ins Deutsche übersetzt worden ist. Es wurde in Safed von einem gewissen Shlomo Alkabez verfaßt, einem gebürtigen Andalusier, wie das schon der Name verrät. Sein Schwager war einer der legendärsten Kabbalisten des Judentums, Moshe Cordoviero, der zwischen 1522 und 1570 lebte. Ungefähr zur gleichen Zeit im 15. und 16. Jahrhundert also, hatte hier Joseph Caro gelebt, der eine Kodifizierung aller jüdisch-religiösen Gesetze formulierte, den sogenannten *Shulchan Aruch,* der für die orthodoxen Juden Israels bis auf den heutigen Tag absolute, unmißverständliche Gültigkeit besitzt. Ich habe mir sagen lassen, daß jener Tag im Jahre 1565, an dem nach jahrzehntelanger Arbeit dieses Gesetzbuch endlich fertiggestellt war, so etwas wie ein *Schicksalstag* des ganzen jüdischen Volkes sei. Andererseits führte dieses politisch-religiös motivierte Gesetzbuch zu einer allmählichen Disharmonie innerhalb der jüdischen Gemeinde. Denn bis 1565, bis zum Erscheinen des *Shulchan Aruch,* waren jüdische Bräuche und Sitten stets so elastisch benutzbar gewesen, daß sie den jeweiligen politischen und sozialen Verhältnissen angepaßt werden konnten. Das religiöse Wort nahm sozusagen Rücksicht auf die jeweilige Lage, in der sich die Juden befanden. Nunmehr war das Gesetz unabänderlich aufgezeichnet, es gab keine Möglichkeit der Interpretation mehr, die orthodoxen Moralisten beharrten unnachsichtig auf der Einhaltung eines Gesetzestextes, der den Gegebenheiten des 15. und 16. Jahrhunderts entsprach und ein Mitwachsen, eine beliebige Veränderung oder praktische Anpassung an neue Zeiten und neue Verhältnisse war undenkbar. Das liberale Judentum wußte sich aus diesem Dilemma zu helfen, indem es das geschriebene Wort von Safed nicht allzu ernst nahm. Die Orthodoxie hingegen hielt sich an die starren Vorschriften, was ja bekanntlich heute noch und heute in wachsendem Maße zu eigenartigen Reaktionen führt, darunter zur Nichtanerkennung des Staates Israel durch die orthodoxen Juden.

Ich weiß oder sagen wir: ich könnte mir vorstellen, daß in solchen literarischen, juridischen, moralischen und immer religiös verursachten und mythisch gemeinten Texten der Schlüssel zum Verständnis mancher Skurrilität jüdischer Existenz liegt. Ich weiß aber auch, daß man als Nichtjude mit einer solchen Behauptung vorsichtig sein sollte. Ich kenne den Kodex von Safed nur in winzigen Ausschnitten, und selbst davon ist mir nahezu alles schlichtweg unverständlich. Wer nun aber nicht im Geiste und nach den moralischen Intentionen der jüdischen Orthodoxie großgeworden ist, wird sich bei der Beurteilung dieser Gesetzestexte ungemein schwertun. Es ist verhältnismäßig einfach, über manche Eigenart der jüdischen Orthodoxie zu lächeln oder sogar ein negatives Urteil abzugeben. Andererseits sollte man sich vor jedem voreiligen Urteil hüten. Und zumindest eines kann man unmißverständlich feststellen: Wenn es nach dem Willen der Orthodoxie gegangen wäre, hätte es in Palästina niemals einen bewaffneten Konflikt gegeben, an dem Juden beteiligt gewesen waren. Das ist zwar eine ebenso banale wie den gegenwärtigen Realitäten widersprechende Feststellung, aber sie hat bei längerem Nachdenken manches für sich. Religiöse Moral, verfaßt und vertreten von einer religiösen Minderheit, ist entweder von exzessiver Radikalität oder von staunenswerter Nachgiebigkeit. Aber stets enthält sie einige Grundregeln, die alle mit dem Begriff der *Toleranz* in Verbindung zu bringen sind und deren strikte Einhaltung manches Elend vermeiden könnte.

Heute ist Safed, abgesehen von seiner Position als Luftkurort, eine Art Künstlerquartier, wobei es etwas merkwürdig anmutet, wenn man sieht, mit welcher Perfektion hier die Vermarktung von Kunst und Kitsch betrieben wird. Die Besucher Safeds – in dem übrigens schon im Jahre 1563, also nur zwei Jahre vor dem Erscheinen des *Shulchan Aruch,* die erste hebräische Druckerei eingerichtet wurde – werden nämlich entweder gar nicht oder nur mit einem Nebensatz auf die kulturgeschichtliche und religiöse Bedeutung dieser Stadt aufmerksam gemacht. Sie werden aber vor allem zu den Einkaufsläden und den Ateliers der Künstler geführt, wo man zu teilweise exorbitant überhöhten Preisen *Originalwerke* israelischer Maler und Zeichner oder auch Kunstgewerbler kaufen kann, die sich allerdings, wenn man Safed in regelmäßigen Abständen aufsucht, rasch als beliebig reproduzierbare Arbeiten herausstellen. Aber das ist keine jüdische Erfindung, wenngleich es einen doch etwas betroffen macht, an einem so wichtigen Ort für das religiöse Empfinden und die historische Entwicklung der jüdischen Religion ein so ausgeprägtes merkantiles Denken miterleben zu müssen.

Einige Kilometer von Safed entfernt liegt Meron im gleichnamigen Nationalpark, eine kleine, melancholisch anmutende Siedlung, in der die Zeit stillzustehen scheint. Hier befindet sich die Grabstätte von Rabbi Shimon Bar Johai, der im 2. Jahrhundert einer der größten Talmudisten und jüdischen Moralisten war, Verfasser eines kabbalistischen Handbuches und Verursacher eines erstaunlichen religiösen Brauchtums. An einem ganz bestimmten jüdischen Feiertag – und da es davon viele gibt, deren Bedeutung ein Christ kaum kennt und deren meist mythische Ursache dem Außenstehenden verborgen bleibt, bin ich auch hier nicht imstande, nähere Einzelheiten zu erläutern, was damit zusammenhängt, daß ich nicht viel davon halte, in lexikalischen Werken nachzulesen, was zu empfinden oder woran zu glauben mir doch verwehrt ist –, an einem ganz bestimmten jüdischen Feiertag namens *Lag Ba'omer* also strömen aus ganz Israel viele Tausende frommer Juden nach Meron, verrichten ihre rituellen Zeremonien, beten, entfachen riesige Feuer und tanzen. Auch der alte religiöse Brauch des ersten Haarschnittes, der bei Juden wie Mohammedanern von tiefer symbolischer Bedeutung ist und in grundsätzliche Fragen und Probleme einer metaphysischen, spirituellen Religionsvorstellung reicht, findet häufig in Meron statt.

Im Süden, in der eigentlichen Hauptstadt Galiläas, in der Stadt Tiberias, die dem See Genezareth den neuzeitlichen Namen geschenkt hat, kann man das Grab des Maimonides aufsuchen, eines der bedeutendsten Juden der jüdischen Kulturgeschichte, der aus dem andalusischen Cordoba stammte, Arzt und Philosoph war, nach Kairo ging, wo er als ärztlicher und moralischer Berater des großen Sultans Saladin eine erstaunliche Karriere machte, bis er sich schließlich nach Galiläa zurückzog. Maimonides, in dessen Biographie sich alle Möglichkeiten und schicksalshaften Niederlagen des jüdischen Volkes spiegeln, der Cordoba nicht einer Laune wegen, sondern aus begründetem Anlaß verlassen mußte, der ein europäischer Jude war, ein Spanier mit allen Vorzügen und Nachteilen einer uralten Familie, Maimonides ist vielleicht die glänzendste Erscheinung des 12. Jahrhunderts gewesen, eines Zeitalters, das sich durch gewaltige Umwälzungen auf sozialem und politischem Gebiet auszeichnete und das erstmals die Möglichkeiten andeutete, die der Mensch des Hochmittelalters in geistiger, intellektueller Hinsicht haben würde. Mir ist es immer ein wenig unverständlich, weshalb die Juden, zumal die orthodoxen orientalischen Juden des heutigen Israel, Safed und Meron für ihr Ritual bevorzugen, also Schauplätze einer eher kabbalistischen Philosophie, während Tiberias und das Grab des gewaltigen Maimonides nicht unbedingt zu den Attraktionen einer jüdischen Pilgerfahrt zählen. Hängt das vielleicht damit zusammen, daß die Juden eher für Mystik und gewisse theosophische und esoterische Strömungen als für das rationale Denken eines Maimonides empfänglich sind? Ich weiß es nicht. Immerhin ist es ein erstaunlicher Umstand, daß die jüdische Kabbalistik mit der Vertreibung der Juden aus Granada im Jahre 1492 einen enormen Aufschwung nahm, während Maimonides' Lehre von der Vernunft und der göttlichen Harmonie aller Gewalten, die zweihundert Jahre vorher entstanden war, vergleichsweise wenig Anhänger bei den Juden, aber immense Beachtung in der arabischen Welt gefunden hat. Merkwürdigkeiten dieser Art, historisch belegbar und mit dem Verstand allein nicht auslotbar, erhärten den Verdacht, daß dieses auserwählte Volk ungeachtet seiner zivilisatorischen und technologischen Fähigkeiten von seiner Neigung zum frommen, irrationalen Mystizismus nicht loskommt und daß seine spirituelle Existenz eher in den Abgründen der Seele, der spekulativen Phantasie als im überschaubaren Gedankengebäude eines Aristoteles oder eben Maimonides begründet ist. Die geheimnisvollen Zeichen, die Schrift an der Wand, die Spur am Himmel, das Rätsel des mehrdeutig gebrauchten Wortes, die Kunst der Auslegung, das alles zieht sich als roter Faden von den Gesetzestafeln eines Moses bis zu den europäischen Kabbalisten des 12. und 13. Jahrhunderts durch die geistige Existenz des Judentums und endet schließlich in Galiläa, einer ideologischen Region, in der das klassische Judentum seine geistigen Wurzeln hat. Es ist kein Zufall, daß in Tiberias auch die

Grabstätte des legendären Rabbi Meir Baal Haness steht. Das Mausoleum verfügt über zwei Eingänge, von denen einer den ashkenazischen, also westlichen, und der andere den sephardischen, also östlichen, Juden vorbehalten ist. Allerdings heißt es, daß jeder Wunsch, den die frommen Pilger auf ein Blatt Papier schreiben und am Grab deponieren müssen, in Erfüllung gehe. Das erklärt vielleicht auch die Beliebtheit dieses Wallfahrtsortes jüdischer Provenienz, denn Aberglaube ist bekanntlich keine christliche Erfindung.

Tiberias war auch kurzfristig der palästinensische Stützpunkt einer der rätselhaftesten und fragwürdigsten Figuren der jüdischen Geschichte. Joseph Nasi, ein gebürtiger Portugiese, Jude natürlich, ehrgeizig bis zum Exzeß, durchtrieben und tüchtig, ein *selfmade-man* amerikanischen Zuschnittes, der es verstanden hatte, das Vertrauen des trunksüchtigen Sultans Sulaiman des Prächtigen zu gewinnen, wollte aus der ägäischen Insel Naxos, deren nomineller Herzog er durch undurchsichtige Geschäfte geworden war, eine Art Judenstaat machen. Er selbst hatte zwar die Insel nie betreten, verfolgte aber dennoch seine hochtrabenden Pläne mit Ehrgeiz und Ausdauer. Joseph Nasi scheiterte auf Naxos, was nicht weiter erstaunt, wenn man weiß, daß die Bevölkerung der Insel in den Jahrhunderten bis zur Befreiung von der türkischen Herrschaft vorwiegend katholisch war. Aber in Palästina gelang ihm der Sprung zur Autonomie, dort erreichte er fast das selbstgesteckte Ziel eines eigenständigen Judenstaates. Es beschränkte sich schließlich allerdings nur auf eine Stadt, nämlich Tiberias, die Nasi zur Pacht erhielt, und auch dieses Abenteuer hielt nicht lange vor – Joseph Nasi verschwand bei gleichzeitiger Hinterlassung ungeheurer Schulden und nichteingehaltener Versprechen nach Amsterdam. Wenn man heute über diesen erstaunlichen Mann nachdenkt, nötigen seine Pläne, Erfolge und sogar seine Mißerfolge doch einigen Respekt ab.

Man sieht an diesen wenigen Beispielen, daß sich an den Ufern des Sees Genezareth, der nicht nur dem Christengott als Kulisse für aufsehenerregende Darstellungen diente, einige der wesentlichsten spirituellen Voraussetzungen für das religiöse und moralische Selbstverständnis der Juden entwickelt haben. Dabei ist es für den nichtjüdischen Besucher Galiläas vielleicht auch noch interessant zu wissen, daß auch das moderne, liberale, kämpferische Judentum unseres Jahrhunderts: hier einige seiner wichtigsten Wurzeln hat, was damit zusammenhängt, daß es natürlich gerade in Galiläa, der Wiege kabbalistischer und talmudistischer Mysterien und einer nicht nur im historischen Sinne rückwärts gewandten Lebensphilosophie orthodoxer Juden, zu dramatischen Konflikten mit einer neuen Generation von jüdischen Siedlern kam, die dem Fortschritt huldigten und nicht daran dachten, sich von altmodischen, unzeitgemäßen religiösen Gesetzen bevormunden zu lassen. Es ist kein Zufall, daß am Südaustritt des Jordanflusses aus dem See Genezareth bzw. See Tiberias, also praktisch am nördlichen Beginn des Jordangrabens, die erste kollektive Siedlung Israels geschaffen wurde. Dieser erste Kibbuz, für den das Land von der zionistischen Bewegung in Palästina im Jahre 1908 bereitgestellt worden war, wurde symbolisch Degania genannt, ein Name, der dem hebräischen Wort für Getreide ähnlich ist. Heute trägt Degania einen Ehrentitel: Em Hakwuzzot, auf deutsch *Mutter der Kollektivsiedlungen.* Und wenn von allen jüdischen Lebensformen und Erfindungen, von allen Versuchen zur Selbstdarstellung und Selbstverwirklichung immer wieder die Idee der Kibbuzim, der Gedanke kollektivistischer Verantwortung und Verwaltung in aller Welt Anklang findet, wobei man diese praktisch angewandte Philosophie vom *Leben auf dem Lande* nicht mit Kommunismus verwechseln sollte, obgleich manches daran an die Radikalität und Eigentumsfeindlichkeit dieser Ideologie erinnert, wenn also der *Kibbuzismus* als eine wesentliche Grundform jüdischer Existenz in Palästina jetzt schon einige Generationen überdauert und sich stets von neuem bewährt hat, so ist das zwar als bewußter Gegensatz zum verworrenen Mystizismus orthodoxer Juden entstanden, als eine Art lebensbejahende Abkehr vom Jenseitsdenken und religiösen Wahn der konservativen Juden, die zuerst und ausschließlich ihrem Gott und den alten religiösen Gesetzen gehorchen und dann erst einen zögernden, mißtrauischen Blick aufs Leben werfen, es hat aber dieser *Kibbuzismus,* dessen Wiege in Galiläa steht, gleichfalls viel mit Religion, Idealismus und Ideologie zu tun. Es ist lediglich eine andere, weltaufgeschlossenere, lebensbejahendere Form von Religion. Es ist eine religiös motivierte Ideologie, die ohne jede sklavische Abhängigkeit von den frommen Büchern der Juden auszukommen wünscht, die sich nicht an die Auslegung der Buchstaben klammert, die *Jahwe,* den jüdischen

Gott, respektvoll akzeptiert, jedoch nicht ihm und seinen selbsternannten Stellvertretern oder Dienern das Recht des Handelns überläßt. Der *Kibbuzismus* erträumte zumindest in seiner Anfangsphase die Erschaffung einer besseren Welt, als *Jahwe* sie den Menschen hinterlassen hatte. Er hatte konkrete Vorstellungen über die Möglichkeiten einer vorurteilslosen Existenz und über die Befreiung von jeder Form von Ausbeutung. Und wenn ich diesen *Kibbuzismus* nicht völlig mißverstehe, so verbirgt sich in der Lehre von der Selbstbefreiung des Menschen auch viel frühchristliches Gedankengut, so könnte Jesus, der Jude aus Galiläa, einer der geistigen Ahnherrn dieser erstaunlichen Ideologie sein.

Es liegt ein eigenartiger Widerspruch im Wesen Galiläas, das eigentlich ein Bauernland ist, geeignet für ertragreiche Ernten und die korrekte Abfolge eines landwirtschaftlichen Jahres, ordentlich und überschaubar, sanft gerundet, waldreich zumindest für orientalische, palästinensische Verhältnisse, gesegnet mit Wasser, diesem kostbarsten Gut am Rande der Steppen und Wüsten, klimatisch bevorzugt, eine einzige langgezogene Metapher voll poetischer Ausdruckskraft, die schon Jesus hinlänglich Anregung für seine bäuerlichen Gleichnisse gestiftet hatte. Zugleich aber ist Galiläa eine geistige Landschaft von enormer Spannweite und bewegt von starken Spannungen. Mir fällt, wenn ich über Galiläa nachdenke, immer eine Geschichte ein, die auf den ersten Blick gar nichts mit dieser Region zu tun hat. Es gibt nördlich von Bet She'an, der alten Römerstadt am Jordan mit ihren beachtlichen Überresten aus der römischen Zeit, eine kleine schmale Brücke, über die der ganze Verkehr, der aus dem Süden kommt, zum See Tiberias rollt. Manchmal, wenn aus den endlosen Weiten der arabischen Steppen und Sandwüsten der heiße Sturm westwärts bläst, der ein Staubaufwirbler und wüster Lärmer ist, manchmal gibt es unter dieser Brücke ein seltsames Geräusch. Das sei das Geschrei des Türken, dem man die Hoden abgeschnitten habe, sagen dann die Einheimischen. Dieser drastische Hinweis beruht auf einer wahren Begebenheit. Denn zur Zeit der Türkenherrschaft in Palästina, also etwa unmittelbar vor dem Ersten Weltkrieg, gab es in dieser Gegend einen türkischen Steuereintreiber, einen Koloß von einem Mann, der die Frauen und Töchter der jüdischen Ansiedler immer wieder belästigte, ihnen Gewalt antat, bis sich eines Tages eine Handvoll

Männer zusammentat, dem Türken bei der Brücke auflauerte, ihn unter die Brücke zerrte und ihn dort zuerst verprügelte und dann seiner gewalttätigen Männlichkeit beraubte. Das Geheul des gemarterten Steuereintreibers soll so schrecklich gewesen sein, daß die Leute in dieser Gegend heute noch, wenn der Sturm über das Land wirbelt, vom Geschrei des Türken reden.

Aber das ist nicht die ganze Wahrheit. Denn es wäre nicht Israel, es handelte sich nicht um Juden, wenn da nicht noch eine Pointe wäre, ein Hinweis auf den Witz und den Instinkt einer Rasse, die einige Jahrtausende überlebt hat, weil sie immer fähig und willens gewesen war, sich im Augenblick latenter Not gleichsam an den Haaren selbst aus dem Abgrund zu ziehen. Der Mann, der mir die Geschichte vom Türken erzählte – über die es übrigens mehrere Variationen gibt –, ein junger israelischer Schriftsteller, den ich freilich als Soldat kennengelernt hatte, als verschwitzten Autostopper in der Jordansenke, den ich in der Gegend von Jericho nach Norden mitgenommen hatte, dieser junge Mann sagte zu mir, nachdem wir die Brücke überquert hatten: *Sehen Sie, das war praktisch angewandter Zionismus!* – Er meinte das halb im Scherz, aber später, als ich darüber nachdachte, stimmte ich mit ihm überein. Der Zionismus, wie wir ihn kennen, oberflächlich und beladen von Vorurteilen, stets bedroht von einem Antisemitismus, dessen Anfänge so unendlich weit zurückliegen, daß es eigentlich nur noch der Instinkt und nicht mehr der Verstand sein kann, der uns antisemitisch denken, handeln, reden läßt, der Zionismus war und ist im Grunde nichts anderes als der verzweifelte Versuch, den Kopf vor der Schlinge zu retten, die der Henker schon anzieht. Vielleicht drücke ich mich zu drastisch und damit auch zu mißverständlich aus? Vielleicht wird man mir vorwerfen, daß ich die Opfer jüdischer Terroristen, also die Opfer von Zionisten, auf ungebührliche Weise verharmlose. Vielleicht irre ich mich auch, was allein schon deshalb vorstellbar wäre, weil mir das Volk der Juden immer noch unbegreiflich ist, weil ich, wenn ich an Israel denke, immer das Gefühl habe, ein unlösbares Rätsel in meinem Kopf zu haben. Aber andererseits wäre der *Kibbuzismus* ohne den Zionismus nicht denkbar. Und weil dieser *Kibbuzismus* in seiner reinsten, in seiner idealistischen Form einige der wichtigsten moralischen Grundlagen der frühen christlichen Lehre enthält, weil neben *Jahwe,* dem jüdischen Gott, auch Jesus, der Gott der Christen, hier eine gewisse Rolle spielt, weil das alles, was in Israel geschieht und womit wir leben müssen und woran wir unter Umständen sterben können, so widersprüchlich, vielfältig und verwirrend ist, weil hier die verschiedenen Mythen, Religionen, Ideologien und Moralbegriffe durcheinander wirbeln . . . wäre es da nicht am klügsten, wenn man die Lippen schließen würde und schwiege? Sollte man davon ablassen, ein vorschnelles Urteil auszusprechen? Und sollte man sich nicht mehr um die moralische Haltbarkeit oder Anfechtbarkeit zionistischer und antisemitischer Grundlagen kümmern?

Israel und die Juden werden jedem Christen oder Atheisten letztlich rätselhaft bleiben. Und Galiläa spielt dabei eine ganz entscheidende Rolle, weil es im Gegensatz zu Jerusalem und Judäa nicht den touristischen Stellenwert besitzt, der manches Unbegreifliche zudeckt und manche eckige Kante auf oberflächliche Weise glättet. Ich weiß nicht, ob es statthaft ist, jetzt zu sagen, daß Galiläa der Schoß ist, aus dem jüdischer Mystizismus, jüdische Rationalität und christliches Gedankengut gekommen sind, alles Widersprüche auf den ersten Blick, aber alles Frucht einer gemeinsamen Idee, die als politische Ideologie nichts anderes meint als das Überleben des Menschen in gefährdeter Zeit, wobei die Religion, die jüdische wie die christliche, noch den Glaubenszusatz von der Unverletzbarkeit der Seele hinzufügt. Vielleicht sollte ich an dieser Stelle hinzufügen, daß Galiläa erst im 2. vorchristlichen Jahrhundert jüdisch wurde, daß es damals einer offiziellen Erklärung der Bevölkerung bedurfte, um dem jüdischen Stammgebiet angeschlossen zu werden, was immerhin bedeutet, daß orthodoxe Juden stets ein wenig nachsichtig von den *jungen Juden Galiläas* reden. Das alles ändert nichts daran, daß hier der Schlüssel zu manchem Geheimnis, das die Juden umgibt, zu finden ist. Und daß jeder, der sich mit dem Christentum identifiziert, mehr als nur einen flüchtigen Blick auf Galiläa werfen muß, weil es eine *ideologische Landschaft* nicht nur für die Juden, sondern eben auch für die Christen ist. Schließlich war Jesus nach übereinstimmender jüdischer Meinung nichts anderes als ein mäßig erfolgreicher galiläischer Wanderprediger und Wunderheiler, der vom Galiläer Hanina Ben Dosa abgelöst wurde, der in der Gegend von Nazareth und nur wenige Jahre nach dem Tode Christi, Wunderheilungen bewirkte und sich als Sohn Gottes ausgab.

Beide waren Juden, beide waren Männer von ungewöhnlichem Format. Aber Hanina Ben Dosa vermochte die engen Grenzen seiner eigenen Rasse nie zu durchbrechen. Jesus hingegen fand zwölf Apostel, unter ihnen den kleinasiatischen Juden Paulus, der sein wichtigster Propagandist werden sollte.

So sehen es zumindest die Juden, die sich im Verlauf ihrer mehr als fünftausendjährigen Geschichte daran gewöhnt haben, mit Sektengründern, selbsternannten Propheten und Wunderheilern auszukommen. Das Lebensbuch dieses Volkes ist voll von Biographien, in denen Wunder geschehen, das Übernatürliche normal und das Normale fragwürdig wird. Ein galiläischer Tischlersohn wie Jesus oder ein saudiarabischer Kaufmannsgehilfe, der durch Einheirat ein gewisses Vermögen und als *Mohammed der Prophet* auch politische Bedeutung erwirbt, kann ihnen kaum sonderlich imponieren. Das militante Christentum und der kämpferische Islam wüten gegen eine solche Gelassenheit im Umgang mit fremden Gottheiten, da es ihre eigenen Götter und Propheten sind, die hier verschmäht werden, noch dazu durch ein Volk, das in irgendeiner Form immer als religiöser Gegner aufgetreten ist. Eine rationelle, durch Vernunft geprägte Erklärung für alle diese Dinge gibt es kaum. Es gibt sie allein schon deshalb nicht, weil wir Christen – und von den Mohammedanern wage ich erst gar nicht zu reden – es im Verlauf von neunzehn Jahrhunderten nicht fertiggebracht haben, unsere Gefühle, Instinkte, Vorurteile wenigstens soweit zu neutralisieren, daß wir endlich einmal imstande sind, ohne jede Gefühlsaufwallung in Judenaugen zu blicken.

Trotzdem wird mir das Volk der Juden rätselhaft bleiben, werden meine Gefühle zwischen heftiger Ablehnung und zögernder Sympathie schwanken, weil ich die Eischalen meiner Herkunft und Erziehung nicht einfach abschütteln kann, weil ich wahrscheinlich nie fähig sein werde, unvoreingenommen an Palästina, an das Land namens Israel zu denken, weil ich in einer Welt lebe, die nicht imstande ist, sich unvoreingenommen mit Palästina, mit einem Land namens Israel zu beschäftigen. Ich wehre mich, unterwegs in Judäa oder Galiläa, gegen die Gefühle, die von weither kommen, aus den Abgründen der europäischen Geschichte, die immer eine antisemitische Geschichte war. Ich bekenne mich nicht schuldig an Holocaust und Pogrom und dem Elend der katholischen Inquisition. Ich bin bereit, an den Juden namens Jesus zu glauben, weil ich ahne, daß der Mensch, der an nichts mehr glauben kann, an Einsamkeit erstickt. Ich bilde mir ein, nichts gegen jüdischen Geruch, jüdische Nasen, jüdische Eigenarten zu haben. Aber tief in meiner Seele weiß ich, daß der Abgrund, über den hinweg ich meine jüdischen Freunde um Verständnis bitte, immer tiefer wird.

RATGEBER FÜR DEN TOURISTEN

A. REISELAND ISRAEL

Das Heilige Land ist ein Land voll faszinierender landschaftlicher, historischer und menschlicher Kontraste, das jährlich Tausende von Touristen und Pilgern anzieht.
Ein ausgezeichnetes Straßensystem ermöglicht es mit dem Auto, dem Taxi oder dem Bus kreuz und quer zu reisen. Mietwagen bekommt man in Tel Aviv und Haifa bei internationalen Leihfirmen mit einem internationalen und auch nationalen Führerschein ohne Probleme. Busse bieten umfassende Transportmöglichkeiten zu günstigen Tarifen und Taxen können per Telefon geordert oder auf der Straße angehalten werden. Nur leicht über den Bustarifen liegen die Preise für Gemeinschaftstaxen, sogenannte Sherut-Taxen, die auch über Land benutzt werden können.

Eine Linie der israelischen Eisenbahn führt von Nahariyya im Norden über Tel Aviv nach Be'er Sheva und Dimona im Süden und eine zweite Linie führt von Tel Aviv nach Jerusalem.

Die Israel Airlines Inland fliegen von Tel Aviv nach Jerusalem, Haifa, Rosh Pinna, Eilat und zurück.

An jüdischen Feiertagen und am Sabbat wird der Bus-, Eisenbahn- und Flugverkehr eingestellt, und zwar von Sonnenuntergang des Vortages an bis Einbruch der Dunkelheit des Feiertages.

In Israel gibt es ca. 300 Hotels (siehe Israel Tourist Hotel Handbuch), ca. 250 Kibbuzim mit Gästehäusern, im Sommer zahlreiche Feriendörfer, christliche Hospize (Pilgrimage Committee, P. O. B. 1018, Jerusalem), Jugendherbergen (Israel Youth Hostel Association, 3, Relov Dorot Rishaim Jerusalem) und viele Campingmöglichkeiten (Israel Camping Union, P. O. B. 53, Nahariyya).

Die israelische Küche bietet orientalische und westliche Gerichte und Kosher Nahrung, die gemäß jüdischen Diätbestimmungen zubereitet wird. Milchprodukte dürfen hierbei nie mit Fleisch kombiniert werden und bestimmte Tiere und Fische dürfen nicht gegessen werden.

Größter Anziehungspunkt Israels ist die Hauptstadt Jerusalem mit ihrer von einer alten Stadtmauer umgebenen Altstadt, der berühmten Via Dolorosa, die zur Grabeskirche führt, dem Felsendom, seinen zahllosen Synagogen, Kirchen und Moscheen und vielen heiligen Stätten.

Besonders anziehend sind ferner Städte wie Jericho, östlich von Jerusalem, Nazareth, Tiberias am See Genezareth, die malerische Künstlerkolonie Safed in Galiläa, die herrliche Bucht von Haifa in der nördlichen Region der Küstenebene und nördlich davon Akko, eine der letzten Bastionen der Kreuzritter.

Südlich von Jerusalem sollte man die Bergfestung Masada, mit den Überresten der Festung des Herodes besuchen. Sie ist berühmt durch den letzten jüdischen Widerstand gegen die Römer und den Massenselbstmord der Rebellen, durch den sie römischer Gefangenschaft entgingen. Weiter südlich liegt der bekannte Badeort Eilat.

Zum Baden lockt in Israel einmal der westliche Küstenstreifen mit langen Sandstränden, zum anderen der erfrischende See Genezareth, aber auch das gesund wirkende, sehr salzhaltige Tote Meer und natürlich das Rote Meer, das vor allem für Taucher ein Paradies ist, da es zahllose exotische Fische und bizarre Korallen zu beobachten gibt.

Rheuma-heilende Quellen locken Kranke aus aller Welt nach Tiberias und Hautkranke an das salzhaltige Tote Meer.

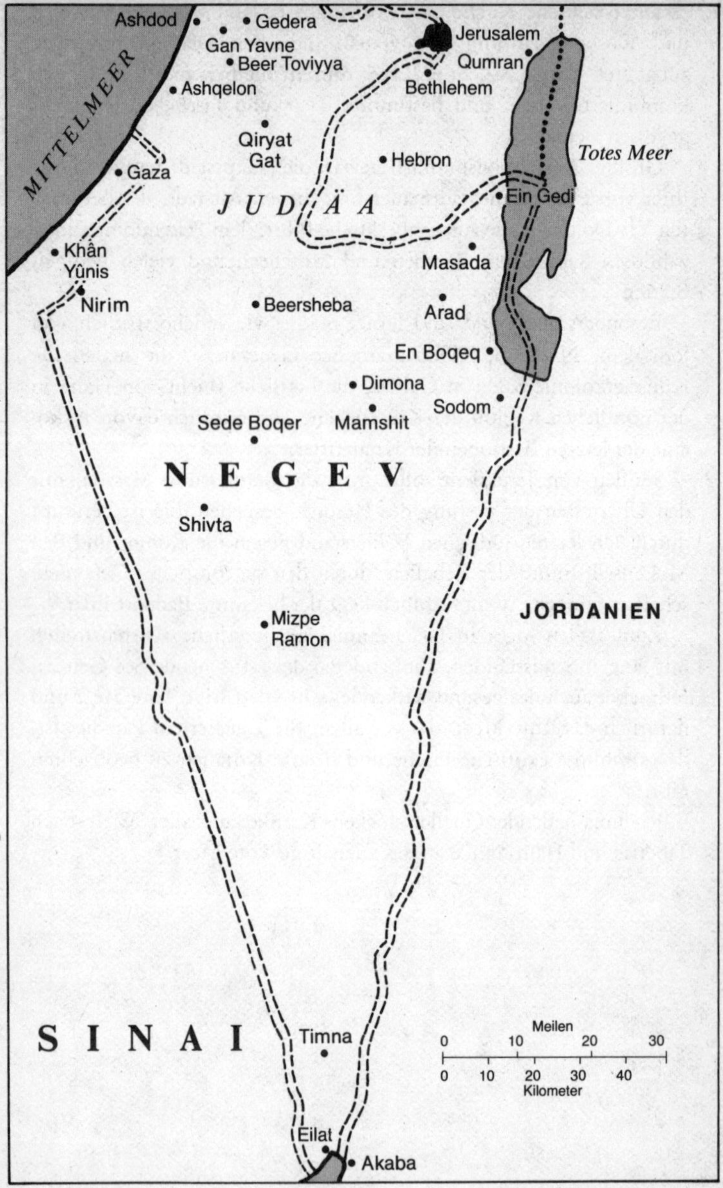
Ashdod
Gedera
Gan Yavne
Beer Toviyya
Ashqelon
MITTELMEER
Jerusalem
Qumran
Bethlehem
Qiryat
Gat
Hebron
Totes Meer
Gaza
Ein Gedi
J U D Ä A
Khân
Yûnis
Masada
Nirim
Beersheba
Arad
En Boqeq
Dimona
Sodom
Sede Boqer
Mamshit
N E G E V
Shivta
JORDANIEN
Mizpe
Ramon
S I N A I
Timna
Meilen
0 10 20 30
0 10 20 30 40
Kilometer
Eilat
Akaba

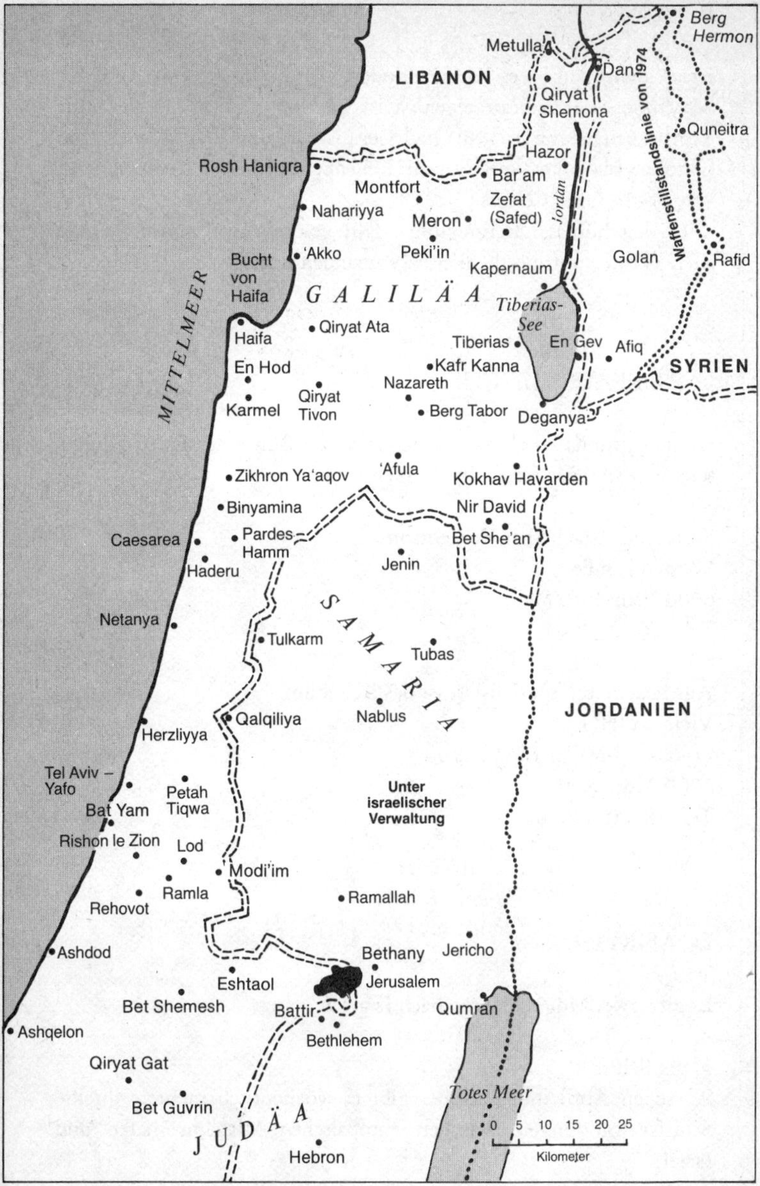
Berg Hermon
Metulla
LIBANON
Dan
Qiryat Shemona
Waffenstillstandslinie von 1974
Quneitra
Rosh Haniqra
Hazor
Bar'am
Montfort
Jordan
Zefat (Safed)
Nahariyya
Meron
Peki'in
'Akko
Golan
Rafid
Bucht von Haifa
Kapernaum
MITTELMEER
G A L I L Ä A
Tiberias-See
Haifa
Qiryat Ata
Tiberias
En Gev
Afiq
SYRIEN
En Hod
Kafr Kanna
Nazareth
Qiryat Tivon
Karmel
Berg Tabor
Deganya
'Afula
Zikhron Ya'aqov
Kokhav Havarden
Binyamina
Nir David
Caesarea
Pardes Hamm
Bet She'an
Haderu
Jenin
S A M A R I A
Netanya
Tulkarm
Tubas
JORDANIEN
Qalqiliya
Nablus
Herzliyya
Tel Aviv – Yafo
Petah Tiqwa
Unter israelischer Verwaltung
Bat Yam
Rishon le Zion
Lod
Modi'im
Ramla
Rehovot
Ramallah
Ashdod
Bethany
Jericho
Eshtaol
Jerusalem
Bet Shemesh
Battir
Qumran
Ashqelon
Bethlehem
Qiryat Gat
Totes Meer
Bet Guvrin
J U D Ä A
0 5 10 15 20 25
Kilometer
Hebron

B. KLIMA

Israel kennt nur zwei Klimaperioden, den Sommer, von April bis September, der nahezu regenlos ist und im groben Durchschnitt Temperaturen von 15–38 Grad Celsius hat, und den Winter, von Oktober bis März, mit kurzen Regenperioden und Temperaturen von 11–26 Grad Celsius.

In den höheren Bergregionen fällt gelegentlich Schnee, so daß auch Wintersportmöglichkeiten vorhanden sind.

C. REISEAUSKÜNFTE

erteilen grundsätzlich alle Reisebüros, die Büros der El Al-Fluggesellschaft und das israelische Verkehrsbüro:

Staatliches Israelisches Verkehrsbüro
Westendstraße 4
6000 Frankfurt/Main
Tel.: 0611/72 01 57

Auf Israelreisen spezialisiert ist das Reisebüro
Vienna OHG
Oskar-von-Miller-Ring 2
8000 München 2
Tel.: 089/28 82 05

D. ANREISE

Es gibt zwei Möglichkeiten nach Israel zu reisen

a) per Schiff
Zwischen April und Oktober gibt es wöchentlich mehrere direkte Schiffsverbindungen zwischen europäischen Mittelmeerhäfen und Israel:

Einzelheiten erfährt man bei:
ZIM
Passengers Lines LTD
Große Bockenheimer Straße 6
6000 Frankfurt/Main
Tel.: 0 611/29 20 96

The Hellenic Mediterranean Lines
Apostelstraße 14–18
5000 Köln 1
Tel.: 0 221/23 49 11

b) per Flugzeug
Israel erreicht man von Deutschland aus mit dem Flugzeug in ca. 4 Stunden. Von Frankfurt aus fliegen wöchentlich vier Flugzeuge der israelischen Fluggesellschaft El Al und der Deutschen Lufthansa, von München fliegen wöchentlich 2 Flugzeuge.
Anschriften der El Al-Fluggesellschaft in Deutschland:

Kaiserstraße 10
6000 Frankfurt/Main
Tel.: 0 611/20 441

Fontenay 1 D
2000 Hamburg 36
Tel.: 0 40/44 92 62

Wallraffplatz 9
5000 Köln
Tel.: 0 221/21 09 51

Maximiliansplatz 15
8000 München 2
Tel.: 0 89/29 68 88

c) Über Einreisemöglichkeiten aus arabischen Ländern informiert die

Griechische Verkehrszentrale für Fremdenverkehr
Neue Mainzer Straße 22
6000 Frankfurt/Main
Tel.: 0 611/23 65 61

KLEINER REISEFÜHRER DURCH ISRAEL

NORD-ISRAEL
Golanhöhen, Galiläa, das Jezreel-Tal, Jordan-Tal, die Umgebung von Bet She'an und Haifa.

AKKO, ca. 35.000 Einwohner, Küstenstadt nördlich von Haifa, ehemalige Stadt der alten Kreuzritter. Katakomben mit Rittersälen, Jasaar-Pascha-Moschee, Karawanserei und orientalische Märkte. Schöner Strand.

BANYAS, Süßwasserquellen in der Nähe des Kibbuz Dan.

BAR'AM, eine der besterhaltensten Synagogen aus dem 2. Jahrhundert.

BEIT SHE'ARIM, seit der Zerstörung des Tempels Sitz des israelischen Gerichts (Sanhedrin). Synagogen aus dem 2., 3. und 4. Jahrhundert. Katakomben und Grabstätten. Museum. Südlich Qiryat Tivon.

BET SHE'AN, hellenistisches Zentrum, gut erhaltenes römisches Theater, byzantinische Mosaike. Museum mit archäologischen Funden.

DEGANYA, erster Kibbuz Israels (1909 gegründet) in der Nähe des Sees Genezareth und des Jordan. In der Nähe die Bet-Yerah-Ruinen mit archäologischen Überresten mehrerer Epochen.

EN HOD, Künstlerdorf in der Nähe des Karmelberges, südlich von Haifa.

GAN HASHELOSHA, Nationalpark mit Wasserfällen. In der Nähe der Kibbuz Nir David.

GOLAN-HOCHEBENE, Plateau, von dem aus man einen weiten Blick über Galiläa und das Jordantal hat.

HAIFA, ca. 250.000 Einwohner, Israels größter Hafen, Industriezentrum und Sommerferienort. Drittgrößte Stadt Israels.

HAMMAT, alte Synagoge mit wunderschönen Mosaikfußböden.

HAMMAT-GADER, Badeort mit heißen Mineralquellen.

HAR (BERG) HERMON, Berg an der syrischen Grenze, oberhalb der Golanhöhen. Wintersportort.

HAR KARMEL, Karmeliterkloster, größter Nationalpark, Stätte der Konfrontation zwischen Eliyah und den Priestern von Ba'al.

HAR TABOR, Stätte der Bergpredigt. Franziskaner- und griechische Kirchen, Ausblick auf das Jezreel-Tal.

HAZOR, eine der größten archäologischen Ausgrabungsstätten im Lande, mit Hyksos-Festung, kanaanischen und israelitischen Altaren, Statuen, Keramiken.

HORESHAT-TAL, Nationalpark im Hula-Tal.

KAFR KANNA, Stätte des ersten Wunders Jesu, an der er Wasser in Wein umwandelte.

KOKHAV HAVARDEN, Kreuzfahrerfestung aus dem 12. Jahrhundert.

MEGIDDO, archäologische Fundstelle, wahrscheinlich befanden sich hier Salomos Pferdeställe.

MERON, Ruinen einer Synagoge aus dem 3. Jahrhundert. Grabstätte des Rabbi Shimon Bar Yochai (Shimon Bar Kochba).

METULLA, zweitälteste Stadt Israels an der libanesischen Grenze.

MONTFORT, Ruinen einer Kreuzfahrerburg. 1271 von dem moslemischen Herrscher Beinars zerstört.

NAHRIYYA, Ferienort an der Küste.

NAZARETH, Heimatort Jesu. Verkündigungs-Basilika, St.-Josephs-Kirche, Marias Quellen.

PEKI'IN, Drusendorf. Alte Synagoge und Höhle des Rabbi Shimon Bar Yochai (Shimon Bar Kochba).

ROSH HANIQRA, Kibbuz an der libanesischen Grenze mit natürlichen Grotten über dem Meeresspiegel.

TABGHA, Stätte der Brot- und Fischwunder am See Genezareth. Griechisches Heptagon. Kirche mit byzantinischem Mosaikboden.

TIBERIAS, ca. 30.000 Einwohner, 220 Meter unter dem Meeresspiegel. Vor 2000 Jahren zu Ehren von Kaiser Tiberius gegründet, eine der vier heiligen Städte Israels. Viele Synagogen und Grabstätten der Gelehrten aus dem Altertum. Beliebter Winterkurort mit heißen Quellen gegen Rheuma. Ausflugsmöglichkeit mit dem Schiff über den See Genezareth in den Kibbuz En Gev.

YEHI'AM, Kibbuz in der Nähe von Nahariyya. Festung des Judin. Denkmal für Gefallene aus dem Unabhängigkeitskrieg.

ZEFAT (Safed), ca. 14.000 Einwohner, Zentrum jüdischer Mystiker im Mittelalter. Heute malerische Künstlerkolonie. Synagogen. Sommerferienstadt.

ZIKHRON-YA'AQOV, Zentrum des Weinanbaus. Rothschild-Mausoleum.

ZENTRAL-ISRAEL
Südlich der Karmelgebirgskette bis zum nördlichen Negev, einschließlich Judäa, Samaria, Jerusalem und Tel Aviv.

ASHDOD, ca. 70.000 Einwohner, jüngster Hafen Israels, südlich von Tel Aviv. Schöne Strände.

ASHQUELON, ca. 47.000 Einwohner, beliebter Ferienort mit Nationalpark. Einer der fünf Stadtstaaten der Philister zur Zeit Samsons. Stadt der Römer und später der Kreuzfahrer.

BAT YAM, ca. 130.000 Einwohner, Küstenort, schöne Strände.

BET GUVRIN, römisch-byzantinische Ausgrabungen in den Vorbergen des Judäagebirges. Ruinen aus der Kreuzfahrerzeit.

BETHLEHEM, Geburtsstätte König Davids und Jesus. Rachels Grabstätte, Geburtskirche, Milchgrotte, Feld der Hirten und Ruths Feld. Farbenfroher Bazar.

BET SHEMESH, eindrucksvolle Tropfsteinhöhlen.

BETHANY, Grabmal des Lazarus. Franziskanerkirche mit Überresten aus Zeiten der byzantinisch-römischen Herrschaft und der Kreuzfahrer.

ENOT ZUQIM, Naturreservat mit Süßwasserquellen am Toten Meer.

HEBRON, Makhpela-Höhle, Grabstätten der Patriarchen Abraham, Isaak, Jakob und ihrer Frauen Sarah, Rebekka und Leah.

MODI'IM, Geburtsstätte der Makkabäer. Archäologische Fundstätte.

NETANYA (Natanya), ca. 90.000 Einwohner, bekannter Badeort an der Küste.

QIRYAT GAT und LAKHISH-REGION, neue Stadt, Versuchsprojekt für regionale und halbstädtische Entwicklung und moderne Planung.

QUMRAN, Fundstätte der Schriftrollen vom Toten Meer, die vor 2000 Jahren von den Essenern in Felsenhöhlen versteckt worden waren.

RAMLA, Landeshauptstadt zur Zeit der arabischen Herrschaft. Turm aus dem 14. Jahrhundert und eine Moschee, die auf Fundamenten aus dem 8. Jahrhundert gebaut wurde. 1799 Hauptquartier Napoleons.

REHOVOT, Hauptanbaugebiet der Zitrusfrüchte. Weizmann-Institut, Chaim Weizmanns Grabstätte und wirtschaftliche Fakultät der Hebräischen Universität.

RISHON LE ZION, erste Ansiedlung aus dem Jahr 1882 der Bilu-Pioniere. Berühmte Weinkeller.

SHEKHEM (Nablus), Religiöses Samariter-Zentrum. Josephs Grabstätte. Jakobs Quelle.

TEL AVIV-YAFO (Jaffa), ca. 450.000 Einwohner, Großstadt am Mittelmeer, Mittelpunkt des Wirtschafts-, Kultur- und Gesellschaftslebens. Museen: Tel-Aviv-Museum (Kunst), Ha'aretz-Museumsgelände (Folklore, Münzen, Glas, Wissenschaft und Technik), Helena-Rubinstein-Pavillon (Kunst). Viele Cafés, Restaurants und Geschäfte. Weiter Blick vom Shalom Tower, dem höchsten Gebäude der Stadt. Pittoreske Altstadt, *Jaffo,* ehemalige arabische Stadt, mit Flohmarkt, Ateliers und Straßencafés.
Sitz der Universität.

YERIHO (Jericho), Ruinen der ältesten Stadt der Welt. Hischam-Palast aus dem 7. Jahrhundert. Berg der Versuchung.

YERUSHALAYIM (Jerusalem), ca. 300.000 Einwohner, Hauptstadt Israels, heilige Stadt für Juden, Christen und Moslems.

Altstadt: Via Dolorosa mit Grabeskirche, Felsendom und El-Aqsa-Moschee. Vier Viertel: Jüdisches Viertel, Christliches Viertel, Arabisches Viertel und Armenisches Viertel. Farbenfroher Markt in den Straßen. Sieben Tore in der 1536 erbauten Stadtmauer, die 4 km lang und 12 m hoch ist.
Im *Südwesten* der Altstadt der Zionsberg mit dem Grabmal König Davids, dem Raum des letzten Abendmahls und der Abtei der letzten Ruhestätte.
Im *Südosten* der Ölberg mit dem Garten Getsemane, dem jüdischen Friedhof. Blick auf Jerusalem. Unterhalb des Berges das Oidrontal mit historischen Monumenten, Absaloms Pillar, Die Grabstätten Zecharias und Grabmäler der Bnei Hezir.
Im *Nordosten* der Skopusberg mit der ursprünglich hebräischen Universität und dem Hadassah-Krankenhaus.
Im *Nordwesten* die Grabstätten der Könige von Judah, die Grabstätte Sanhedrins und Simons des Gerechten, die Höhle König Zedekiahs und das Rockefeller-Museum.

Neustadt, die Knesset, Israels Parlament, Wohnsitz des Präsidenten. „Hechal Shlomo", Sitz des Oberrabbinats, Israel-Museum, Ezalel-Kunstsammlung, biblische und archäologische Museen. Billy-Rose-Kunstgarten und der Schrein mit den Schriftrollen vom Toten Meer. Ferner die hebräische Universität, der Herzlberg mit den Grabstätten Theodor Herzls und anderer Zionistenführer. Holocaust-Gedenkstätte, Yad Va Shem und Militärfriedhof. Nicht weit entfernt En Karem, Geburtsstätte Johannes des Täufers mit seinen Kirchen, Kunstgalerien und einem Musikcenter sowie das Hadassah-Medizin-Center mit einer Synagoge mit Fenstern von Marc Chagall. Das Yemin-Moschee-Viertel ist erneut Wohn- und Künstlerviertel.

ZOR'A UND ESHTAOL, Geburtsstätte Samsons. Fels der Zerstörung, von hier wurde Jerusalems Untergang beobachtet.

SÜDLICHES ISRAEL
Von Gaza am Mittelmeer bis Ein Gedi am Toten Meer, einschließlich dem Negev.

ARAD, Wüstenstadt und Ferienort.

AVEDAD, römisch-byzantinische Stadt im Negev.

BE'ER SHEVA (Beersheba), Hauptstadt des Negev. Sitz der Ben-Gurion-Universität. Ausgrabungen. Beduinen-Markt.

DIMONA, ca. 26.000 Einwohner, Einwander-Entwicklungsstadt.

EIN GEDI, Kibbuz am Toten Meer, an der Oase, bei der sich König Saul versteckte. Wasserfall, Quelle, Naturpark, heiße Quellen.

EN AVEDAT, Nationalpark.

EN BOQEQ, internationaler Kurort am Toten Meer.

MAMSHIT, römisch-byzantinische Stadtruinen.

MEZADA (Masada), Gebirgsfestung oberhalb des Toten Meeres. Letzter Widerstandsort der jüdischen Revolte gegen die Römer. Alle Verteidiger begingen Selbstmord, um der Gefangenschaft durch die Römer zu entgehen. Überreste des Palastes des Herodes, mit Lagerhaus und Synagoge. Zum Plateau führt eine Seilbahn hinauf.

NIRIM, Kibbuz an der Küste, westlich von Be'er Sheva. Synagogen aus dem 5. und 6. Jahrhundert.

SEDE BOQER, Kibbuz inmitten des Negev. Ruhestätte David Ben Gurions, des ersten Ministerpräsidenten Israels. Ben-Gurion-Archive.

SEDOM, biblisches Sodom, südlich des Toten Meeres.

SHIVTA, ehemals Nabatean, römisch-byzantinische Stadt.

TIMNA, Ort der Säulen König Salomos, phantastische Felsformationen. Überreste eines ägyptischen Tempels und Bergwerke aus vorchristlicher Zeit.

SINAI

EILAT, ca. 20.000 Einwohner, südlichster Hafen Israels und Ferienort am Roten Meer. Einer der wenigen Unterwasser-Observatorien der Welt, von dem aus man exotische Fische und Korallen beobachten kann.

DAHAB, Siedlung im Golf von Eilat. Feriendorf.

HAR SINAI (Berg Sinai), im südlichen Sinai, Stätte der Übergabe der zehn Gebote.

I HA'ALMIGGIM, Koralleninsel im Golf von Akaba in der Nähe von Eilat, Überreste einer Festung aus der Kreuzfahrerzeit.

ST. KATHARINENKLOSTER, griechisch-orthodoxes Kloster aus dem 6. Jahrhundert im südlichen Sinai, älteste Bibliothek der Welt. Schädelsammlung.

NEVI'OT (Nuweiba), Wüstenoase im Golf von Eilat, Nomadenlager, Feriendorf.

OFIRA (Sharm el Sheikh), neuer Erholungsort an der südlichen Spitze der Sinai-Halbinsel, gute Tauchmöglichkeiten.

ORTSREGISTER